de Gruyter Studienbuch

Günter Meckenstock

Wirtschaftsethik

Walter de Gruyter · Berlin · New York
1997

♾ Gedruckt auf säurefreiem Papier,
das die US-ANSI-Norm über Haltbarkeit erfüllt.

Die Deutsche Bibliothek – CIP-Einheitsaufnahme

Meckenstock, Günter:
Wirtschaftsethik / Günter Meckenstock. – Berlin ; New York :
de Gruyter, 1997.
(de Gruyter Studienbuch)
ISBN 3-11-015558-3 brosch.
ISBN 3-11-015559-1 Gb.

Printed in Germany
Druck: W. Hildebrand, Berlin
Buchbinderische Verarbeitung: Lüderitz & Bauer GmbH, Berlin
Einbandgestaltung: Hansbernd Lindemann, Berlin

Meiner Familie

Inhaltsverzeichnis

Einleitung

Das Neue verlockt. Das gilt auch in der Wissenschaft. Die Wirtschaftsethik ist eine neue akademische Disziplin. Nach zaghaften Anfängen nimmt die Intensität der Beschäftigung mit diesem Themenbereich zu. Das hat verschiedene Gründe.

Da sind Fragen seitens der Wirtschaft. Die Forderung nach Unternehmensethik erschallt aus den Unternehmen selbst als Ruf nach moralischer Vergewisserung. Angesichts einer fortschreitenden Pluralisierung der Werteordnungen und angesichts eines die nationalen Grenzen weit überschreitenden Tätigkeitsraums müssen die Unternehmen eine eigene Prägung entwickeln, die sich in Personalführung und Verfassung bewährt. Die Unternehmen bedürfen expliziter Verhaltensregeln, wie sie die Arbeits- und Entscheidungsprozesse gestalten wollen. Die Unternehmensleitungen müssen in den verschiedensten Kulturen ihre Mitarbeiter zu guter Leistung motivieren. Das setzt Gesprächsbereitschaft und Gesprächsfähigkeit voraus. Die öffentliche moralische Selbstverpflichtung der Unternehmen soll der kritischen Distanzierung entgegenwirken, die in der Gesellschaft wegen Bestechungsaffären, Nahrungsmittelskandalen und Ökologiedebatte Platz gegriffen hat. Die konfliktträchtigen Nebenwirkungen des Gewinnprinzips erfordern von der Unternehmensleitung moralische Überlegungen und Entscheidungen, um intern und extern die Aktionstüchtigkeit des Unternehmens zu erhalten.

Besonders für Personalführung, Produktmarketing und Konfliktlösungen sind die Analysen der moralischen Vorzugswürdigkeit bestimmter Optionen und Strategien auch von wirtschaftlicher Bedeutung, weil bestimmte Moralbezüge sich für das Gewinnprinzip als förderlich erweisen und das Gewinnprinzip zudem nicht alle Unternehmensfragen entscheiden kann. Unternehmensethik und Managementethik wird deshalb von immer mehr Beratern angeboten und am Markt (besonders in den USA) abgesetzt. Doch ist die Gefahr hier unübersehbar, daß die Moral für wirtschaftliche Zwecke instrumentalisiert wird und ihrer kritischen Schärfe verlustig geht.

Die Verbraucher sind besonders durch die Ökologiedebatte auf die Folgeträchtigkeit ihres Kauf- und Konsumverhaltens hingewiesen worden und können ihrerseits der Forderung nach verantwortlichem Handeln nicht ausweichen. Simplifizierende Aktionsprogramme reichen für die notwendige Umorientierung nicht aus.

Da sind Fragen seitens der Politik. Nicht nur die Unternehmen, auch das marktwirtschaftliche System fordert ethische Überlegungen heraus. Die Erfolgsbilanz ist zwar eindruckvoll, aber nicht makellos. Große Produktivitätssteigerungen werden konterkariert durch naturale und soziale Schadenswirkungen. Das Ende des Kalten Krieges zwischen den marktwirtschaftlichen und den zentralwirtschaftlichen Ländern hat auch den Stabilisierungsdruck beendet. Die internen Konflikte in den marktwirtschaftlich verfaßten Gesellschaften treten schärfer hervor und werden nicht mehr durch die äußere Konfrontation gezügelt. Zudem treten die marktwirtschaftlich organisierten Volkswirtschaften mit zunehmender Verflechtung in einen schärferen Wettbewerb ein. Zur Konfliktbewältigung müssen neue Wege beschritten werden.

Die Umweltdebatte macht nachdrücklich darauf aufmerksam, daß die enorme Ausweitung der Wirtschaftsaktivitäten zu schwerwiegenden Veränderungen des Naturhaushalts geführt hat. Diese Veränderungen bedrohen nicht nur die soziale und politische Stabilität, sondern letztlich die natürlichen Lebensgrundlagen der erdgebundenen Menschheit. In der Nachkriegszeit wurde die Wirtschafts- und Sozialentwicklung in Deutschland getragen durch einen Wachstumswillen, der auch Umweltgefährdung in Kauf nahm. Durch dieses Wachstum sollte Vollbeschäftigung der Erwerbsfähigen erreicht werden, dadurch Massenkaufkraft, dadurch Massenkonsum und dadurch schließlich gute Renditechancen der Unternehmen. Die Grenzen des Wachstums und die Ausdehnung der Wettbewerbsräume stellen erhebliche Anforderungen an die politische Gestaltungskraft.

Da sind Fragen seitens der Gesellschaft. Die neuzeitliche Gesellschaftsentwicklung hat zu einer immer stärkeren Verschränkung von Wissenschaft, Technik und Wirtschaft geführt. Fortschritte, Erfindungen und Entdeckungen sind nicht mehr einzeln lokalisiert. Vielmehr gibt es eine mannigfaltige Verknüpfung und Mutualität zwischen wissenschaftlicher Forschung, technischer Handhabung und wirtschaftlicher Verwertung. Diese wechselseitige Abhängigkeit kann befördernd oder auch behindernd wirken. Sie macht die latente Unterströmung zur immer noch voranschreitenden Spezialisierung der Gesellschaftsbereiche aus.

Innerhalb der Gesellschaft mehren sich die Stimmen, die für einen neuen Lebensstil plädieren. Die soziale Kälte und die Entsolidarisierung werden als ein zu hoher Preis für das reichhaltige und mannigfaltige Güterangebot empfunden. Erzeuger und Verbraucher sehen sich mit Wirkungen und Zuständen der Wirtschaftsprozesse konfrontiert, die eine grundsätzliche Besinnung auf die leitenden Verhaltensmaximen erfordern. Die gegenwärtigen Krisenphänomene in Deutschland, die zu scharfen Kontroversen über die gesellschaftlichen Leitbilder und die Zukunft des Sozialstaats ausgelöst haben, haben sowohl wirtschaftliche als auch soziokulturelle Ursachen. Massenarbeitslosigkeit, Staatsverschuldung und überbordende Sozialbeiträge drohen das gewachsene Gefüge der sozialen Sicherung und den gesellschaftlichen Konsens der Generationen und Bevölkerungsgruppen zu sprengen.

Da sind Fragen seitens der Frömmigkeit. Die Wirtschaftsprozesse laufen eigenständig und scheinbar unbeeinflußt von der kirchlich gebundenen (oder auch ungebundenen) Frömmigkeit ab. Hier scheint ein ganzer Gesellschafts- und Lebensbereich zu sein, der von völlig anderen Gesetzen regiert wird und der sich den Ganzheitsimpulsen der Frömmigkeit widersetzt. Die christlich-kirchliche Frömmigkeit will aber nicht zu einer Winkelexistenz abgedrängt werden. Entgegen diesen Separationstendenzen auf der persönlichen Ebene liegen auf der Ebene kirchlicher Institutionen starke Verflechtungen direkt und indirekt mit den Wirtschaftsstrukturen vor.

Der christliche Glaube hat seine dogmatische und ethische Formulierung in einer vorindustriellen Zeit gefunden. Geläufig war eine weitgehend natural verfaßte und ausgerichtete Welt. Die grundlegenden Wandlungen, die durch die großbetrieblichen technisierten Produktionsverfahren und die anonymisierten Marktprozesse eingetreten sind, fordern Theologie und Kirche zur Rechenschaft darüber auf, ob und wie der christliche Glaube Gestaltungskraft auch für die gegenwärtigen Gesellschaftszustände hat.

A. Themenfeld und Aufgabenbestimmung der Wirtschaftsethik

Die Wirtschaftsethik thematisiert die wirtschaftlichen Prozesse und Strukturen im Blick auf deren Tauglichkeit und Angemessenheit zum Tun des Guten. Sie steht im Gespräch mit der Wirtschaftswissenschaft. Sie reflektiert kategoriale Grundentscheidungen und richtungsweisende Zielbestimmungen. In der Wirtschaftsethik stehen strukturell-soziale Fragen im Vordergrund.

Für die Ausbildung von Wirtschaftsethik ist die Annahme unverzichtbar, daß es im Feld der Wirtschaft echte, von Normen beeinflußbare Entscheidungsspielräume gibt. Werden Wirtschaftsprozesse allein als reaktive Anpassungen auf bestimmte Zustandskonstellationen, werden die Handlungsentscheidungen der staatlichen, korporativen und individuellen Wirtschaftssubjekte allein als Funktionen anonymer Marktfaktoren verstanden, so verliert die Wirtschaftsethik ihre Sinnbasis. Die Wirtschaft ist kein Mechanismus, kein vollständig determinierter Funktionszusammenhang, sondern ein höchst verschlungenes Interaktionsfeld mannigfaltiger Wirtschaftssubjekte, die ihr wirksames Handeln verantwortlich gestalten müssen.

1. Anthropologische Anknüpfungen

Menschen sind bedürftige Lebewesen. Sie sind bedürftig der Nahrung, der Behausung, der Kleidung, der Gemeinschaft und der gegenseitigen Verständigung. Sie müssen ihr Leben zu erhalten suchen. Sie müssen immer wieder Anstrengungen unternehmen, dem sie bedrohenden Mangel entgegenzuwirken und die notwendigen Mittel zum Unterhalt zu beschaffen. Die Existenz der Menschen ist davon abhängig, daß mannigfaltige biotische Prozesse ununterbrochen aufrechterhalten bleiben. Diese Prozesse laufen naturhaft ab, erfordern aber die Mittätigkeit der Lebewesen. Dabei eröffnen sich Gestaltungsmöglichkeiten der Lebenssteigerung.

Der Mensch ist nicht mit sich selbst identisch. Er ist weder in völliger Übereinstimmung mit sich selbst, noch mit den Mitmenschen, noch mit der Natur. Der Mensch hat sein Sein im Werden. Er muß sein Verhältnis zu sich selbst und sein Verhältnis zu den Mitmenschen immer neu bestimmen. Diese Uneindeutigkeit eröffnet einen Raum der Möglichkeit, der gestaltet werden kann und muß.

Kein Mensch lebt aus sich allein. Alle Menschen stehen in einer Generationenfolge, erlangen eine relative Selbständigkeit nur bei fürsorglicher Zuwendung der älteren Generation und sind bei nachlassenden Kräften auf die Unterstützung der jüngeren Generation angewiesen. Das auch im Lebensalter relativer Kräftigkeit immer bedrohte Dasein erfordert Unterhalts- und Sicherungstätigkeiten. Die Menschen können ihr Leben nur erhalten, wenn sie tätig sind, um ihren Unterhalt zu decken. Mittel zum Lebensunterhalt müssen erworben werden. Dabei sind sie umso erfolgreicher, je mehr sie sich gegenseitig unterstützen.

Das Streben jedes einzelnen, sich im Leben zu erhalten und sein Leben zu steigern, ist nicht autark zu erfüllen. Der Werdeprozeß menschlicher Lebewesen ist wesentlich sozial verfaßt. Das Miteinander der Menschen bestimmt auch ihre Bemühungen, ihren Lebensunterhalt zu sichern. Dazu werden Verfahrensweisen technischer und organisatorischer Art ausgebildet, die die mannigfaltigen Tätigkeiten koordinieren, erleichtern und verbessern. Die Mittel für den materiellen Lebensunterhalt müssen beschafft, Gefahren für Leib und Leben abgewehrt, die Natur so gestaltet werden, daß dasjenige, was den Menschen dienlich ist, genutzt und dasjenige, was schädlich ist, zurückgedrängt und umgestaltet wird. Gerade aus der sozialen Abstimmung ergeben sich mannigfaltige Konflikte.

Der Begriff der Wirtschaft meint die Tätigkeiten, die den materiellen Lebensunterhalt der Menschen sichern sollen. Das Wirtschaften ist am menschheitlichen Kulturprozeß beteiligt, indem Naturgegebenes so bearbeitet und dieses Bearbeitete so weiterbearbeitet wird, daß der Subsistenzbedarf gedeckt und lebenssteigernde Einrichtungen weiterentwickelt werden können. Das Wirtschaften dient der Lebenserhaltung und der Lebenssteigerung durch die Bereitstellung der erforderlichen und hilfreichen Mittel zum Leben.

Das Wirtschaften gehört in die Sphäre gesellschaftlicher Bearbeitung der natürlich-sozialen Lebenswelt. Der Typ des einsamen Inselbewohners ist zwar keine Fiktion, wohl aber eine Episode. Ein einsamer Inselbewohner muß zwar die Natur bearbeiten, muß mit einer möglichen Knappheit der nötigen Naturgüter fertig werden, indem er Werkzeuge herstellt und Vorräte anlegt, doch braucht er nicht zu tauschen und kann es auch nicht. Alle Güter sind für ihn freie Güter.

Im Zeitalter der Entdeckungsreisen und der Seeräuberei konnte der einsame Inselbewohner zwar auch literarisch (etwa in Daniel Defoes Roman "The Life and Strange Surprising Adventures of Robinson Crusoe") zum Beispiel für sittliche Naturbearbeitungsprozesse und damit zur kritischen Folie faktischer sozialer Zustände werden, doch eignet er sich im Ernst nicht zum Prototyp menschlicher Existenz. Ihm fehlt die Fähigkeit zur Generationenfolge. Er stammt notwendig aus einer Sozialität her, kann aber selber, sofern es sich nicht um eine schwangere Frau handelt, keine neue Generation und keine neue Sozialität eröffnen. Er ist zum Aussterben verurteilt.

Das Wirtschaften meint nicht individuelles Wirken, sondern die soziale Koordination mannigfaltiger Einzelaktivitäten mit dem Ziel der Subsistenzsicherung und Wohlstandsmehrung. Für diese soziale Koordination muß gegenseitige Anerkennung der Tätigkeitsfelder und Einverständnis über die Regelsysteme erzielt werden. Dazu ist Einverständnis über orientierende Zielsetzungen erforderlich. Damit gehört das Wirtschaften zu den elementaren sozialen Tätigkeitsfeldern, die immer neu eine verantwortliche Rechenschaft und moralische Beurteilung hinsichtlich Gelingen und Mißlingen herausfordern.

Seit der Entstehung des Tauschhandels und der mit dem Tauschhandel einhergehenden Arbeitsteilung ist der Trend der Wirtschaftsrationalisierung wirksam. Wer produziert was wo wie am besten? Ist die Arbeitsteilung erst einmal etabliert, so sind Produktion und Verbrauch zu sozialen Größen geworden. Jeder einzelne deckt seinen

Bedarf an Gütern nicht mehr selbst, sondern erwirbt die meisten Güter im Tausch gegen seine eigenen überschüssigen Produkte. Der Tausch begünstigt die Verfeinerung der Arbeitsteilung und gewinnt ein Eigengewicht gegenüber der Herstellung. Damit wird der Bezug zum Verbrauch und damit zur Subsistenzsicherung gelockert. Es wird nicht nur das getauscht und ertauscht, was gebraucht wird, jetzt oder in Zukunft, sondern es wird auch das ertauscht, mit dem getauscht werden kann. Damit ist der Weg zur Erwerbswirtschaft beschritten. Je mehr ertauscht wird, desto besser für künftige Tauschgeschäfte. Da diese Tauschgeschäfte durch ein Medium erleichtert werden, ersetzt zumeist der indirekte Tausch Gut gegen Geld, das seinerseits wieder in ein Gut getauscht werden kann, den direkten Tausch Gut gegen Gut.

Wirtschaften wird umso wichtiger, je höher der soziale Interaktionsgrad ist. Je mehr Tätigkeiten gesellschaftlich vermittelt, reguliert und vernetzt sind, desto mehr müssen diese Tätigkeiten aufeinander abgestimmt werden und desto mehr ist jede Tätigkeit von Vorleistungen anderer Personen abhängig und erbringt Wirkungen auf andere Personen.

Die heutige Lebenswelt der Industrieländer ist immer schon eine gesellschaftlich bearbeitete, auch in den vermeintlich natürlichen Bereichen. Die Weiterbearbeitung dieser auf die Seite der Natur tretenden Lebenswelt muß so geschehen, daß sich die Menschen in und mit ihrer Naturwelt optimal entwickeln können.

Je mehr in einer Gesellschaft die Individuen relativ selbständig gegenüber der Gemeinschaft werden und je mehr die Rechte und Tätigkeitsräume anderer eingeschränkt werden, wenn bestimmte Tätigkeiten vollzogen werden, desto weniger freie Güter gibt es. Beschränkt sich eine Person in ihrem Lebensraum, gibt sie Zeit und Kraft zugunsten anderer Personen ab, so will sie in der Regel dafür einen Gegenwert erhalten. In den Zeiten der Landnahme unbesiedelter Länder erfolgte eine vergleichsweise einfache Koordination, indem bestimmte Ländereien in das Eigentum bestimmter Personen oder Gruppen gegeben wurden. Heute ist die Erde verteilt; nur die Meere und die Antarktis sind noch nicht völlig und definitiv aufgeteilt. Innerhalb der Staaten sind überall Eigentumsordnungen in

Kraft. Dadurch ist jeder Person ein konkreter Tätigkeits- und Besitzraum zugeordnet. Je enger die Maschen des Eigentumsnetzes sind, desto intensiver müssen die Tauschbeziehungen werden.

Eine arbeitsteilige Gesellschaft ist eine kommerzielle Gesellschaft. In ihr sind alle Mitglieder Wirtschaftssubjekte. Alle müssen immer wieder wirtschaftliche Entscheidungen treffen, um sich als Verbraucher, Erzeuger oder Bezieher von Transfereinkommen die Mittel zum Lebensunterhalt zu verschaffen. Dabei besteht ein dauernder Druck, Zwecke zu definieren und Mittel abzuwägen. Wer nicht planvoll und umsichtig wirtschaftet, wird längerfristig in der Regel Wohlfahrtseinbußen hinnehmen müssen. Da das abstrakte Medium Geld hinsichtlich des Gütererwerbs völlig disponibel ist, wird der möglichst geschickte Umgang mit Geld zu einer wichtigen gesellschaftlichen Anforderung.

Die Wirtschaft ist Bestandteil des Kulturprozesses. Sie ist geschichtlich geworden. In ihrem gegenwärtigen Zustand sind die verschiedenen Phasen ihres Gewordenseins mehr oder minder präsent. Der gegenwärtige Zustand trägt die Relikte der Vergangenheit und die Keime der Zukunft in sich.

2. Ethische Reflexivität

Gibt es überhaupt einen Bedarf an Wirtschaftsethik? Funktioniert die Wirtschaft nicht dann am besten, wenn sie ungestört ihren eigenen Gesetzmäßigkeiten und Heilungskräften folgen darf, allenfalls beobachtet und mit Ratschlägen unterstützt von der Wirtschaftswissenschaft?

Die Theorie der Eigengesetzlichkeit der Wirtschaft hat vornehmlich im 19. Jahrhundert maßgeblich zur Befreiung der Wirtschaftsprozesse aus den Fesseln feudaler Sozialordnungen beigetragen. Sie wendet sich gegen die Indienstnahme der Wirtschaft für politische oder religiöse Zwecke. Sie sieht in der Ausblendung sozialer und ethischer Gesichtspunkte die beste Garantie für die erwünschte Produktivität der Wirtschaft.

Der Aussage, daß die Wirtschaft durch sittliche Normen und Werthaltungen geprägt ist, wird häufig widersprochen. Stattdessen wird für die Wirtschaftsabläufe und -entscheidungen die sittliche Neutralität von Sachnotwendigkeit oder Sachgemäßheit reklamiert. Doch werden damit sittliche Grundentscheidungen, die aus anthropologischen Deutungen herrühren, nur ausgeblendet. Der Hinweis auf Systemzwänge will häufig den Sachverhalt überspielen, daß die geltenden und praktizierten Ordnungsregeln von bestimmten sittlich-religiösen Grundüberzeugungen getragen werden, die für die Wirtschaftsordnung latent eine große Prägekraft gewinnen.

Der Hinweis auf Sachnotwendigkeiten soll einerseits die Selbständigkeit des Bereichs Wirtschaft betonen und andererseits einen Schutz vor moralischen Forderungen bewirken, die als unzumutbar oder unerfüllbar für die Wirtschaftsakteure angesehen werden. Innerhalb einer bestehenden Wirtschaftsordnung gibt es unbestreitbar allgemeine Regelsysteme, denen sich einzelne Wirtschaftssubjekte zumeist nicht entziehen können. Doch lassen sich durch ordnungspolitische Maßnahmen diese Regelsysteme verändern. Und der Streit um diese Veränderungen, der in der Ordnungspolitik immer wieder aufflammt, wird explizit oder implizit mit moralischen Argumenten geführt.

Die großbetrieblich-technisierte Wirtschaft steht zur Kultur eines Landes bzw. Volkes in einem ambivalenten Verhältnis. Einerseits ist sie von bestimmten moralischen Einstellungen abhängig und wird durch tiefverwurzelte sittliche und religiöse Überzeugungen in ihren sozialen Strukturen mitbestimmt. Andererseits zersetzt sie die nationalen Kultureigenheiten und ist die große Gleichmacherin, indem die Gesetze der Produktion und Konsumtion über die ganze Erde uniform verbreitet werden. Sie ebnet traditionelle Kulturdifferenzen ein und eröffnet zugleich Freiräume zu weitgehenden Individualisierungen. Ihre gesellschaftliche Prägekraft muß wahrgenommen, ihre Werteorientiertheit bewußt gemacht und durch das öffentliche Gespräch gestaltet werden.

Die Konzentration der Wirklichkeitswahrnehmung auf ökonomische Gesichtspunkte kann ideologisch zu einer Überbewertung der Wirtschaft führen. Der Ökonomismus lehnt jede Wirtschaftsethik ab und sieht alle gesellschaftlichen Prozesse unter dem Gesichtspunkt rationalen Wirtschaftens und materieller Produktivität. Dabei wird die Wirtschaft als natürlichen Gesetzen folgend aufgefaßt, als eigener Ordnungsraum, der durch die Kausalitäten wirtschaftlichen Verhaltens geprägt ist. Damit die ökonomische Theorie des Ökonomismus zu einer logisch stringenten und kohärenten Theorie wird, damit das Kalkül die erstrebte bezwingende Evidenz bekommen kann, wird vorausgesetzt, daß die normativen Elemente auszuschließen seien. Das kann geschehen aufgrund der Behauptung, daß beim Menschen nur bestehende, fixierbare Bedürfnisse vorliegen. Die Variabilität menschlichen Verhaltens und menschlicher Entscheidungen wird bestritten. Das gesellschaftliche Verhalten wird als vom Wirtschaftsverhalten abhängig behauptet.

Gegenüber jeder Form von Ökonomismus müssen das Eingebundensein der Wirtschaft in die menschheitliche Kulturentwicklung und die daraus resultierenden Verpflichtungen betont werden. Die wirtschaftlichen Tätigkeiten sind in ihren Zielsetzungen und sozialen Koordinationen menschliche Freiheitsakte, für die sittliche Verantwortung übernommen werden muß. Die Vorzugswürdigkeit moralischer Handlungsmaximen muß ethisch reflektiert werden.

Der Terminus 'Ethik' hat eine doppelte griechische Wortwurzel. Er stammt von ἔθος (Gewohnheit, Gebrauch, Sitte, Herkommen) und von ἦθος ab (gewohnter Sitz, gewohnter Aufenthalt, Wohnung, Wohnort, von daher dann Gewohnheit des Handelns oder des Redens, des Benehmens, also Charakter, Sinnesart, Gesinnung, sittliche Beschaffenheit, schließlich jeder Ausdruck der Sinnesart in Miene oder Gesichtszügen, die einen Charakter ausdrücken). Offenkundig hat der Begriff eine Bedeutungsentwicklung vom Selbstverständlich-Herkömmlichen zum Gebildet-Charakteristischen durchlaufen. Diese Bedeutungsentwicklung spiegelt die Veränderungen der Kultur, in denen die Herausforderungen menschlicher Freiheitshandlungen wahrgenommen und gestaltet werden.

In der deutschen Sprache sind noch zwei weitere Termini für das Themenfeld der Freiheitsvollzüge im Gebrauch: 'Moral' sowie 'Sitten' bzw. 'Sittlichkeit'. Wie schon in der griechischen Bezeichnung 'Ethik' steckt in der deutschen Bezeichnung 'Sittenlehre' eine

Zweideutigkeit. Gegenstand derselben sind nämlich Sitten, d. h. habituell gewordene Freiheitshandlungen, gerade insoweit, als die selbstverständliche Geltung, die für Sitten typisch ist, aufgehört hat. Entstehungsbedingung der Sittenlehre ist, daß Sitten in die Krise gekommen sind. Der Selbstverständlichkeitsverlust der Sitten ruft die Sittenlehre allererst auf den Plan. Selbst wenn die Sittenlehre bestimmte Sitten stützen oder restituieren will, muß sie neue Begründungen für diese Habitualisierungen liefern. Dazu stellt sie Charakter und Gesinnung in den Mittelpunkt, untersucht sie das, was das Tun und Lassen eines Menschen bestimmt, geht sie fundamental zurück auf das, was sich in Tun und Lassen ausdrückt.

Der verbreitete Begriff 'Moral' ist ebenfalls ziemlich unscharf. Besonders in der attributivischen Wortstellung wird er häufig synonym mit 'ethisch' gebraucht. Charakteristisch für ihn ist allerdings der stärkere Bezug zur Anwendung in der Lebenspraxis. Erzählte Geschichten können eine Moral haben. Gemeint ist die praktisch-sittliche Nutzanwendung, die Lehre und Regel, die aus einer bestimmten Begebenheit für das eigene Verhalten gezogen werden kann. Mit 'Moral' ist das Verhaltensmuster, das Regelgerüst gemeint, das ein gutes Handeln ausmacht. Dieses Regelgerüst wird aber nicht wie in der ethischen Reflexion distanziert auf seine Implikationen und Folgen bedacht, sondern mit einem Appell versehen, der auf die lebenspraktische Anwendung moralischer Motive und Regeln drängt.

Diese drei mehr oder minder geläufigen Wörter 'Sittlichkeit', 'Moral' und 'Ethik' bzw. deren adjektivische Wortformen sollen im folgenden terminologisch genutzt werden, um drei verschiedene Dimensionen der wissenschaftlichen Erkenntnis des Themenfeldes anzuzeigen. Diese drei Dimensionen sind für alles Wissen konstitutiv. Sie sollten in wissenschaftlichen Erörterungen auch begrifflich und terminologisch gekennzeichnet werden, weil sie unterschiedliche Erkenntnisbemühungen verlangen und unterschiedliche Aussagenmodi legitimieren.

Die Dreidimensionalität aller Erkenntnisvollzüge ist exemplarisch von Johann Gottlieb Fichte (1762-1814) in seinem Fragment "Versuch einer neuen Darstellung der Wissenschaftslehre" (1797/98) am Selbstdenken des Ich vorgeführt worden. Die Erkenntnis eines empirischen Sachverhalts der Innen- oder Außenwelt (beispielsweise die einer Tür) kann wissenschaftlich im Sinne einer möglichst genauen Erfassung der Sachhaltigkeit der entsprechenden Vorstellung präzisiert werden. Dieses Vorstellungswissen ist die erste Dimension. Das Vorstellungswissen kann seinerseits Gegenstand des Erkennens werden und auf die subjektiven und objektiven Konstitutionsgesetze hin untersucht werden. Dieses Kategorienwissen ist die zweite Dimension. Das Kategorienwissen kann seinerseits Gegenstand des Erkennens werden und auf die Prinzipien hin untersucht werden, die für die Ermöglichung von Vorstellungs- und Kategorienwissen konstitutiv sind. Dieses Prinzipienwissen ist die dritte Dimension. Die erneute Reflexion auf das Prinzipienwissen ist zwar möglich und kann beliebig oft wiederholt werden, doch erschließen diese Wiederholungen keine qualitativ neue Erkenntnisdimension.

Auf dem hier zu bearbeitenden Themenfeld der wissenschaftlichen Erkenntnis von Freiheitsvollzügen, die als Umgang mit nicht völlig bestimmten Wirklichkeitszuständen eine Entscheidung des Menschen verlangen, wird die Dreidimensionalität der Erkenntnisvollzüge durch die Termini Sittlichkeit, Moral und Ethik angezeigt. Durch die unterschiedlichen Termini sollen unterschiedliche Arten von Erkenntnisbezügen bezeichnet werden.

Gegenstand der ersten Dimension ist das sittliche Tun und Lassen, das Sich-Entscheiden für oder gegen eine bestimmte Handlung. Diese Freiheitsvollzüge müssen auf moralische Regulierungen und ethische Überlegungen zurückgeführt werden können, doch sind sie nicht in jedem Einzelfall an einen solchen Apparat von Bewußtseinsoperationen gebunden. Vielmehr muß auch im Bereich der Freiheitsvollzüge mit Wiederholungen und Einübungen gerechnet werden, ohne daß dadurch der prinzipielle Freiheitscharakter verloren ginge. Die materiale Problemformulierung der Sittlichkeit ist von der Kulturentwicklung abhängig. Schwangerschaftsunterbrechung oder Organtransplantation werden zu Fragen sittlicher Entscheidungen erst, wenn die medizinische Technik einen entsprechenden Entwicklungsstand hat.

Gegenstand der zweiten Dimension ist die moralische Regulierung. Für die Freiheitsvollzüge wird ein Soll-Verhalten formuliert. In Form von Verboten und Geboten (du sollst, du darfst nicht) werden moralische Handlungsanweisungen gegeben, wie bestimmte Konfliktsituationen bewältigt werden sollen. Die in einer Gesellschaft elementar geltenden Gebote und Verbote sagen zumeist die Erfahrungen vieler Generationen und vieler Handelnder so aus, daß diejenigen, die erstmalig in eine solche Situation geraten, sich darin zurechtfinden können und nicht darin untergehen. Sind sie apodiktisch formuliert, so sind sie für die konkreten Anwendungen zumeist offener und interpretationsfähiger als kasuistische Formulierungen, die immer bestimmte Fälle im Blick haben. Die verschiedenen Gebots- und Verbotsanweisungen sind jeweils zustands- und gemeinschaftsbezogen; sie können einander widersprechen und lösen dann ein Bemühen um Harmonisierung oder reflexive Vertiefung aus.

Gegenstand der dritten Dimension ist die ethische Reflexion, die sowohl das Zustandekommen sittlichen Tuns als auch die Gültigkeit moralischer Anweisungen bedenkt. Hier im Bereich der Ethik werden in vernünftiger Argumentation die Prinzipien zu formulieren versucht, die in den moralischen Maximen zu konkreten handlungsbezogenen Anweisungen werden. Der Reflexionscharakter der Ethik impliziert die methodische und temporäre Distanzierung von den sittlichen Lebensakten und moralischen Maximenbildungen. Dies allerdings so, daß ethische Reflexionen dann durchaus Einfluß bekommen auf Sittlichkeit und Moral. Regelsetzungen und Reflexionen erlauben, konkrete Freiheitsvollzüge zu antizipieren, und drängen auf wiederholendes Tun in der Zeit. Dazu müssen die Dispositionen der sittlichen Subjekte und der durch sie geschichtlich zu gestaltenden Wirklichkeit auf Dauer geprägt werden.

Um Ethik als sinnvolle Wissenschaft betreiben zu können, muß in die Kraft von Einsicht und vernünftiger Argumentation vertraut werden. Werden Erkenntnis und Einsicht als bedeutungslos und wirkungslos für sittliches Tun aufgefaßt, dann verliert die Ethik ihre Basis. Sie kann ja nur wirken durch Begriffsanalyse, Situationswahrnehmung, Evidenz, konsistente Prinzipien. Haben alle diese intellektuellen Bemühungen gar keine Verknüpfungsbänder mit der Sphäre der Tätigkeiten, ist es gleichgültig, was gedacht und erkannt wird, so verliert die Ethik den Realitätsbezug. Sie wird zum belanglosen Glasperlenspiel. Dies gilt für alle nichttechnische Wissenschaft.

Die Ethik muß in die Kraft vernünftiger Einsicht und Selbstaufklärung vertrauen. Wer einsieht, was als gut zu tun ist, hat auch den Drang, es zu tun. Ohne diese Prämisse gibt es keine Ethik.

Diese Prämisse scheint allerdings ziemlich anmaßend und realitätsblind zu sein. Anmaßend, weil sie einem rein beschreibenden Ethikverständnis den Wissenschaftsstatus bestreitet; realitätsblind, weil die Welt dann eigentlich besser sein müßte, als sie ist. Gegenüber einem rein beschreibenden Ethikverständnis muß festgehalten werden, daß mit der Formulierung von Einsicht immer Wahrheitsansprüche verknüpft sind, die die Erkenntnis selbst zu einem sittlichen Akt machen. Die Kraft zur Integration, die der Einsicht innewohnt, schließt den Impuls ein, Erkennen und Tun zu verschränken. Gegenüber dem Vorwurf der Realitätsblindheit soll auf das Abwehrargument, die vernünftige Einsicht sei eben noch nicht richtig erreicht, solange noch Böses in der Welt sei, nicht zurückgegriffen werden, weil diese Argumentation zirkulär ist. Vielmehr gibt der Wirklichkeitszustand den Hinweis, daß das Verhältnis von Einsicht, Willensbildung und Sittlichkeitsvollzug nicht bruchlos ist. Der theologische Begriff der Sünde hat hier seinen Ort: "Das Gute, das ich will, das tue ich nicht; sondern das Böse, das ich nicht will, das tue ich." (Röm. 7,19). Die Zerrissenheit des sittlichen Subjekts muß auch Gegenstand ethischer Reflexion werden.

Die Entwicklung der die moralischen Maximen reflektierenden Ethik ist bestimmt durch eine Tendenz zur Universalisierung und zur Personalisierung. Diese Tendenzen sind teilweise gegenläufig. Die Entwicklung der sittlichen Werte, Normen und Verhaltensweisen ist auf das engste verflochten mit der Entwicklung von Naturbeherrschung, Recht, Politik, Wissenschaft. Eine Veränderung, Erweiterung oder Umprägung der Gestaltungsräume individuellen und sozialen Handelns führt auch zu entsprechenden Änderungen der moralischen Regeln und Werte. Mit der Ausdehnung der Freiheitssphäre verändert sich die Bedeutung der interpersonellen Übereinkünfte. Je mehr die Naturprozesse an Zwangscharakter verlieren, desto wichtiger werden die Verständigungen zwischen den sittlichen Subjekten über die verbindlichen Ziele. Die Ethik strebt allgemeine Zustimmung an, zielt auf Allgemeinheit. Sie muß Einverständnis über das Gute und die Mittel zur Hervorbringung des Guten zu erzielen suchen. Sie legt Lebenserfahrung vernünftig aus.

3. Theologische Fragestellungen

Die Theologie hat in ihrer langen Geschichte intensiv Fragen des Rechts und des Verhältnisses von Kirche und Staat diskutiert. Die Wirtschaft war ihr aber lange Zeit kein eigenes Thema, sondern selbstverständliche Lebensbegleitung. Zudem gab es unübersehbare Vorbehalte gegen Erwerbsstreben und Geldgeschäfte, so daß eine christliche Wirtschaftsethik eine contradictio in adiecto zu sein schien. Zielt der biblische Glaube nicht auf ein Verhältnis zum irdisch-menschlichen Leben, das zu Mammonismus und Ökonomismus konträr ist?

Doch die Wirtschaft hat im Gefolge der Industrialisierung eine solche Prägekraft auf alle Lebensbereiche bekommen, daß neue Wahrnehmungen und Überlegungen erforderlich sind. Theologie und Kirche müssen sich zu den gesellschaftlichen Wandlungen, denen sie häufig nur passiv unterworfen sind und denen sie reaktiv nachstolpern, gestaltend verhalten.

Mit der Industrialisierung ist die Entzauberung der Wirklichkeit definitiv geworden. Doch der Verwertungsumgang mit der Natur zeigt selbst zutiefst krisenhafte Züge. Der Wirklichkeitsbezug einer großbetrieblich und technologisch organisierten Wirtschaft drängt zur Frage nach den Grenzen der Machbarkeit und Verwertbarkeit. Ist alles erst einmal verschlungen, so hat sich die Menschheit an ihr eigenes Ende gebracht. Demgegenüber ist die verpflichtende Begrenztheit menschlich-endlichen Daseins theologisch zu bedenken und im frommen Bewußtsein symbolisch darzustellen.

Mit der zweckrationalen Organisation der Wirtschaft sind nicht nur verschiedene soziale Lebensbereiche segmentiert und die Dominanz der Wirtschaft über andere Gesellschaftsbereiche etabliert, sondern ist zugleich ein Prozeß der Selbstobjektivation und Selbstinstrumentalisierung der Wirtschaftenden in Gang gesetzt worden, der die Frage aufwirft, welche Art von Gesellschaft wünschbar und realisierbar ist. Die krisenhaften Phänomene gesellschaftlicher Entsolidarisierung, wie sie sich gegenwärtig in den westlichen Industriestaaten zeigen, führen zur Frage nach den Grenzen des Solidaritätsabbaus. Kämpft erst einmal jeder gegen jeden und geraten dabei die Fairneß-Regeln außer Kraft, so dürfte der politische, kulturelle und moralische Preis für den Wiederaufbau von Solidaritätsstrukturen gewaltig sein. Die immer wieder neu zu vollziehende Zuordnung von Gemeinschaft und Individuum muß in ihrer Bedeutung für die Wirtschaftsstrukturen bedacht werden.

Mit der Kapitalorientierung der Wirtschaftsentscheidungen sind nicht nur quantifizierende und somit eindeutige Entscheidungsverfahren gewonnen, sondern auch das Eigennutzstreben mit höheren moralischen Weihen versehen worden. Damit wird einer Simplifizierung des menschlichen Wesens das Wort geredet. Die Annahme eines egozentrisch klugen homo oeconomicus ist im Sinne einer methodischen Hypothese legitim, doch wandelt sie sich unter der Hand schnell zu einer Empfehlung für eine erfolgreiche Teilnahme an den Wirtschaftsprozessen. Dann aber kann sie nur sanktioniert werden um den Preis einer harmonistischen schönfärberischen Anthropologie, die die Schattenseiten des Menschseins abblendet.

Für die theologisch orientierte Wirtschaftsethik ist der Auftrag zur Selbsterläuterung dahin zu präzisieren, daß Auskunft gegeben werden muß über das christliche Wirklichkeitsverständnis, das christliche Menschenbild und das christliche Gesellschaftsideal. Die theologischen Theorietraditionen müssen ihrerseits argumentativ vertreten werden. Nur so kann ein echter Dialog mit vernünftiger Argumentation geführt werden. Eine theologische Wirtschaftsethik, die die Aspekte der Geschöpflichkeit, Zeitlichkeit und Gemeinschaftlichkeit ins Spiel bringt, kann die Wirtschaftswissenschaft vor Selbstüberanstrengung und Selbstimmunisierung bewahren und damit einen spezifischen Beitrag zum Erhalt ökonomischer Vernunft leisten.

Die theologische Wirtschaftsethik wird darauf hinweisen, daß die wirtschaftlichen Bemühungen, die Knappheit der Subsistenzgüter zu vermindern, nicht die gegebenen natürlichen Lebensgrundlagen gefährden dürfen. Durch den Gedanken der Schöpfung bzw. der Erhaltung der Welt und durch den Gedanken des dominium terrae ist die Theologie in den Prozeß der fortschreitenden Naturbeherrschung involviert. Sie muß Stellung beziehen zur Naturausbeutung und zum Mißbrauch eigener Theoreme.

Die Theologie hat einen besonderen Antrieb zur Ausweitung des Zeithorizonts über die Gegenwart hinaus. Die in Erinnerung und Erwartung wahrgenommene Zeitlichkeit ist im christlichen Gottesbewußtsein durch die Erfahrung von Geborgenheit geprägt. Die damit verbundene Hoffnung auf die Zukunft qualifiziert die Verantwortung für künftige Generationen.

Die theologische Wirtschaftsethik wird auf die Lebenslagen der Menschen, die am Wirtschaftsprozeß eher außenbestimmt teilnehmen, und die Lebenserfordernisse der Menschen, die am Wirtschaftsprozeß nur indirekt teilnehmen, aufmerksam machen. Sie wird die sozialen Implikationen der Wirtschaftsprozesse thematisieren und an die gesellschaftlichen Vernetzungen und Verpflichtungen erinnern. Die Theologie wird besonders auch auf diejenigen Gruppen hinweisen, die sich wenig oder gar nicht Gehör verschaffen können. Sie wird ein besonderes Augenmerk auf alle Strategien der Selbstrechtfertigung bestimmter Gruppen und Schuldzuweisung an andere Gruppen haben. Sollte die kritische Selbstanwendung von moralischen Wertsetzungen ausbleiben, so wird sie in der Diskussion darauf den Finger legen.

Die theologische Wirtschaftsethik wird im Gespräch mit der Wirtschaftswissenschaft Anwältin eines solchen Wirklichkeitsverständnisses sein, das bei einem Höchstmaß an Aufgeklärtheit allen Absolutsetzungen einzelner Lebensbereiche eine Absage erteilt. Die Theologie muß sich in allen sozialen Bereichen gegen einseitige Totalisierungstendenzen wenden. Deshalb wird sie die Selbstzweckhaftigkeit des Wirtschaftens bestreiten. Wie die Theologie ihrerseits eine Frömmigkeit fördert und unterstützt, die zur Selbstbegrenzung fähig ist, muß sie für eine Selbstbegrenzung der Wirtschaft eintreten und sich jeder Entwicklung zur totalen Kommerzialisierung aller gesellschaftlichen Bereiche widersetzen. Die Diskussionen um die Arbeitsruhe am Sonntag und um die Abschaffung kirchlicher Feiertage (Bußtag) haben exemplarische Bedeutung. Im Gewand praktisch-organisatorischer Einzelentscheidungen werden hier nämlich Grundsatzentscheidungen über letzte soziale und individuelle Verbindlichkeiten getroffen.

Die theologische Ethik ist auf Allgemeinheit und Vernünftigkeit angelegt. So wie die patristische Theologie wahre Philosophie sein wollte, sich damit den Wahrheitsansprüchen anderer argumentativ stellen und zugleich selbst eine umfassende Wirklichkeitstheorie entwickeln mußte, so kann auch die theologische Ethik sich nicht mit bestätigenden Formulierungen christlicher Moraltraditionen begnügen. Schon die innere Vielfalt der christlichen Überzeugungen und Lebensgestaltungen macht eine kritische Prüfung dieser unterschiedlichen Moralregeln nötig. Diese Prüfung muß ihre Kriterien an der organisierenden Mitte christlichen Glaubens gewinnen.

Der christliche Glaube versteht sich selbst als eine Überzeugtheit, die bei allen Menschen zu allen Zeiten Zustimmmung und Einverständnis hervorrufen möchte. Die Allgemeinheitsfähigkeit des Glaubens wie seine individuelle Erschließungskraft gehören zu den konstitutiven Selbstwahrnehmungen des christlichen Glaubens. Dabei unterscheidet der Glaube zwischen der ihm innewohnenden unverfügbaren identischen Kraft göttlichen Geistes und den Ausdrucks- und Darstellungsgestalten, die mannigfaltigen Wandlungen unterliegen. Mit der Eschatologie wird die Überzeugtheit von der Raum und Zeit transzendierenden Allgemeingültigkeit des im Glauben wahrgenommenen Heils dogmatisch formuliert. Gegen allen Doketismus wird die geschichtliche Gebundenheit des Glaubens festgehalten. Damit wird verhindert, Allgemeingültigkeit im Sinne von Uniformität zu verstehen. So wie die Einheit der Kirche in Christus mit der Vielheit von sozialen Kirchentümern dogmatisch zusammengedacht werden muß, so muß ethisch die Einheit des Lebensprinzips des Guten zusammengedacht werden mit der Mannigfaltigkeit humaner Lebensgestaltung.

B. Verhältnis der Wirtschaftsethik zur Wirtschaftswissenschaft

Wirtschaftsethik und Wirtschaftswissenschaft waren in der europäischen Wissenschaftsgeschichte bis ins 18. Jahrhundert miteinander verwoben. Mit der Ausbildung einer eigenständigen fachwissenschaftlichen Erörterung der Wirtschaftsprozesse begann die Trennung. Die Wirtschaftswissenschaft löste sich institutionell aus der politischen Philosophie und etablierte sich als eine selbständige Wissenschaft erst zu Beginn des 19. Jahrhunderts. Thomas Robert Malthus (1766-1834) hatte den ersten eigenständigen Lehrstuhl für Ökonomie an der Hochschule der englischen ostindischen Kompanie in Haileybury inne. Die Wirtschaftswissenschaft war in ihren Anfängen als politische Ökonomie mit der Staats- und Rechtswissenschaft verbunden. Dementsprechend wurde sie als akademische Disziplin in den rechtswissenschaftlich-staatswissenschaftlichen Fakultäten wahrgenommen. Mit der positivistischen Ausrichtung zu einer empirisch exakten Wissenschaft traten die normativen Aspekte der Wirtschaftsprozesse in den Hintergrund. Damit wurde die wirtschaftsethische Fragestellung zu einem wissenschaftlichen Desiderat.

1. Historische Linien der Wirtschaftswissenschaft

Die Wirtschaft wurde bei der Ausbildung der antiken weisheitlich-wissenschaftlichen Wirklichkeitserfassung zunächst nicht als eigenständiges Wissensgebiet wahrgenommen, sondern den Überlegungen und Klugheitsregeln zum Gedeihen der Gemeinschaft eingeordnet. Die Wirtschaft wurde vom Wohl der Polis her verstanden. Deshalb wurden Wirtschaftsethik bzw. Wirtschaftswissenschaft in der Lehre vom Staat (Politik) erörtert. Es ging um die richtige Wirtschaft im wahren Staat.

Nach dem Zusammenbruch des Römischen Reiches fiel der wirtschaftliche Entwicklungsstand in den europäischen Ländern zunächst auf das Niveau einer reinen Subsistenzwirtschaft zurück. Erst das Karolingische Reich stellte wieder großräumigere Verknüpfungen her. Im 11. und besonders im 12. Jahrhundert bildete sich ein wachsender Stadt-Land-Gegensatz aus. Das Aufblühen der Städte mit ihren Handwerkern und Händlern sorgte für wachsende Spannung innerhalb der Feudalgesellschaft.

Die weiten, schließlich erdumspannenden Entdeckungsreisen und Handelsbeziehungen im 15., 16. und 17. Jahrhundert setzten langfristig eine gewaltige Dynamik des Wirtschaftens frei. Neue Produkte, Märkte und Herrschaftsgebiete wurden von den europäischen Mächten im Wettlauf erschlossen. Die Weltentdeckungen und die innereuropäischen Konfessionskriege des 16. Jahrhunderts brachten sowohl eine ungeheure Ausweitung des menschlichen Tätigkeits- und Kenntnisfeldes als auch eine nachhaltige Erschütterung der theologisch-religiösen Wertorientierung. Die teleologisch-finale Grundorientierung der Wissenschaft wurde mit dem Aufblühen der induktiven empirischen Naturwissenschaft abgelöst durch eine Orientierung an kausalen Einzelzusammenhängen. Dieses hatte auch für die Ethik grundsätzliche Folgen.

Mit der Aufklärung im 17. und anfangs des 18. Jahrhunderts trat der Gesichtspunkt der Autonomie der Vernunft ins Zentrum. Ludwig XIV. setzte in Frankreich eine absolutistische Staatsdoktrin durch, der auch die Wirtschaft untergeordnet war. Der Merkantilismus, der in den Ländern Europas landesspezifisch ausgeformt und noch von keiner eigenständigen Wirtschaftstheorie begleitet war, folgte ökonomischen Klugheitsregeln und suchte im Sinne praktizierter politischer Ökonomie, die Wirtschaft zielgerichtet in den Dienst des Staates zu stellen. Der mit dem Merkantilismus verwandte Kameralismus des deutschen Sprachraums wollte die fürstlichen Einkünfte durch Verbesserung von Landwirtschaft und Gewerbe verbessern. In den stärker außenwirtschaftlich orientierten europäischen Ländern (Frankreich, England u. a.) wollte die staatliche Wirtschaftsförderung Produktivitätssteigerungen und gesamtwirtschaftliche Gewinne vornehmlich durch eine aktive Außenhandelspolitik (Einfuhr von Rohstoffen statt Fertigwaren, Ausfuhr von Fertigwaren statt Rohstoffen, Bevorzugung inländischer Anbieter von Dienstleistungen) erreichen.

Diese staatswirtschaftlichen Maßnahmen, die die Mittel für eine auch militärisch expansive Außenpolitik verschaffen sollten, wurden ergänzt durch staatliche Bemühungen um Bevölkerungswachstum, Verhinderung von Müßiggang, niedrige Nahrungsmittelpreise und niedrige Löhne.

Der Physiokrat François Quesnay (1694-1774), Leibarzt Ludwigs XV. von Frankreich, stellte 1758 in seiner Schrift "Tableau économique" erstmals eine Theorie vom Wirtschaftskreislauf auf. In Analogie zum Kreislauf des Blutes verstand er die Wirtschaft als ein Geschehen, das Güter und Geld über viele Stationen zirkulieren lasse, insofern die Güter vom Produzenten zum Verbraucher und das Geld vom Verbraucher zum Produzenten flössen, wobei das Kapital dem Blut im Körper vergleichbar sei. Wenn nur für eine gute Zirkulation gesorgt werde, so verteilten sich die Güter gleichmäßig im erforderlichen Maße durch den gesamten Wirtschaftskörper.

Die französischen Physiokraten lehnten die merkantilistische Wirtschaftssteuerung ab, die Colbert etabliert hatte, und lehrten die Naturgesetzlichkeit der Wirtschaftsprozesse. Die Wirkungen der am wirtschaftlichen Nutzen orientierten individuellen Tätigkeiten wurden in Analogie zu den Prozessen der organischen und anorganischen Natur beurteilt. Nach dem Klassen- oder Sektorenmodell war der Boden die Quelle des Reichtums, weil nur die Landwirtschaft Mehrwert erzeugen könne entsprechend der scholastischen Produktionstheorie von der Vermehrung der Materie. Die Grundeigentümer hätten die Aufgabe der Verteilung, indem sie die Pachteinkünfte zum Kauf natürlicher und gewerblicher Güter verwendeten. Die Handwerker und Kaufleute erbrächten keinen Mehrwert.

Für die Physiokraten ist der Produktionsprozeß selbst ein naturhafter Vorgang, der am besten gelinge, wenn die vorgegebene Ordnung gefunden und nicht eine eigene Ordnung gesetzt werde. Gerade durch die Maxime 'laissez faire et laissez passer', d. h. durch die Freiheit von Produktion und Verkehr sollte die dem Weltlauf eingestiftete Ordnung realisiert werden. Dazu war korrekter unverzerrter Wettbewerb unter Beachtung von Rechtlichkeit nötig. Genau dies drückte die Forderung der französischen Aufklärung 'aidez à faire' aus. Diese Maxime, die Bedingungen für selbständige Tätigkeit zu schaffen, führte in der Revolutionszeit zur Deregulierung der zuvor streng normierten Wirtschaftsprozesse.

Neben Quesnay gab Mandeville für die Formulierung der klassischen Nationalökonomie wichtige Impulse. Der englische Philosoph Bernard de Mandeville (1670-1733) pries in seiner Schrift "The Fable of the Bees" (1714) die Vorzüge des Egoismus. Er bestritt dezidiert den Sinn einer moralischen Disziplinierung der Wirtschaftstätigkeiten. Das eigennützige Gewinnstreben sah er als Motor des allgemeinen Wohlstandes an.

Die Autoren der klassischen Nationalökonomie (Adam Smith, Jean-Baptiste Say, David Ricardo, Thomas Robert Malthus) forderten gegen den staatlich dominierten Merkantilismus einen von individuellen Entscheidungen bestimmten Wirtschaftsliberalismus. Sie traten politisch für eine Befreiung der Wirtschaftstätigkeiten von allen Beschränkungen des Zunft- und Feudalwesens ein. Sie beschritten wissenschaftlich den Weg zur Verselbständigung der Nationalökonomie als einer rationalen Erfassung der Wirtschaftsprozesse. Basierend auf Eigeninteresse, Vertragsfreiheit und Eigentumsrecht entwickelten sie eine Theorie der Arbeitsteiligkeit, des Marktpreismechanismus sowie des Wirtschaftskreislaufes und seiner Komponenten. Diese Autoren haben sowohl wirtschaftsgeschichtlich wie wissenschaftsgeschichtlich eine epochale Bedeutung.

Der schottische Moralphilosoph Adam Smith (1723-1790) bettete die Wirtschaftstheorie noch ein in die ethische "Theory of Moral Sentiments" (1759). Smith sah das menschliche Handeln bestimmt von eigennützigen und wohlwollenden Trieben, die in einem gleichsam unparteilichen Gewissensentscheid verantwortlich beurteilt werden müssen. Im Sinne des aufklärerischen Deismus war Smith davon überzeugt, daß in der Befolgung der individuellen Triebe nicht nur das individuell Beste, sondern auch das für das Gemeinwohl Beste erreicht werde. Die natürlichen Triebe der Menschen seien genauso wie die objektiven Naturgesetze auf die Weltordnung und die Glückseligkeit der Menschheit ausgerichtet.

In seinem epochemachenden Werk "An Inquiry into the Nature and Causes of the Wealth of Nations" von 1776 legte Smith dar, das Glücksverlangen der Menschen führe zu einer erwerbsorientierten

Ausweitung der Produktion, der freie Markt zu einem umfassenden Interessenausgleich. Mit der erwerbsorientierten Produktverbesserung fördere der Produzent zugleich den Verbraucher wie den Konkurrenten. Um das eigene individuelle Glücksstreben zum Erfolg zu bringen, müsse das Eigennutzstreben des anderen angesprochen werden, und gerade dadurch werde der gemeinsame Wohlstand vermehrt. Smith rechnete also mit einer List Gottes oder einer List der Vernunft, durch die der Eigennutz in Gemeinwohl umgewandelt wird. Direkte Aktionen für das Gemeinwohl hielt er für wenig erfolgreich. Eigennutzstreben und Marktgeschehen sah Smith in einen Weltrahmen eingebunden, der die Entwicklung zur Vollkommenheit durch eine 'unsichtbare Hand' garantiert. Smith setzte den Zweck des Wirtschaftens in die Mehrung des Wohlstands, in die Minderung von Armut und Güterknappheit. Als Realisierungsprinzip zur Mehrung des Wohlstandes erkannte er die Arbeitsteilung, die aus der Neigung zu Güteraustausch und gegenseitigem Übereinkommen herrühre. Diese Neigung ordnete Smith vermutungsweise der Sprachlichkeit des Menschen zu. Die über den Wettbewerbsmarkt gesteuerte Allokation führe unter statischem Aspekt auf der Geldkapitalseite zu einer allgemeinen Gewinnrate und auf der Arbeitskraftseite zu einem natürlichen Lohnsatz; beides gewährleistete die Reproduktion der Wirtschaftsmittel. Unter dynamischem Aspekt vertrat Smith eine optimistische Entwicklungstheorie, wonach durch Akkumulation produktiver Investitionen und Arbeitsteilung ein Wachstum der Wirtschaft und des Wohlstands erreicht werde. Gegen die physiokratische Hochschätzung der produktiven Bedeutung der Natur sah Smith vornehmlich in der menschlichen Arbeit die Wertschöpferin der Güter, die die Menschen zu ihrem Lebensunterhalt brauchen. Damit wurde eine völlig neue Wertung der Wirtschaftsprozesse vorgenommen.

Jean-Baptiste Say (1767-1832) bezog in seiner 1803 erschienenen Schrift "Traité d'économie politique" die immateriellen Dienste in den Wohlstand ein, unterschied Unternehmereinkommen und Kapitalzins und vertrat eine harmonistische Auffassung von Güterproduktion und Güterverteilung, wonach Angebot und Nachfrage gesetzmäßig übereinstimmten und eine allgemeine Überproduktion unmöglich sei.

Thomas Robert Malthus, der bereits 1798 durch eine pessimistische Bevölkerungstheorie ("An Essay on the Principles of Population") hervorgetreten war, widersprach 1820 in seiner Schrift "Principles of Political Economy" der optimistischen These Says, indem er auf die Bedeutung des Sparens und den daraus resultierenden möglichen Rückgang der Nachfrage hinwies.

David Ricardo (1772-1823) hat 1817 in seinem Werk "On the Principles of Political Economy and Taxation" für wirtschaftswissenschaftliche Untersuchungen alle moralischen Bindungen abgelehnt und die Faktoren für die Verteilung des Volkseinkommens auf rationale Gesetze hin analytisch untersucht. Die Verteilung der Güter bzw. Einkommen basiere auf dem Wert der Arbeit, die für die Erzeugung eines Gutes aufgewendet werden müsse. Ricardo vertrat im Gegensatz zu Smith eine pessimistische Entwicklungstheorie, indem er längerfristig abnehmende Kapitalerträge bei natürlichem Lohnsatz und allein steigenden Bodenrenten erwartete, so daß sich ein stationärer Zustand rasch einstelle. Wichtige Argumente für den Freihandel und die internationale Arbeitsteilung formulierte Ricardo in seiner Theorie der komparativen Kosten, die auch für das Land mit relativem Kostenvorteil die Arbeitsteilung als gewinnbringend nachwies.

Für die Entwicklung der Wirtschaftswissenschaft ist der Zug zu einem positivistischen und rational-analytischen Wissenschaftsverständnis prägend geworden. Die im England des 19. Jahrhunderts auftretende schreckliche Massenverelendung der Industriearbeiterschaft wurden von dieser positivistisch orientierten Wissenschaft außer acht gelassen. Dieser Standpunkt sittlicher Nichtzuständigkeit ist besonders beim Konzept der freien Marktwirtschaft des Manchester-Kapitalismus (politische Hauptvertreter: Richard Cobden und John Bright) ausgeprägt.

Eine Extremposition war dann der Sozialdarwinismus Herbert Spencers (1820-1903), der unter dem Gesichtspunkt der Tüchtigkeit die wirtschaftliche Position der Individuen zum Ausweis ihrer sittlichen Qualität machte: Die Fähigsten überleben und setzen sich durch; dieses Überleben zeige ihre Tüchtigkeit und damit ihre sittliche Qualität; die Armen seien auch die Schlechten; das Mißgeschick im Erwerbsleben sei auch eine sittliche Disqualifizierung.

Im Deutschland des 19. Jahrhunderts, veranlaßt durch die ethische Theoriebildung des Deutschen Idealismus und durch die patriarchalische Stellung des Staates, waren Wirtschaftspolitik und Wirtschaftswissenschaft stärker nationalökonomisch ausgerichtet. Friedrich List (1789-1846) sah zwar die innovative Bedeutung des britischen Liberalismus, lehnte aber eine rein einzelwirtschaftliche Perspektive und die daraus resultierende Forderung nach Freihandel ab. List betonte stattdessen die nationalökonomische Perspektive, die das Gemeinwohl sehr viel stärker in den Mittelpunkt rückte und angesichts des deutschen Entwicklungsrückstandes bei der Industrialisierung die Forderung nach Erziehungszöllen und einem raschen Ausbau der Verkehrswege (besonders der Eisenbahn) einschloß.

Im Anschluß an die Rechtshistorische Schule Friedrich Karl von Savignys (1779-1861) und an Motive der deutschen Romantik untersuchte die Historische Schule der Nationalökonomie die geschichtlichen Konstellationen, die die Formen des Wirtschaftens bedingen, und verfolgte die Vielfalt der wirtschaftlichen Verhältnisse in Zünften und Regionen bis zurück ins Mittelalter. Die Historische Schule lehnte eine rein funktionale Betrachtungsweise ab und verlangte eine grundsätzliche Wertorientierung, die die Gemeinschaftsgebundenheit und das geschichtliche Gewordensein des Wirtschaftens zur Geltung bringen sollte.

Die Ältere Historische Schule um Wilhelm Roscher (1817-1894) suchte gesetzmäßige Entwicklungsstufen der Volkswirtschaft aufzuzeigen. Die Jüngere Historische Schule um Gustav Schmoller (1838-1917) nahm eine umfassende Bestandsaufnahme der geschichtlichen Entwicklungen vor, um aus dieser Materialkenntnis induktiv die wirtschaftlichen Zusammenhänge zu ermitteln. Schmoller entfaltete nicht nur wissenschaftlich, sondern auch organisatorisch und politisch eine große Wirksamkeit.

Deutsche Nationalökonomen schlossen sich unter Schmollers Führung 1872 zum 'Verein für Socialpolitik' zusammen, der eine breite publizistische Wirksamkeit entfaltete und 'kathedersozialistisch' wirtschaftliches Tun unlösbar mit der sittlichen Existenz des Menschen verknüpft sah. Mit der kleindeutsch-preußischen Gründung des Wilhelminischen Kaiserreichs 1871 im Krieg gegen Frankreich wurde die nationale Frage als gelöst betrachtet. Nun trat die soziale Frage vermehrt ins öffentliche Bewußtsein. Adolph Wagner (1835-1917) entwickelte in seiner 1871 gehaltenen und 1872 publizierten "Rede über die sociale Frage" die Leitlinien einer bürgerlich-protestantischen Sozialreform, die sich markant gegen den solidaritätsfeindlichen Manchester-Kapitalismus und den individualitätsfeindlichen Radikalsozialismus abgrenzt.

Im 'Verein für Socialpolitik' wurde vom Staat eine aktive Sozialpolitik zur Sicherung von Schutzrechten der Schwächeren und zur Bekämpfung der Verarmungsphänomene gefordert. Das individuelle Eigennutzenstreben müsse durch eine staatliche Sozialpolitik gezügelt werden. In protestantischer Tradition wurde dem Staat ein striktes Wächteramt zur Wahrung des Allgemeininteresses zugeschrieben. Die Volkswirtschaft sei mehr als die Summe der Einzelwirtschaften und erzeuge mit den wirtschaftlichen Gütern auch die für die Gesellschaft wichtigen moralischen Faktoren. Der Kathedersozialismus hat die Bismarcksche Sozialgesetzgebung wesentlich beeinflußt.

Gegen die Historische Schule und gegen die an den staatlichen Institutionen ausgerichtete Politische Ökonomie begründeten in den 1870er Jahren William Stanley Jevons (1835-1882), Carl Menger (1840-1921) und Léon Walras (1834-1910) die Grenznutzentheorie, die von der Bedürfnisseite ausgeht und eine mathematische Ökonomie der Tauschakte formuliert. In die Grenznutzentheorie gingen Erkenntnisse von Hermann Heinrich Gossen (1810-1858) ein, der 1854 in seiner Schrift "Entwicklung der Gesetze des menschlichen Verkehrs und der daraus fließenden Regeln für menschliches Handeln" erstens das Sättigungsgesetz und zweitens das Ausgleichsgesetz formuliert hatte. Nach dem Sättigungsgesetz nimmt bei einem beliebig teilbaren Gut der Genuß (Nutzen) mit zunehmendem Verbrauch ab: Ökonomisch wird der Grenznutzen gemäß dem Preis der letzten noch begehrten Verbrauchseinheit erfaßt. Nach dem Ausgleichsgesetz erfolgt bei verschiedenen Bedürfnissen ein Ausgleich in gleicher Höhe der Einzelgenüsse: Ökonomisch wird der maximale Nutzen bei einer Vielzahl von Gütern mittels Auswahl und Begrenzung durch das gleich hohe Grenznutzenniveau der Einzelgüter erreicht. Zur Nutzenmessung wurden in der Grenznutzentheorie Präferenzskalen aufgestellt.

Die Grenznutzentheorie markiert den Wechsel von der klassischen zur neoklassischen liberalen Wirtschaftstheorie. Die Preisbildung wird nicht mehr (wie in der klassischen liberalen Wirtschaftstheorie) durch die Arbeitsleistung, sondern durch den Nutzen erklärt. Die neoklassische Wirtschaftstheorie verknüpft die Marginaltheorie des Nutzens mit der Gleichgewichtstheorie des Tauschmarkts. Menger mit der Wiener Schule, Walras mit der Lausanner Schule und Alfred Marshall (1842-1924) mit der Cambridger Schule prägten die Entwicklung der Wirtschaftswissenschaft nachhaltig. Marshall führte den Namen 'Economics' statt 'Political Economy' ein.

Menger focht um die Jahrhundertwende mit Schmoller den 'Methodenstreit' aus und thematisierte dabei das wissenschaftliche Selbstverständnis und die Methodologie der Nationalökonomie. Gegen die von Schmoller vertretene Wertorientierung und historisch-induktive Methodologie forderte Menger die wertfreie Sachanalyse im Sinne einer rein funktionalen Betrachtungsweise. Menger berücksichtigte den subjektiv-wertenden Aspekt der Wirtschaftsentscheidungen in seiner Grenznutzentheorie, ordnete diesen subjektiven Aspekt aber als Funktion in die Sachanalyse ein.

Die Ausbildung und gesellschaftliche Umsetzung des liberalistischen Kapitalismus wurde im 19. Jahrhundert begleitet von den polemischen Attacken des Sozialismus. Dabei waren für die Ausbildung des Sozialismus sowohl das Gleichheitsmotiv der Französischen Revolution als auch die Proletarisierungseffekte der Industrialisierung maßgeblich. Wirkmächtig waren besonders die wirtschaftstheoretischen Ausarbeitungen von Karl Marx (1818-1883) und Friedrich Engels (1820-1895). Sie arbeiteten ihre grundsätzliche Kapitalismuskritik in eine Gesellschafts- und Geschichtslehre ein, die die Notwendigkeit der geschichtlichen Entwicklung vom Kapitalismus über den Sozialismus zum Kommunismus verständlich machen sollte. Marx lieferte in zahlreichen Schriften und Aufsätzen (besonders 1859 "Zur Kritik der politischen Ökonomie" und 1867 erster Band von "Das Kapital") nicht nur eine schonungslose Analyse der Mißstände des damaligen Kapitalismus, sondern auch eine auf revolutionäre Gesellschaftsveränderung abzielende Therapie inklusive einer visionären Zielbestimmung. Der Marxismus konfrontierte die Arbeiterbewegung jahrzehntelang mit der grundlegenden Alternative von Reformismus und Revolutionismus.

2. Themenfelder und Methodik der Wirtschaftswissenschaft

Die grundlegenden Fragen der Wirtschaftswissenschaft sind, wie von wem was für wen am günstigsten hergestellt wird. Diese Fragen können betriebswirtschaftlich aus der Sicht des Einzelunternehmens und volkswirtschaftlich aus der Sicht der Gesamtwirtschaft erörtert werden.

Die Betriebswirtschaftslehre untersucht die internen Wirtschaftsprozesse, die nötig sind, um bestimmte Produkte und Dienstleistungen herzustellen. Sie analysiert die Binnenstruktur der Unternehmungen nach Funktionsbereichen (Entwicklung, Beschaffung, Produktion, Absatz, Finanzierung, Personal, Investition), Führungsaspekten (Organisation, Planung, Entscheidung, Überwachung) und Kommunikationslinien.

Die Volkswirtschaftslehre läßt diese internen und technischen Produktions- und Koordinationsprozesse außer acht. Sie beschäftigt sich mit den Voraussetzungen und den Ergebnissen des Wirtschaftens. Sie untersucht die Faktoren der Wirtschaftsprozesse mitsamt ihren sozialen Parametern. Auf der Produktionsseite steht die Allokationsfrage im Zentrum, wie die optimale Zuordnung der an den Wirtschaftprozessen beteiligten Elemente und Faktoren zu erreichen ist. Auf der Konsumtionsseite ist die Verteilungsfrage zentral, wie die produzierten Güter und Einkommen optimal den Wirtschaftssubjekten zugeeignet werden können.

Die Volkswirtschaftslehre ist üblicherweise zweigeteilt in Mikroökonomie und Makroökonomie. Dieser Unterscheidung liegen nicht differente Gegenstände zugrunde, sondern maßgeblich ist der Betrachtungsaspekt.

Die mikroökonomische Theorie beschäftigt sich primär mit der Allokation und dem Markt- bzw. Preismechanismus. Ihr Betrachtungsmodus ist die einzelwirtschaftliche Koordination von Unternehmen und Haushalten. Außerdem beschäftigt sie sich mit der staatlichen wirtschaftspolitischen Einflußnahme auf Einzelmärkte, also mit Eingriffen in die Preisbildung und in den Wettbewerb, aber auch mit Maßnahmen, die ein Marktversagen durch externe Effekte korrigieren sollen.

Innerhalb der mikroökonomischen Theorie bilden die partialanalytischen Modelle die Funktionsweise eines Einzelmarktes ab, wobei die Situationen anderer Märkte als gegeben vorausgesetzt werden. Hier wird also durch die Isolation eines Einzelmarktes die Interdependenz der Märkte ausgeblendet. Die totalanalytischen Modelle untersuchen gerade den Zusammenhang, der zwischen Einzelmärkten besteht.

Die makroökonomische Theorie behandelt die gesamtwirtschaftlichen Prozesse nach ihren wesentlichen Elementen. Sie sucht die Gesetzmäßigkeiten und Wechselwirkungen zu erfassen. Sie beschäftigt sich mit dem Wirtschaftskreislauf, der Beschäftigung, dem Preisniveau, der Verteilung, dem Wachstum, dem Geldwesen, dem Außenhandel, den öffentlichen Finanzen, mit Inflation, Konjunktur und Währung.

Die positivistisch orientierte Wirtschaftswissenschaft hat ihr Herkommen aus der Philosophie, aus der Ethik des Politischen getilgt. Die Wirtschaftswissenschaft hat eine starke Tendenz zu mathematisierenden Struktur- und Funktionsbeschreibungen. Sie hat sich weitgehend an einen naturwissenschaftlich inspirierten Positivismus angeschlossen. Sie versucht, eine mathematisierende Abbildung der für das Wirtschaftsgeschehen maßgeblichen Faktoren, Bedingungen und Parameter zu liefern. Dabei entwickelt sie in induktiver Methodik aus den beobachtbaren Fakten eine hypothetische Theorie der Verknüpfung dieser Fakten, die dem Probierstein der Falsifikation unterworfen ist. Sie untersucht Bedingungskonstellationen darauf, welche Veränderungen bestimmte Parameterentwicklungen bewirken. Sie trifft hypothetische Urteile über notwendige Funktionszusammenhänge bei möglichen Bedingungskonstellationen.

Das Verfahren ist empirisch-induktiv. Wenn bestimmte Beobachtungen und Daten akkumuliert und statistisch aufbereitet sind, wird der Versuch gemacht, ein Modell nach dem Muster 'Was passiert, wenn' aufzustellen. Für eine solche Modellbildung muß ein weitgehend konstantes Verhalten der Wirtschaftssubjekte angenommen werden. Das Verhalten der Akteure muß dabei keineswegs mechanistisch oder deterministisch verstanden werden. Eine große Stabilität von Erwartungshaltung und Erwartungserfüllung reicht aus.

Die Wirtschaftswissenschaft als empirische Wissenschaft stellt fest, was der Fall ist; sie beobachtet, beschreibt, erklärt und prognostiziert. Die Theorien einer empirischen Wissenschaft werden in ihrer Leistungsfähigkeit daran gemessen, wie weit und wie genau sie in der Lage sind, konkrete Wirklichkeitszustände zu beschreiben, deren Zustandekommen regelhaft zu erklären und künftige Zustände sicher vorauszusagen. Eine Theorie ist umso überzeugender und leistungsfähiger, je genauer sie einen Ist-Zustand gemäß bestimmter Regelhaftigkeiten in seinem Zustandegekommensein erklären und je sicherer sie künftige Zustandsentwicklungen prognostizieren kann.

Die Prognoseleistung ist der Erklärungsleistung nach Art und Resultat um so ähnlicher, je unabhängiger der zu erkennende Sachverhalt von der Theoriebildung ist. Eine Theorie ist dann prognosesicher, wenn künftige Zustände, die sie auf Grund der behaupteten Regelhaftigkeiten voraussagt, auch tatsächlich eintreten. Hier sei an die Prognose einer vollständigen Mondfinsternis erinnert, die Christoph Kolumbus (Cristoforo Colombo, Cristóbal Colón) am 29. Februar 1504 auf Jamaika das Leben rettete. Werden Zustandsveränderungen durch die Prognosen beeinflußt, so wird dadurch die Prognoseleistung, die ein Beurteilungselement für die Validität einer Theorie ist, in verwirrender Weise undeutlich. So können Prognosen dadurch, daß sie aufgestellt und bekannt gemacht werden, selbst das Wirklichwerden des Prognostizierten bewirken. Dies läßt sich bei Voraussagen zu Wechselkurs- oder Konjunkturentwicklungen beobachten, die eine Erwartungshaltung so beeinflussen, daß der prognostizierte Zustand eintritt.

Die Wirtschaftswissenschaft will die maßgeblichen Faktoren des Wirtschaftsgeschehens und ihre Beziehungszusammenhänge möglichst präzise erfassen. Um diese internen Relationen durchspielen zu können, ist eine möglichst scharfe Grenzziehung nach außen geradezu erwünscht. Die externen Relationen des Wirtschaftens werden abgeblendet. Damit werden Qualitätsurteile über die Ergebnisse des Wirtschaftens abgelehnt. Kriterien zur Beurteilung der Produkte will die Wirtschaftswissenschaft grundsätzlich nicht liefern: die Bestimmung von Wohlfahrt und Nutzen sei rein subjektiv; die Wirtschaftswissenschaft dürfe sich nicht zur Sittenrichterin über die Konsumgewohnheiten der Menschen machen.

In der Wirtschaftswissenschaft werden die individuellen und sozialen Bedürfnisse, die soziale Verfaßtheit und die Produktionstechnik zumeist als vorgegeben vorausgesetzt. Die Arbeitsteilung, das Medium Geld, die Marktformen werden vornehmlich unter dem Gesichtspunkt der Produktivitätssteigerung, der Koordinationsoptimierung und der Kostenminimierung analysiert. Die Wirtschaftswissenschaft untersucht die Gruppen und Strukturen, die das Wirtschaftsgeschehen bestimmen. Durch diese Diagnosen soll einer Optimierung der Wirtschaftsprozesse der Weg bereitet werden. Die Wirtschaftswissenschaft hat also indirekt selbst eine Nutzenstiftung zum Ziel.

Die Wirtschaftswissenschaft will bestimmte empirische Zustände erklären und Prognosen für zukünftige Entwicklungen liefern. Sie läßt wirtschaftliche Prozesse gleichsam naturgesetzlich ablaufen. Bei konstanten Determinanten sind die Prozesse schicksalhaft, haben für die Beteiligten den Charakter eines unausweichlichen Verhängnisses. Doch werden die Determinanten als veränderbar und in Maßen politisch gestaltbar aufgefaßt. Im Modus von Prognosen werden zugleich Ratschläge gegeben, welche wirtschaftspolitischen Maßnahmen zu ergreifen oder zu unterlassen seien, um bestimmte Wirtschaftsentwicklungen zu befördern oder zu verhindern. Da solche Prognosen immer ausschnitthaft und hypothesengebunden sind, bleibt den politischen Entscheidungsträgern die Qual der Präferenzenbildung nicht erspart. Die Prognosen haben den Charakter offener Voraussagen. Sie werden häufig formuliert, damit sie nicht eintreten mögen.

Die Wirtschaftswissenschaft unterstellt für die Wirtschaftssubjekte konstante Verhaltensmuster, in denen moralische Imperative, die befolgt oder auch nicht befolgt werden können und insofern Unsicherheit in jede Vorausschätzung bringen, möglichst minimiert werden. Die Selbstbestimmung und Freiheit der Akteure wird als Wahlfreiheit der Verbraucher und der Produzenten für bestimmte Güter verstanden und berücksichtigt. Diese Entscheidungsakte werden statistisch erfaßt. Die Motive, die die Entscheidungsfindung bestimmen, sind starr und hoch selektiv. Die menschlichen Subjekte, die als Verbraucher und Unternehmer wirtschaftliche Entscheidungen treffen müssen, werden in methodischer Abstraktion nach der Erkenntnisseite auf die Zweck-Mittel-Rationalität und nach der Willensseite auf das wohlverstandene Eigennutzstreben reduziert. Durch diese abstrakte Anthropologie kann die Wirtschaftswissenschaft mit kalkulierbaren und stabilen Entscheidungslagen operieren.

Die marktorientierte Wirtschaftswissenschaft muß auf der Entscheidungsfreiheit der wirtschaftlichen Akteure bestehen, weil nur so überhaupt ein Markt zustande kommt. Doch die Gesichtspunkte, nach denen die Entscheidungen getroffen werden sollen, sind gerade von der Art, daß der Ausgang der Entscheidung sehr gut voraussehbar, die Entscheidungslage also prognostisch auswertbar ist. Die vorgenommene Reduktion der das Verhalten bestimmenden Faktoren erlaubt eine sehr übersichtliche Modellbildung und bringt die wünschenswerte Eindeutigkeit.

Die ökonomische Theoriebildung braucht ein abstraktes Menschenbild. Zu verläßlichen Aussagen kann sie nur kommen, wenn die in der Wirtschaft handelnden Personen eine gewisse Normalität haben. Die Wissenschaft muß typisieren, und dazu muß sie abstrahieren. Diese methodische Abstraktion ist durchaus statthaft. Einwände sind erst dagegen zu erheben, wenn dieses Modell für die Wirklichkeit genommen wird und dann auch noch mit einem moralischen Impetus versehen wird, als läge hier eine Totalerklärung und eine umfassende Verhaltensanweisung für die gesamte Wirklichkeit vor. Diese in der Regel sehr verkürzte Anthropologie sollte ein Thema im Gespräch der Theologie mit der Wirtschaftswissenschaft sein.

Die Wirtschaftswissenschaft operiert mit einem typischen wirtschaftlichen Akteur, der mit dem Grundphänomen 'Güterknappheit' rational umgeht. Der homo oeconomicus ist charakterisiert durch formale und inhaltliche Rationalität, durch Eigeninteresse und Autonomie sowie durch Interessenausgleich. Die Kombination von Rationalität und Eigeninteresse soll danach ein für alle optimales Gesamtergebnis erzielen. Dabei wird von der inhaltlichen Bestimmung des Nutzenbegriffs Abstand genommen. Die Wirtschaftsgüter sollen nützlich sein. Wozu sie nützlich sind, ist gleichgültig. Wie Lebensglück oder Lebenserfüllung aussehen können, davon wird abstrahiert.

Wichtig für das Entscheiden von Handlungsalternativen ist eine möglichst vollständige Kenntnis der zu erwartenden Verhaltensreaktionen. Diese Aufgabe kann durch Wahrscheinlichkeitsberechnungen angegangen werden. Johann von Neumann (1903-1957) begründete gemeinsam mit Oskar Morgenstern (1902-1977) die wirtschaftsmathematisch wichtige Spieltheorie, durch die die für einen Wettbewerber jeweils optimalen Verfahrensregeln und Strategien formuliert werden sollen. Wird die Kette von Antizipationen als endlos gedacht, ergibt sich das von Morgenstern aufgestellte und nach ihm benannte Paradoxon: Die Überfülle der Wahlalternativen verhindert die Wahlentscheidung; die Endlosigkeit der Reaktionsreihen führt zu vollständiger Lähmung; die Imagination der Antizipationen blockiert das konkrete Tun.

Eine vollständige Kenntnis aller Handlungsfaktoren und Handlungsfolgen kann nur gefordert, aber nicht erreicht werden. Deshalb wird das Rationalitätsverhalten zumeist konkretisiert und materialisiert als Extremierungsverhalten, d. h. Maximierung des Nutzens und Minimierung der Kosten. Die Leitfigur dieser eingeschränkten Rationalität ist der 'lernfähige abwägend maximierende Mensch' (LAMM) oder 'resourceful evaluative maximizing man' (REMM), die sorgfältig und nachhaltig nutzenmaximierende Wirtschaftsperson. Nachhaltiges Wirtschaften wird so mit dem Prinzip der Rationalität zusammengebracht.

Der egoistische homo oeconomicus ist wissenschaftlich zumeist nur als Arbeitshypothese gemeint. Und doch kann er unter der Hand zum nachahmenswerten Verhaltensmuster geraten. Theorien suggerieren durch ihren praktischen Erfolg auch die Gültigkeit der von ihnen getroffenen Verhaltensannahmen und gewinnen dadurch eine große externe Prägekraft. Falls die Wirtschaftswissenschaft durch ihre Theoriebildung und Politikberatung zu einer günstigen Wirtschaftsentwicklung beiträgt, scheint das Bild vom homo oeconomicus auch in seinen moralischen Qualitäten bestätigt und für eine Ausweitung auf alles menschliche Verhalten geeignet zu sein. Kritik am ökonomischen Verhaltensmuster wird vornehmlich erst dann geübt, wenn die heraufgeführten Gesellschaftszustände die Mängel der Theoriebildung offensichtlich werden lassen.

Die Wirtschaftswissenschaft versteht sich weithin als wertfreie Wissenschaft. Sie erhebt Tatsachen und erklärt Sachverhalte. Sie bildet Hypothesen, aber sie wertet nicht. Sie folgt dem von Max Weber (1864-1920) formulierten, auf die Aufklärung (vgl. Thomas Hobbes, Baruch de Spinoza) zurückgehenden Ideal von der Interessefreiheit der Wissenschaft. Das Postulat der Wertfreiheit hatte Max Weber 1909 auf einer Tagung des 'Vereins für Socialpolitik' aufgestellt, um ideologische Verfälschungen der Sachanalyse anzuprangern. Diese berechtigte Forderung, Wertsetzungen müßten explizit gemacht werden und dadurch methodisch kontrollierbar werden, muß allerdings entgrenzt werden. Sie gilt nicht nur für die Wertsetzungen der wissenschaftlichen Analysen, sondern auch für die Wertsetzungen, die in den faktischen Entwicklungsprozessen latent wirksam sind. Diese dürfen durch die Analyse nicht einfach wiederholt werden und damit latent weiter wirksam sein.

Mit dem Ideal der Wertfreiheit soll die Wissenschaft vor den Wissenschaftlern und deren Eigeninteressen geschützt werden. Dieses Ideal hat eine hohe Disziplinierungswirkung gegen alle Versuchungen, den eigenen Vorteil oder bestimmte Gruppeninteressen in die vernünftigen Analysen und Erkenntnisse einzutragen und vorteilhaft-absichtsvolle Ergebnisse zu formulieren. Das Ideal soll also die Versuchbarkeit der Wissenschaftler, ihre Anfälligkeit für absichtsgeleitete Untersuchungsergebnisse, zügeln und zurückdrängen.

Aber das Postulat der Wertfreiheit hat nicht nur moralische Relevanz für die Wissenschaftspraxis und -methodik, sondern es impliziert wissenschaftstheoretische Ansprüche, die sorgfältiger Prüfung bedürfen. Das Postulat der Wertfreiheit wird zumeist im Sinne von Voraussetzungslosigkeit und vollkommener Objektivität der Wissenschaft verstanden. Im Sinne einer regulativen Idee ist dies statthaft und notwendig. Doch muß dabei die faktische kategoriale Voraussetzungshaftigkeit und unausweichliche Perspektivität wissenschaftlicher Untersuchungen immer zugleich bedacht werden. Die Sittlichkeit der Wissenschaftspraxis muß kategoriale Perspektivität und ideale Sachlichkeit vermitteln.

3. Gespräch der Wirtschaftsethik mit der Wirtschaftswissenschaft

Wissenschaft ist sowohl das methodisch geleitete und kontrollierte Gewinnen von begründeter Erkenntnis als auch der Inbegriff dessen, was diese methodisch betriebenen Erkenntnisbemühungen als Ergebnis zutage gefördert haben. Dem Wissenserwerb und der Wissensvermittlung dienen im Zuge gesellschaftlicher Differenzierung selbständige soziale Institutionen für Forschung und Lehre. Für diesen gesellschaftlichen Teilbereich gilt ein eigenes Moralsystem, durch dessen Regeln die Validität der Erkenntnis und ihrer Vermittlung gesichert werden soll.

In der individuellen und sozialen Wahrnehmung der Wirklichkeit begegnen Zustände und Situationen, die durch Menschen beeinflußbar sind. Es ist charakteristisch für das individuelle und soziale historische Bewußtsein, zu wissen, daß konkrete Entwicklungen und konkrete Zustände auch anders sein könnten und daß sie auch auf andere Weise so geworden sein könnten, wie sie sind. Dieser Bereich des Auch-anders-sein-könnens ist der Bereich der Freiheit. Dabei ist noch genauer zu unterscheiden zwischen solchen Zuständen, die als naturale Zufälligkeit zu qualifizieren sind (beispielsweise Farbqualitäten oder Berghöhen), die aber primär vorgegeben sind und auch keinen Praxisimpuls auslösen. Davon zu unterscheiden sind solche Zustände des Anders-sein-könnens, die Praxisimpulse auslösen und selber als auf menschliche Praxis zurückgehend wahrgenommen werden müssen (beispielsweise Werkzeuge, Gemeinschaftsorganisationen, Kulturveranstaltungen).

Die Wahrnehmung des Auch-anders-sein-könnens hat im naturwissenschaftlichen Mikrobereich die Ausbildung von statistischen Theorien veranlaßt. Das Auch-anders-sein-können wird zu einem Spezialfall des Verhältnisses des Einzelfalls zum Gesamtfall. Für den Gesamtfall lassen sich dann weiter feste Regelmäßigkeiten aussagen, der Einzelfall wird in die Beliebigkeit gestellt. Das Verhältnis des Einzelfalls zum Gesamtfall wird selbst undurchschaubar. Der Einzelfall ist nur als Element des Gesamtfalls wichtig, ansonsten in seiner konkreten Verfaßtheit und seiner Gestalt beliebig und gleichgültig. Diese statistische Theoriebildung kann auf Naturphänomene und Tatbestände der Freiheitswelt angewandt werden. Sie bedeutet allerdings den Verzicht auf die Wahrnehmung von Sinnphänomenen und den Verzicht auf die Regulierung von Einzelverhalten. Der Gewinn besteht darin, daß man von der Subjektivität moralischer Einstellungen und sittlicher Beurteilungen unabhängig wird.

Werden Sachverhalte der Wirklichkeit als auch anders sein können wahrgenommen, so ergibt sich die Frage, wie menschliche Tätigkeit auf diese Sachverhalte eingehen kann und soll. Die Regeln, die hier in Rede stehen, sind also nicht von der Art objektiver Gesetze, sondern wollen dezidiert die freie Tätigkeit menschlicher Subjekte leiten. Solche Regeln haben daher prinzipiell einen anderen Charakter als die Naturgesetze. Freiheitsregeln sind solche des Sollens. Damit ist immer mitgesetzt, daß diese Regeln auch nicht beachtet und nicht vollzogen werden können. Freiheitsregeln schließen ein Müssen aus.

Für alle moralischen Forderungen, für alle normativen ethischen Sätze ist von besonderem Gewicht die Frage der Realisierung dieser Normen. Wie können reine Lippenbekenntnisse verhindert werden? Wie kann sichergestellt werden, daß Forderungen nicht als Appelle einfach verhallen? Die Umsetzung moralischer Forderungen ist selbst ein eminent moralisches Problem. Das Sollen impliziert, daß es keine naturwüchsige Realisierung gibt. Ob Zwang zur Realisierung erlaubt oder geboten ist, muß selbst moralisch untersucht und beantwortet werden. Ein zynischer Standpunkt wäre, alle moralischen Appelle und Selbstverpflichtungen als Imagepolitur einzustufen und faktisch mit unfairen oder betrügerischen Gewinnstrategien weiterzumachen. Die zynisch empfohlene und erfolgreich praktizierte Scheinheiligkeit beweist die Instrumentalisierbarkeit sittlicher Tugenden und Werte. Damit wird auch bewiesen, daß das Aufstellen und Umsetzen moralischer Verpflichtungen selbst eine sittliche Aufgabe ist. Die Moral bleibt immer auf die sittliche Kraft angewiesen.

Für die Durchsetzung von sittlichen Forderungen muß primär die Überzeugung mobilisiert werden. Recht unterscheidet sich dadurch von Sittlichkeit, daß es primär sanktionsbewehrt ist, während Sittlichkeit sich primär an Überzeugung anschließt. Sind Menschen davon überzeugt, daß ein gefordertes Verhalten gut und lebensdienlich ist, so werden sie dieses sittliche Sollen auch erfüllen. Die rechtliche Durchsetzung von Forderungen erfolgt mittels Sanktionen und Prämien. Doch müssen die Handlungen dann extern überwacht und mit den vereinbarten Prämien oder Sanktionen belegt werden. Intrinsische Motive sind extrinsischen in der Leistungskraft immer überlegen.

Die Wirtschaftsprozesse und deren Ordnungen sind nicht determiniert und nicht theorieneutral. Die wissenschaftlichen Untersuchungen und Beurteilungen haben direkte und indirekte Auswirkungen auf den Ablauf der Prozesse und die Gestaltung der Ordnungen. Auch wenn es der Wirtschaftswissenschaft primär um die Abbildung und Erfassung der Wirtschaftsprozesse geht, so wirkt sie doch auch gestaltend auf sie ein. Dieses Phänomen wird von der Wirtschaftsethik aufgegriffen und seinerseits thematisiert. Die Regelhaftigkeiten, denen die Wirtschaftsprozesse unterliegen, haben keinen naturkausalen Charakter. Das zeigt die Erfahrung mit den Wirtschaftsprozessen in den vergangenen Jahrhunderten. Die Wirtschaft ist in hohem Maße kulturabhängig und somit steuerungsbedürftig.

Voraussetzung der wirtschaftsethischen Betrachtung ist die Wahrnehmung der Wirtschaftsprozesse als nicht schicksalhaft, als steuerungsfähig und steuerungsbedürftig. Im Rahmen einer reinen naturalen Subsistenzwirtschaft wird es zu keiner Ausbildung von wirtschaftsethischer Theorie kommen. Dort sind allenfalls wirtschaftsmoralische Ratschläge und Anweisungen nötig. Erst die prinzipielle Offenheit der Gestaltung von Wirtschaftsunternehmungen und

Wirtschaftsinstitutionen macht die Frage nach den leitenden Zielen und Werten unabweisbar.

Das Verhältnis von Wirtschaftsethik und Wirtschaftswissenschaft ist dann antagonistisch, wenn der vermeintlichen Konsistenz und Sachlogik der Wirtschaftswissenschaft ein extern aus anderen Quellen gewonnenes Bündel von Forderungen und Zielsetzungen gegenübergestellt wird. Wird die Wirtschaft allein als Anwendungsfall für eine universal konzipierte Ethik verstanden, so wird seitens der Wirtschaftswissenschaft leicht der grundsätzliche Vorbehalt formuliert, hier werde in der vermeintlichen Applikation allgemeiner Sätze der sachlichen Inkompetenz und Realitätsblindheit das Wort geredet. Eine solche Abwehr gilt grundsätzlich bei allen fundamentalistischen Vorentscheidungen.

Der Verzicht auf eine ethische Reflexion kann durch den Hinweis auf positives Expertenwissen nicht legitimiert werden. Diese Expertenposition, als ergäben sich alle Entscheidungsoptionen und alle Entscheidungsfaktoren aus der Sachlage selbst, als impliziere die vollständige Wahrnehmung der technischen und wirtschaftlichen Sachlage bereits die richtige Entscheidung, kann deshalb nicht hingenommen werden, weil damit eine Reduktion der Wirklichkeit auf bestimmte Sachlagen und Strukturen festgeschrieben würde. Sowohl in der Wirtschaftswissenschaft als auch in der Technologie wird der anthropologische Aspekt aber nur verkürzt berücksichtigt. Technische und wirtschaftliche Kompetenz sind zwar notwendige Bedingungen für die moralische Analyse, sind aber für die Bewältigung der Aufgabe nicht hinreichend.

Würde der Ethiker als Experte dem Wirtschaftwissenschaftler direkt korreliert und konfrontiert, so käme es zu einem Nebeneinander zweier Wissensformationen, wo der eine Experte jeweils dem anderen seine Inkompetenz bescheinigte. Das würde den Dialog, den Diskurs gerade verhindern. Es wäre das Modell der vollkommenen Konkurrenz und der reinen Heteronomie. Würde nämlich der eine Experte sich dem Wissen des anderen unterwerfen, so wäre es die Unterwerfung unter eine fremde Wissensformation, die sich anderen Erkenntnisquellen bediente, als sie sonst in der entsprechenden Wissenschaft üblich ist. Das Ganze bliebe ein äußerliches Verhältnis, das zu einer äußerlichen Herrschaft führte.

Die Trennung zwischen wertfreier Wissenschaft und normativer Ethik hat zur Ausgliederung der Wirtschaftswissenschaft aus der Morallehre theologischer und philosophischer Provenienz geführt. Sie zeigt sich heute streckenweise in der Verweigerung, ethische Gesichtspunkte in wirtschaftswissenschaftliche Überlegungen einzubeziehen. Zumindest sind ethische Gesichtspunkte marginalisiert worden.

Nun sind aber Phänomene in den Wirtschaftsabläufen und in den Wirkungen der Wirtschaftsprozesse beobachtbar, die die teilweise geäußerte Selbstzuversicht der Wirtschaftswissenschaft und die Ablehnung aller ethischen Erörterungen erschüttern müssen. Die Instabilitäten und Dysfunktionalitäten der Wirtschaft hinsichtlich der Natur (Umwelt), der globalen Gerechtigkeit (Nord-Süd-Konflikt) und in der sozialen Zuordnung der Wirtschaftsfaktoren machen auch für ein funktionalistisches Wissenschaftsverständnis die Frage unabweisbar, welche moralischen Wertsetzungen für die Krisenbewältigung erforderlich sind.

Hier knüpft ein funktionalistisches Konzept von Wirtschaftsethik an. Zumindest müssen nämlich Überlegungen darüber angestellt werden, wie die optimale Funktionalität der Wirtschaftsprozesse, falls diese denn den Erfolg in sich tragen, umfassend sichergestellt werden könne. Als Reaktion auf Krisenphänomene würde dann die Wirtschaftsethik bestimmte Korrekturen der in ihrer Sachlogik unangefochtenen Wirtschaftswissenschaft vorschlagen. Hier würde gleichsam von innen heraus die externe Wirkung der Wirtschaft einzuholen versucht.

Eine funktionalistische Wirtschaftsethik, die für den naturalistischen Trugschluß von der Normativität des Faktischen anfällig ist, stellt die Wohlstandsoptimierung im Sinne des sozialeudämonistischen Utilitarismus und die Sicherung der Vertragstreue in den Vordergrund. Das von der Börse herstammende und auch von der Fluggastabfertigung bekannte Arbitrageprinzip (mehrere Schlangen vor Abfertigungsschaltern unterschiedlicher Länge tendieren bei freier Wechselmöglichkeit auf ein Mittelmaß) formuliert den bei einer Knappheitsverteilung sich einstellenden Ausgleich als Prinzip des größten Wohls aller Beteiligten und wird dann als moralische Grundmaxime genommen. Moralische und wirtschaftliche Leitvorstellungen sollen miteinander in Einklang gebracht werden.

Eine solche funktionalistische Ethik will moralische Schmiermittel bereitstellen, die die Reibungsverluste des Wirtschaftsprozesses zu minimieren suchen. Die wirtschaftliche Kostenträchtigkeit sittlichen Wohl- oder Übelverhaltens läßt sich am Phänomen der Vertragstreue studieren. Schon der Verdacht auf Vertragsbruch treibt die Transaktionskosten in die Höhe. Je geringer die Vertrauenswürdigkeit des Vertragspartners ist, desto umfänglicher müssen die Sicherungsmaßnahmen sein, die den Vertragsbruch verhindern helfen sollen. Besteht beiderseitig grundsätzliches Mißtrauen und wird in Bestätigung dieses Mißtrauens das eigene Vorteilsziel mit allen Mitteln zu erreichen gesucht, so bricht das Vertragsverhältnis und damit auch das Tauschgeschäft zusammen.

Die moralische Problematik einer freien Interaktion, die den beteiligten Individuen ein vom Eigennutz bestimmtes Verhalten zumißt, wird in der Problemfigur vom 'Gefangenendilemma' formuliert: Individuell vermeintlich sinnvolles von Eigennutz bestimmtes Verhalten erweist sich als schädlich für die Gruppe und damit auch für die einzelnen Gruppenmitglieder. Diese Problemfigur knüpft an die Kronzeugenregel an, wonach Tatgeständnis und Benennung der Mittäter zu Strafminderung oder Straffreiheit führen. Wird diese Regelung bei isoliert inhaftierten Beschuldigten von allen Gruppenmitgliedern zum eigenen Vorteil geübt, so schädigen sie sich selbst und die Gruppe. Im wirtschaftlichen Bereich läßt sich dieses Gefangenendilemma besonders bei Forschungskooperationen beobachten, wo die einzelnen Vertragspartner in der Versuchung stehen, kostengünstig auf die Ergebnisse der anderen Partner zu warten und ohne eigene Anstrengung sich deren Leistungen zunutze zu machen. Dieses Verhalten von 'Trittbrettfahrern' schädigt und zerstört die Zusammenarbeit.

Die Störanfälligkeit bzw. Zerbrechlichkeit freier Interaktion macht deutlich - und das gilt besonders für die auf Vertragsfreiheit beruhende Wettbewerbswirtschaft -, daß sittliches Verhalten und moralische Wertsetzungen für die Wirtschaftsprozesse grundlegend sind. Doch wird dieser Sachverhalt wissenschaftlich häufig nicht wahrgenommen. Die sittlichen und moralischen Implikationen des Wirtschaftens werden nicht untersucht, sondern im Ausgang von gesellschaftlichen Differenzierungen und wirtschaftlichen Sachzwängen wird nach dem geeigneten Ethiktyp gesucht. Eine am Tugendbegriff orientierte Individualethik wird durch eine am Systembegriff orientierte Institutionenethik ersetzt.

Bei Karl Homann, der besonders um die Bewältigung des Gefangenendilemmas bemüht ist, hat die Moral ihren Ort in der gesetzlichen Rahmenordnung des Wirtschaftens. Auf der Ebene des einzelnen unternehmerischen Handelns komme Moral nur zum Zuge, wo die Rahmenordnung defizitär sei. Die Moral mit ihren auf langfristigen allgemeinen Nutzen zielenden Klugheitsregeln werde von den Wirtschaftsakteuren nur verstanden, wenn sie in ökonomische Begriffe übersetzbar sei. Moral und Ökonomie müßten verträglich, Moral solle ökonomiefähig sein.

Bei Peter Ulrich hat die Moral ihren Ort im öffentlichen Diskurs der Wirtschaftsbürger. In symmetrischer Kommunikation sollen die Unternehmen ihre Entscheidungen nicht nur nach dem Erfolgskalkül treffen, sondern sich der ordnungspolitischen Implikationen bewußt sein. Ulrich stellt zwar den Ethikbedarf der ökonomischen Vernunft fest, steuert bei der diskursethischen Überprüfung der ökonomischen Rationalität aber einen Integrationskurs. Kalkulatorische, sozialtechnische und kommunikative Rationalität werden miteinander vermittelt.

Die Wirtschaftswissenschaft untersucht die Faktoren, Determinanten und Mechanismen für die optimalen Nutzen-Kosten-Relationen. Ethische Überlegungen werden allenfalls für Ergänzungs- und Aushilfsmaßnahmen herangezogen. Eine primär innerökonomische Begründung und Ausrichtung der Ethik läuft Gefahr, entweder die Universalisierung der Wirtschaftsprinzipien zu betreiben (das gesamte Wirklichkeitsverhältnis als Knappheitsreduzierung) oder an der Isolierung der Wirtschaftswissenschaft zu einer unkommunikativen Einzelwissenschaft teilzunehmen. Eine innerökonomisch motivierte und orientierte Wirtschaftsethik bleibt immer der Gefahr der funktionalen Indienstnahme für moralische Reparaturmaßnahmen ausgesetzt.

Eine Wirtschaftsethik, die von der Vernunftoffenheit des Wirtschaftens überzeugt ist und eine strikte Segmentierung der Wirklichkeit ablehnt, muß um die Rückbindung der Wirtschaftswissenschaft an philosophisch-theologische Grundsatzüberlegungen und um die Vernetzung mit anderen Kulturwissenschaften bemüht sein. Es bedarf dabei der genauen Angabe und Analyse der Ziele, die mit bestimmten technischen Verfahrensweisen erreicht und durch bestimmte wirtschaftliche Strukturen realisiert werden sollen. Es bedarf ferner der Erhellung der den Zielangaben impliziten Wertvorstellungen. Es bedarf schließlich auch einer möglichst präzisen Abschätzung der Chancen und Gefahren bestimmter Techniken und Wirtschaftsstrukturen. Das Ergreifen einer bestimmten Option bedeutet ja immer die Verneinung anderer Optionen, bedeutet immer die Festlegung von Zukunft und die Verengung von Handlungsspielraum in der Zukunft.

Für das Gespräch mit der Wirtschaftswissenschaft kann die Wirtschaftsethik nicht ein eigenes wirtschaftliches Expertenwissen beanspruchen. Der Dialog läßt sich nicht so vollziehen, daß die Wirtschaftsexperten mit den Ethikexperten auf der Ebene der Fachwissenschaften über die wünschenswerte Verfaßtheit der Wirtschaft reden. Das Expertenwissen der Wirtschaftswissenschaftler ist primär auf Nutzen-Kosten-Relationen bezogen. Es ist wie das Expertenwissen der Techniker primär technisch-organisatorisch ausgerichtet. Die Ethik ist nicht auf der Ebene des technischen Wissens angesiedelt, ist primär kein empirisch-positives Wissen. Das Expertenwissen der Ethiker, wenn sie nicht nur als philosophiehistorische Sachverständige für die Geschichte der Ethikkonzeptionen in Anspruch genommen werden sollen, liegt auf einer anderen Ebene.

Wie die Philosophie insgesamt, so zielt die Ethik auf Prinzipien- und Kategorienwissen. Im Verhältnis der Philosophie zu den empirischen Fachwissenschaften muß eine kritische Vermittlung zwischen Prinzipien und Empirie geleistet werden. Die Wirtschaftsethik will die ontologischen, kosmologischen, anthropologischen und epistemologischen Voraussetzungen erhellen, die von der Wirtschaftswissenschaft gemacht werden. In dieser Hinsicht hat der Dialog zunächst sokratischen Charakter und dient der Aufklärung. Die Absicht der Ethik ist allerdings weitergehend. Die als Implikationen erhobenen

Prinzipien müssen auf ihre Validität geprüft werden. Dazu ist dann nötig, daß die Ethik die Prinzipien des eigenen Verständnisses von Welt, Mensch, Wirklichkeit und Gesellschaft möglichst genau angibt, um so ihrerseits den von der fachwissenschaftlichen Perspektive her Argumentierenden kritische Anfragen gegenüber der Ethikkonzeption zu ermöglichen. Die Ethik ist also keineswegs in einer reinen Supervisionsposition. Sie muß ihrerseits ihre Prinzipien von der Erfahrungswirklichkeit der Fachwissenschaft her kritisieren lassen. Nur so kann sie dem Ideologieverdacht entgehen.

C. Methode und Aufbau

Der Gesprächsbezug auf die Wirtschaftswissenschaft, die Bemühung um ethische Reflexivität und die Beachtung christlich-theologischer Überzeugungen geben die Gesichtspunkte, die die folgenden wirtschaftsethischen Erörterungen methodisch und darstellungstechnisch prägen.

1. Entscheidungen zum Verfahren

Die wirtschaftswissenschaftliche und die wirtschaftsethische Behandlung wirtschaftlicher Prozesse kommen darin überein, daß sie sich für die Diagnose der vorhandenen Entwicklungszustände und der darin implizierten Entwicklungsmöglichkeiten sowie für die Formulierung von Entwicklungszielen auf bestimmte Grundbegriffe stützen, bewußt oder unbewußt. Die wirtschaftsethische Reflexion soll gerade auch diese immer schon vorausgesetzten Grundbegriffe bewußt machen. Die inhaltlichen Qualifizierungen der Grundbegriffe gehen auch in alle Analysen der faktischen Zustandsbeschreibungen ein und bedingen die unvermeidliche Perspektivität wissenschaftlicher Untersuchungen. Das wissenschaftliche Streben nach Klarheit muß allerdings auch darauf gerichtet sein, diese unvermeidbaren Voraussetzungen zu erhellen und zu benennen. Nur dann werden die Grundbegriffe selber diskutabel.

Die inhaltlichen Bestimmungen der Grundbegriffe sind in zwei Richtungen wirksam: einerseits bei der Diagnose, andererseits bei der Programmatik. Die Wahrnehmung der in einem bestimmten Zustand steckenden Möglichkeiten und die Wahl des einzuschlagenden Lösungsweges sind von den inhaltlichen Bestimmungen des leitenden Wirklichkeitsverständnisses abhängig. Diese aus der Endlichkeit des Erkenntnisprozesses sich ergebende Perspektivität der Diagnose und Programmatik muß selber wissenschaftlich reflektiert werden. Falls die sozialethischen Problembeschreibungen und Lösungsvorschläge aus inhaltlich verschiedenen Perspektiven erfolgen, werden doch, falls diese Perspektiven selbst reflektiert werden, häufig Wege zu praktischer Kooperation der unterschiedlichen Gruppen gefunden werden können.

Die Verfahrensweise der wirtschaftsethischen Erörterungen muß darauf ausgerichtet sein, die Entwicklungschancen und Entwicklungsaufgaben wirtschaftlicher Zustandslagen angemessen zu erfassen und die Kriterien zu benennen, die die technisch gangbaren Lösungswege hinsichtlich ihrer moralischen Vorzugswürdigkeit zu unterscheiden erlauben. Die diagnostische Erfassung konkreter geschichtlicher Zustandslagen und die programmatische Formulierung der vorzugswürdigen Handlungsstrategien müssen zusammengebracht werden.

Das Wirklichkeitsverständnis des christlichen Gottesbewußtseins leistet einen inhaltlich qualifizierten Beitrag zur Formulierung der diagnostischen Leitbegriffe und der programmatischen Zielangaben. Die theologischen Aussagen zur Bestimmung des Menschen und der Welt stellen die geschöpfliche Verfaßtheit des Menschen im Sinne endlicher Freiheit ins Zentrum. Wird der Mensch als geschöpflich-endliches Freiheitswesen aufgefaßt, so sind damit Aussagen zu seiner Leibhaftigkeit im Rahmen der natürlichen Weltordnung impliziert. Da Freiheit nur in interpersonaler Anerkennung realisiert werden kann, muß programmatisch eine soziale Ordnung angestrebt werden, in der personale Individualität und identitätsstiftende Gemeinschaft einander fördern. Das hoffende Vertrauen in die göttliche Liebe integriert die Prozesse des Werdens, in denen die Zeitlichkeit der individuellen und sozialen Existenz konkret wird und die von Fragmentarisierung und Scheitern bedroht sind.

Die theologische Wirtschaftsethik, die, wenn sie ihren Anspruch auf Wissenschaftlichkeit wahren will, nicht ohne kritische Prüfung nur die autoritativ festgeschriebene Moral einer bestimmten Frömmigkeitsgemeinschaft wiederholen und bestätigen darf, steht vor der Grundaufgabe, die durch geschichtliche Erfahrungen und theologische Reflexion geprägte Perspektivität des christlichen Glaubens fruchtbar zu machen für eine auf allgemeine Geltung abzielende vernünftige Moral. Bei allen (nicht nur bei den christlich geprägten) ethischen Überlegungen ist die Perspektivität der Urteilsbildung zu beachten und zu kennzeichnen. Doch kann diese geschichtliche Verortung, die in der Darstellung der Ethik unterschiedlich akzentuiert werden kann, nicht den wissenschaftlichen Allgemeinheitsanspruch außer Kraft setzen.

Die Welt und die Wahrheit ist eine. Dies ist das Grundpostulat des wissenschaftlichen Erkenntnisbemühens. Wird eine Wirtschaftsethik als theologische Wirtschaftsethik bezeichnet, so ist damit nicht beansprucht, hier werde eine Ethik mit besonderer Legitimation oder besonderen Wahrheitsansprüchen vorgetragen, sondern es wird damit die Perspektivität der Themenauffassung ausgewiesen. Jede Ethik will Auskunft über das Gute geben. Für die christliche Ethik ist wesentlich, das Gute von der Liebe her zu bestimmen.

Die sittliche Erfahrung ist von der Erkenntnis begleitet und geprägt, daß alles menschliche Tun der Wechselbeziehung von Wirken und Empfangen unterworfen ist. Im Empfangen ist der Mensch von anderen Menschen und von der Natur abhängig, erfährt er sich als in seinem Tätigsein begrenzt. Im Empfangen kommt der Sachverhalt zum Bewußtsein, daß die Vollendung und Vollkommenheit alles menschlichen Tuns außerhalb der menschlichen Möglichkeiten liegt, daß der Mensch sein Tun nicht vollständig in der Hand hat, daß die Folgen des Tuns nicht gänzlich überschaubar und kalkulierbar sind, daß die Verknüpfung der simultanen menschlichen Aktivitäten zu neuen unkalkulierbaren Ergebnissen führt, daß die Vollendung nicht vom Menschen geleistet werden kann. Das Fragmentarische menschlichen Lebens zeigt sich auch und gerade im Bereich sittlichen Tuns.

Das muß nicht Anlaß zur Resignation sein, sondern verweist auf das Hoffnungsimpulse christlicher Liebe.

Kennzeichen der modernen Ethikdiskussion im protestantischen Bereich ist, daß die Ethik konzipiert wird als unausweichlich perspektivisch. Mit dieser konzeptionellen Selbstbegrenzung verbunden ist die Bereitschaft zu Dialog und Selbstkorrektur, aber auch das Zutrauen zur Lernfähigkeit der anderen. Die gemeinsame Gesprächsbereitschaft bewährt sich im Ernstnehmen der geschichtlich gewordenen Vernunft. Die Gesprächsbereitschaft prägt auch die Sprachgestalt. Eine Binnensprache, die eine große Vertrautheit mit der christlichen Tradition voraussetzt, sollte vermieden werden. Nach außen muß für alle verständlich geredet werden.

Für die Wirtschaftsprozesse lassen sich grob drei Ebenen unterscheiden. Da ist erstens das Handeln der Individuen, sodann das Agieren der Korporationen (Gruppen und Verbände) und schließlich das Agieren des Staates und der Gesellschaft. Wird die Wirtschaftsethik als Unternehmensethik aufgefaßt, so tritt der mittlere Aspekt, die Ebene der Korporationen und Verbände, in den Vordergrund. Hier muß nicht nur nach materialen Regeln für Personalführung, Marketing und Unternehmenskultur gefragt werden, sondern auch nach der prinzipiellen Möglichkeit von Verantwortlichkeit und Verantwortungsübernahme durch Korporationen. Die Ethik war in ihrer geschichtlichen Entwicklung primär am individuellen Handeln, an Pflichten und Tugenden des einzelnen Menschen gegenüber sich selbst, gegenüber Gott und den Mitmenschen orientiert. Die staatlich-gesellschaftlichen Themen bedachte sie erst spät unter strukturellen Gesichtspunkten. Die Frage, wie in Korporationen Verantwortung formuliert und übernommen werden kann, ist bisher vergleichsweise wenig untersucht.

Die Unternehmensethik, die primär auf den Themenbereich der Betriebswirtschaftslehre bezogen ist, erörtert Fragen der Unternehmenskultur, der Unternehmensverfassung und der Unternehmensführung. Die Wirtschaftsethik ist vornehmlich Wirtschaftsstrukturethik und thematisiert Sachverhalte, die in der Volkswirtschaftslehre behandelt werden. Ist die Unternehmensethik auf der Ebene korporativen Handelns angesiedelt, so die Wirtschaftsethik auf der Ebene politischen Handelns.

Früher standen in der Ethik Charakter und Tätigkeit der sittlichen Personen im Vordergrund. Für die individualethische Betrachtung ist die Idee der vollkommenen Person konstitutiv. Die Vollkommenheit der individuellen Zwecksetzungen und Handlungen ist umso größer, je mehr die einzelnen Aktionen miteinander verknüpft sind und zu einem Ganzen zusammenstimmen. Bezogen auf die Differenzbildung von Zweck und Mittel bedeutet das, daß kein menschliches Leben nur als äußerliches Mittel zu irgendeinem Zweck aufgefaßt werden darf, sondern daß es umso vollkommener ist, je mehr die Tätigkeiten, die dienend für andere da sind, zugleich Selbstzweck sind und also für sich selbst da sind. Die Zweck-Mittel-Relation muß also im sittlichen Prozeß in eine Teil-Ganzes-Relation überführt werden.

Die Individualwirtschaftsethik ist auf das Verhalten und die Handlungen der einzelnen Wirtschaftsakteure konzentriert. Die Strukturen und Institutionen, in denen gehandelt wird, die sozialen Formationen und natürlichen Gegebenheiten werden nur sekundär beachtet, allenfalls als Rahmenbedingungen. Durch die moralischen Maximen sollen die Gesinnung, das Verhalten, die Handlungen und Einstellungen der Wirtschaftsakteure bestimmt werden. Motive wie Geldgier oder Handlungen wie Betrug sollen ausgeschlossen werden. Die Erwartung und Hoffnung, die sich mit einer Besserung der individuellen Handlungen und Gesinnungen verbindet, ist auf eine Besserung auch des Gesamtzusammenhangs und der Rahmenbedingungen gerichtet. Wenn nur alle Menschen das Gute wollen und gut handeln, dann, so ist die Erwartung, werde sich das Gute auch insgesamt einstellen. Die Koordination der verschiedenen Handlungsweisen und konkreten Intentionen wird als harmonisch und verträglich angesehen.

Die Individualwirtschaftsethik wird zumeist im Horizont von Tugenden und Pflichten formuliert, indem die individuelle Wahrnehmung von Verantwortung in ihrer exemplarischen Bedeutung gesehen wird. Das Verhalten der einzelnen Wirtschaftspersonen wird durch moralische Maximen wie Diebstahlsverbot, Vertragstreue und Betrugsverbot normiert. Die Arbeiternehmer sollen mit den ihnen anvertrauten Arbeitsmitteln sorgfältig umgehen, sollen ihre Arbeit korrekt erledigen, sollen nicht faulenzen und schludrige Arbeit abliefern. Die Arbeitgeber sollen einen fairen Lohn zahlen, sollen in Notfällen für die Arbeiter sorgen, sollen mit den Konkurrenten fair umgehen. Unredlichkeit und Bestechlichkeit sollen keinen Platz im Wirtschaftsleben haben.

Die in der Individualwirtschaftsethik formulierten Tugenden und Pflichten sind mit dem Leitbild des homo oeconomicus, der der Maxime des Eigennutzstrebens und der Zweck-Mittel-Rationalität folgt, nicht spannungsfrei verträglich. Vielmehr hat dieses Leitbild eine moralische Neubewertung des Egoismus begünstigt und die traditionelle Individualwirtschaftsethik erschüttert.

Der Aufbau vielfältig gegliederter und verknüpfter sozialer Institutionen und die kaum überschaubare Vielfältigkeit der Entscheidungssituationen lassen die Grenzen der Individualwirtschaftsethik offensichtlich werden. Soziale Strukturen und Institutionen müssen veranwortlich gestaltet werden. Deshalb können wirtschaftsethische Leitlinien nur unter Berücksichtigung sowohl des individualethischen als auch des sozialethischen Aspekts formuliert werden.

Das Wirtschaften ist ein wichtiges Element gesellschaftlicher Tätigkeit. Durch die gesellschaftliche Einbindung wird die wirtschaftliche Tätigkeit des einzelnen geprägt, die ihrerseits den gesellschaftlichen Rahmen mitbestimmt. Die Vergesellschaftung des Wirtschaftens zeigt sich vor allem in der Arbeitsteilung. Dabei kann sowohl an eine Produktorientierung gedacht werden, indem bestimmte Individuen sich auf die Herstellung bestimmter Produkte konzentrieren (beispielsweise Sicherheitsnadeln). Es kann aber auch an eine Fertigungsorientierung gedacht werden, bei der einzelne Arbeitskräfte nur eine Teiltätigkeit für die Herstellung eines Produktes übernehmen. Die Arbeitsteilung erfordert eine Vielzahl sozialer Koordinationen. Die Arbeitsteilung wird ergänzt durch den Tausch. Für die Tauschbeziehungen sind Märkte eingerichtet und das Medium Geld etabliert. Produktion und Tausch haben Auswirkungen auf die Wohnwelt, die Familienstruktur, die Bildungsinstitution, die Alltagsgestaltung, die

Politikorganisation. Und umgekehrt wirken soziale Faktoren sehr stark auf das Wirtschaftsgeschehen zurück.

Die Sozialwirtschaftsethik richtet ihre Aufmerksamkeit auf den Aufbau und die Ausgestaltung der Strukturen, in denen die Wirtschaftsakteure agieren. Die Sozialwirtschaftsethik zielt darauf ab, Entwicklungsprozesse zur Ausbildung einer Sozialität anzuregen, die für die Entwicklungsfähigkeit der Sozialität selbst und die Entwicklungsfähigkeit der Individuen und Gruppen in dieser Sozialität optimal sind. Weil nicht mit einer prästabilisierten Harmonie der sittlichen Subjekte und wirtschaftlichen Akteure gerechnet werden kann, muß der institutionelle Raum der Sozialität selber gestaltet werden. Dabei können sich bestimmte soziale Regelungen als hemmend, andere als förderlich für die Entfaltung von Humanität erweisen.

Für die Wirtschaftsethik ist die wechselseitige Verschränkung von Individualaspekt und Sozialaspekt unverzichtbar. Erst durch die gegenseitige Berücksichtigung und Verschränkung werden die fördernden Kräfte beider Aspekte gewahrt und zugleich die destruktiven Verabsolutierungen gezügelt. Der individuelle Freiheitsimpuls ist anfällig für die monomane Eigensetzung im Kampf des Stärkeren gegen den Schwächeren. Der soziale Solidarimpuls ist anfällig für eine kraftlose und profillose Überantwortung der Lebensgestaltung an die Gemeinschaft. Gebildete Individualität erhöht die lebendige Kräftigkeit und Vielfalt einer Gemeinschaft. Der Gemeinschaftsbezug gibt der Individualität die entlastende Stützung und die anspornende Begegnung der Andersheit.

Eine Wirtschaftsethik ist in ihren Einzelüberlegungen immer auf eine konkrete Regelgestalt des Wirtschaftens bezogen. Materiale Voraussetzung der vorliegenden Erörterungen ist die marktwirtschaftliche Wirtschaftsordnung in Deutschland.

2. Gang der Erörterung

Am Anfang steht die Grundlegung der Wirtschaftsethik. Das erste Kapitel skizziert die Prinzipien und Kriterien der Ethik, die die Urteilsbildung in den materialen Themenfeldern leiten, sowie die wichtigen Impulse der christlichen Frömmigkeit für die Wirtschaftsethik. Im zweiten Kapitel wird der Begriff der Wirtschaft in stärker wirtschaftswissenschaftlicher Perspektive entfaltet. Im dritten, vierten und fünften Kapitel werden die Elemente der wirtschaftlichen Nutzenstiftung, die Leistungsfunktionen der Wirtschaft und die Strukturen der Wirtschaft im Blick auf sittliche Entscheidungskonstellationen untersucht.

Die einzelnen thematischen Erörterungsgänge beginnen in der Regel mit Begriffsklärungen und einer Beschreibung des Themenfelds. Diese Schilderung des jeweiligen Sachverhalts markiert zugleich das offenkundige oder verborgene Konfliktpotential. In der ethischen Reflexion werden mögliche Lösungsstrategien für die Konfliktfälle abgewogen und beurteilt.

I. Grundlegung der Wirtschaftsethik

Will die Wirtschaftsethik eigene Gesichtspunkte in die Diskussion um die angemessene Ordnung und wirksame Steuerung der Wirtschaft einbringen, so muß sie ihre eigenen Beurteilungsprinzipien offenlegen. Sie muß ausweisen, auf welche Evidenzen und welche Erfahrungslagen sie sich stützt, für welche Zielsetzungen sie eintritt.

Um diese Fundamente und Ziele verständlich werden zu lassen, müssen sowohl die für die ethische Urteilsbildung konstitutiven Elemente als auch der geschichtlich geprägte Standort geschildert werden. Eine Ethik, die von den Konfliktfällen sittlichen Verhaltens und von der Konkurrenz moralischer Maximen ihren Ausgang nimmt, fragt nach den Prinzipien, die diese Konflikte durch freie Einsicht und Zustimmung lösen können. So werden zunächst der Gegenstandsbereich der Ethik, dann die Leitaspekte, die für die Regulation moralischen Verhaltens wesentlich sind, ferner die formalen Kriterien und schließlich die materialen Kriterien dargestellt, die bestimmte moralische Maximen als vorzugswürdig ausweisen. Sodann müssen diejenigen Impulse und Aspekte historisch geschildert und systematisch gebündelt werden, die in der christlichen Glaubenssicht ihr Fundament haben und für die wirtschaftsmoralischen Wertungen wichtig sind.

A. Grundbestimmungen der Ethik

Ethik ist die methodische Reflexion auf die Konstituentien sittlichen Verhaltens und auf die moralischen Regeln für dieses sittliche Verhalten. Ethik ist die Theorie, die die Praxis regelgeleiteten und rechtfertigungsfähigen sittlichen Tuns und Lassens untersucht. Die Regeln, die diese Praxis steuern, haben den Charakter des Sollens und nicht des Müssens. Die Ethik nimmt diese Regeln in ihren Ansprüchen und Begründungen wahr, untersucht ihre Folgen für die sittliche Praxis, analysiert die Verträglichkeit und Stimmigkeit von Praxis und Regeln, deckt Konflikte auf und bemüht sich um Konfliktlösungen. Die ethischen Sätze haben keinen unmittelbaren Appellcharakter; sie sind gleichsam moralische Regeln zweiter Ordnung, gebrochen durch die Reflexion, aufgehoben in der Reflexion. Dadurch entfaltet sich Ethik gerade in der Distanzierung von sittlicher Praxis und moralischem Appell. Sie bedenkt Folgerungen, Gegenläufigkeiten, Veränderungsmöglichkeiten. Sie ist der vernünftigen Argumentation verpflichtet.

Die Ausbildung von Ethik setzt voraus, daß die Wirklichkeit nicht im Praxisbezug, sondern im Erkenntnisbezug wahrgenommen wird. Die Reflexion muß ihr eigenes Zentrum haben; sie muß sich von der unmittelbaren Macht der Wirklichkeit befreit haben, darf sich nicht mehr einfach mit ihr identifizieren, nicht bloß musterhaft wiederholen. Erst wenn die Lebensvollzüge eingegrenzt sind, kann eine Ethik entwickelt werden: Die Vernunft ersetzt die Wirklichkeit durch Reflexion. Das unmittelbare Bestimmtsein durch Wirklichkeit weicht dem Nachdenken, das im Dienst des Aufbaus einer besseren Wirklichkeit steht. Die Distanzierung von der vorhandenen und zuhandenen Wirklichkeit und der Aufbau von entscheidungsfähiger Personalität mit einem urteilsfähigen Möglichkeitsbewußtsein artikuliert sich auch in ethischen Reflexionen, die ihrerseits den Prozeß der kräftigenden Entwicklung humaner Subjektivität fördern.

Die Ausbildung der Ethik setzt den Übergang vom vorpersonalen Schandenbewußtsein zum personalen Schuldbewußtsein voraus. Die sittlich agierenden Menschen müssen sich allererst als verantwortliche Subjekte ihrer Taten, als schuldfähige Personen wahrnehmen, damit die Prozesse moralischer Regulierung bewußt reflektiert und ihrerseits verantwortlich gestaltet werden können. Solange sittliches Verhalten nur durch die Normen der Gruppe geleitet und ein Verstoß gegen diese Normen durch Schande, d. h. durch öffentliche Ächtung des Fehlverhaltens und des Übeltäters, sanktioniert wird, ist das gruppengesteuerte Unrechtsbewußtsein noch nicht das je eigene. Ein Fehlverhalten, das nicht öffentlich bekannt und somit nicht durch Schande gestraft wird, löst kein individuelles Unrechtsbewußtsein aus. Die personale Zurechnung des sittlichen Verhaltens erfolgt im Gewissen. Das sittliche Tun wird durch die Handelnden selbst beurteilt, auch wenn kein anderer Mitwisser die Taten kennt. Die ethische Reflexivität begleitet und fördert die Selbstbewußtheit der sittlichen Akteure.

Der prinzipiell reflexive Charakter der Ethik drängt zur systematischen Gestalt. Nur in der systematischen Hinordnung auf ein Prinzip und Entfaltung der Sätze aus einem Prinzip ist eine gegenseitige Kontrolle der ethischen Sätze nach Kohärenz und Konsistenz durchführbar. Das Streben nach systematischen Verknüpfungen, das für menschliche Erkenntnisbemühungen wesentlich ist und das die Ganzheitsverpflichtung (die Wahrheit ist das Ganze) zur Geltung bringen will, führt zum Zusammenschluß moralischer Regeln und zur ethischen Reflexion dieser Regeln. Die Konkurrenz zwischen verschiedenen Moralsystemen und die Konkurrenz von Moralvorschriften innerhalb desselben Moralsystems provozieren die ethische Reflexion auf die Prinzipien. Ist die ethische Reflexion einmal etabliert, so gewinnt sie selbst eine sittliche Bedeutung, indem sie prägend auf die moralischen Regeln einwirkt. Als akademische Disziplin ist sie dem Ethos der Wissenschaft unterworfen; sie ist der Wahrhaftigkeit, Interesselosigkeit, Offenheit, dialogischen Toleranz verpflichtet.

Die Ethik ist in kritischer Eigenständigkeit auf die gelebte Sittlichkeit und die normierende Moral bezogen. Sie überprüft die selbstverständlichen oder miteinander in Konflikt stehenden Verhaltensmuster. Dabei operiert sie auf der Ebene der Reflexion und gibt vernünftige Argumentationen, um eine konkrete Normgebung zu begründen und zu rechtfertigen. So formuliert sie Prinzipien für das Tun des Guten. Die Ethik stellt die Kriterien für die Vorzugswürdigkeit bestimmter Handlungsoptionen auf und erörtert die Prinzipien, nach denen menschliches Freiheitshandeln seine intendierte Wirksamkeit entfalten kann.

1. Themenfeld

Die Sittlichkeit ist diejenige Sphäre menschlichen Lebens, wo der Mensch erkennend und strebend die Welt tätig gestaltet. Durch die Offenheit von Situationen und Zuständen ist der Mensch zu einer

Antwort herausgefordert, die gemäß seinem Willen eine Veränderung des Wirklichkeitszustandes bewirkt und willentlich einen Zustand herstellt, der ohne die Aktivität des Menschen so nicht wäre oder nicht so wäre. Das sittliche Tun des Menschen ergibt sich aus der Offenheit des eigenen Lebens und aus der mangelnden Bestimmtheit der Wirklichkeitszustände, denen der Mensch begegnet. Sittliches Tun ist die Antwort des Menschen auf das Nicht-völlig-Determiniertsein der Welt.

Durch sittliches Tun wird Wirklichkeit gestaltet. Sittlichkeit kann es nur dort geben, wo es keine hinreichenden Bestimmungsgründe für natürlich-notwendige Handlungsabläufe gibt. Der Kausalnexus ist unterbrochen, es soll eine neue gesetzmäßige Reihe begonnen werden. Sittliche Lebensvollzüge, moralische Regelformulierung und ethische Prinzipienerörterung haben gemeinsam die Gestaltung der kontingenten Lebenswirklichkeit des Menschen zum Inhalt.

a. Beschreibung

In phänomenologischer Perspektive begegnet sittliches Tun und Lassen dort, wo selbstverständliche natürliche Handlungsabläufe unterbrochen werden, wo Entscheidungssituationen auftauchen. Die phänomenologische Analyse solcher Situationen führt auf ein Doppeltes: Sie weist im sittlichen Tun eine Wahlfreiheit und ein Sollen auf.

Das Phänomen der Wahlfreiheit begegnet in einer großen Bedeutungsvielfalt von ganz banalen bis zu existentiell-konfessorischen Situationen. Klassisches Bild für eine Wahl, wo es um die moralische Grundmaxime selbst geht, wo die sittliche Entscheidung die Wahl des handlungsleitenden Prinzips selbst betrifft, ist Herakles am Scheideweg.

Die Struktur der Wahlfreiheit liegt auch banalen Alltagssituationen zugrunde. Ich stehe an einer Wegverzweigung und kann links oder rechts gehen. Weder durch die interne Motivationslage (Triebe, Bedürfnisse) noch durch die externe Weltwirklichkeit ist mein Handeln zureichend bestimmt. Dieses Handeln ist nicht natürlich notwendig wie die Bewegung einer angestoßenen Kugel auf einem Billardtisch oder der Fall eines Steins vom schiefen Domturm in Pisa. Ich muß mich entscheiden. Die Wahlfreiheit ist zugleich eine Wahlnotwendigkeit. Auch die Verweigerung der Wahl ist die Entscheidung für eine Option. Die Veranlassung zur Wahlsituation kann kontingent sein, muß es aber nicht sein. Das Verhalten in der Wahlsituation ist nach objektiven Gesetzen kontingent. Ich kann dies oder das tun. Ich kann links oder auch rechts gehen. Die selbstverständliche Reihung meiner Lebensakte wird unterbrochen. Ich halte inne. Ich überlege. Ich fälle eine Entscheidung.

Diese Entscheidung steht, damit sie eine sittliche Entscheidung ist, unter einem Sollen. Die Entscheidung ist zwar offen, aber nicht beliebig. Welches Sollen in einer konkreten Entscheidungssituation gilt, kann zunächst durchaus unklar und selbst Gegenstand ethischer Reflexion sein. Dabei lassen sich zwei Typen von Sollen unterscheiden: ein Sollen, das die Entscheidungssituation durch direkte Anweisung auflöst, und ein Sollen, das eine Zielbestimmung vornimmt, aber die Schritte zum Erreichen des verpflichtenden Ziels und somit auch die Auflösung der Entscheidungssituation der klugen Beurteilung des Subjekts überläßt. Dementsprechend lassen sich zwei Typen von Ethik unterscheiden, eine deontologische und eine teleologische Ethik.

Eine deontologisch konzipierte Ethik wird in direkten moralischen Anweisungen für Täter und Tat konkret. Diese direkten Anweisungen können fallbezogen (kasuistisch) oder als allgemeine Regel formuliert sein. Die deontologische Ethik verpflichtet die Akteure direktiv zu einem bestimmten Verhalten oder einer bestimmten Haltung. Sie bestimmt über Verhalten und Haltung auch das Ziel des sittlichen Bemühens. Die deontologische Ethik hat eine Tendenz zum Psychologismus zumindest dann, wenn sie nicht kasuistisch auftritt, sondern auf die Gesinnung der Handelnden zentriert ist.

Die teleologische Ethik geht vom Ziel der sittlichen Tätigkeit aus. Die Verpflichtung gilt hier einem Ziel, das für alle sittlichen Subjekte verbindlich ist. Die Festlegung der Mittel sowie der Stationen des Weges zu diesem Ziel ist den einzelnen Subjekten überlassen. Hier erfolgt eine Wahrnehmung der jeweiligen Lage, eine Anpassung an die konkreten Situationen und Möglichkeiten, ein verantwortliches Abwägen der Chancen und Aufgaben. Die teleologische Ethik gibt keine Einzelanweisungen. Sie ist flexibel in der Bildung der Maximen, die sie der oftmals verwirrenden Mannigfaltigkeit von Situationen und Aufgaben anpaßt. Dadurch sichert sie den Gestaltungsspielraum der Sittlichkeit und trägt der Variabilität der sozialen Zustände Rechnung. Die teleologische Ethik hat eine Tendenz zum Soziologismus, insofern sie am gesellschaftlichen Idealzustand programmatisch orientiert ist. Sie gibt die Folge von Gesellschaftszuständen an, die diesen Idealzustand heraufführen sollen.

Doch kehren wir zur Entscheidungssituation zurück. Damit die Entscheidung als sittliche Entscheidung qualifiziert werden kann, muß sie zumindest latent von dem Anspruch begleitet sein, moralisch legitimierbar zu sein. Die sittliche Entscheidung selbst ist nicht beliebig, ist nicht zufällig. Ist sie gleichgültig, dann ist sie keine sittliche. Das ist der Bereich der Adiaphora. Dieser Bereich ist keine ontologisch unveränderliche Klasse von Freiheitsakten. Vielmehr kann ein Adiaphoron durch kulturelle Entwicklungsprozesse und Wandlungen des Entscheidungsrahmens zu einer sittlichen Aufgabe werden.

Die sittliche Entscheidung gehorcht dem Streben nach einem Handlungsziel oder der Verpflichtung eines Sollens, die als für mein und anderes Tun verbindlich anerkannt werden. Dabei können sehr verschiedene Lebenserfahrungen aufgegriffen werden. Ich vergegenwärtige mir Gebote und Verbote meiner Mitmenschen; ich vergegenwärtige mir die unterschiedlichen Folgen, die jeweils mit den verschiedenen Entscheidungen verbunden sind. Ich vergegenwärtige mir die Berichte, wie es anderen an dieser Stelle ergangen ist. Ich vergegenwärtige mir den Zusammenhang, in den bestimmte Entscheidungen in meine allgemeine Wirklichkeitsdeutung hineinpassen. Ich vollziehe die Handlung so, daß ich die Soll-Regel oder das Handlungsziel, von denen ich mich leiten lasse, vor mir und anderen als richtig rechtfertigen kann. Moralische Regeln sind ja solche des Sollens, die den Anspruch auf Verbindlichkeit und Richtigkeit immer einschließen. Dabei können die inhaltlichen Rechtfertigungsgründe aus ganz unterschiedlichen Wirklichkeitsverständnissen herrühren.

Sittliches Tun und Lassen erfolgt in partiell offenen Entscheidungssituationen und hat ein begrenztes Variabilitätsspektrum. Diese

Situationen werden zumeist mittels eingeübter Verhaltensweisen oder mittels erinnerter Lebensregeln bewältigt. Lebensgeschichtlich begegnet das Sollen und begegnet die Wertung gut/schlecht jedem Kind in Gestalt von Anweisungen und Wertungen, die von den Erwachsenen ausgehen. Durch diese Einbindung in den Erfahrungsraum der Erwachsenen soll das Kind vor Gefahren und Schäden bewahrt und zu eigenen Erfahrungen befähigt werden. Diese Außensteuerung des "Laß das!" (Beispiel: Warnung vor der heißen Herdplatte) oder des wertenden "Das tut man so!" (Beispiel: Aufforderung zur Befolgung von Höflichkeitsregeln) muß mit wachsendem Alter des Kindes internalisiert und schließlich in der Pubertät in einen eigenen Wertekosmos umgewandelt werden. Gerade indem die Wertsetzungen der Erwachsenen angezweifelt und bestritten werden, vollziehen die Jugendlichen die wesentlichen Schritte zur moralischen Selbstidentifikation.

Wertung und Anweisung sind nicht deckungsgleiche Sachverhalte. Die Wertung muß nicht von einem Handlungsimpuls begleitet sein, die Anweisung nicht von einer Wertung. Sittliche Handlungen und moralische Anweisungen liegen erst dort vor, wo Wertung und Anweisung wesentlich verknüpft sind. Durch die begleitende Wertung werden die Tätigkeiten legitimatorisch qualifiziert. Dadurch werden die Akteure ansprechbar und prinzipiell auskunftspflichtig bzw. begründungspflichtig für ihr Tun. Treten bei Personen wertendes Sagen und sittliches bzw. unsittliches Tun auseinander, so kann diese Differenz als sittlich-moralisches Mißlingen moniert werden. Ebenso kann auf die Selbstanwendung von moralischen Anweisungen insistiert werden. Personen, die dauernd ihre eigenen Anweisungen lebenspraktisch nicht befolgen, werden moralisch unglaubwürdig.

Durch die Sittlichkeit wird die geschichtliche Welt aufgebaut. Der Mensch ist ein sittliches Wesen insofern, als er nicht nur Exemplar der Gattung Mensch, sondern je eigentümliches Individuum ist. Er ist nicht instinktgebundenes Tier, sondern selbständig im Erfassen wechselnder Situationen und im Bestimmen der diesen Situationen angemessenen Handlungen. Dabei ist jeder einzelne Mensch Glied eines Traditionsprozesses, der ihn zu Entscheidungen innerhalb einer gewissen Bandbreite befähigt.

Nicht in jeder Situation muß alles ab ovo originär entworfen und in Gang gesetzt werden. Vielmehr werden aus dem Traditionsgut diejenigen Verhaltensweisen übernommen, die durch viele Generationen als in solchen Situationen praktikabel vorgesehen sind. Vorurteil und Vorentscheidung der traditionellen Muster sichern eine schnelle Entscheidung in gewissen Situationen und garantieren die übereinstimmende Aktion der verschiedenen Gruppenmitglieder. Doch entstehen immer wieder Situationen, für die keine mustergültige Antwort überliefert ist. Das Vertrauen auf die entlastende Tradition muß also immer wieder ergänzt werden durch schöpferische Stiftung neuer Verhaltensweisen und neuer Handlungsmuster. Bewahrendes Empfangen und stiftendes Agieren sind die Grundbestimmungen sittlich-geschichtlichen Lebens. Neue Antworten auf bisher unbekannte Situationen müssen in die Überlieferung aufgenommen und überholte Verhaltensmuster aus ihr entfernt werden.

Das sittliche Tun in seinem Sosein ist selbst Ergebnis der Kulturgeschichte des Menschen. In dem Maße, in dem der Mensch das Determiniertsein sowohl seiner inneren Antriebe als auch der äußeren Umstände durch Kulturleistungen herabsetzte, in diesem Maße wurde der Raum sittlicher Aktivität vergrößert. Damit wuchs dann auch der Bedarf an moralischen Regeln und ethischen Prinzipien.

Die heutige Wahrnehmung des Sittlichen wird maßgeblich durch die Einsicht in die Geschichtlichkeit der menschlichen Kulturwelt bestimmt. Die unausweichliche Feststellung, daß es nebeneinander andere Menschen mit anderen Lebensweisen und nacheinander dieselben Menschen mit verschiedenen Einstellungen gibt, entzieht einem moralischen Normierungswillen die Selbstverständlichkeit von verpflichtenden Prägemustern. Die Einsicht in die Individualität und Variabilität des Lebens, wie sie mit der These von der Geschichtlichkeit der Kulturwelt formuliert wird, befördert ihrerseits programmatisch die sozialen Prozesse genau in dieser Richtung.

Die mit jeder Historisierung verbundene Relativierung von Überzeugungen und Lebenseinstellungen erhöht zweifellos die Anforderungen an ethische Erklärungsleistungen und kompliziert die moralischen Wertungen. Die Historisierung ist eine der wirkmächtigen Tendenzen der Aufklärung und ist bis heute nicht bewältigt. Die

Verunsicherung birgt Befreiungspotential. Auf neue Fragen müssen neue Antworten gegeben werden. Dieses ist dem christlichen Glauben nichts Fremdes, der als in Gott geborgener die Offenheit des Lebenshorizonts bejaht.

Die sittliche Tätigkeit muß in jeder Generation drei Aufgaben erfüllen. Jede Generation muß sich an der Vernunfttätigkeit der vorangegangenen Generation schulen und sich immer wieder neu das Bewirkte und Hervorgebrachte früherer Generationen aneignen. Jede Generation muß ihrerseits den natürlichen Lebensraum vernünftig gestalten, die sozialen Institutionen weiterentwickeln und die individuellen Lebenschancen fördern. Jede Generation muß schließlich die Vernunfttätigkeit in der folgenden Generation anregen und damit das immer neue Werden von vernünftigen Individuen garantieren.

Sittliche Tätigkeiten in einem qualifizierten Sinn sind nur solche, die mit moralischen Anweisungen und ethischen Urteilen verknüpfbar sind. Dadurch werden die betreffenden sittlichen Tätigkeiten als gut behauptet und legitimiert. Auch wenn wir die sittliche Tätigkeit für schlecht und die moralische Anweisung für falsch halten, können wir einer bestimmten Tätigkeit den Charakter sittlichen Handelns dann nicht absprechen, wenn durch diejenigen, die diese Tätigkeiten vollziehen, eine moralische Qualifizierung als gut vorgenommen worden ist. Kennzeichnend für eine sittliche Tätigkeit ist also die begleitende Qualifizierung als gute Tätigkeit. So wie Erkenntnisaussagen gedacht werden müssen als begleitet von dem qualifizierenden Satz 'Das ist wahr', so müssen sittliche Tätigkeiten gedacht werden als von dem qualifizierenden Satz 'Das ist gut' explizit oder implizit begleitet.

Die notwendige virtuelle oder reale Verknüpfung mit dem begleitenden Satz 'Das ist gut' bezeichnet eine Struktur, die für die Sphäre des Sittlichen konstitutiven Charakter hat. Sittliche Tätigkeiten müssen prinzipiell dafür offen und davon latent geprägt sein, daß sie von verbindlichen Überzeugungen her bestimmt und auf das Ziel des Gutseins verpflichtend ausgerichtet sind. Wenn jemand in einer bestimmten Situation lügt, so wird dieses Sprechen dadurch zum sittlich bewertbaren Lügen, daß eine Regel angebbar ist oder angegeben wird, wie dieses Sprechen zu rechtfertigen oder zu verurteilen sei in Bezug auf das verpflichtende Gutsein.

b. Bruchlinien

Die Erfahrungen des Scheiterns und der Zerrissenheit sind für alles sittliche Wollen und Tun konstitutiv. Sittlichkeit schließt Verantwortlichkeit und Schuldfähigkeit ein. Eine Wahl kann falsch getroffen, ein Sollen ignoriert werden. Je genauer die Gewissenserforschung und die ethische Reflexion betrieben wird, als umso abgründiger offenbart sich die sittliche Sphäre.

Der Erkenntnis- und Wissensstand der sittlichen Subjekte hat Einfluß auf das sittliche Wollen. Das Erkennen wird dadurch selbst zu einer sittlichen Aufgabe. Doch muß häufig aus Zeitnot auch gehandelt werden, wenn die Erkenntnis noch nicht vollständig ist. Dies ist der Riß zwischen Wissen und Tun. Solange das Wissen nicht vollkommen ist, kann auch bei bester Gesinnung das sittliche Tun nicht vollkommen sein. Die Kenntnisse, die das Subjekt von dem objektiven Zustand hat, in welchem es sittlich agieren soll, bestimmen den Entscheidungsraum und das Chancenspektrum. Die Kenntnisse können durch ein Handlungsmoratorium verbessert werden. Ein Moratorium kann aber nur eine zeitlich begrenzte Maßnahme sein, die ihrerseits in Konflikt mit anderen Handlungserfordernissen treten kann. Dazu sind Einzelfallprüfungen unabdingbar. Den prinzipiellen Riß zwischen Wissen und Tun kann kein Moratorium heilen.

Das sittliche Tun ist immer in bestimmter Weise mit der Erkenntnis korreliert. Doch bleibt in dieser Korrelation immer eine prinzipielle Kluft, die sich darin zeigt, daß das Wollen und Tun des Guten nicht vollständig lehrbar sind. Auch wenn moralische Unterweisung und ethische Besinnung vollständig durchgeführt sind, können doch diejenigen, die sich die entsprechenden Erkenntnisse angeeignet haben, trotzdem das Tun des Guten verweigern. Wäre Tugend lehrbar im Sinne der Demonstrierbarkeit, so wären diejenigen, die den besten theoretischen Unterricht in der Moral empfangen hätten, auch diejenigen, die das beste Herz und damit das beste Wollen hätten. Die besten Theoretiker wären die besten sittlichen Akteure. Der Abstand zwischen Herz und Verstand würde eingezogen. Dagegen spricht aber alle Erfahrung der sittlichen Welt.

Das Tun einer Person ist häufig nicht mit ihrem Sagen identisch. Dies ist der Riß zwischen moralischer Regel und sittlicher Tätigkeit. Ich stelle moralische Regeln auf und vertrete sie gegenüber anderen Menschen, beachte sie aber nicht in meinem eigenen Verhalten. Ich gebe altruistische Motive an oder formuliere sozialförderliche Regeln, handle aber dennoch egoistisch. Ich äußere mich teilweise aber auch zynisch und handle doch im Sinne der Nächstenliebe.

Die Selbsterkenntnis des Subjekts und die Wahrnehmung der interpersonalen Lage hat Einfluß auf das sittliche Wollen und Tun. Die Selbsterkenntnis und Gewissenserforschung ist selbst eine sittliche Aufgabe. Moralische Maximen und ethische Evidenzen können zu Wandlungen der Person führen. Doch die innersten Motive des Wollens sind und bleiben der Person selbst häufig unbegreiflich oder unfaßbar. Auch bei striktester Selbstanalyse kann ich häufig die Masken, die ich mir selber innerlich aufsetze, nicht lüften oder durchstoßen. Dies ist der Riß zwischen Person und Einzeltat. Aus dem einzelnen guten Wollen oder Tun kann nicht auf das Gutsein der Person geschlossen werden, und umgekehrt kann nicht aus dem Gutsein der Person für alle einzelnen Lebensakte auf deren Gutsein geschlossen werden.

Ich will Gutes und bewirke Übles. Ich will jemand anderem helfen und vergrößere gerade so sein Leiden. Dies ist der Riß zwischen Wollen und Vollbringen. Ich bin nicht Herr meines Tuns, noch weniger Herr der Wirkungsfolgen, die sich aus meinem Tun ergeben. Mein Tun ist eingebettet in andere Tätigkeits- und Zustandsreihen. Diese können so auf mein Tun einwirken, daß es in sein Gegenteil verkehrt wird. Das Wollen und Tun des Guten schließt die Überzeugung ein, daß das Gute lebensförderlich ist, daß es in Übereinstimmung mit dem Wahren ist, daß es sich bewähren wird, daß es Bestand hat. Deshalb wird die Differenz zwischen intendierter und erreichter Wirkung zu einer schmerzlichen Erfahrung.

Diejenigen, die Gutes tun, ernten selbst häufig Schmerz und Leiden; umgekehrt dürfen sich diejenigen, die Böses wollen und Leben zerstören, selbst eines Wohlseins erfreuen. Dies ist der Riß zwischen Wohlsein und Gutsein. Diese moralische Paradoxie ist ein uraltes Ärgernis der Sittlichkeit und eine Anfechtung der Frömmigkeit. Das Tun des Guten soll harmonisierbar sein mit dem elementaren Streben der Menschen nach Wohlsein und Glückseligkeit, weil es nur dann als wahrhaft lebensfördernd wahrgenommen und bejaht wird. Deshalb wirkt die gegenläufige Lebenserfahrung so schockierend. Der Zusammenhang von Tun und Ergehen ist nicht so, wie er sein sollte.

Diese Erfahrungen abgründiger Endlichkeit führen die theologische Frage nach einer eschatischen Wirklichkeit herauf, die alles Scheitern heilt und alle Schuld zurechtbringt. Auch mannigfaltiges Schuldigwerden und vielfältige Zerrissenheit setzen die moralische Forderung und die Verpflichtung zum Guten nicht außer Kraft. Doch Schuld, Übel und Bosheit vergehen nicht einfach, sie bleiben aus der Vergangenheit präsent bei der verantwortlichen Person und im Verhalten der anderen zu ihr. Deshalb muß sittliches Wollen und Tun durch Vergebung und Versöhnung immer wieder neu werden. Endgültige Versöhnung und Erlösung kann nur durch Gott erfolgen. Deshalb ist die Sittlichkeit an die Frömmigkeit gewiesen.

2. Leitaspekte der Regulation sittlichen Verhaltens

Sittliches Verhalten, das in der Sphäre des Auch-anders-sein-könnens mit unterschiedlichen Optionen für die Gestaltung der Freiheit und das Tun des Guten konfrontiert ist, bedarf der Regulation. Durch das Aufstellen von Regeln lassen sich die Wirkungen bestimmter Tätigkeiten mit den Intentionen vergleichen, lassen sich Wiederholungsfälle identifizieren, lassen sich Bildungsprozesse internalisieren und lassen sich interpersonale Vermittlungen ermöglichen. Die Regulation sittlichen Verhaltens kann so vonstatten gehen, daß von den drei Elementen, die für jedes sittliche Verhalten konstitutiv und an jeder Verhaltensregulierung beteiligt sind, jeweils ein Element ins Zentrum gerückt wird und als Leitaspekt die anderen beiden Elemente mitbestimmt. So wird im folgenden das Feld sittlichen Verhaltens unter den Leitaspekten der sittlichen Kraft, der sittlichen Tat und des sittlichen Ziels betrachtet. Dazu werden die klassischen Begriffe von Tugend, Pflicht und höchstem Gut herangezogen.

a. Die sittliche Kraft

Die sittliche Kraft, die das sittliche Tun motiviert und trägt, wird ethisch im Tugendbegriff gedacht. Die sittliche Kraft bedarf hinsichtlich der Tätigkeitsfelder und der psychosozialen Kontexte bestimmter charakterlicher Prägungen der sittlichen Personen. Der Tugendbegriff richtet das Augenmerk darauf, wer der Akteur einer sittlichen Tat ist, welche Qualitäten die Person haben muß, um die sittliche Tat zu vollziehen. Der Tugendbegriff bezeichnet die Kraft, durch die diese sittliche Tat zustande kommt. Er gibt die Disposition des Subjekts an, das diese sittliche Tat vollzieht.

Tugend und Laster qualifizieren vorrangig die Person, nicht die Handlungen und auch nicht die Handlungsergebnisse. Tugend und Laster sind einzelne besondere Charakterdispositionen, die das Verhalten eines Menschen durch die Art der Motivation steuern. Platon (428-348) lehrte entsprechend der dreifachen Seelenaktivität die drei ordnenden Grundtugenden Besonnenheit (für den Bereich des elementaren Triebes), Tapferkeit (für den Bereich des Muts) und Weisheit/Einsicht (für den Bereich der herrschenden Vernunft); die Gerechtigkeit bringe gemäß der Idee des Guten die drei Grundtugenden in ihr angemessen-natürliches Verhältnis und stelle die Harmonie der Seelenkräfte her (vgl. Politeia). Dem Quadrupel der klassischen hellenischen Haupttugenden Weisheit, Besonnenheit, Beharrlichkeit und Gerechtigkeit wurde in der patristischen Theologie (vgl. Ambrosius von Mailand) die Trias der christlichen Tugenden Glaube, Hoffnung, Liebe entgegengestellt. Beide Tugendschemata wurden in der scholastischen Theologie (vgl. Thomas von Aquin) verknüpft.

Soll der Tugendbegriff die Gesamtheit der Sittlichkeit erfassen, so muß er anthropologisch sowohl die Binnenverfaßtheit des handelnden Subjekts als auch dessen Weltwirksamkeit beschreiben können. Die Tugend als die dem Guten förderliche Gesamtverfaßtheit der handelnden Person wird ethisch als Ursache der Handlungen und der Handlungsergebnisse begriffen. In der Tugend werden die Charakterdisposition und der Krafthaushalt des menschlichen Subjekts gedacht, mittels deren es in der Welt wirkt.

Der Selbstbezug der personalen sittlichen Kraft wird durch den Begriff der Gesinnung erörtert, der wirksame Außenbezug durch den Begriff der Fertigkeit. Während in der Antike der Tugendbegriff gerade auf die Praxistüchtigkeit des sittlichen Subjekts und seine weltgestaltende Fertigkeit gerichtet war, wurde in der Moderne die Gesinnung in den Vordergrund gerückt. So hat Immanuel Kant (1724-1804) die Gesinnung als innere Verfaßtheit und Motivation der sittlichen Subjekte identifiziert mit der Tugend.

Eine so konzipierte Gesinnungsethik betont den moralischen Vorrang des sittlichen Subjekts vor seinen Werken, weil diese Handlungsergebnisse ihm teilweise unverfügbar sind. Die unvollkommene Verfügbarkeit über die natürlichen und sittlichen Handlungswirkungen schränkt die sittliche Verantwortung der Subjekte für die Handlungsergebnisse prinzipiell ein. Ist die gewollte Tätigkeit erst einmal in den Kontext der natürlichen Weltereignisse entlassen, so sind außer dem sittlichen Wollen und Tun noch sehr viele andere Faktoren für die Ergebnisse der Tätigkeit bestimmend. Deshalb legt die Gesinnungsethik alles Gewicht auf den Willen und die dem Wollen zugrunde liegende Gesinnung. Nur im von der Gesinnung bestimmten Wollen ist die vollständige sittliche Verantwortlichkeit des Subjekts gewahrt.

Voraussetzung für die Realitätshaltigkeit der Gesinnungsethik ist die Überzeugung, daß das sittliche Wollen des Guten auch in der natürlichen Weltwirklichkeit sich letztlich durchsetzt. Da die alltägliche Erfahrung das gelegentliche oder häufige Scheitern des Guten und das Vorhandensein von bösem Willen und natürlich-geschichtlichen Übeln lehrt, kann der Sieg des Guten nur erhofft und geglaubt werden. Dieser Glaube ist für die Gesinnungsethik selber elementar. Kant hat an dieser Stelle die Postulatenlehre eingeführt: In einem religiösen Überschritt wird die gute Gesinnung als Realitätsgrund für die gute Wirklichkeit genommen und Gott als Garant dieser eschatischen Realisierung geglaubt.

Für die Gesinnungsethik ist nur das innerliche Wollen des sittlichen Tuns vollständig zurechenbar. Dadurch ergibt sich eine Tendenz zu moralischer Innerlichkeit. Gegen die Praxisblindheit einer rein innerlichen Gesinnungsethik hat Max Weber mit dem Konzept einer ergebnisorientierten Verantwortungsethik programmatisch Einspruch erhoben und damit unausgesprochen die Verknüpfbarkeit der ethischen Leitaspekte der Kraft und des Ziels eingefordert.

Die sittliche Kraft wird im Tugendbegriff nur dann angemessen formuliert, wenn die beiden Aspekte der Gesinnung und der Fertigkeit immer verknüpft sind. Gesinnung ohne Fertigkeit ist wirkungslos, Fertigkeit ohne Gesinnung orientierungslos. Die Tugendethik zielt auf die selbstgewisse Praxistüchtigkeit der Akteure.

Entsprechend der Vielzahl von Charakterdispositionen und der Vielzahl sittlicher Aufgabenfelder kann auch eine Vielzahl von Tugenden und Lastern unterschieden werden. Für die Einübung moralischer Einstellungen ist die praxisbezogene Differenzierung der sittlichen Kraft sinnvoll. Denn Tugend wird geübt, nicht je und je hergestellt. Die sittliche Kraft muß auf den verschiedenen Praxisfeldern zu stabilen Verhaltensorientierungen geformt werden, die die angemessene Wahrnehmung und Entscheidung der Konfliktsituationen erlauben. Die sittliche Kraft darf nicht rein aktualistisch gedacht werden. Ihre Wirksamkeit ist von Gesinnung, Willensbildung und Fertigkeit abhängig. Dazu bedarf es der Erziehung und Selbsterziehung. Im vortechnisierten Wirklichkeitsverhältnis hatte hier die Askese eine große Bedeutung. Die Tugend ist in jedem Menschen unterschiedlich ausgeprägt. Die Tugendübung ist darauf gerichtet, die Kraft der Tugend zu stärken und den Hang zum Laster zu schwächen. Die Tugend ist nicht primär intellektueller Art, sondern in der affektiven Sphäre gegründet.

Die materiale Binnendifferenzierung der Tugend und die Auflistung von Einzeltugenden darf die Einheitlichkeit der sittlichen Kraft nicht verdecken. Nur ein einheitlicher Tugendbegriff kann die drohende Widersprüchlichkeit vielfältiger Einzeltugenden und die autoritäre Instrumentalisierung bestimmter Einzeltugenden für unsittliche Zwecke abwehren. Die Tugenden bedürfen einer lebendigen, sie organisierenden Mitte. Dieses Band der Tugend ist die Liebe. Sie ist die innerste Kraft des Lebens sowohl nach der Seite der differenzierenden Selbstwerdung als auch nach der Seite des vereinigenden Mitseins. Die Liebe ist diejenige Kraft, die den Menschen in ein affirmatives Verhältnis zu sich selbst und zu anderen setzt. Die Liebe ist die

Kraft zu immer neuen Lebensakten der Bildung und des Selbstwerdens im anderen.

Für die christliche Formulierung des Tugendbegriffs hat die Liebe eine zentrale Bedeutung. In dem durch die Liebe prädizierten Tugendbegriff kann die Bestimmung der sittlichen Kraft an das Gottesbewußtsein angeschlossen werden. Dogmatisch wird das Wesen Gottes als Liebe ausgesagt. Die göttliche Liebe motiviert die göttlichen Tätigkeit. Die Liebe Gottes ist mit seiner Weisheit wesentlich verbunden, weil Gott als unmittelbar ohne Widerstand hervorbringend gedacht werden muß. Die göttliche Weisheit läßt die göttliche Liebe vollständig wirksam werden. Während Klugheit die jeweils angemessene Wahl der äußerlich bleibenden Mittel für das gewählte und erstrebte Ziel meint, sind für die Weisheit die realisierenden Tätigkeiten keine externen Mittel, sondern haben als Teile selbst schon an der Vollkommenheit des Ganzen Anteil. Während in Gott die Identität von unendlicher Liebe und Weisheit so gedacht wird, daß göttliche Tätigkeiten nicht gegenläufig und nicht vergeblich sind, muß der durch Zwiespalt charakterisierte Mensch, bei dem Weisheit und Liebe nicht eins sind, auch Besonnenheit und Beharrlichkeit üben. Indem die sittliche Kraft beim Menschen nach innen und außen nicht unangefochten und ungebrochen ist, wird ihre Wirksamkeit selbst zu einer sittlichen Aufgabe.

Außer der Binnendifferenzierung der sittlichen Kraft bedarf das Verhältnis von Tugend und Laster einer Klärung. Die Dualität von Tugend und Laster sollte nicht ontologisch fundamentalisiert werden. Das Laster ist auch als Mangel an sittlicher Kraft bzw. als Widerstreit zur sittlichen Kraft begreifbar, ohne daß ihm eine eigene Daseinskraft zugesprochen werden müßte. Das Laster hat keine eigene Wirklichkeit, sondern ist nur der Schatten der Tugend. Damit wird das Phänomen des Lasters weder vergleichgültigt noch bagatellisiert. Indem das Laster an die Tugend angeschlossen wird, wird eine eigenständige Gegenwelt der Widersittlichkeit vermieden. Damit wird nicht die phänomenale Bedeutung des Lasters bestritten, sondern nur dem negativen Charakter des Bösen Rechnung getragen, das für seine Negativität auf eine Position angewiesen ist.

b. Die sittliche Tat

Die sittliche Tat ist der objektive Vollzug des sittlichen Wollens. Die objektive Seite der Sittlichkeit erfordert ethisch eine Erörterung der Normen, die das sittliche Tun regulieren sollen. Diese Normen sind traditionell im Begriff des Gesetzes oder der Pflicht formuliert worden.

Das sittliche Tun wird in der christlichen Theologie klassisch durch den Dekalog geregelt. Innerhalb der christlichen Tradition werden die Gebote der ersten Tafel, d. h. die Gebote des Verhaltens gegen Gott, unterschieden von den Geboten der zweiten Tafel, d. h. den Geboten im Verhältnis zu den Mitmenschen. In der Auslegung des Dekalogs werden auch heute noch christliche Verhaltensnormen formuliert. Orientiert sich die theologische Ethik in ihrer materialen Entfaltung am Dekalog, so muß jeder Imperativ des Dekalogs als Stichwort für ein ganzes Themenfeld genommen werden. Das Tötungsverbot steht dann für das Themenfeld des Schutzes des Lebens, das Diebstahlsverbot für das Themenfeld der Eigentumsordnung, das Ehebruchsverbot für die Themenfelder der zwischengeschlechtlichen Beziehung und der Familienordnung.

Die Einschärfung und Interpretation der Zehn Gebote meint die Verpflichtung auf ein Tun oder Unterlassen, das dem Willen Gottes entspricht. Der Dekalog wird als die Summe dessen verstanden, worin der natürliche und der geoffenbarte Gotteswille übereinstimmen. Dadurch ist der theologische Gesetzesbegriff in komplizierter Weise mit dem naturrechtlichen Gesetzesbegriff verwoben.

In der neuzeitlichen ethischen Theoriebildung hat der Pflichtbegriff einen Vorrang vor dem Gesetzesbegriff errungen, weil die Naturwissenschaft dem Gesetzesbegriff immer stärker ihr Gepräge aufgedrückt und ihn dadurch für die Ethik schwierig gemacht hat. Zudem hat die Jurisprudenz, die mit der moralischen Regelbildung über den Naturrechtsgedanken verbunden war, sich immer stärker von der Ethik getrennt und dabei ihrerseits den Gesetzesbegriff als Rechtsbegriff in Anspruch genommen.

Der Pflichtbegriff zielt auf eine umfassende Formel für alles sittliche Tun. Deshalb muß in dieser Formel die ganze sittliche Aufgabe und die vollständige Tugendkraft ausgesprochen werden, indem der ursprüngliche sittliche Entschluß formuliert und alle einzelnen sittlichen Handlungen als Ausführungen dieses sittlichen Grundentschlusses verstanden werden.

Kant macht im Kategorischen Imperativ die Allgemeinheitsfähigkeit der moralischen Maxime zum Kennzeichen der Pflichtformel: Handle so, daß die Maxime deines Tuns zum allgemeinen Naturgesetz werden kann. Diese Formalisierung des Pflichtbegriffs ist ein deutlicher Fortschritt gegenüber einer ethischen Tradition besonders der Aufklärungsphilosophie, die eher äußerliche Zusammenordnungen der materialen Pflichten vorgenommen hatte. Die Pflichten in allgemeine und besondere Pflichten einzuteilen sowie in Pflichten gegen sich und gegen andere, widerspricht dem Grundsatz, daß Pflichten für alle vernünftigen Wesen allgemein gültig sein sollen. Auch die Einteilung in bedingte und unbedingte Pflichten bringt keine Vollständigkeit der Pflichtformel und genügt deshalb nicht den systematischen Ansprüchen. Die Formalität der Kantischen Pflichtformel ist aber nicht nur als kritischer Kanon für anderweitig formulierte moralische Maximen brauchbar, sondern die Formalität ist selber schon so gefaßt, daß die potentielle Widersprüchlichkeit der Selbstinteressen eingeschränkt und die Konsistenz der Maximen zu einer wesentlichen und unverzichtbaren Forderung an die Pflichtformel wird. Allerdings bleibt unbefriedigend, daß aus ihr die inhaltlichen Pflichten nicht material deduziert werden können.

Sollen in die Pflichtformel inhaltliche Bestimmungen aufgenommen werden, so muß der Kontext sittlichen Tuns sowohl hinsichtlich der agierenden Person als auch hinsichtlich der sozialen Zielsetzung bedacht werden. Die Pflichtformel soll ja das Tun jedes sittlichen Subjekts regulieren, die einzelnen Personen existieren aber nur sozial.

Wird auf die einzelne agierende Person geblickt, so muß ein sittlicher Grundentschluß zum Tun des Guten angenommen werden. Dieser Grundentschluß meint den optimalen eigenen Beitrag zur Lösung der sittlichen Gesamtaufgabe. Dazu müssen die subjektiven Fähigkeiten einerseits und die objektiven Zustände andererseits berücksichtigt werden. Innere Neigung und äußere Aufforderung sollten möglichst miteinander verknüpft werden, weil das neigungsmotivierte Tun beflügelt und die günstige Situation das sittliche Vollbringen von außen unterstützt. Jedes sittliche Subjekt muß demnach dasjenige sittliche Gute tun, das dadurch zur bestimmten Zeit am meisten gefördert wird. Dies läßt sich nicht allgemein feststellen, sondern bedarf der jeweiligen konkreten Beurteilung. Die individuumsorientierte Pflichtformel macht also keine Angaben zur Wahl der sittlichen Tätigkeitsgebiete und zur Handlungsfolge.

Wird die wesentliche Gemeinschaftsbezogenheit alles menschlichen Lebens beachtet, so muß die Pflichtformel die Aufgabenteilung und die gemeinschaftliche Aufgabenlösung zu formulieren suchen. Da die Gemeinschaft wiederum nur durch einzelne sittliche Handlungen zustande kommt und erhalten wird, da die Anerkennung der Sittlichkeit des Gemeinschaftszustandes doch mit der sittlichen Grundentscheidung der Akteure zusammenhängt, muß die allgemeine sozialorientierte Pflichtformel die individuumsorientierte Pflichtformel implizieren, gemäß der eigenen Überzeugung das jeweils sittlich Förderlichste zu tun. In Anlehnung an Friedrich Schleiermacher (1768-1834) kann die allgemeine Pflichtformel (vgl. SW III/2,391) formuliert werden: Tue in der Gemeinschaft mit allen anderen jedesmal mit ganzer sittlicher Kraft das jeweils Förderlichste zur Lösung der sittlichen Gesamtaufgabe!

In der Spannung von Individualität und Sozialität muß die allgemeine Pflichtformel so präzisiert werden, daß das einzelne sittliche Handeln und das soziale sittliche Handeln miteinander verknüpft werden. Dazu muß einerseits die Individualität vor den sozialen Uniformitätsansprüchen geschützt werden, indem die gesellschaftlichen Forderungen an der notwendigen Darstellung der Individualität ihre Grenze haben. Dazu muß andererseits ein zügelloser Individualismus, dem allein die eigene Nasenspitze wichtig ist, abgewehrt werden, indem die konstitutive Gemeinschaftsbezogenheit aller Individualität in der sittlichen Zielsetzung eingeschärft wird. Erst in der gegenseitigen Verschränkung wird die Lebensfülle einer differenzierten Ausbildung von Individualität und Sozialität erreicht. Jedes sittliche Subjekt muß sich die ganze sittliche Aufgabe so aneignen, daß zugleich in der Anerkennung der anderen handelnden Subjekte Gemeinschaft mit ihnen gestiftet wird. Die Freiheit des Gewissens wird in dieser wechselseitigen Anerkennung als Selbstbegrenzung und Fremdbegrenzung etabliert.

c. Das sittliche Ziel

Im Begriff der Güter und Übel wird der Blick gelenkt auf die Wirkungen sittlichen Tuns, auf die Ergebnisse der sittlichen Tätigkeit, die ihrerseits die folgenden sittlichen Tätigkeiten und Entscheidungen mitbestimmen. In der Güterlehre wird also das Werden und Gewordensein der menschlichen Kulturwelt explizit gemacht und in die ethische Reflexion aufgenommen.

Die Güterlehre fragt nach dem Inbegriff der sittlichen Güter, die die Menschheit durch sittliche Kraft hervorbringt und die die Welt sittlichen Handelns ausmachen. Der Begriff des höchsten Gutes, der konstruktiven Charakter hat, integriert teleologisch alles sittliche Tun. Er meint die realisierte Gesamtheit des durch die ethische Idee Intendierten, den Inbegriff aller wahren Güter. Das höchste Gut muß als die vollständige Lösung der sittlichen Aufgabe durch das Miteinander und Füreinander der Güter, in denen alle sittlichen Tätigkeiten und Kräfte immer wieder erzeugend vorkommen, gedacht werden. Im Begriff des höchsten Gutes muß alles wahrhaft Menschliche formuliert werden, auch alle pflichtmäßigen Handlungen und alle Tugenden.

In der antiken Philosophie beherrschte der Antagonismus von Tugend und Glückseligkeit die ethische Diskussion um das höchste Gut. Der personale Wille zum Guten und das erfahrbare Wohlbefinden stritten um den Primat. War das höchste Gut zu denken als Tugend, deren Besitz bereits die Glückseligkeit einschließe, oder als Glückseligkeit, deren sittliche Wahrnehmung bereits Tugend sei? Die alten Schulen bezogen den Begriff des höchsten Gutes, den sie nicht komparativisch als höchste Stufe, die die Vorstufen zugleich ein- und ausschließt, sondern qualitativ im Sinne des Ganzen verstanden, nur auf den einzelnen Menschen.

Werden Lust und Glück zu inhaltlichen Bestimmungen des Guten erklärt, wie es im Hedonismus geschieht, so wird die Ethik zu einem Regelwerk von Lebensklugheit, wie das erstrebte und/oder erlangte Glück dauerhaft sein, wie konkurrierendes Glücksverlangen harmonisiert und die Glückszufuhr optimiert werden kann. Die hedonistische Handlungsmaxime zielt auf den Gewinn von Lust und das Vermeiden von Schmerz.

Lust und Schmerz sind Qualitäten unmittelbarer Selbst- und Außenwahrnehmung. Diese Wahrnehmungen sind nicht erläuterungspflichtig und nicht erläuterungsfähig. Lust und Schmerz müssen nicht sensualistisch eingegrenzt werden, sondern können auch emotionale und ästhetische Phänomene in einem weiteren Kontext umfassen. Die inhaltliche Bestimmung der Glückseligkeit ist selbst Gegenstand ethischer Diskussionen.

Die Unstetigkeit des sinnlichen Lustempfindens, die Verschiedenartigkeit seiner Objekte und die Vergänglichkeit bzw. Unverfügbarkeit seiner Zustände markieren deutliche Mängel des Lustbegriffs. Das Streben nach Glück und Lust wurde deshalb auch häufig als unsittlich aus dem ethischen Kalkül ausgeschlossen. Der Lustbegriff ist zum ethischen Grundbegriff untauglich. Der Hedonismus kann bei aller unmittelbaren Plausibilität die ethische Reflexionsprobe nicht bestehen. Sein Mangel ist die Nichtverallgemeinerungsfähigkeit der Maximen. Die inhaltliche Bestimmung der Glückseligkeitszustände bleibt intern und extern schwankend.

Der Utilitarismus sucht diesem Mangel abzuhelfen, indem er statt einer inhaltlichen Bestimmung eine Verfahrensregel angibt. Sein handlungsleitendes Kriterium ist das Prinzip des größtmöglichen Glücks für die größtmögliche Zahl von Individuen. Der englische Utilitarismus gehört zum Typ der teleologischen Ethik. Er nimmt die Folgen einer Handlung als moralisches Kriterium ihrer Güte. Während David Hume (1711-1776) in einem erklärenden Sinn behauptete, die Geltung moralischer Normen gründe in ihrem gesellschaftlichen Nutzen, nehmen die Utilitaristen diese Theorie in einem normativen Sinn. Der gesellschaftliche Nutzen wird zum moralischen Kriterium des guten Handelns. Utilitaristen (Bentham, Mill) und Präferenzutilitaristen (Peter Singer) lehnen eine Ethik ab, die der Vernunft eine allgemeine und unbedingte Verbindlichkeit zumißt und aus diesem konstitutiven Prinzip inhaltliche Regeln gewinnt.

Jeremy Bentham (1748-1832) vertrat konsequent einen vollkommenen Individualismus in Moralität und Rechtsauffassung. Er orientiert die moralische Wertung an den Glücksempfindungen des einzelnen Subjekts. Gesetzgebung und moralische Normen müssen darauf hinwirken, für die größtmögliche Zahl von Menschen eine größtmögliche Summe von Glück zu schaffen. Jeder Mensch muß danach sein Handeln leiten lassen von dem zu erzielenden Nutzen. Dieser Nutzen wird gemessen nach dem Grad von Lust, den eine Sache erregen kann. Bentham bindet seine empiristische Ethik an eine Assoziationspsychologie, die mit jeder Handlung den Zustand von Freude und Leid, Lust und Schmerz assoziiert und dieses als Maßstab der Nützlichkeit nimmt. Vernunft und Recht sollen die Glückseligkeit schaffen, die durch die Polarität von Lust und Schmerz geprägt ist. Dabei geht es um die Vermehrung oder Verminderung der Glückseligkeit einer Gruppe von Menschen, die durch die Handlung und ihre Folgen betroffen sind. Das Glück ist dabei quantitativ verstanden als Summe der einzelnen Lustgefühle, wobei von deren Quellen abstrahiert wird. Es geht nur um Dauer und Stärke. Kegeln steht gleichberechtigt neben Klavierspielen. Das Handeln im Sinne der größtmöglichen Lustmehrung ist seinerseits durch Sanktionen gesteuert. Zu diesen Sanktionen gehören wiederum Lust und Schmerz. Der Altruismus wird so durch den Egoismus gefördert.

John Stuart Mill (1806-1873) entwickelt die Assoziationspsychologie zu einer Analyse des induktiven Erkennens. Die Gleichförmigkeit des Naturverlaufs muß für die in übersinnliche Wahrnehmung hinausgehenden Schlußfolgerungen vorausgesetzt werden, ist aber ihrerseits nur erfahrungsgestützt. Die vielen erfolgreichen Einzeloperationen werden zu einem Induktionsschluß zusammengefaßt. Mill ist ebenfalls ein Vertreter des Utilitarismus. Er verändert aber das rein quantitative Glückskalkül, das Bentham angestellt hat, durch die Berücksichtigung der Qualität der Lust. Außer Dauer und Gefühlsstärke bringt er auch die Unterschiede zwischen sinnlichem und geistigem Glücksempfinden in Anschlag. Er rechtfertigt diese qualitative Differenz dadurch, daß die geistige Lust stärker sei als die sinnliche. Eine Lust wird dann gegenüber einer anderen bevorzugt, wenn dieses bei allen, die beide erfahren haben, geschieht. Die qualitative Differenz faßt Mill durch die Unterscheidung von Glück und Zufriedenheit. Bei Zufriedenheit existieren keine Vollkommenheitsvorstellungen. Die Geistigkeit des Menschen zeigt sich gerade darin, daß er seinen Glückszustand immer als unvollkommenen erkennt. Es gilt: Besser ein unzufriedener Mensch als ein zufriedenes Schwein.

Eine Grundschwierigkeit des Utilitarismus besteht darin, daß in einer aktuellen Handlungssituation eine präzise Abwägung der möglichen Handlungsfolgen erforderlich ist. Dieses ist aber wegen der Einbindung in ein intersubjektives Handlungsgeflecht eine Überforderung. Die Vielzahl der Faktoren, die für die konkrete Bestimmung der Handlungsfolgen maßgeblich sind, ist insgesamt nicht überschaubar, verfügbar und regulierbar. Das Prinzip läßt sich zwar eindeutig formulieren, doch es läßt sich nicht in konkrete Handlungsanweisungen umsetzen. Deshalb muß es durch sekundäre Handlungsregeln unterstützt werden. Dabei akzeptiert ein Regelutilitarist eine bestimmte Handlungsanweisung auch dann, wenn sie im konkreten Einzelfall nicht zur Glücksmaximierung führt. Ihm genügt, daß die Regel sich in der Vielzahl der Fälle bewährt. Der Handlungsutilitarist dagegen besteht auf einer solchen Glücksmaximierung in jedem Einzelfall. Die sekundären Handlungsregeln sind häufig mit konventionellen moralischen Anweisungen konform.

Der Mangel des Utilitarismus ist das Fehlen einer Formel für die Glücksaggregation. Das Prinzip des größtmöglichen Glücks für die größte Zahl läßt keine Individualaussagen zu, sondern erlaubt nur konsequentialistische oder teleologische Makroaussagen. Der Nachweis, daß die Ausbeutung von Natur und Mitmenschen längerfristig teurer ist als ein auf das Glück aller Beteiligten gerichtetes Verhalten, enthält keine Kriterien für die Behandlungen derjenigen, die nicht zur größten Zahl gehören. Was soll mit denen geschehen, die an den Wohlstandserfolgen temporär oder stationär nicht teilnehmen können? Die Verteilung der Güter wird dem statistischen Zufall überlassen.

Spezifizierte Leitlinien zu einer aktiven Gestaltung sozialer Gerechtigkeit können nicht formuliert, sondern nur Grenzpfähle gegen große Fehlentwicklungen aufgerichtet werden. Das Anliegen von John Rawls ist es, diese utilitaristische Lücke durch einen Gerechtigkeitsbegriff zu schließen, der von der fundamentalen Gleichheit aller Menschen ausgeht und sie im Sinne einer gesellschaftlichen Chancengleichheit konkretisiert.

Die utilitaristische Zielvorstellung des größtmöglichen Glücks für die größte Zahl nimmt eo ipso eine Einschränkung der Gültigkeit der Glücksforderung in Kauf und rechnet mit einer kleineren Zahl von Menschen, die bei diesen sittlichen Operationen der Glücksmaximierung auf der Strecke bleiben. Damit wird die Unbedingtheit der Verbindlichkeit der sittlichen Regeln durchlöchert. Die kleine Zahl könnte zu Recht einen Minderheitenschutz fordern. Moralische Regeln im Sinne pragmatischer Optimierungen sind überholbar und in der Gültigkeit ihrer Zielvorstellungen eingeschränkt.

An den Utilitarismus knüpft der Konsequentialismus an. Auch hier geht es um das Erreichen einer möglichst großen Nutzenstiftung. Die Entscheidung konkurrierender Handlungsanforderungen wird aber nicht nach den prognostizierten Glückszuständen, sondern nach den Interessen der von der Handlungsentscheidung Betroffenen gefällt. Dabei gilt das Prinzip der Gleichwertigkeit der Interessen. Das individuelle Eigeninteresse gilt nicht mehr als das Interesse anderer Personen. Um allerdings den Fall nach angemessener objektiver Interessenabwägung entscheiden zu können, muß letztlich ein idealer allwissender Beobachter angenommen werden. Nur ein idealer unabhängiger Beobachter kann alle Handlungsfolgen überblicken und eine angemessene Gewichtung der prinzipiell gleichwertigen Interessen vornehmen. Diese Position kann letztlich nur Gott ausfüllen.

Die Glückseligkeitsethik, zu der auch der Utilitarismus gehört, gibt den Zustandsbestimmungen einen Vorrang vor den Tätigkeitsvollzügen. Die vollendete Sittlichkeit wird in Zuständen gesehen, wo Menschen ungehemmt und nur lustvoll leben können. Demgegenüber ist als Kontrastprogramm an das Bild zu erinnern, das Gotthold Ephraim Lessing (1729-1781) von der Lebenswahl aus Gottes Händen imaginiert hat, entweder die Wahrheit oder das Streben nach

Wahrheit zu wählen, entweder das fertige Paradies oder den mühevollen Weg zum Paradies (vgl. Erziehung des Menschengeschlechts). Das wirksame Streben ist die Prolepse der Erfüllung. Indem das Voranschreiten auf dem Weg vorgezogen wird dem Angekommensein im Ziel, wird die Lust in die Tätigkeit gesetzt und die sittliche Aktivität bejaht. Die Vorstellung des Paradieses als eines Schlaraffenlands dagegen meint eine ungebrochene und uneingeschränkte Bedürfnisbefriedigung im Sinne eines passiven Lustzustandes.

Kant hat in seiner "Kritik der praktischen Vernunft" die Unvereinbarkeit der beiden Elemente des höchsten Gutes moniert und diesen Antagonismus zwischen Lust und Pflicht mittels des Begriffs der Glückswürdigkeit zu lösen versucht. Kant verbindet im Begriff der Glückswürdigkeit das vom pflichtmäßigen Sollen geleitete Tun und das elementare menschliche Streben nach lustvoller Glückseligkeit. Das Wohlsein wird bei ihm zur unbeabsichtigten aber verdienten Belohnung, die durch die beiden Postulate Gott und Unsterblichkeit der Seele garantiert wird. Das Sittengesetz ist der unbedingte Bestimmungsgrund des Willens, das höchste Gut die Gesamtheit des sittlich Gewollten. Das moralische Gesetz ist formal, der Begriff des höchsten Gutes nimmt die materiale Konkretisierung vor. Im Begriff des höchsten Gutes muß die geschichtliche Abfolge von Lebensakten gedacht werden, die auf die Realisierung des moralischen Gesetzes gerichtet sind. Der Mensch ist nicht heilig, aber zum Bemühen um Heiligkeit verpflichtet.

Kant spricht die integrative Kraft des Begriffs des höchsten Guts zwar an, doch bleibt der Begriff des moralischen Gesetzes vorgeordnet und dadurch der geschichtliche Aspekt unterbestimmt. Das Gegeneinander von Gesetz und Neigung, von Allgemeinheit und Individualität wird nicht überbrückt. Dadurch werden gegenläufige Effekte erzielt. Gerade die Betonung der Autonomie führt zu einer Uniformierung der Subjektivität unter der Allgemeinheit der Forderung des moralischen Gesetzes. Den Kantische Dualismus von Pflicht und Neigung, von allgemeiner Vernunft und individuellem Willen, von Sollen und Sein überwindet eine Güterlehre, die auf die produktive sittliche Kraft in den verschiedenen sozialen Bereichen konzentriert ist.

Die Verantwortungsethik, die im 20. Jahrhundert in der Gegenüberstellung zur Gesinnungsethik seit der programmatischen Rede "Politik als Beruf" (1919) von Max Weber wichtig geworden ist, bringt die Güterlehre in politisch-praktischer Ausrichtung zur Geltung. Es genügt nicht, sich allein auf den Willen zum Guten zu berufen und die Wirkungen der Handlungen, die man um des Guten willen tut, auszublenden. Der Wille zum Guten bedarf immer der Erkenntnisfähigkeit und abwägenden Beurteilung der Vernunft. Der Wille zum Guten will und soll ja in die natürliche Welt eingreifen. Die Freiheitssphäre ist nicht von der Seinssphäre vollständig geschieden. Durch diese Verknüpfung wird aber die Frage, was geschieht, wenn ich das oder das tue, unabweisbar. Die gewollten oder ungewollten Wirkungen gehören zum sittlichen Tun hinzu. Die Verantwortungsethik ist an den Ergebnissen und den Zielen sittlichen Tuns orientiert. Sie will dazu die möglichst genaue Wahrnehmung der jeweiligen Handlungssituation und der Tätigkeitswirkungen. Das gibt ihr eine ausgeprägte Situationsbezogenheit und eine große Vielfalt von Handlungsoptionen, die der Realisierung des verpflichtenden Ziels angemessen sein können. In der Verantwortungsethik können sehr unterschiedliche Theoriegehalte affirmativ verknüpft werden.

Die dem Begriff des höchsten Guts angemessene ethische Sichtweise ist allein der Blick auf die sittliche Gesamttätigkeit. Der Inbegriff aller wahren Güter muß auf die Gesamtwirkung der Vernunft zurückgeführt werden. Alle menschliche Tätigkeit ist streng genommen immer vergesellschaftet. Die Sittlichkeit des Individuums ist eingebettet in die der Sozialität. Es war ein schwerwiegendes Mißverständnis, die Frage nach dem höchsten Gut jeweils auf den einzelnen Menschen zu beziehen. Dieser Leitbegriff ist nicht der Verstehensschlüssel für das persönliche Leben des einzelnen, sondern derjenige für den gesamten geschichtlichen Kulturprozeß.

Die Geschichte ist ein sittlicher Prozeß. Der gegenwärtige Zustand wird als Stadium auf dem Weg zur Vollkommenheit verstanden. Die Vernunft, die sich zunächst in der Gegensetzung zur Natur konstituiert, stellt sich in der Gestaltung der Wirklichkeit selber so dar, daß der Gegensatz zur Natur schließlich verschwindet. Die Geschichte wird vollendet sein, wenn die Natur vernünftig und die

Vernunft natürlich geworden ist und wenn in einem umfassenden Interaktionsprozeß sich Individuelles und Allgemeines vollständig durchdrungen haben.

Die sittlichen Forderungen an das Individuum sind eingebettet in die Gemeinschaftsformen, in denen die Sittlichkeit immer schon präsent ist. Die Imperative zielen auf die Entwicklung des höchsten Gutes und können dabei immer schon auf das Gewordensein objektiver Vernunft zurückgreifen.

Die Güterlehre soll die Gesamtwirkung der sittlichen Tätigkeit auf dieser Erde erfassen. Voraussetzung für die dabei angenommene Kompatibilität aller vernünftigen Sittlichkeit ist die Überzeugung von der Erschließungskraft der Vernunft in allen Menschen. Diese Überzeugung muß sich auch in der Generationenfolge bewähren. Wird die Vernunft zum Kennzeichen des Menschseins genommen, so muß die Vernunft einerseits sich selbst als solche wahrnehmbar machen und andererseits die Wirklichkeit gemäß ihren Ideen zu gestalten suchen.

Durch die weltgestaltende Tätigkeit soll die Weltwirklichkeit so gestaltet werden, daß die sittlichen Subjekte bei der Bearbeitung der sittlichen Gesamtaufgabe unterstützt und nicht behindert werden. Durch die darstellende Tätigkeit soll die Vernunft erkennbar werden für das Subjekt und für andere Subjekte. Die weltgestaltende Tätigkeit und die darstellende Tätigkeit sind immer ineinander. Kein Moment der weltgestaltenden Tätigkeit ist nicht auch zugleich Moment der darstellenden Tätigkeit und umgekehrt. Werden die beiden Tätigkeiten in getrennten Begriffen ausgesprochen, so werden jeweils verschiedene Aspekte der Tätigkeiten hervorgehoben. Beide Tätigkeitsarten müssen im Spannungsfeld von Sozialität und Individualität, von Gemeinschaft und Persönlichkeit konkretisiert werden. Die Vereinigung von weltgestaltenden und vernunftdarstellenden Tätigkeiten in einem sittlich-organischen Einzelwesen macht das Wesen der Person aus.

Die sittlichen Tätigkeiten, die an die Bedingungen der Entwicklung des irdisch-endlichen Lebens geknüpft bleiben, sollen welthafte Zustände schaffen, die der Lösung der sittlichen Gesamtaufgabe förderlich sind. Die sittliche Vernunft muß von innen und nach innen identifizierbar sein, und sie muß sich nach außen und von außen Unterstützung schaffen. Dies geschieht in der Ausbildung unterschiedlicher Sozialgestalten, die ihren unverzichtbaren Beitrag zum höchsten Gut leisten: die Geselligkeit die freie Kommunikation, die Rechtsgemeinschaft den gerechten Frieden, die Wissenschaft die evidente Wahrheit und die Frömmigkeit das Gottesreich. Das höchste Gut wird in der Integration dieser aufeinander bezogenen Sphären real.

In der Tradition der christlichen Theologie wird das höchste Gut als Vollkommenheitszustand durch den Gedanken des Reiches Gottes formuliert. Der Reich-Gottes-Gedanke, der den Gedanken der Königsherrschaft Gottes, wie er in der prophetischen und gesetzlichen Tradition des Alten Testaments begegnet, unter Aufnahme von Motiven der jüdischen Apokalyptik fortführt, steht im Zentrum der Verkündigung Jesu. Die inhaltliche Ausgestaltung der Vorstellung vom Reich Gottes ist hier allerdings stark reduziert. Nur in bestimmten Bildworten klingen noch einzelne Vorstellungselemente an, die in der jüdischen Apokalyptik überreich wucherten. Der Vollendungsgesichtspunkt ist vom Gesichtspunkt der Gegenwärtigkeit des Heils überlagert und verdrängt. Das Reich Gottes ist eschatisch qualifiziert und hat dadurch präsentischen Charakter, daß es im Vollzug seiner Ankündigung schon heilschenkend wirksam ist.

Der Reich-Gottes-Gedanke verknüpft eschatologische und ethische Motive. Der endzeitliche Wirklichkeitszustand wird vom Herrschersein Gottes qualifiziert: Der göttliche Herrschaftsvollzug bestimmt die eschatische Wirklichkeit. Der Reich-Gottes-Gedanke ist dem christlichen Gottesbewußtsein durch die Verkündigung Jesu eingestiftet, daß die Königsherrschaft Gottes nahegekommen sei (vgl. Mk. 1,15). Die eschatische Wirklichkeit sei das unwiderstehliche und umschaffende Werk Gottes. Diese Absage an fromme menschliche Werke ist aber kombiniert mit der Aufforderung, sich auf dieses Kommen des Gottesreichs vorzubereiten: Der Empfang der göttlichen Huldzuwendungen verlangt Vorbereitung und Aufmerksamkeit.

Der Reich-Gottes-Gedanke kann im Blick auf die Ethik sowohl stärker den Akzent auf einen letzten Vorbehalt gegenüber aller sittlichen Tätigkeit setzen als auch das Verpflichtetsein auf ein letztes Vollendungsziel akzentuieren. Indem das Reich Gottes als im Werden gegenwärtiger Vollkommenheitszustand gedacht wird, den die Glaubenden nicht heraufführen, an dessen Realisierung sie aber beteiligt sind, prägt die christliche Frömmigkeit eine sittliche Praxis, die dialektisch strukturiert ist.

Der Reich-Gottes-Gedanke ist in der Christentumsgeschichte der Kristallisationskern für sehr verschiedene eschatologische Hoffnungsvorstellungen. Für die ethisch-theologische Theoriebildung ist dieser Gedanke als diejenige Beschreibung des sittlichen Ziels wichtig, die die Unverfügbarkeit und paradoxe Temporalität des menschlichen Strebens nach Vollkommenheit und Vollendung ausspricht. Die Idee der menschheitsumspannenden sittlichen Gemeinschaft hat eine kosmische und dynamische Dimension und ist auf das in Christus offenbar gewordene Menschheitsideal bezogen. Die innere Herzensvollendung und die äußere Kulturvollendung werden zusammengebunden. Die inhaltliche Bestimmtheit des Reiches Gottes ist an Jesu Gottesbewußtsein und seinen dadurch bestimmten Taten erkennbar.

3. Formale Kriterien der Vorzugswürdigkeit moralischer Maximen

Sittliches Tun ist immer mit dem impliziten oder expliziten Anspruch versehen, Tun des Guten zu sein, richtiges Tun. Durch diesen Anspruch wird die moralische Anweisung, der das sittliche Tun folgt, diskursfähig und für eine rationale Untersuchung offen. In der Legitimation müssen sich Gründe benennen lassen, warum die als moralisch angezeigte Handlung als gut, lebensförderlich, wirklichkeitsangemessen und verbindlich erachtet wird. Treffen in einer Konfliktsituation unterschiedliche moralische Ansprüche aufeinander, so werden beide Seiten über ihr Tun und die Legitimation dieses als moralisch behaupteten Tuns auskunftspflichtig.

Die Aussage 'Wir machen das so' reicht nicht aus. Die Versuchung, die eigene moralische Wirklichkeit per Zwang den anderen aufzudrücken und so zu verallgemeinern, ist naheliegend und häufig praktiziert worden. Doch die Anfrage, ob eine bestimmte moralische Anweisung angemessen und förderlich sei, kann nicht nur von außen beim Zusammenprall verschiedener sozialer Gruppen erfolgen, sondern auch von innen beim Zusammenprall unterschiedlicher Werte in derselben Person und beim Zweifel, ob bestimmte Entscheidungen auch die richtigen seien. Die ethische Reflexivität ist also durch interne und externe Konfliktsituationen herausgefordert. Aus der Struktur solcher Konfliktsituationen ergeben sich Hinweise auf die formalen Kriterien, denen ethische Sätze genügen müssen.

Ethische Konfliktsituationen, in denen eine bestimmte moralische Maxime legitimiert werden soll, unterliegen einer konstitutiven Tendenz zur Universalisierung. Erst wenn alle sittlichen Subjekte einer bestimmten moralischen Anweisung und einem bestimmten ethischen Satz zustimmen können und dieses dann auch wirklich tun, ist der Legitimationspflicht überzeugend Genüge getan. Ein ethischer Satz gilt erst dann im vollen Sinne, wenn alle prinzipiell denkbaren sittlichen Subjekte zu allen Zeiten ihm in freier Überzeugung notwendig zustimmen müssen.

Ethische Sätze müssen allgemeingültig sein. Allgemeingültigkeit meint nicht nur allgemeine Zustimmungsfähigkeit bzw. allgemeine Zustimmung der sittlichen Subjekte, sondern auch Widerspruchsfreiheit der Formulierung und Kohärenz der Regelbildung.

a. Allgemeinheit

Für die ethische Reflexion und Legitimation ist wesentlich, daß die Gültigkeit moralischer Anweisungen und ethischer Urteile nicht auf bestimmte Gruppen beschränkt ist. Ethik ist in diesem Sinne nicht parteiisch, nicht partikulär. Die Universalität der Ethik bedeutet allerdings nicht, daß die moralischen Maximen selber universal formuliert sein müssen. Die Frage, ob moralische Maximen auf bestimmte konkrete situative Kontexte eingehen müssen und in diesen Kontexten auch material unterschiedlich ausfallen können, ist eine eigene ethische Grundfrage. Die Universalität der ethischen Reflexion wird auch von den Vertretern einer Ethik, die eine Anpassung moralischer Verhaltensanweisungen an situative Kontexte fordern, insofern berücksichtigt, als sie die Figur des idealen unparteiischen Beobachters einführen und eine säkulare Ethik also mit der Maxime 'si deus daretur' ausstatten.

Die Gründe, nach denen Menschen überzeugt sind, richtig zu handeln, müssen in der ethischen Reflexion als allgemeingültig erwiesen werden. Umstritten ist, wie die Tatsache, daß in der bisherigen Menschheitsgeschichte kein moralisches System von allen Menschen akzeptiert wurde, ethisch zu deuten sei. Muß die nicht vorhandene Allgemeinheit der moralischen Regeln und die nicht vorhandene allgemeine Plausibilität der ethischen Legitimation so verstanden werden, daß darauf verzichtet werden sollte, die Allgemeingültigkeit von ethischen Sätzen und moralischen Regeln zu behaupten? Die Legitimationsstruktur und die konstitutive Tendenz zur Universalisierung spricht dafür, sich um die Formulierung als allgemeingültig zu behauptender Sätze in der Ethik zu bemühen. Die ethische Diskussion kann mit ihren Plausibilitätsansprüchen nur überzeugen, wenn die materialen Aussagen in ihren geschichtlichen Bezügen auf Allgemeingültigkeit hin auslegbar sind.

Die konstitutive Tendenz zur Universalisierung läßt sich beispielsweise bei der moralischen Berufung auf den Eigennutz beobachten. Wenn wir davon ausgehen, daß individual- und sozialgeschichtlich die natürlichen Handlungsimpulse auf Lebenserhaltung und Lebenssteigerung gehen, so muß wohl zunächst eine Maxime des monozentrischen Egoismus formuliert werden. Diese Maxime könnte so lauten: Handle so, daß die Mitmenschen, mit denen du zu tun hast, jeweils zu deinem Vorteil agieren. Hier sieht sich das handelnde Subjekt gleichsam als die Sonne im sittlichen Planetensystem. Alle anderen Personen sollen durch Überredung, Überzeugung oder Manipulation dahin gebracht werden, daß sie das tun, was den Vorteil des Maximenbildners erhöht. Alle sind also auf denjenigen, der sein Handeln zu seinen eigenen Gunsten einzurichten sucht, bezogen. Dieser Bezug auf diese konkrete einzelne Person ist für diese Maxime wesentlich.

Ein alles verändernder Schritt geschieht dann, wenn der Egoist wahrnimmt, daß er nicht die einzige Sonne ist, sondern daß jeder, den er als Planet seines eigenen Sonnensystems betrachtet, selbst die Sonne in einem eigenen System ist, wo der Egoist dann nur ein Planet ist. Diese Wahrnehmung, daß es nicht nur einen, sondern ganz viele Egoisten gibt, führt zu einer qualitativen Veränderung des Egoismus. Hält der Egoist an der Partikularität seines monozentrischen Egoismus fest, so können die Konflikte zwischen den Egoisten nur im Sinne von Unterwerfung und Vernichtung ausgetragen werden. Macht ein Egoist sich klar, daß die anderen auch Egoisten sind und er nur einer unter vielen, so muß er, da er die Perspektive des anderen als prinzipiell gleichberechtigt anerkennt, die Maxime des Egoismus anders formulieren. Die Maxime des polyzentrischen Egoismus könnte so lauten: Handle so, daß du deinen Vorteil und die anderen ihren Vorteil jeweils suchen. Oder: Handle so, daß jeder seinen eigenen Vorteil sucht.

Die Maxime des polyzentrischen Egoismus billigt jeder wollenden und handelnden Person Eigeninteresse zu. Damit sind die Konflikte zwischen den Akteuren nicht beseitigt. Eine Verallgemeinerung hat nur quantitativ stattgefunden, indem diese Maxime für alle Akteure gültig sein kann. Sie ist aber insofern nicht konsistent und kohärent, als die Maximen zu Handlungen führen, die gegenläufig und konfliktreich sind. Allerdings findet das Austragen der Konflikte nicht mehr im Modus der Vernichtung oder Unterwerfung statt, sondern im Modus der offenen Auseinandersetzung und des Abwägens der gegenläufigen Selbstinteressen.

b. Kohärenz

Moralische Maximen sind vorzugswürdig vor anderen Maximen nicht nur wegen ihrer quantitativen Allgemeinheit, also wegen ihrer Zustimmbarkeit durch alle wollenden und handelnden Personen, sondern auch wegen ihrer größeren Kohärenz nach innen und außen. Hier zeigt sich die konstitutive Tendenz der Ethik zur Systematisierung. Ist eine Maxime in sich widersprüchlich, so führt sie zu gegenläufigen Handlungen, die sich konterkarieren und aufheben. Zur Logik der ethischen Konfliktbewältigung gehört, Maximen höher zu bewerten, die mit anderen Maximen derselben Akteure und anderen Maximen anderer Akteure verträglich sind. Diese Verträglichkeit zeigt sich in der konfliktfreien Verknüpfbarkeit der Maximen. Durch diese Verknüpfung kommt es zu einer umfassenden Gestaltung lebensförderlicher Sittlichkeit.

Das formale Kriterium der Kohärenz läßt sich gut studieren, wenn die Grundmaxime des Eigennutzes verglichen wird mit dem Kategorischen Imperativ. Die Maxime des Eigennutzes erfüllt zwar das Kriterium quantitativer Allgemeinheit, insofern bei allen Menschen Eigennutz als mögliche bzw. natürliche Triebfeder von Tätigkeit unterstellt werden kann, sie genügt aber nicht dem Kriterium der Kohärenz, weil der Eigennutz einerseits konkurrierende Tätigkeiten im einzelnen sittlichen Subjekt motivieren kann und andererseits die vom Eigennutz motivierten Aktionen verschiedener sittlicher Subjekte mit hoher Wahrscheinlichkeit gegeneinander gerichtet sein würden. Eine den Eigennutz empfehlende Ethik würde ihre grundlegende Aufgabe, nämlich Konfliktsituationen zu regeln und zu entschärfen, gerade verfehlen. Eine Koordination der sittlichen Subjekte und der einzelnen Tätigkeiten würden durch diese Maxime gerade nicht erreicht.

Ganz anders ist es mit der Goldenen Regel oder dem moralischen Kategorischen Imperativ. Hier wird die allgemeine Zustimmungsfähigkeit und Kohärenz gerade selbst Element der moralischen Grundmaxime.

Die Goldene Regel (negative Volksmund-Fassung "was du nicht willst, das man dir tu, das füg auch keinen anderm zu!"; positive Fassung in Mt. 7,12 "alles, was ihr wollt, daß euch die Leute tun sollen, das tut ihnen auch!") ist eine geschichtlich frühe Formulierung der sittlichen Implikationen, die die Wahrnehmung des anderen als einer Person, wie ich selbst Person bin, zeitigt. So wie ich selbst von dem anderen behandelt werden möchte, so soll ich ihn auch behandeln. Diese Regel der Gleichheit gilt auch bei konkreter Ungleichheit. Das macht ihre ethische Prinzipialität aus. Anders als bei der Regel pragmatischer Glücksoptimierung ist nicht nur das Verhältnis etwa gleich starker Partner, sondern die Potentialität von Gleichheit im Blick. Für das interpersonale Verhältnis gilt die sittliche Verpflichtung immer dann, wenn dem anderen, eine Person zu sein oder werden zu können, nicht abgesprochen werden kann.

4. Materiale Kriterien der Vorzugswürdigkeit moralischer Maximen

Die Ethik muß nicht nur das Feld sittlichen Tuns beschreiben und die Aspekte angeben, die für die ethische Reflexion wesentlich sind; sie muß nicht nur die formalen Kriterien benennen, die die ethische Urteilsbildung bei der Prüfung der Legitimationsansprüche moralischer Maximen leiten; sie muß auch die materialen Kriterien ermitteln, die die Entscheidungen über die Vorzugswürdigkeit unterschiedlicher moralischer Maximen und Handlungsoptionen bestimmen sollen.

Die auf Legitimation drängende ethische Konfliktsituation impliziert nicht nur die Tendenz zur Universalisierung, sondern zielt auch auf qualifiziertes vernünftiges Verstehen. Die Legitimationssituation kann nur bewältigt werden, wenn Fähigkeit und Bereitschaft vorausgesetzt werden, die Wirklichkeit in Erinnerung und Erwartung wahrzunehmen, nach dem allseitig Angemessenen und Lebensförderlichen im Horizont des Möglichen zu fragen und evidente Verbindlichkeiten zu übernehmen.

Die Vernunft darf nicht allein in einem logisch-technischen Sinne als das Vermögen verstanden werden, Aussagesätze richtig formulieren und aus diesen Sätzen richtig schließen zu können. Ein solches rein logisch-technisches Verständnis führt seinerseits zu einer falschen Intellektualisierung des Sittlichen, insofern der ethische Diskurs, in dem die Präferenzen der Selbstinteressen gegeneinander abgewogen werden im Schema von Kosten und Nutzen bzw. von Mittel und Zweck, sehr diffizile Unterscheidungen und Operationen verlangt, die der sittlichen Entscheidung vorausgehen und diese leiten sollen. Demgegenüber ist die material qualifizierte Vernunft erfahrungsgesättigt und konkret. Sie nimmt ihre eigene Geschichtlichkeit, ihr Erfahrungswachstum und ihre Orthaftigkeit in ihre Wirklichkeitswahrnehmung auf. Während der Verstand eine abstrakte Allgemeinheit und Zeitlosigkeit exekutiert, ist die Vernunft integrativ und gemeinschaftsbildend.

Indem Menschen mittels der Vernunft sich selbst und die Wirklichkeit erkennen, qualifizieren sie auch ihr eigenes praktisches Vermögen, sich Zwecke setzen zu können. Die konstitutive Intersubjektivität der Vernunft impliziert die Anerkennung der Selbstzweckhaftigkeit menschlicher Personalität. Die Vernunft drängt also zur Ausbildung und Förderung solcher sittlicher Verhaltensweisen, die die personale Wahrnehmung und Gestaltung der individuellen und sozialen Wirklichkeit im Modus selbstbegrenzter Relationalität ermöglichen.

a. Freiheit

In Entscheidungssituationen sind diejenigen Maximen vorzugswürdig, die ein höheres Maß individueller und sozialer Selbstbestimmung zu garantieren versprechen. Freiheit als Selbstbestimmung konstituiert die sittliche Verantwortlichkeit. Denn nur eine freie Person kann für ihr Wollen und Tun verantwortlich gemacht werden. Insofern gehört Freiheit zu den konstitutiven Prinzipien von Sittlichkeit. Da sittliches Tun auch darauf gerichtet sein muß, Sittlichkeit zu ermöglichen, muß Freiheit im Sinne einer sittlichen Aufgabe real gestaltet werden. Die individuellen Freiheitsvollzüge müssen institutionell abgesichert und sozial vermittelt werden.

Im Freiheitsbegriff sind sehr unterschiedliche Elemente versammelt. Erfahrungen von Kontingenz, Ungebundenheit, Willkür, Selbstbestimmung, Selbstverpflichtung und wechselseitiger Anerkennung haben in den Freiheitsbegriff Eingang gefunden. Der Willkürakt des Auch-anders-könnens kann aus dem erfahrungsorientierten Begriff von Freiheit nicht getilgt werden. Freiheitsbewußtsein und Freiheitsgefühl implizieren phänomenal das Willkürbewußtsein, das in der ethischen Theorie mit der vernünftigen Freiheitsidee autonomer Selbstverpflichtung und wechselseitiger Anerkennung verknüpft werden muß. Dadurch wird der Freiheitsbegriff inhaltlich spannungsvoll.

Freiheit ist der sittliche Grundakt, in welchem ichhafter Wille sich selbst ergreift und die Sphäre seiner Wirksamkeit aufbaut. Dieses ursprüngliche Freiheitstun (vgl. Fichte) darf nicht individualistisch verstanden werden. Ein individualistisches Freiheitsverständnis korreliert mit einem atomistischen Gesellschaftsverständnis, wo die einzelnen Gesellschaftsmitglieder ihre Willensäußerungen abstrakt formulieren und dann für die Durchsetzung um den Vorrang ringen müssen. Durch die rechtliche Einbindung und institutionelle Sicherung bürgerlich-gesellschaftlicher Tätigkeit wird die Freiheit sozial entfaltet (vgl. Hegel).

Die Freiheitsidee ist wesentlich auf eine Gestaltung der gesellschaftlichen Ordnung ausgerichtet. Auch wenn im Freiheitsbewußtsein das Element partikularer Willkür nicht negiert werden kann, ist die intersubjektive Anerkennung unverzichtbar für das Zustandekommen und den Bestand der Freiheitsvollzüge. Reale Freiheit gibt es nur in der sich reziprok mitteilenden und garantierenden Anerkennung. Diese Anerkennung muß in der Vielheit sozialer Gruppeninteressen und in der Allgemeinheit staatlich-demokratischer Regelbildung leitend sein.

Freiheit als gegenseitige Anerkennung muß sozial gestaltet werden und verlangt einen öffentlichen Bereich rechtlich geordneter Gemeinsamkeit. Staatliches Recht bleibt aber in der Ambivalenz, das partikulare Machtstreben und die willkürliche Machtausübung einzelner einschränken bzw. abwehren zu müssen und zugleich die reale Darstellung gemeinsamer Freiheit ermöglichen zu sollen. Deshalb bedarf der öffentliche Bereich vielfältiger Freiheitsinstanzen. Die Freiheitsidee ist zur Bestimmung sittlicher Praxis und sozialer Vollkommenheit erst dann hinreichend, wenn der Liebesgedanke in die Freiheitsidee aufgenommen wird. Die Liebe stiftet Gemeinschaften, in denen die freie Zustimmung der anderen gewollt und die Verschiedenheiten versöhnt werden.

b. Gleichheit

Die Forderung nach Gleichheit qualifiziert diejenigen Maximen als vorzugswürdig, die ein Mehr an solidarischer Wirklichkeitsgestaltung und ein Weniger an Bevorrechtigung eingegrenzter Personengruppen versprechen. Die moralische Idee der Gleichheit zielt darauf, das soziale und politische Miteinander der sittlichen Personen so zu gestalten, daß die sittlichen Akteure die identische Verbindlichkeit der sittlichen Aufgabe auch in gleicher Verantwortung wahrnehmen können. Wird überhaupt Sittlichkeit durch mehrere Akteure praktiziert, so sind diese in gleicher Verbindlichkeit zu dieser Praxis aufgerufen und für diese Praxis verantwortlich. Der Gleichheit der Pflichten korreliert die Gleichheit der Rechte.

Spätestens seit der Aufklärung und der dadurch geprägten Naturrechtsdebatte ist die Gleichheitsforderung zu einer elementaren Triebfeder des sozialen und politischen Lebens geworden. Zu erinnern ist an Jean-Jacques Rousseau (1712-1778), der in seinem 1755 publizierten "Discours sur l'origine et les fondemens de l'inégalité parmi les hommes" die Ungleichheit als Wurzel aller Mißstände gebrandmarkt hatte. In der 'Bill of Rights' von Virginia wurden 1776 die moralischen Gleichheits- und Freiheitsideen erstmals herangezogen, um vorpositive menschliche Grundrechte zu formulieren.

Die Forderung nach Gleichheit meint zunächst negativ die Beseitigung von unveränderlichen Vorrechten, die Einzelpersonen oder Gruppen garantiert werden. Stattdessen haben alle Menschen prinzipiell die gleichen Rechte. Das ist die Absage an alle Formen von Ständegesellschaften. Alle Einzelpersonen werden in die gleichen bürgerlichen Rechtsverhältnisse eingesetzt. Diese negative Gleichheitsforderung, die konstitutive Gruppenprivilegien abwendet, sagt nichts über die Art des Miteinanders; sie läßt sich sowohl im Sinne eines atomistischen Individualismus als auch eines sozialverpflichtenden Kommunitarismus interpretieren.

Die Forderung nach Gleichheit meint dann positiv die Beachtung und Förderung von Solidarität. Da Menschen keine Einzelwesen sind und ihre natürliche Ausstattung mit Begabungen, Fähigkeiten und Kräften unterschiedlich sind, müssen sie ihr Miteinander bewußt gestalten. Soll diese Gestaltung im Sinne von Gleichheit erfolgen, so enthält das die Verpflichtung zu einer Unterstützung der Schwachen und einer sozialen Beanspruchung der Starken.

Wie sehr sich die allgemeine Einstellung durch die Aufklärung verändert hat, das zeigt sich daran, daß in sozialpolitischen Diskussionen die Beweispflicht die Seite gewechselt hat. Die Beweislast trägt jetzt derjenige, der bestehende Ungleichheit erhalten will oder Forderungen nach Ungleichheit aufstellt. Das ist ein Bruch mit allen traditionsgeleiteten feudalen Gesellschaftsordnungen. Die christliche Theologie ist mit ihren Vorstellungselementen teilweise noch in feudale Vorstellungen eingebunden (Königtum, ständische Gesellschaft usw.).

Die Gleichheitsforderung wurde religiös durch den christlichen Glauben gefördert (vgl. Röm. 2,11). Die biblische Tradition hat die europäische Gerechtigkeitsidee mitgeprägt, wie sie seit der Aufklärung gesellschaftspolitisch im Sinne des Gleichheitsideals zum Zuge gekommen ist. Jesu Liebesgebot der Feindesliebe (vgl. Mt. 5,43-45) beseitigt alle sittlich-religiösen Ungleichheitsmaximen, indem es mit der alle Ungleichheiten überspringenden Liebe Gottes begründet wird. Der christliche Glaube lebt nach Paulus aus der einigenden Kraft Christi, die keine anderen qualitativen Differenzen zuläßt (vgl. Gal. 3,28). Im Christentum wurde allerdings keine soziale Umsetzung der Gleichheitsforderung verlangt. Hinzuweisen ist auf die reservierte Haltung des Paulus zur Sklavenfrage oder auch zur Stellung der Frauen. Die religiöse Gleichwertigkeit konnte durchaus mit einer sozialen Ungleichbehandlung Hand in Hand gehen.

Während in politischer und rechtlicher Hinsicht in den vergangenen gut 200 Jahren ein beachtlicher Fortschritt auf dem Wege der Gleichheit erreicht wurde, ist dieser Fortschritt in wirtschaftlicher Hinsicht nicht so ausgeprägt. Die Unterschiede in der Einkommens- und Vermögensverteilung sind immer noch gravierend. Zwar hat sich das Niveau des allgemeinen gesellschaftlichen Reichtums gewaltig gehoben, doch sind die Disparitäten zwischen den verschiedenen Bevölkerungsgruppen keineswegs verschwunden. In den letzten Jahren haben sich die wirtschaftlichen und sozialen Disparitäten erhöht. Der insgesamt egalitäre Zuschnitt der modernen Gesellschaft kontrastiert mit den Einkommensunterschieden, die nicht nur durch verschiedene Startbedingungen der wirtschaftlichen Akteure, sondern durch das Leistungsprinzip selbst hervorgerufen werden.

c. Gerechtigkeit

Die Gerechtigkeitsidee weist diejenigen moralischen Maximen als vorzugswürdig aus, die eine gesellschaftliche Ordnung intendieren, in der sich alle umfassend und angemessen an den Interaktionen beteiligen können. Die Gerechtigkeitsidee zielt auf eine Synthese von Freiheit und Solidarität (Gleichheit).

Die individuelle Willkürfreiheit erzeugt Ungleichheiten; die die Ungleichheiten aufhebende Solidarität beschränkt Willkürfreiheit. Die individuelle Freiheit tendiert zur gesellschaftlichen Ungleichheit; die verallgemeinerte Gleichheit zur gesellschaftlichen Unfreiheit. Einseitige Gerechtigkeitsauffassungen, die entweder die Freiheit oder die Solidarität ins Zentrum stellen, werden in den Sozialprogrammen des Elitarismus und des Egalitarismus formuliert. Die von Freiheit oder Solidarität inspirierten gegenläufigen Tendenzen machen sich wirtschaftlich in den Grundordnungen der Marktwirtschaft und der Zentralverwaltungswirtschaft bemerkbar.

Die Gerechtigkeitsidee kann im Blick auf die Verteilung der Güter in einem Gemeinwesen ausgeführt werden sowohl im Sinne des Mottos "Jedem das Seine" als auch im Sinne des Mottos "Jedem das Gleiche". Aristoteles (384-322) unterschied erstmals zwischen der distributiven (zuteilenden) und der kommutativen (eintauschenden, erwidernden) Gerechtigkeit (vgl. Nikomachische Ethik 5,5-7, besonders 1130b,30-1131a,9).

Die iustitia distributiva ist die öffentliche Verteilungsgerechtigkeit, die bestimmt, welche Leistungen der einzelne für das Gemeinwesen und umgekehrt das Gemeinwesen für den einzelnen zu erbringen habe. Für die distributive Gerechtigkeit der Zumessung öffentlicher Anerkennungen und Güter gelte ein proportionales, ein 'geometrisches' Verhältnis; jeder erhalte das Seine; unter Ansehen der Person werde Ungleichheit berücksichtigt und die erbrachte Mehrleistung entsprechend honoriert. Der römische Jurist Domitius Ulpianus (170-228) hat dafür die Formel geprägt: "Justitia est constans et perpetua voluntas ius suum cuique tribuendi" (Fragment 10).

Die iustitia commutativa als individuelle Tauschgerechtigkeit gibt an, wie Leistung und Gegenleistung bei einzelvertraglichen Beziehungen äquivalent seien. Für die kommutative Gerechtigkeit der interpersonalen Vertrags- und Tauschbeziehungen gelte ein 'arithmetisches' Verhältnis; jeder erhalte das Gleiche, unabhängig von der sittlichen Qualität der Vertragspartner; unter Absehen von der Person werde eine rein quantitative Leistungsäquivalenz angestrebt.

In der modernen europäischen Geschichte ist die kommutative Gerechtigkeit wichtiger als die distributive geworden. Die Gerechtigkeit wurde zunehmend säkular ohne Bezug auf ein religiöses Normensystem definiert. Die selbstverständlich gewordene Gleichheitsforderung strahlte auf die Gerechtigkeitsforderung ab.

Je unübersichtlicher und vielfältiger die Interaktionsbeziehungen in einer Gesellschaft werden, desto schwieriger läßt sich die Frage nach den inhaltlichen Orientierungen von Gerechtigkeit beantworten. In den marktwirtschaftlich verfaßten Industriegesellschaften mit ihrem demokratischen Rechtssystem sind die Ansprüche an Gerechtigkeit sehr gestiegen und zugleich die Beurteilungskriterien für die Gerechtigkeitsforderung ungenauer geworden. Bürgerliche Freiheitsrechte, politische Mitentscheidungsrechte und soziale Beteiligungsrechte sind die unausgesprochene Basis der sozialen Interaktionen. Die Offenheit der Gesellschaftsverfaßtheit macht eine immer neue Bestimmung dessen nötig, was als gerechte und angemessene Verteilung von persönlicher Freiheit, wirtschaftlichem Wohlstand und politischer Mitsprache für alle Gesellschaftsmitglieder gelten soll.

d. Personalität

Bei sittlichen Konflikten sind diejenigen moralischen Maximen vorzugswürdig, die die Zustände, Einrichtungen und Verhaltensweisen fördern, die das menschliche Personsein gedeihen lassen. Daß Menschen zu sittlichem Wollen und Tun aufgerufen sind, gibt ihnen eine Würde, die in allen zwischenmenschlichen Beziehungen geachtet und gewahrt werden muß. Das Achten des Menschen als Person bedeutet, daß der Mensch "jederzeit zugleich als Zweck, niemals bloß als

Mittel" (Kant, Grundlegung zur Metaphysik der Sitten) betrachtet und behandelt wird. Werden Menschen nur als Mittel gebraucht und gleichsam als reine Werkzeuge für die Willensrealisierungen anderer eingesetzt, so wird ihre Personalität und moralische Würde geleugnet. In fast allen Beziehungen sind Menschen für andere Menschen auch Mittel und nicht nur Zweck. Gerade in den Wirtschaftsbeziehungen ist diese Inanspruchnahme durch andere als Mittel für deren Zwecke offensichtlich. Doch muß bei dieser Inanspruchnahme auch die Selbstzweckhaftigkeit eines jeden handlungsleitend sein.

Der ethische Grundbegriff der Personalität wird häufig intellektualistisch allein im Sinne des menschlichen Verfügens über Rationalität und Selbstbewußtsein verstanden. Damit wird Personalität an den kognitiven Fähigkeiten des Menschen festgemacht. Selbstbewußtsein wird nämlich als die Fähigkeit genommen, reflektieren zu können und das Selbstverhältnis in einem Bewußtseinsakt zum Gegenstand kognitiver Beobachtungen zu machen. Rationalität ist in diesem Sinne die Fähigkeit, kognitive oder intellektuelle Prozesse ausführen zu können. Bei diesem Verständnis von Personalität wird der emotional-affektive Bereich des menschlichen Lebens und Daseins ausgeblendet. Auch wenn es sicherlich noch einmal eine eigene Aufgabenstellung ist, die verschiedenen Aspekte des menschlichen Wesens hinsichtlich ihrer Integration zu bedenken, so bleibt doch für den Begriff der Personalität unverzichtbar, diese elementaren Äußerungen, wie sie im emotional-affektiven Bereich vorliegen, mit in den Begriff hineinzunehmen. Ansonsten wird der Werdeprozeß menschlicher Individuen, die ja zunächst im kindlichen Stadium sehr stark von der emotional-affektiven Seite geprägt sind, unverständlich.

Der auf die kognitiven Fähigkeiten ausgerichtete Personalitätsbegriff hat eine Tendenz zur Ungeschichtlichkeit und zum Solipsismus. Die Person wird dann weder in ihrem Gewordensein betrachtet noch in ihren sozialen Bezügen. Das Personsein muß aber prozessual gedacht werden; nur so wird das Werden einer Person in ihrem Lebenslauf verständlich. Und: das Personsein darf nicht isoliert als Einzelexistenz gedacht werden; die Wechselbeziehungen mit anderen Personen gehören konstitutiv zum Personsein dazu.

Wird die Personalität prozessual und relational gedacht, so können Geschichtlichkeit und Leibhaftigkeit des Menschen angemessen berücksichtigt werden. Ein solches Verständnis von Personsein macht auf die fundamentale Bedeutung von Liebesbedürftigkeit und Liebesfähigkeit für das Zustandekommen und Gelingen des individuellen und sozialen Lebens in der Generationenfolge aufmerksam.

Die Liebe ist zentral am Aufbau von Personalität beteiligt. Sie erfüllt die materiale ethische Forderung der Selbstzweckhaftigkeit. Liebende behandeln andere Menschen nicht wie Sachen, setzen andere Menschen nicht nur als Mittel ein, um irgendwelche Zwecke zu erreichen. Liebende lassen es auch nicht zu, daß sie selbst von anderen nur wie Sachen oder Mittel behandelt werden. Liebende behandeln die anderen Menschen so, wie diese sich selbst behandeln müßten und wie diese uns behandeln müßten, wenn sie vernünftige an der Würde orientierte Personen wären. Liebende bemühen sich deshalb, die Reziprozität der Beziehung zu erreichen und die Würde aller Personen, falls sie aufgegeben oder negiert worden ist, wiederherzustellen.

Wird die Würde des Menschen zum ethischen Zentralbegriff genommen, so gilt dann, wenn diese Würde inhaltlich als Heiligkeit des Willens qualifiziert wird, daß kein Mitglied der biologischen Spezies homo sapiens dieses moralische Qualitätsmerkmal erfüllt. Damit ist allerdings der Begriff nicht als Fantasieprodukt entlarvt. Vielmehr besteht seine Bedeutung darin, daß Würde jedem Menschen als potentiellem Vernunft- und Freiheitswesen zugeschrieben oder zugerechnet wird.

Diese Gedankenfigur der theologischen Rechtfertigungslehre hat für das ethische Verständnis der Würde der Person zentrale Bedeutung. Nur durch die Zuerkennung und Anerkennung der Würde werden diejenige sittliche Verhaltensweise und moralische Werthaltung befördert, die diesem Leitbegriff entsprechen. Erst dadurch, daß Menschen die Würde der Person zugeschrieben wird, agieren sie auch miteinander als Personen, die Würde haben. Gerade dadurch gewinnt dieser Begriff den nötigen Verpflichtungscharakter, mit anderen Menschen personal zu kommunizieren, auch wenn diese in einem objektiven Sinne noch gar nicht oder nicht mehr die damit implizierten Qualitäten haben. Die moralische Behauptung personaler Würde ist also eine Wertung, die der Potentialität Realität verleiht. Indem Menschen als Personen so behandelt werden, wie sie noch nicht sind, aber sein müßten, werden diejenigen Schritte gegangen, die zu dem Ziel hinführen, das vernünftig ist.

e. Toleranz

Der Gedanke der Toleranz, der in der neueren europäischen Geschichte nach den schrecklichen Erfahrungen der Konfessionskriege besonders durch die Aufklärung gefördert worden ist, meint weder epistemologisch noch ethisch, daß die Wahrheitsansprüche und Überzeugungen, die von verschiedenen Menschen oder Gruppen in einer Gesellschaft widerstreitend formuliert werden, jedem prüfenden und beurteilenden Diskurs entzogen seien. Der Gedanke der Toleranz ächtet Gewaltanwendung und Unterdrückung als Mittel der Durchsetzung bestimmter Wahrheitsansprüche. Toleranz will das Zusammenleben von Menschen mit verschiedenen Überzeugungen und Glaubenshaltungen in friedlicher Weise gerade dadurch erhalten, daß die Dialogfähigkeit zum Qualitätsmaßstab der Überzeugungen selbst gemacht wird.

Der Gedanke der Toleranz wird konkret in der Forderung nach Selbstbegrenzung der Wahrheitsansprüche, die von bestimmten Gruppen oder einzelnen erhoben werden. Jeglicher Totalitarismus, der alle anderen mit allen zur Verfügung stehenden Mitteln dem eigenen Anspruch unterwerfen will, wird vom Toleranzgedanken verboten. Der Toleranzgedanke hat insofern durchaus einen kämpferischen Zug, als gegen gewaltbereite Intolerante keine Toleranz geübt werden darf. Grundeinstellungen religiöser und sittlicher Art dürfen allein durch Überzeugung und Gespräch verändert werden.

Gemäß dem Toleranzgedanken müssen eine ethische Theorie und ein moralisches Regelsystem bevorzugt werden, die den eigenen Durchsetzungsanspruch begrenzen auf methodisch geregelte Verfahren des Gesprächs und der Überzeugung. Die Unterscheidung von

Recht und Sittlichkeit wird hier insofern wirksam, als scheinbar gegen den Toleranzgedanken eine Gesellschaftsgruppe dann zu bestimmten Verhaltensweisen gezwungen werden kann, wenn sie mit totalitären Zielsetzungen und Verfahrensweisen gewalttätig an die Herrschaft zu streben sucht. In der Sphäre des Rechts muß dieser Herrschaftsanspruch abgewehrt werden; in der Sphäre der Sittlichkeit bleibt die Verpflichtung bestehen, eine Änderung der totalitären Zielsetzungen gesprächsweise zu erreichen, sofern dies nur irgend sinnvoll erscheint.

Der Toleranzgedanke zielt darauf, die Dialogfähigkeit zwischen den Gruppen in einer Gesellschaft zu erhalten und zu fördern. Deshalb wird der Toleranzgedanke außerdem konkret in der Forderung der Selbstanwendung von moralischen Regelsetzungen. Moralische Forderungen und sittliche Leistungen, die jeweils nur von den Anderen erbracht werden sollen, geraten zu Recht in den Verdacht der moralischen Einäugigkeit. Die Forderung nach Selbstanwendung bezieht sich aber nicht nur auf die unterschiedlichen Adressatenkreise einer ethischen Theorie, sondern auf den Charakter der ethischen Theorie selbst. Eine ethische Theorie, die den Gedanken der Liebe ins Zentrum stellt und diesen Gedanken mit Feuer und Schwert durchzusetzen empfiehlt, widerspricht sich selbst und wird durch das Kriterium der Selbstanwendung disqualifiziert.

B. Theologische Impulse und Aspekte der Wirtschaftsethik

Christlicher Glaube stellt sich dar - sowohl in bestimmten Vorstellungen als auch in bestimmten Tätigkeiten. Die Gemeinschaft mit Gott, die die Christen in der Liebe Gottes begründet glauben und in der sie auf diese Liebe Gottes mit ihrer Liebe zu Gott antworten, diese Gemeinschaft mit Gott prägt auch dem Leben der Christen untereinander und mit anderen Menschen das Siegel der Liebe auf. So wie auf der Seite der Vorstellungen der christliche Glaube in

Person und Werk Christi sein Zentrum hat, so auf der Seite des Handelns im Tun der Liebe.

Christlicher Glaube hat die Kraft, Begegnendes vorurteilslos wahrzunehmen und auch konfliktträchtige Probleme anzusprechen. Er eröffnet gegenüber der vorfindlichen Wirklichkeit einen Raum von Fragen, macht diese Wirklichkeit fragwürdig im doppelten Sinn, weil er aus der Gewißheit der göttlichen Liebe lebt. Der Glaube kann nicht den Sachverstand ersetzen, wohl aber kann er den Raum zum Dialog eröffnen und Zeichen der Hoffnung aufrichten. Theologische Sozialethik ist die Reflexionsgestalt dieses Glaubens. Sie nimmt gesellschaftliche Wirklichkeit wahr und erörtert sie so, daß sie als von Gott des Fragens würdig zur Sprache gebracht wird.

Die folgende Darstellung will die Geschichte moralisch-frommer Wirtschaftsgestaltung nicht vollständig und durchgehend nachzeichnen, sondern auf Impulse aufmerksam machen, die aus der biblisch-christlichen Tradition stammen und auch noch in der heutigen Diskussion verborgen oder offenkundig wirksam sind. Diese Impulse gehen auf moralische Regelungen der biblischen Zeugnisse zurück, die dann im Laufe der Kirchen- und Theologiegeschichte vielfältig aufgenommen und modifiziert worden sind. An diese historisch ausgerichtete Darstellung schließen sich einige systematische Überlegungen an, in denen einige theologische Kategorien namhaft gemacht werden, die für die wirtschaftsethische Reflexion wichtig sind.

1. Biblische Impulse

Innerhalb der biblischen Zeugnisse gibt es keine ausformulierte Wirtschaftsethik, die im Sinne eines Biblizismus einfach auf die gegenwärtige Problemlage angewendet werden könnte. Es gibt auch keine wirtschaftsethischen Prinzipien, die eine kasuistische Rubrizierung der gegenwärtigen Probleme erlaubten und dann auch die entsprechenden Lösungen vorschrieben. Wohl aber gibt es einige das Wirtschaften betreffende Anweisungen und Perspektiven, die als moralische Motive in der christlich geprägten Kultur höchst wirksam gewesen sind. Vom Neuen Testament gehen als längerfristig wirkende moralische Motive die Reichtumskritik, die Verpflichtung zur Armensorge und die Aufforderung zur eigenen Arbeit aus.

Die biblischen Impulse lassen große weiße Flecke auf der Karte moralischen Anweisungsbedarfs. Das resultiert zum einen daraus, daß die biblische Überlieferung in ganz andere, uns fremd gewordene Formen des sozialen Zusammenlebens, in ganz andere staatliche bzw. vorstaatliche Ordnungen, in ganz andere Zustände des Wirtschaftens eingebettet und bezogen war. Das resultiert zum anderen daraus, daß in der biblischen Überlieferung bestimmte Themenfelder durch den damals geläufigen Entwicklungsstand der sozialen Ordnung noch überhaupt nicht vorkommen konnten, z. B. multinationale Konzerne, globale Wirtschaftsverflechtungen, Verkehrsproblematik im Zeitalter der Düsenflugzeuge, technische Auswertung neuer biologischer, chemischer und physikalischer Erkenntnisse, Technologiefolgen.

a. Eigentumsschutz

Wirkmächtig ist vornehmlich der Eigentumsschutz, wie er im Dekalog formuliert und durch viele Generationen immer wieder eingeprägt worden ist: "Du sollst nicht stehlen!" (Ex. 20,15; Dtn. 5,19). Dieses Verbot des Diebstahls war zunächst darauf gerichtet, den Menschendiebstahl zu verhindern, von dem beispielsweise in der Josephserzählung als durch Familienmitglieder geschehen (vgl. Gen. 37) berichtet wird. Das Diebstahlsverbot des Dekalogs stand nämlich ursprünglich im selben Kontext wie der Satz: "Wer einen Menschen raubt und ihn verkauft, wird unbedingt getötet." (Ex. 21,16) Das Diebstahlsverbot war also (wie das Elterngebot, das Tötungsverbot, das Ehebruchsverbot) personenrechtlich gemeint und untersagte den Menschendiebstahl. Dadurch sollte das Zusammenleben in der gentilen Rechtsgemeinschaft geschützt werden. Während in Ex. 21,16 Schaden und Gewalt durch die Generalprävention der Todesandrohung verhindert werden sollen, fehlt diese Generalprävention im Dekalog. Hier soll von der Tat nicht durch die Straffolge abgeschreckt werden, sondern die apodiktische Formulierung schärft den verpflichtenden göttlichen Willen als Begründung des Verbots ein.

Das Diebstahlsverbot des Dekalogs konnte dadurch in seiner Bedeutung ausgeweitet werden, daß es mit dem kasuistischen Diebstahlsrecht (Ex. 21,37-22,3) kombinierbar war. Der Diebstahl von Sachgütern war ebenfalls unter Verbot gestellt. In der weiteren Entwicklung ist dann die ursprüngliche Bedeutung, daß hier der Menschendiebstahl verboten werde, zurückgetreten und schließlich vergessen worden, während der Gesichtspunkt des Diebstahls von Sachgütern, hauptsächlich der beweglichen Habe, in den Vordergrund trat und schließlich allein mit diesem Verbot verbunden wurde. Dem Bereich des Eigentumsschutzes läßt sich auch das Betrugsverbot (Lev. 5,14 u. 17) zurechnen.

Im innerbiblischen Verstehensprozeß des Diebstahlsverbots läßt sich eine Entwicklung beobachten, die dann auch die weitere Auslegungsgeschichte bestimmt hat. Der zunächst ganz eng umgrenzte Sachverhalt wurde für einen ganzen Handlungsbereich zur Richtschnur. Eine solche Ausweitung läßt sich auch in der aktuellen Diskussion beobachten. Die 1979 veröffentlichte gemeinsame evangelisch-katholische Erklärung "Grundwerte und Gottes Gebot" versteht das Diebstahlsverbot als Verbot unsolidarischen Handelns und als Verpflichtung zu sozialer Verantwortung: "Du sollst nicht nur zu deinem Vorteil auf Kosten deiner Mitmenschen leben." Durch eine Reflexion auf die Funktion von Eigentum wird das konkrete Diebstahlsverbot umgesetzt in eine Grundwertebeschreibung, die der Sphäre konkreter Ausgestaltung gerade entzogen wird.

b. Schutz der Armen

Aussagen zum Eigentumsschutz wurden im Alten Testament begleitet von Aussagen zur wünschenswerten Ordnung der Eigentumsverhältnisse. Hier werden Eigentumsstrukturen abgelehnt und zu korrigieren versucht, die zur Bedrückung der Armen führten.

Im Deuteronomium wurde aus dem Privilegrecht, das die Herrschaft Gottes innerhalb der Rechtssphäre zum Ausdruck bringen will, auch eine bestimmte Ordnung des Pfandrechts im Sinne des Bruderethos abgeleitet. Außerdem wurde der Mundraub freigegegeben (Dtn. 23,25f.), damit die Landlosen und Armen nicht hungern müssen. Ein Mißbrauch dieser Einschränkung des Eigentumsrechts sollte dadurch verhindert werden, daß allein die Stillung des Hungers erlaubt war, d. h. keine Erntewerkzeuge und kein Gefäß eingesetzt werden durften.

Das Verbot der Zinsnahme von den Volksgenossen (vgl. Ex. 22,24; Lev. 25,36; Dtn. 23,20f.) muß als generalisiertes Wucherverbot verstanden werden. Es sollte damit verhindert werden, daß die Notlage des Schwächeren vom Stärkeren ausgenutzt und dadurch die Lebenslage der Schwächeren noch weiter verschlechtert wurde. Die Radikalität des Zinsverbots, wie es in das deuteronomische Bruderethos aufgenommen ist, wird besonders deutlich im Vergleich mit den altorientalischen Regelungen beispielsweise in Mesopotamien. Während im Keilschriftrecht nur die Zinslosigkeit von Notdarlehen festgeschrieben war, drang das deuteronomische Bruderethos darauf, auf Zinsen müsse generell verzichtet werden. Die wirtschaftliche Notlage der anderen zum eigenen Gewinn auszunutzen, sei einem Raub vergleichbar. Die Schuldsklaverei sollte verhindert werden. Den Armen sollte zinslos im Sinne der Barmherzigkeit geliehen werden (vgl. Ps. 37,26; Sprüche 19,17).

Auch das Pfandverbot (Dtn. 24,17f. u. 24,6) und das Entlohnungsgebot (Dtn. 24,15) sowie das wohl nie praktizierte Schuldtilgungsgebot im Jubeljahr (Lev. 25,13-17) galten dem Bemühen, die Armen vor Übergriffen und Unterdrückung durch die Reichen zu schützen. Dabei wurde der Horizont der Volkszugehörigkeit durchaus aufgesprengt und in Erinnerung an die Zeit, wo Israel Fremdling war, gerade auch der Schutz der Fremdlinge in Israel befohlen.

Jesus ging in seiner Botschaft vom nahen Gottesreich zwar auf wirtschaftliche Sachverhalte ein, doch war sein endzeitlicher Bußruf nicht auf langfristige innerweltliche Neuordnungen gerichtet. In der urchristlichen Verkündigung und im urchristlichen Gemeindeleben wurden wirtschaftliche Sachverhalte nicht völlig außer acht gelassen. Vielmehr zeigt die große Gerichtsrede in Mt. 25 die Bedeutung des Umgangs mit den Armen, d. h. die besondere Sorge für die wirtschaftlich Schwachen. In Jak. 2,7; 5,6 wird der Mißbrauch des Besitzes angeprangert und damit die soziale Verpflichtung der Begüterten eingeschärft.

c. Kritik des Reichtums

Die biblische Stellung zum Reichtum ist doppelgesichtig. Besonders im Alten Testament wird der Reichtum einerseits als Segen Gottes gewertet (vgl. Gen. 24,35). In der Weisheitsliteratur wird der kluge Erwerb und Umgang mit dem Reichtum gepriesen. Allerdings wird darauf hingewiesen, daß der Reichtum besondere Gefährdungsrisiken für die Gottesbeziehung birgt. Andererseits ist eine Kritik des Reichtums innerhalb der alttestamentlichen Prophetie durchaus verbreitet (vgl. Amos 4,1; 6,4-6). Hier wird der Reichtum als Ausdruck der Ungerechtigkeit, des Sichabwendens von Jahwe und der Zerstörung der Zusammengehörigkeit des Gottesvolkes verdammt.

Auch im Neuen Testament läßt sich eine gewisse Ambivalenz beobachten. Einerseits wird der Reichtum als eine Gabe Gottes beurteilt, die gut gebraucht werden soll. Andererseits ist aber die Warnung deutlich, beim Reichtum seien die Versuchung zum Mißbrauch und die zerstörerische Kraft groß. Einen verantwortlichen Umgang mit dem Reichtum könne es nur in der Zuwendung zu den Armen geben. Den Seligpreisungen der Armen steht in Lk. 6,20 u. 24 der Weheruf gegen die Reichen gegenüber.

Klassisch für die Stellung des Christentums zum Reichtum ist die teilweise aus der Logienquelle Q stammende Erzählung von Jesus und dem reichen Jüngling (vgl. Mk. 10,17-31). Hier ist besonders markant der aus Q stammende Spruch: "Es ist leichter, daß ein Kamel durch ein Nadelöhr geht, als daß ein Reicher in die Königsherrschaft Gottes eingeht" (Mk. 10,25), wobei mit dem Nadelöhr die schmale Fußgängerpforte neben dem Haupttor in einer Stadtmauer gemeint ist. Auch das Gleichnis vom reichen Kornbauern (Lk. 12,16-20) prangert am Reichtum die von Gott wegführende Selbstgewißheit und die von der Gottesbeziehung absehende vermeintliche Unabhängigkeit an.

Diese generelle biblische Reichtumskritik und die Warnung vor dem Mammonismus, d. h. vor den dämonischen Tendenzen des Besitzes, haben in der christlichen Tradition nachhaltig gewirkt. Neben den Hinweisen zum individuellen Gebrauch des Eigentums (Mildtätigkeit) findet sich der Bericht von der urchristlichen Gütergemeinschaft. Die durch das Pfingstereignis gesammelte Gemeinde, die auf die Ankunft des erhöhten Herrn wartete, habe 'alles gemeinsam' (vgl. Apg. 2,44; 4,32) gehabt. Dieses Ideal der Gütergemeinschaft hat - zusammen mit dem Ideal freiwilliger individueller Armut - besonders das monastische Leben geprägt. Indem die freiwillige Armut als evangelischer Rat zur Vollkommenheit und nicht als göttliches Gebot eingeschätzt wurde, wurde sie in eine Zwei-Stufen-Ethik integriert und entschärft.

Bei Clemens von Alexandrien (gestorben vor 215) ist die Frage nach der religiösen Bedeutung des Reichtums in seiner Predigt "Quis dives salvetur?" bereits dahingehend abgemildert, daß es nicht um eine prinzipielle Ablehnung der Reichen, sondern nur bestimmter Reicher geht. Clemens lehnt nicht den Reichtum selbst ab, sondern den Reichtum, sofern er Begierden wecke und von Gott wegführe. Ein Reichtum, der in Mildtätigkeit den Glaubensbrüdern zugewendet werde, sei ein Gottesgeschenk. Mache er allerdings eigensüchtig, so sei er zu verwerfen. Insofern habe der Reichtum Schlangencharakter. Der Glaubende müsse also zu seinem materiellen Wohlstand eine innere Distanz haben, die sich in Freigiebigkeit und Verzicht auf Habgier und Luxus bewähre. Auch der Mangel könne ja vom Himmelreich fernhalten. Gehe das Vermögen verloren, so müsse der Verlust ertragen werden, ohne daß die Ruhe des Gemüts gestört werde. Clemens suchte also den Reichtum in die Gemeinde einzubinden durch den Geist gegenseitiger Hilfe.

In der patristischen Theologie wurden neben biblischen Motiven auch Auffassungen des Aristoteles aufgegriffen. Aristoteles stellte zwei Arten von Erwerbskunst einander gegenüber. Die erste sei naturgemäß und beschaffe im Sinne der Wirtschaftsführung alle diejenigen Güter, die für Haus und Staat nützlich sind; die andere sei gewinnsüchtig und strebe durch gewerbsmäßigen Handel, bei dem der Zusammenhang mit der naturgemäßen Wirtschaftsführung verlorengehe, eine maßlose Anhäufung von Reichtum und Geld an (vgl. Politik 1,8-9).

Im Römischen Reich war seit 51 v. Chr. ein Zinsfuß von maximal 12% erlaubt. Aufgrund der biblischen Tradition und der aristotelischen Auffassung sprach die Alte Kirche bereits 325 auf dem Konzil zu Nicäa in Kanon 17 ein Zinsnahmeverbot für Kleriker aus. Nach biblischer Auffassung sollten Darlehen nur zinslos gewährt werden. Aristoteles stand dem Darlehnszins ablehnend gegenüber. Hier solle Gewinn nicht aus Naturalgütern, sondern aus dem Geld selbst gezogen werden, das Geld sich also durch sich selbst vermehren. Aristoteles sieht den Zins als von Geld gezeugtes Geld an, bei dem der konstitutive Bezug auf den Verwendungszweck des Warentauschs verloren gegangen sei; das aber widerstreite der Natur (vgl. Politik 1,10, besonders 1258b,2-8). Die Stellungnahme vieler Kirchenväter ging über die biblische Auffassung deutlich hinaus, indem Geld allein als Mittel zur Wohltätigkeit aufgefaßt wurde und auch das gewährte Darlehen beim Darlehnsnehmer verbleiben sollte.

d. Arbeitsgebot

In der Sündenfallgeschichte werden die Schwere, Mühe und Last der Arbeit betont (vgl. Gen. 3). Die alltäglichen und drückenden Erfahrungen der Mühsal und Vergeblichkeit menschlicher Arbeit werden hier religiös gedeutet. Doch besonders die Weisheitsliteratur forderte den Arbeitswillen (vgl. Sprüche 6,6; 12,24). Hier wird zur Arbeit angespornt, wird die Faulheit gebrandmarkt.

Die paulinische Schultradition verschärfte dieses weisheitliche Arbeitsgebot noch, indem sie denen, die nicht arbeiten wollen, das Lebensrecht bestritt (vgl. 2. Thess. 3,10). Sie forderte dazu auf, für den eigenen Lebensunterhalt durch körperliche handwerkliche Arbeit zu sorgen (vgl. Eph. 4,28). Dadurch brachte das Christentum eine Umorientierung der gesamten römisch-antiken Kultur in Gang. Aus der griechischen Antike her war eine Minderschätzung der handwerklich-körperlichen Arbeit gegenüber der theoretischen Arbeit eingeprägt (vgl. Aristoteles, Platon). Christen sollen demgegenüber sich ihren Lebensunterhalt durch die Arbeit ihrer eigenen Hände erwerben. Mit der Höherbewertung der handwerklichen Tätigkeit im Sinne einer eigenen Dignität für die Askese werden wichtige Impulse für die Kulturbemühungen der Mönchsorden und Klöster gegeben.

2. Historische Linien

Nach dem Untergang des weströmischen Reichs wurden im westlichen Europa neue politische Ordnungen aufgebaut. Kirche und Theologie gewannen auf diese Gesellschaften maßgeblichen Einfluß. Auch die sich ausweitenden Wirtschaftsprozesse wurden durch die christlichen Werthaltungen mitgestaltet.

a. Mittelalterliche Scholastik

In der mittelalterlichen Scholastik war die Ordnung des Wirtschaftslebens auf den Dienst am Reiche Gottes bezogen. Das göttliche Gebot, wie es im Dekalog niedergelegt sei, und das christlich verstandene Naturrecht gaben die Ordnungsmaßstäbe und Ordnungsregeln an die Hand. Die mit den Mendikanten verbundene Universitätstheologie unternahm erstmals umfassende ethische Systemdarstellungen. Hinzuweisen ist auf den Franziskaner Bonaventura (1221-1274), den Dominikaner Albert den Großen (Albertus Magnus, 1193-1280) und dessen Schüler Thomas von Aquin (1225-1274).

Unter Aufnahme der neu entdeckten aristotelisch-stoischen Tradition wurde hier der Gerechtigkeitsgedanke ins Zentrum einer naturrechtlichen Ethik gestellt. Die Ordnung der Gerechtigkeit entspreche der göttlichen Schöpfungsordnung, die lex naturae der lex aeterna. Die Gerechtigkeit sei der prinzipiellen Gleichheit aller Menschen verpflichtet. Die Leiblichkeit und materielle Bedürftigkeit der Menschen erfordere einen prinzipiell gleichen Umgang mit den materiellen Gütern. Im Sinne eines primären Naturrechts sei folglich die Gemeinwidmung aller Güter für alle Menschen erforderlich. Weil der Privatbesitz einen sorgfältigeren Umgang und eine bessere Nutzung der Güter nach geschichtlicher Beobachtung sicherstelle, sei im Sinne des sekundären Naturrechts der Privatbesitz erlaubt, allerdings nicht universaliter, sondern ut in pluribus. Somit seien Ausnahmen und Auflagen sinnvoller Weise erforderlich.

Thomas von Aquin hat die antike Lehre vom Naturrecht aufgegriffen und zu einer theologischen Soziallehre ausgebaut. Die Wirtschaft ist ein unselbständiger Bestandteil des Lebens der Menschen und Völker. Die Welt ist durch eine vom Schöpfer herrührende Ordnung bestimmt, die von ihm auch nach dem Sündenfall bewahrt wird. Diese Ordnung ist von den menschlichen Tätigkeiten unberührt. Zwar können die Menschen gegen diese naturrechtliche Ordnung verstoßen, sie sollen aber der Wesensordnung pflichtmäßig entsprechen. Das Naturrecht kann durch kein staatliches positives Recht aufgehoben werden. Die staatlichen Gesetze und Ordnungen sollen dem Naturrecht entsprechen.

Thomas, der theologisch die Gerechtigkeit Gottes in der Barmherzigkeit fundiert (vgl. Summa"theologica I,21), nimmt die Unterscheidung von distributiver und kommutativer Gerechtigkeit auf und formuliert das ethische Prinzip der Billigkeit und des Ausgleichs (vgl. Summa theologica II/II,61). Thomas sieht die menschliche Arbeit in Analogie zum göttlichen Schaffen. Doch wegen des direkten Bezugs auf die göttliche Liebe sei die mönchische vita contemplativa wertvoller als die handwerkliche vita activa (vgl. Summa theologica II/II, 182).

Die theoretischen Bemühungen und Anstöße scholastischer Theologen stehen im Kontext rechtlicher und sozialer Entwicklungen, die durch christliche Werthaltungen geprägt sind. Unter Karl dem Großen wurde im Frankenreich das Zinsverbot auf die Laien ausgedehnt. Dieses wurde durch verschiedene Konzilien bestätigt. Durch diese Verbote wurde das Darlehnsgeschäft überwiegend von Juden übernommen, denen eine produktive handwerkliche Tätigkeit zumeist verboten war, die auch kein Land erwerben durften und denen somit nur Geldgeschäfte und Handel sowie Medizin zur Subsistenzsicherung offenblieben. Die zweite Lateransynode beschloß 1139 ein generelles Zinsverbot. Mit dem Aufkommen der Geldwirtschaft im 14. Jahrhundert wurde dieses durch den sog. Zins- oder Rentenkauf umgangen. Der Gläubiger erwarb gleichsam als Zins die Rente eines Grundstücks mit. Dieses wurde in der scholastischen Theologie gerechtfertigt durch die Annahme vom damnum emergens (Schadensrisiko, das einen Risikozuschlag rechtfertigt) und vom lucrum cessans (Gewinnverzicht, der eine Belohnung erfordert, seitens des Gläubigers zugunsten des Schuldners).

Die im 12. Jahrhundert aufflammende Armutsbewegung war ein wachsender Protest gegen die gewaltigen sozialen Spannungen. Der institutionellen Großkirche gelang es bei den Bettelorden, diese sozialkritische Protestbewegung in das kirchlich sanktionierte Sozialgefüge einzubinden. Andere sozialrevolutionäre Bewegungen wie die Katharer und die Albigenser wurden als häretisch bekämpft und gewaltsam unterdrückt.

Die mönchische Lebensweise wurde in besonderer Weise als Weg der Vollkommenheit, als apostolisch sanktioniert angesehen. Besonders die Reformbewegungen des Mönchtums (Bettelorden) beriefen sich auf die apostolische Nachfolge (vgl. Mt. 19,27). Hier wurde die Nachfolge verstanden als Verpflichtung zum armen Leben (vgl. Lk. 9,58). Die Forderung zur Nachfolge wurde aber auch verstanden als Forderung zur radikalen Umkehr, als Aktualisierung des Bußrufs Jesu, der sich dann in einer politisch provokativen Verkündigung auswirkte (vgl. Arnold von Brescia, Thomas Müntzer).

b. Reformatorische Theologie

Die Reformation hat mit ihrer Ablehnung der religiösen Werke das Weltverhalten revolutioniert. Martin Luther (1483-1546) wollte die Reform der Kirche und löste damit zugleich gewaltige Veränderungen in Gesellschaft und Sittlichkeit aus. Die sozialen Wirkungen der reformatorischen Theologie Luthers waren groß und erforderten gewaltige moralische Umorientierungen. Die mittelalterliche Stufenethik, die die vollkommene Erfüllung der göttlichen Gebote nur in der mönchischen Lebensweise sah und die die religiösen Werke bestimmten Gruppen zuwies, wurde durch den Rechtfertigungsgedanken zu Fall gebracht. Gegen die Bettelorden wurde die Pflicht zum eigenen Nahrungserwerb eingeschärft. Die unterschiedliche religiöse Wertung von weltlicher und geistlicher Sphäre wurde aufgehoben, alle Berufsstände als religiös gleichwertig beurteilt. Der weltliche Beruf zum Nutzen des Nächsten wurde als Gottesdienst verstanden.

Die Wahrnehmung sittlicher Sachverhalte und die moralische Regelbildung waren durch die theologische Perspektive und das kirchenreformerische Interesse bestimmt. Das Liebesgebot und der Dekalog regelten die individuelle Lebensführung der Glaubenden, während die Gemeinschaftsgestaltung im Rahmen der Zweiregimenterlehre erfolgte. Die moralische Umsetzung in konkrete Verhaltensanweisungen blieb spannungsvoll.

Der für die Ethik zentrale Begriff der guten Werke war primär soteriologisch ausgerichtet: Aussagen der theologischen Anthropologie standen im Vordergrund und gaben der moralischen Regelbildung ein geringeres Gewicht. Luther unterschied im Rechtfertigungsgeschehen zwischen Person und Werk des Menschen und ordnete die Person dem Werk vor. Die Person sah Luther durch den Glauben konstituiert (vgl. WA 39 I, 282, 16), das Werk durch die Liebe (vgl. WA 17 II, 97,7-11). Indem die menschliche Person durch den Glauben konstituiert werde, habe sie ihr wahres Sein in Gott. Diese exzentrische Struktur der menschlichen Person im Glauben verknüpfte Luther mit dem exzentrischen Beim-Nächsten-Sein der Liebe (vgl. WA 7, 38,6-8). Er stellte die Werke antithetisch zum Glauben und bezog sie auf das Gericht. Die guten Werke seien allein Folgen des Glaubens, so wie die Früchte zu einem Baum gehören. Sie seien Zeichen der Dankbarkeit für Gottes Werk.

Aus der theologisch zentralen Perspektive des Rechtfertigungsglaubens konnten sittlich-fomme Aktivitäten schnell in den Verdacht geraten, menschlicher Selbstrechtfertigung zu dienen. Dadurch wurde die Ethik von einer prinzipiellen Ambivalenz beschattet. Dies zeigt die Behandlung in der Confessio Augustana von 1530. Im Artikel "De fide et bonis operibus" (CA 20) wird der Vorwurf abgewehrt, die Protestanten lehrten den Verzicht auf alle guten Werke. Andererseits wird soteriologisch das Ungenügen der guten Werke bekräftigt und alle Heilserwartung in den Glauben als Zutrauen zu Gott gesetzt.

Erst von diesem Zutrauen aus gebe es die guten Werke, diese dann aber umso eifriger und froher.

Luthers Hochschätzung des weltlichen Berufs, wie er sie aus den biblischen Aussagen zur Berufung von Menschen für eine bestimmte Arbeit (vgl. das Gleichnis von den Arbeitern im Weinberg, Mt. 20,1-16) herauslas, wirkte befreiend und beflügelnd. Durch seine Abwehr der frommen Werke wurden gewaltige gesellschaftliche Energien freigesetzt, die der Bildung und Diakonie zugute kommen konnten. Gott habe die Menschen in ihren weltlichen Stand berufen, und jeder weltliche Stand sei weltlicher Gottesdienst. Um religiöser Forderungen willen müsse niemand seinen Stand wechseln. Niemand müsse Mönch werden. Es gebe keine religiös hervorgehobenen Stände. Diese Auffassung bekam dann einen konservativen Grundzug, als das Bleiben im eigenen Stand gegen den Wunsch nach gesellschaftlicher Karriere ins Feld geführt wurde.

Luther nahm zu Fragen der Geldwirtschaft eine konservative Position ein und blieb im Vorstellungskreis und den Verhaltenseinstellungen der Naturalwirtschaft stehen. Er sah das Zinsnehmen individualethisch als eine vom Geiz bestimmte Handlung des Mammonismus an. Dementsprechend verwarf er die Zinsnahme.

Die reformatorische Theologie, wie sie in den lutherischen Bekenntnisschriften staatsrechtlich bindend formuliert wurde, verortete die moralischen Regeln in einem differenzierten Gesetzesbegriff. Nach Solida Declaratio VI stellt der primus usus legis, der der iustitia civilis bzw. rationis gilt, die "disciplina externa et honestas" (BSELK 962,6f) her. Der Dekalog als geoffenbartes und kirchlich zu lehrendes Gottesgesetz sei identisch mit dem natürlichen Gottesgesetz, das in die Herzen der Menschen geschrieben sei und für dessen Durchsetzung die Obrigkeit auch bei den Nichtchristen sorge. Der secundus usus legis ist der usus theologicus oder elenchticus. Hier diene das Gesetz der Sündenerkenntnis, indem durch das Gesetz die Sünde der Menschen aufgedeckt werde. Nach dem tertius usus legis gebe das Gesetz den Bekehrten die Richtschnur ihres sittlichen Tuns; in ihm gelte das Gesetz der Liebe.

Während die lutherischen Kirchentümer im Zeitalter von Reformation und Orthodoxie an einer patriarchalisch strukturierten Naturalwirtschaft orientiert waren, traten in den reformierten Kirchentümern neue Einstellungen zu politischen und ökonomischen Fragen hervor. Die Reformation im oberdeutschen Sprachgebiet erhielt schon dadurch ein anderes soziales Gepräge, daß sie vornehmlich in Stadtstaaten stattfand. Zudem hatte die Verhältnisbestimmung von Obrigkeit und Kirche sowie die Organisation der Kirchenzucht große Bedeutung.

Für Huldrych Zwingli (1484-1531), den Reformator Zürichs, war die Kirche im Gemeinwesen keine eigenständige Institution, die der bürgerlichen Obrigkeit (dem Magistrat) gegenüberstand, sondern diese hatte als christliche Obrigkeit gemeinsam mit dem Predigtamt auch für das geistliche Wohl zu sorgen. Zwar hielt Zwingli gegen radikale Bestrebungen, die die bürgerliche Ordnung im Sinne der evangelischen Liebesgemeinschaft gestalten und Pachtabgaben sowie Zinsnahme abschaffen wollten, an der allgemeinreformatorischen Auffassung von den zwei Regimentern Gottes und an der Unterscheidung von bürgerlicher und göttlicher Gerechtigkeit fest, doch hatte für ihn die göttliche Gerechtigkeit verbindliche Orientierungsfunktion für die menschliche Gerechtigkeit. Mit der Aufhebung der kirchlichen Eigenständigkeit wuchsen der bürgerlichen Obrigkeit nun die Aufgaben der bisher kirchlich organisierten Armenfürsorge, Bildung und Sittenbewahrung zu. Zwingli übertrug dem Magistrat sogar das geistliche Recht der Kirchenzucht mitsamt der Exkommunikation. Dagegen protestierte Johannes Oekolampad (1482-1531), der Reformator Basels. Martin Bucer (1491-1551) setzte in Straßburg ein Ältestengremium aus Ratsmitgliedern und Laien ein, das die Kirchenzucht im Sinne der Heiligung der ganzen Gemeinde durchführen sollte.

Für Johann Calvin (Jean Cauvin, 1509-1564), den Reformator Genfs, gehörte die Kirchenzucht zu den notae ecclesiae. Der Gedanke der Heiligung prägte die kirchenreformerischen Überlegungen. Calvin richtete für die verschiedenen kirchlichen Aufgabenbereiche verschiedene Ämter in der sichtbaren Kirche ein. Das Amt der Kirchenzucht legte er in die Hände von Ältesten und Pastoren. Dadurch verselbständigte er die Kirche in ihrem Aufsichtsamt institutionell gegenüber der bürgerlichen Obrigkeit. Die Verbindung von Kirche und Obrigkeit blieb dennoch bestehen, weil die Maßnahmen der Kirchenzuchtbehörde zugleich bürgerliche Strafen nach sich zogen. Gottes Herrscherwille habe sich in der Bibel offenbart, die damit das Gesetz für das neue Israel sei. Im theokratisch konzipierten Gemeinwesen sollte durch die Kirchenzucht ein stetiger Fortschritt in der Heiligung und der damit verbundenen sittlichen Aktivität erreicht werden. Die Glaubenden seien dem Liebesgebot verpflichtet. Von der durch den Glauben ermöglichten Heiligung und ihrer alltäglichen Bewährung könne im syllogismus practicus auf die souveräne göttliche Erwählung zurückgeschlossen werden.

Calvin verstand den Reichtum als Eigentum Gottes und stellte ihn in den Dienst des Gemeindeaufbaus. Zur Ehre Gottes müßten die von Gott vorherbestimmten reichen oder spärlichen materiellen Gaben durch Ausdauer, Fleiß und persönlichen Verzicht zum Wohle der Gemeinde gemehrt werden. Habsucht und Geiz seien abzulehnen.

Anders als Luther, der die reine Geldwirtschaft verurteilte, hob Calvin das Verbot des Zinsnehmens insoweit auf, als er zwischen Wucher und Produktivkredit unterschied. Beim Wucher werde fremde Not ausgebeutet, durch den Produktivkredit fremde Tätigkeit ermöglicht. Das Barmherzigkeitsgebot der Bergpredigt begrenzte er auf die Almosen, die für arbeitsunfähige Kranke und Arme bestimmt seien und vom Diakon verwaltet wurden.

Während in der lutherischen Tradition die Bedenken gegen übermäßigen Reichtum wegen der drohenden Ungleichheiten (Zinsnahme, Handelsmonopole) in der Gemeinde bestehen blieben, wurden in der calvinistisch-reformierten Tradition die Gemeindeglieder in ihrer Wirtschaftsleistung zugunsten des Gemeindeaufbaus angespornt. Die Erträge der gewinnbringenden Arbeit wurden in den Dienst der christlichen Gemeinde gestellt. Durch die Legitimation des Produktivkredits und die strenge Disziplinierung zur religiös qualifizierten Arbeit förderte der Calvinismus die am Kapital orientierte neue Wirtschaftsorganisation.

Die englischen Puritaner lehnten jeden äußeren Aufwand ab und verurteilten jede Art des Luxuskonsums (vgl. Hebr. 13,5). Reichtum durfte nicht zur Schau gestellt werden. In der ständischen Gesellschaftsordnung waren durch die gesellschaftliche Position auch Art und Umfang des Erwerbens und Verbrauchens bestimmt. Taufen, Hochzeiten und Kirchweihfeste waren Inseln des Genusses im ansonsten kargen Lebensstil. Der asketische Sparzwang förderte die Kapitalbildung und eröffnete die Chance zu neuen Investitionen. Dem Sparen korrelierte die effiziente Organisation von Produktion und Vertrieb.

John Wesley (1703-1791) knüpfte 1760 in seiner Predigt "The Use of Money" an Lk. 16, 9 an (vgl. Works 2, 266-280) und betonte die Bedeutung des Geldes für den Gemeindeaufbau. Wesley schränkte den insgesamt wünschenswerten Gelderwerb dahin ein, daß dadurch die Gesundheit von Leib und Seele nicht beeinträchtigt und der Nächste nicht übervorteilt werden dürfe. Das erworbene Geld solle nicht verschwenderisch für unnütze Dinge ausgegeben werden. Verboten seien nicht nur die sinnlichen Genüsse, sondern auch die Verwöhnung der Kinder. Das gut verwaltete Geld solle in seinem Überschuß an die Glaubensgeschwister abgegeben werden.

c. Katholische Soziallehre

Die römisch-katholische Soziallehre, die in den päpstlichen Sozialenzykliken ihre wesentlichen Bezugspunkte hat und nach diesen offiziellen Lehrdokumenten unter Abblendung des breiten Spektrums anderer Konzeptionen (beispielsweise der lateinamerikanischen Theologie der Befreiung) im folgenden dargestellt wird, baut auf die christliche Sozialphilosophie auf, in der die naturrechtlichen Grundprinzipien entfaltet werden. Die Soziallehre will die überzeitlichen Grundsätze mit den konkreten Sozialverhältnissen vermitteln. Die päpstliche Soziallehre ihrerseits ist Fundament für die akademische Sozialethik.

Das Basisdokument der katholischen Soziallehre ist die päpstliche Enzyklika "Rerum novarum", die 1891 von Papst Leo XIII. publiziert wurde. Alle folgenden Sozialenzykliken und kirchenamtlichen Verlautbarungen knüpfen an diese erste Sozialenzyklika an und schreiben sie fort.

Die Enzyklika "Rerum novarum" (= RN) kritisiert im Sinne einer prinzipiellen Ablehnung der Moderne sowohl die durch den Kapitalismus heraufgeführten Gesellschaftsverhältnisse als auch die sozialistischen Veränderungspläne. Spiegelbildlich zum historischen Materialismus macht die Sozialenzyklika den Geist der Neuerung für die soziale Fehlentwicklung verantwortlich, die durch technische und soziale Umstände begünstigt worden sei. Gegen die sozialistische Forderung nach Eigentumsänderung stellte "Rerum novarum" die Unantastbarkeit des Privateigentums, das elterliche Fürsorgerecht und die Klassenversöhnung. Die Kirche empfiehlt sich selbst als Mittlerin im Antagonismus von Arbeit und Kapital. Dazu empfiehlt sie berufsständische Reformmaßnahmen. Sie will auf die Lohnabhängigen Einfluß nehmen. Die antagonistische Situation lasse sich durch religiöse Wahrheiten überwinden. Beiden Seiten werden die Pflichten der Treue und Fürsorge nachdrücklich eingeschärft (vgl. RN 16f.). Zur Schlichtung der Differenzen wird die Einrichtung von christlichen Arbeitervereinen empfohlen (vgl. RN 43). "Rerum novarum" hält die Interessen von Kapital und Arbeit für vereinbar, sozialistisches und christliches Gedankengut der Arbeiterbewegung allerdings für unvereinbar. Der Streik als Arbeitskampfmittel wird abgelehnt (vgl. RN 31), ebenso die staatliche Organisation der sozialen Sicherung (vgl. RN 24). Gefordert wird die private Organisation der Vorsorgemaßnahmen bei Krankheit und Unglück (vgl. RN 65).

Charakteristisch für den Neuthomismus ist eine hierarchisierte Sozialordnung, die vom Gedanken des Gemeinwohls geprägt ist. Leitend sind das Prinzip der Solidarität, d. h. die Zuordnung der einzelnen Menschen zum Ganzen der Gemeinschaft und die sich daraus ergebenden personalen Verpflichtungen, und das Prinzip der Subsidiarität, d. h. die Abgabe von Gemeinschaftsfunktionen auf möglichst kleine Einheiten bei Unterstützung durch die größeren Verbände. Nach katholischer Auffassung gibt es kein allgemeingültiges Ordnungsbild der Gesellschaft, das an jedem Ort und zu jeder Zeit gültig wäre. Vielmehr müssen die allgemeinen Prinzipien auf die jeweilige geschichtliche Lage hin konkretisiert werden. Dabei ist der Zielgedanke einer Gesellschaftsordnung im Geiste des Königtums Christi leitend.

Der Jesuitenpater Heinrich Pesch (1854-1926) vertrat in seinem fünfbändigen "Lehrbuch der Nationalökonomie" einen dritten Weg zwischen kapitalistischem Individualismus und materialistischem Sozialismus, nämlich den Solidarismus. Auf der Grundlage naturrechtlicher Überzeugungen forderte er bei relativer Selbständigkeit der einzelnen Unternehmungen und Wirtschaften deren organische Eingliederung in die Gesamtgesellschaft. Oder anders herum gesprochen: Die staatlich verfaßte Gesellschaft soll systematisch auf die Volkswirtschaft einwirken, um diese auf das naturgemäße Ziel des Volkswohlstandes organisierend auszurichten. Der Volkswohlstand im Sinne der materiellen Güterversorgung eines Volkes sei von menschlichen Handlungen und Einrichtungen abhängig, die Erkenntnisgegenstand der Nationalökonomie seien. Dabei gilt negativ, daß das materielle Gemeinwohl nicht dem geistigen und sittlichen Gemeinwohl widersprechen kann und das alles der praktischen Vernunft Widersprechende auch das materielle Gemeinwohl schädige. Positiv schöpft die Nationalökonomie ihre Erkenntnisse erstens aus der naturrechtlichen und sittengesetzlichen Gesellschafts- und Staatslehre (besonders aus der Idee der Gerechtigkeit), zweitens aus den naturwissenschaftlichen Erkenntnissen über die sinnlich-vernünftige Natur des Menschen und drittens aus den allgemeinen Erfahrungserkenntnissen für Gegenwart und Vergangenheit. Nach Pesch läßt sich aus der christlichen Moral keine konkrete Wirtschaftsordnung für immer ableiten. Keine Wirtschaftsordnung nämlich bestehe ewig, während die theologischen Grundlagen durchaus unveränderlich seien. Pesch bringt neben den Staat und die bürgerlichen Organisationen das christliche Gewissen und Pflichtbewußtsein ins Spiel. Er sieht im praktischen Christentum die beste Basis auch für den materiellen Wohlstand der Völker.

Die zweite Sozialenzyklika veröffentlichte Papst Pius XI. 1931 unter dem Titel "Quadragesimo anno" (= QA). Der Gesamtduktus dieser Sozialenzyklika ist ähnlich wie in "Rerum novarum", doch wird die staatliche Sozialpolitik eindeutig bejaht. Das Subsidiaritätsprinzip wird eingefordert, um die Aufgabenverteilung zwischen den einzelnen Menschen und der Gemeinschaft zu regeln (vgl. QA 79). Die wirtschaftsrechtliche Besserstellung der Lohnabhängigen (Mitbesitz, Mitverwaltung, Gewinnbeteiligung) wird nachdrücklich angeraten (vgl. QA 65). Die Frontstellung gegenüber der sozialistischen Arbeiterbewegung bleibt bestehen. Der Klassengegensatz solle berufsständisch überwunden werden. Die sozialen Mißstände seien durch das Verderben der Seelen verursacht. Die Kirche behält das Heilsmonopol.

Die päpstlichen Sozialenzykliken nach dem Zweiten Weltkrieg zeigen eine deutliche Veränderung der Standortbestimmung. War in den beiden ersten Enzykliken die Frontstellung gegenüber der sozialistischen Arbeiterbewegung prägend, so tritt nun der Gedanke der Kooperation mit allen Menschen guten Willens in den Vordergrund. Gewerkschaftliche überkonfessionelle Organisationen, Arbeitskampfweisen und sozialstaatliche Maßnahmen werden insgesamt gutgeheißen. Die katholische Soziallehre akzeptiert damit (wenn auch teilweise zurückhaltend) die sozialen Verfaßtheiten der westlichen Industriestaaten. In besonderer Weise engagiert die katholische Soziallehre sich für die Besserstellung der Drittweltstaaten im Sinne einer gerechten Weltwirtschaftsordnung. Dabei versteht sich die Kirche als Sprachrohr der Armen. Zudem wird der Vorrang betont, den die Arbeit vor dem Kapital habe, auch wenn beide nachdrücklich zur Kooperation aufgefordert werden. Die Bestrebungen nach betrieblicher und überbetrieblicher Mitbestimmung der Arbeitnehmer werden unterstützt. Die Frontstellung gegenüber der sozialistischen Arbeiterbewegung ist einer bedingten Bejahung der sozialdemokratischen Arbeiterbewegung gewichen. Konvergenzbedingungen sind, die sozialdemokratische Arbeiterbewegung müsse antikirchliche Einstellungen aufgeben, sich auf demokratische Gesellschaftsreformen verpflichten und Privateigentum bei aller Sozialpflichtigkeit grundsätzlich akzeptieren, wobei die bedingte Möglichkeit von Gemeineigentum nicht bestritten wird.

Papst Johannes XXIII. veröffentlichte 1961 die Sozialenzyklika "Mater et magistra" (= MM). In Kontinuität zu den beiden vorangegangenen Sozialenzykliken grenzt sich "Mater et magistra" explizit gegenüber Liberalismus und Marxismus ab. Solidarität und Brüderlichkeit sollen die Beziehungen zwischen Arbeitern und Arbeitgebern bestimmen (vgl. MM 23). Johannes XXIII. setzt dadurch neue Akzente, daß er einerseits, indem er die Situation der Dritten Welt explizit anspricht, den eurozentrischen Standpunkt überschreitet und andererseits die Einrichtung des Sozialstaates mit seinen Vorsorgemaßnahmen für die Wohlfahrt der Bürger prinzipiell bejaht (vgl. MM 61). Die Eigenverantwortlichkeit des Menschen müsse allerdings zu dieser gesellschaftlichen Vorsorge ergänzend hinzutreten. Die Forderung nach betrieblicher und überbetrieblicher Mitbestimmung der Arbeitnehmer wird deutlich verstärkt (vgl. MM 97). Die gewünschte Zusammenarbeit von Unternehmern und abhängig Beschäftigten solle institutionell abgesichert werden. Die innerbetriebliche Mitbestimmung müsse von der Mitverantwortung aller geprägt sein, damit im Wirtschaftsunternehmen eine echte menschliche Gemeinschaft entstehe. Die konkrete Ausgestaltung und die Paritätsfrage bleiben aber offen.

In der Stellung zu demokratisch-sozialistischen Arbeiterbewegungen deutet "Mater et magistra" eine Möglichkeit zur Konvergenz an, wenn der konkurrierende Weltanschauungsanspruch des demokratischen Sozialismus aufgegeben und die gesellschaftspolitischen Leitlinien der katholischen Soziallehre vom demokratischen Sozialismus akzeptiert werde, besonders hinsichtlich des Rechts auf Privateigentum. Diese Konvergenzandeutungen sind in der Enzyklika "Pacem in terris" (= PT) von Johannes XXIII. 1963 unterstrichen worden (vgl. PT 159f.).

Das zweite Vatikanische Konzil setzte in der Pastoralkonstitution "Gaudium et spes" (= GS) 1965 zwei wichtige neue Akzente. Die Kooperation mit allen Menschen guten Willens ist die soziale Basis für die Lösung der anstehenden Probleme. Die bewußte Abgrenzung gegenüber nichtkatholischen Gesellschaftsgruppen wird zugunsten der Kooperation aufgegeben (vgl. GS 21). Zudem wird der Mensch als Mittelpunkt alles Wirtschaftens gesehen. Die Arbeit wird in einer schöpfungstheologischen Argumentation gegenüber dem Kapital als vorrangig eingestuft (vgl. GS 67). Die anderen Faktoren der Wirtschaft werden werkzeuglich der Arbeit zugeordnet. Mit Arbeit ist die Erwerbsarbeit sowohl der Lohnabhängigen als auch der Selbständigen gemeint.

Papst Paul VI. plädierte in seiner Sozialenzyklika "Populorum progressio" (= PP) von 1967 für eine neue gerechte Weltwirtschaftsordnung. In der Eigentumsfrage wird die Sozialpflichtigkeit des Eigentums verstärkt betont (vgl. PP 23). Die Wirtschafts- und Sozialprobleme der Dritte-Welt-Staaten sollen durch großzügige Entwicklungshilfe und eine neue Weltwirtschaftsordnung bekämpft werden. Auch auf internationaler Ebene fordert Paul VI. eine umfassende Zusammenarbeit, um weltweit das Gemeinwohl zu verbessern. Die grundsätzliche Ablehnung von Liberalismus und Marxismus wurde auch im apostolischen Schreiben "Octogesima adveniens" (= OA), das Paul VI. 1971 veröffentlichte, beibehalten. Doch wurde der demokratische Sozialismus ausdrücklich als Kooperationspartner wahrgenommen. Erneut werden die beiden Konvergenzkriterien des Verzichts auf totalitäre Weltanschauung und totalitäre Machtmittel seitens des Sozialismus genannt. Insgesamt wird eine differenzierte Beurteilung der Sozialprogramme gefordert (vgl. OA 31).

Papst Johannes Paul II. nahm 1981 in seiner Sozialenzyklika "Laborem exercens" (= LE) eine markante Neuakzentuierung und Ausweitung des Arbeitsbegriffs vor. Der Arbeitsbegriff meint über die Erwerbsarbeit hinaus alle menschliche Kulturarbeit. Die Sozialpflichtigkeit des Eigentums wird stärker eingefordert (LE 14.3), der Streik als legitimes Arbeitskampfmittel gebilligt (vgl. LE 20.7), die Gewerkschaften insgesamt positiv gewürdigt (vgl. LE 20.3). Daß der Mensch einen Primat im Produktionsprozeß habe, werde sowohl vom Liberalismus als auch vom Marxismus negiert. Beide werden unter dem Begriff des Ökonomismus zusammengefaßt als solche, denen die Sachen wichtiger als die Personen seien (vgl. LE 13.3). Die Kirche versteht sich als Sprachrohr der Armen (vgl. LE 8.6).

1987 veröffentlichte Johannes Paul II. zum 20. Jahrestag von "Populorum progressio" seine Sozialenzyklika "Sollicitudo rei socialis". Er wiederholt hier die schon aus "Populorum progressio" bekannte Forderung nach einer neuen und gerechten Weltwirtschaftsordnung, die dem Solidaritätsprinzip verpflichtet ist.

Mit der Jubiläumsenzyklika "Centesimus annus" (= CentAn) von 1991 wollte Johannes Paul II. nicht nur an die pästliche Lehrbildung seit "Rerum novarum" erinnern, sondern angesichts des Zusammenbruchs des osteuropäischen Staatssozialismus auch aktuell in die neuen Gesellschaftsprozesse orientierend einwirken. Johannes Paul II. bejaht Rechtsstaatlichkeit und Demokratie. Er stellt dem Solidaritätsprinzip das Subsidiaritätsprinzip an die Seite, das zu einer Kritik des Fürsorgestaates führt, der in den Kompetenzbereich nachgeordneter gesellschaftlicher Gruppen von oben eingreift. Weil größere Nähe auch bessere Kenntnis des Zuträglichen und Nützlichen bedeute (vgl. CentAn 48,5), widerspricht Johannes Paul II. allen gesellschaftlichen Hilfsmaßnahmen, die aus der Ferne organisiert werden und die Eigenverantwortung der Betroffenen unterminieren. Die gesellschaftliche Beteiligung und Mitverantwortung von Gruppen (vgl. CentAn 46,2) werde unter Beachtung des Subsidiaritätsprinzips am besten durch Solidaritätsnetze (vgl. CentAn 49,3) erreicht. Den Manchester-Kapitalismus lehnt Johannes Paul II. wie auch schon in den vorangegangenen Sozialenzykliken ab, eine sozialpartnerschaftliche gerechte Wettbewerbswirtschaft dagegen bejaht er. Gegen allen moralischen Relativismus macht Johannes Paul II. die Wahrheit der christlichen Botschaft und die transzendente Begründung der Menschenwürde geltend. Johannes Paul II. betont die schöpfungsmäßige Sonderstellung des Menschen gegenüber Tieren und Pflanzen. Er greift den Ökologiebegriff auf, um ihn im Sinne von Humanökologie und Sozialökologie zur Beschreibung besserer Formen des familiär-geselligen Zusammenlebens und der Arbeitsbeziehungen zu nutzen. Konsumismus und sozialfeindlicher Individualismus werden verurteilt, die solidarische verantwortliche Gestaltung der Einen Welt auch für die internationalen Beziehungen eingefordert.

In der Zusammenschau tendiert die katholische Soziallehre zum Laborismus. Sie nimmt eine Mittelstellung ein zwischen einem auf Privateigentum basierenden Kapitalismus und einem auf Staatseigentum basierenden Sozialismus. Der Arbeit wird ein Vorrang vor dem Kapital eingeräumt, weil die Arbeit unmittelbar personenbezogen und folglich gegenüber den Arbeitsmitteln höherrangig sei. In der neueren katholischen Diskussion wird nicht so sehr der Vorrang des Wirtschaftsfaktors Arbeit, als der Vorrang des arbeitenden Menschen vor den Sachwerten betont. Die personale Würde eignet nicht der Arbeit, sondern dem arbeitenden Menschen. Die Menschen haben Vorrang vor allen Sachgesichtspunkten und Sachinteressen.

d. Deutschsprachige evangelische Sozialethik

Wirtschaftsethische Themen wurden in der deutschsprachigen evangelischen Theologie früher in der Regel als unselbständiger Abschnitt innerhalb der Ethik bzw. der Sozialethik behandelt, zumeist unter dem Stichwort der Arbeit oder dem Stichwort des Berufs. Monographische Darstellungen sind selten. Erst in jüngster Zeit läßt sich eine vermehrte Zuwendung zu diesem Themenfeld beobachten.

In den vorindustriellen Zeiten wurden in der Theologie nicht die Strukturen des Wirtschaftens, sondern das persönliche Verhalten zu Reichtum, Vermögen, Beruf usw. erörtert. Staat, Familie, Ehe und Beruf waren die traditionellen Themen für eine Sozialethik, die die Tugenden und Pflichten der Einzelpersonen in den Vordergrund stellte. Mit den gewaltigen sozialen Umwälzungen, die mit der Industrialisierung und Kapitalisierung der Wirtschaft einhergingen, mußte dieser Themenbereich neu wahrgenommen werden.

Etwa seit Beginn des zweiten Drittels des 19. Jahrhunderts vollzog sich in Deutschland in zunehmender Dynamik der Wandel von einer vorwiegend agrarwirtschaftlichen Ständegesellschaft zu einer industriell-kapitalistischen Klassengesellschaft. Die besonders in der zweiten Jahrhunderthälfte sich beschleunigende Industrialisierung mit allen ihren sozialen Begleiterscheinungen führte zu scharfen politischen Auseinandersetzungen im Wilhelminischen Deutschland. Die Ausbildung einer antagonistischen Wettbewerbswirtschaft stieß sich mit den obrigkeitlichen Strukturen und Wertvorstellungen, die bisher Politik und soziales Zusammenleben geprägt hatten.

Die von Bismarck betriebene Gründung des kleindeutschen Reichs 1871 erfolgte in einer Zeit stürmischen Bevölkerungswachstums. Die Einwohnerschaft stieg von knapp 41 Millionen im Jahr 1871 auf 56 Millionen im Jahr 1900 und knapp 68 Millionen im Jahr 1915. Als Auswanderer verließen zwischen 1871 und 1900 etwa 2,4 Millionen Menschen Deutschland. Gleichzeitig erhöhte sich durch den Zuzug von Osteuropäern die Ausländerzahl in Deutschland von 206.000 im Jahr 1871 auf 778.000 im Jahr 1900 und auf 1,26 Millionen im Jahr 1910. Zu diesen externen Migrationsbewegungen kamen noch gewaltige interne Migrationsströme aus den agrarwirtschaftlichen Regionen in die Industrieregionen West- und Mitteldeutschlands. Um 1910 war knapp die Hälfte der Wohnbevölkerung in Deutschland Binnenwanderer.

Die Industrialisierung förderte eine explosionsartige Verstädterung. Die Einwohnergesamtzahl der Großstädte (über 100.000 Einwohner) versiebenfachte sich von 2 Millionen im Jahr 1871 auf 13,8 Millionen im Jahr 1910. Auch die Zahl der in Mittelstädten (20.000 bis 100.000 Einw.) Wohnenden stieg von 3,1 Millionen auf 8,7 Millionen. Diese gewaltige Anwachsen der Städte führte zu dramatischen Veränderungen der Kirchengemeinden. Hier kam es in den Großstädten teilweise zu exorbitanten Zahlen von 20.000 bis 30.000 Seelen, in Einzelfällen sogar bis zu 60.000 oder 100.000. Deshalb wurde nach dem Regierungsantritt Wilhelms II. ein gewaltiges Kirchenbauprogramm durchgeführt. Zugleich wurde eine große Anzahl von Vereinen und Verbänden gegründet, um der sozialen Verelendung begegnen zu können. Die Verstädterung löste häufig Ängste und Ressentiments aus. Das Großstadtleben wurde durch die Stichworte Vermassung, Sinnleere, Entfremdung und Hektik charakterisiert. Die meisten pastoralen Erörterungen waren an kleinstädtischen oder ländlichen Lebensformen ausgerichtet. Die kirchlichen Anstrengungen waren vornehmlich darauf gerichtet, Kinderarbeit verbieten und den Sonntag als arbeitsfreien Tag schützen zu lassen.

Ethische Abhandlungen protestantischer Theologen nahmen seit den 1880er Jahren zunehmend die soziale Frage auf, die durch die rapide voranschreitende Industrialisierung und das Massenelend des Industrieproletariats immer drängender und erschreckender wurde. Erstmalig hatte der Dorpater Lutheraner Alexander von Oettingen (1827-1906) in dem zweibändigen Werk "Die Moralstatistik in ihrer Bedeutung für eine christliche Socialethik" (1868-1874) die neue soziale Lage nach Familienbeschaffenheit, Kriminalität, Wohnungsnot usw. bilanziert. Der Pfarrer Rudolf Todt (1838-1887), der 1876 den 'Centralverein für Socialreform' initiierte und dessen Wochenschrift

"Der Staats-Socialist" (1877-1882) leitete, sah die soziale Frage in einem von ihm bejahten konstitutionell-monarchischen Staat lösbar allein durch die Kooperation von kathedersozialistischer Nationalökonomie, wissenschaftlichem Sozialismus und Neuem Testament. Dieses Programm hatte Todt 1877 in seiner beachteten Schrift "Der radikale deutsche Socialismus und die christliche Gesellschaft" formuliert.

Der Protestantismus des Wilhelminischen Deutschland war in eine liberale Kulturtheologie und eine konfessionelle Kirchentheologie polarisiert. Beide waren sich darin einig, für den Protestantismus einen gesamtkulturellen Führungs- und Integrationsanspruch zu erheben und sozialreformerische Bemühungen nachdrücklich einzufordern. Beide grenzten sich scharf gegen den römischen Katholizismus und den materialistischen Sozialismus ab. Beide lehnten eine echte Pluralisierung der Gesellschaft ab. In der inhaltlichen Bestimmung dessen, was das protestantische Prinzip sei und welches politisch-soziale Programm sich daraus ergebe, standen beide Strömungen einander antagonistisch gegenüber.

In der konfessionellen Kirchentheologie wurde das Programm einer Rechristianisierung der unchristlich gewordenen sozialdemokratischen Arbeiterschaft vertreten und organisatorisch durch die Innere Mission zu realisieren versucht. Johann Hinrich Wichern (1808-1881) hatte bereits 1849 mit seiner Denkschrift "Die innere Mission der deutschen evangelischen Kirche" den Anstoß zu umfänglichen sozialkaritativen Aktivitäten gegeben. Seine Grundauffassung, daß die Lösung der sozialen Frage nur durch die Evangelisierung des gesamten Volkes gelingen könne, wiederholte Wichern auch 1871 in seinem Programmvortrag "Die Mitarbeit der Kirche an den socialen Aufgaben der Gegenwart". Sozialkonservative Reformforderungen formulierte die 'Christlich-soziale Arbeiterpartei', die 1878 von dem Berliner Oberhofprediger Adolf Stoecker (1835-1909) und dem Nationalökonomen Adolph Wagner gegründet wurde.

Die konfessionelle Kirchentheologie verband eine patriarchalische Sozialarbeit mit einer Förderung überkommener Kirchlichkeit, um materielle Not und sittliche Mißstände zu lindern und zu bekämpfen. Die Kirche sollte für die gesellschaftlichen Gruppen die verbindlichen Orientierungen schaffen. Nur so könne eine Integration der unterschiedlichen gesellschaftlichen Gruppierungen wiedergewonnen werden (Volkskirche). Trotz der prinzipiellen Verknüpfung von Kirche und monarchischem Staat betonte die sozialkonservative Theologie die Eigenständigkeit der Kirche und deren Wächteramt gegenüber dem Staat.

In prononcierter Anknüpfung an die Reformation begrüßte die liberale Kulturtheologie die Befreiung der religiösen, politischen und sozialen Kultur von klerikaler Bevormundung. Die liberale Kulturtheologie, die Kirchlichkeit und Religion unterschieden wissen wollte und der religiös-sittlichen Persönlichkeit zentrale Bedeutung zumaß, bejahte die relative Eigengesetzlichkeit unterschiedlicher Kulturbereiche. Die liberale Kulturtheologie suchte die neuen industriell-kapitalistischen Lebensformen mit den vorindustriell-agrarischen zu vermitteln. Der 1863 gegründete und stark von Richard Rothe (1799-1867) inspirierte 'Deutsche Protestantenverein' sammelte das städtische Bildungsbürgertum. Die liberale Kulturtheologie erwartete vom sozialreformerischen Kulturstaat eine Reintegration der sozialdemokratisch geprägten Arbeiterschaft. Der gewerkschaftliche Kampf um institutionalisierte Arbeiterrechte und Streikbewegungen wurde teilweise auch aktiv unterstützt. Als die Erwartung, der ökonomisch-technische Fortschritt müsse zum harmonischen Beisammensein autonomer Persönlichkeiten führen, sich als Fehleinschätzung erwies, nahmen gegenwartskritische Betrachtungen zu.

Zur Bündelung der sozialpolitischen Diskussionen und Aktivitäten im Protestantismus riefen 1890 sozialkonservative und kulturliberale Gruppen gemeinsam den 'Evangelisch-sozialen Kongreß' ins Leben. Hier wollten Universitätstheologen mit Nationalökonomen und Kulturwissenschaftlern gemeinsam die sozialreformerischen Maßnahmen vorantreiben. Die Sozialkonservativen verließen nach wenigen Jahren den 'Evangelisch-sozialen Kongreß' und schufen 1897 gemeinsam mit Vertretern der Inneren Mission die 'Freie kirchlich-soziale Konferenz', die vorrangig konkrete Diakoniemaßnahmen fördern und weniger sozialpolitische Konzeptionen entwickeln sollte. Beide Verbände waren wesentlich daran beteiligt, daß die soziale

Frage in allen theologischen Disziplinen als wichtiges Thema wahrgenommen wurde.

Wirtschaftsethische und wirtschaftspolitische Themen wurden ausdrücklich in der von Martin Rade (1857-1940) ab 1887 bis Ende 1931 herausgegebenen Zeitschrift "Die christliche Welt" erörtert, die gemäß dem anfänglichen Untertitel "Evangelisch-Lutherisches Gemeindeblatt für die Gebildeten" ein offenes Diskussionsforum für theologische, kirchliche und gesellschaftliche Gegenwartsfragen sein wollte. Der große Freundeskreis dieser Zeitschrift, der sich seit der 'Eisenacher Erklärung' 1892 zum Apostolikumsstreit zusammengefunden hatte und im Mitteilungsblatt "An die Freunde" sein eigenes Publikationsorgan hatte, wollte ausdrücklich auf Kirchenreform und Gesellschaftspolitik Einfluß nehmen.

In der wissenschaftlichen Forschung wurden in wachsendem Maße, getragen vom Programm des methodischen Historismus, die institutionellen und ökonomischen Bedingungen und Konsequenzen der Kirchen- und Theologiegeschichte thematisiert. Adolf Harnack (1851-1930, geadelt 1914) war in einem reichen wissenschaftlichen, organisatorischen und politischen Wirken bestrebt, christlichen Glauben und moderne Kultur zu versöhnen. Ernst Troeltsch (1865-1923) hat in seinem sehr umfänglichen Schrifttum, besonders in seiner (zunächst als Aufsatzfolge 1908-1910 veröffentlichten) Schrift "Die Soziallehren der christlichen Kirchen und Gruppen" (1912), die Wechselbeziehungen zwischen den christlich-frommen Gesellschaftsvorstellungen und den Wirtschaftsentwicklungen beleuchtet.

Mit dem Untergang des Wilhelminischen Reiches und der Gründung der Weimarer Republik 1918/19 endete in Deutschland das Staatskirchentum. Dies war ein tiefgreifender Einschnitt für die sozialethische Orientierung der evangelischen Theologie. Die bürgerlich-liberale Ausrichtung der Weimarer Republik wurde im deutschen Protestantismus zumeist abgelehnt. Dies gilt auch für die drei programmatischen Gruppen, die die Erfahrungen von Weltkrieg und Revolution besonders aufnahmen. Das national orientierte Jungluthertum (Emanuel Hirsch, Werner Elert, Paul Althaus) stellte den Gedanken natürlicher Lebensgemeinschaften und dabei besonders den Gedanken des Volkes als Ort des natürlich-geschichtlichen Gottesgesetzes in den Mittelpunkt. Der religiöse Sozialismus (Paul Tillich) wollte Religion und Sozialismus im Sinne einer theonomen Gesellschaftsordnung zusammenbinden. Die dialektische Theologie (Karl Barth, Emil Brunner, Rudolf Bultmann, Friedrich Gogarten) formulierte den Protest gegen eine Anthropologisierung und Ethisierung der Theologie. Nur die liberale Theologie stellte sich auf die neue staatliche, kirchliche und gesellschaftliche Ordnung bejahend ein (Harnack, Rade, Troeltsch). Beispielhaft sei hier auf Otto Baumgarten (1858-1934) und seine "Praktische Sittenlehre" von 1921 verwiesen.

Baumgarten sieht die Wirtschaftsethik im Zusammenhang von Lebenserhaltung und Lebenssteigerung. Er plädiert für eine nüchterne Betrachtung und Anerkennung der wirtschaftlichen Prozesse und der in ihnen waltenden Eigeninteressen. Altruistische Motive hätten im Erwerbs- und Wirtschaftsleben keinen Platz. Sie gehörten in die Ethik des persönlichen Lebens. Im Wirtschaftsleben regiere allein das Gesetz der Nützlichkeit und Wirtschaftlichkeit. Der Erwerbstrieb überwinde die natürliche Trägheit und habe in der Prämierung von Mehrarbeit durch Mehrgewinn ein wichtiges moralisches Motiv. Nach Baumgarten sollten sowohl auf der Produzenten- wie auf der Konsumentenseite alle Entscheidungen nach dem Gesichtspunkt der Nützlichkeit und der Steigerung des eigenen Lebens getroffen werden. Er möchte allen moralischen Tadel sowohl vom Profitstreben des Arbeitgebers als auch vom Lohnsteigerungsstreben des Arbeitnehmers entfernt wissen. Die Interessenorientiertheit des Wirtschaftsprozesses hält Baumgarten für elementar. Er billigt ihr aber im Gegensatz zu Marx keine ontologische Exklusivität und keine naturgesetzliche Wirksamkeit zu. Auf der Arbeitgeber- wie der Arbeitnehmerseite dürfe nicht mit ungleichem Maß gemessen werden. Das Profitstreben nach möglichst hohem Ertrag bei möglichst geringem Risiko und das Bemühen um möglichst hohen Lohn bei möglichst geringem Einsatz von Arbeitskraft seien gleich zu bewerten. Eine höhere Einheit dieser gegenläufigen Interessen könne ebenfalls nur im wohlverstandenen Eigeninteresse gesucht werden.

Baumgarten lehnt die kirchliche Parteinahme zugunsten der Arbeitgeber besonders im ländlichen Raum ab. Er sah in allen idealistischen Verzichtsaufforderungen und religiösen Mahnungen zu Genügsamkeit seitens der Arbeiterschaft einen Akt der Heuchelei. Auch in der Berufsauffassung und Berufsausübung der gebildeten Schichten ließe sich ja durchaus das Motiv der Gewinnorientierung beobachten. Altruistische Forderungen wie die in Eph. 4,28 seien lebensfremd. Sie würden im Wirtschaftsleben nur Unheil anrichten.

Baumgarten plädiert dafür, das eigene Ethos, das der Wirtschaftlichkeit innewohnt, zu achten und zum Zuge kommen zu lassen. Er vertritt eine Position, die die sozialen Spannungen nicht schönreden will, sondern die in der Wahrnehmung der elementaren Motive auch die besten Chancen für eine gedeihliche Entwicklung sieht. Falschen Idealismus hält er in der Wirtschaft für schädlich. Die Beteiligten müßten ihre Eigeninteressen jeweils optimal organisieren. Dazu gehört auf Arbeiterseite sicherlich die Bildung von Gewerkschaften. Genauere Aussagen zur Sozialpolitik macht Baumgarten nicht.

Der Marburger evangelische Sozialethiker Georg Wünsch (1887-1964) thematisierte in seinem 1924 gehaltenen und 1925 veröffentlichten Aufsatz "Die Autonomie der Wirtschaft und die christliche Forderung" in prinzipieller Hinsicht das Verhältnis von Wirtschaft und protestantischem Glauben. In seiner großen 1927 erschienenen Monographie "Evangelische Wirtschaftsethik" gibt Wünsch nach einer umfänglichen wertphilosophischen und theologischen Grundlegung eine Darstellung der Grundzüge der Wirtschaft und wichtiger sozialpolitischer Themenbereiche (Arbeit, Beruf, Arbeitszeit, Lohn, Arbeitskämpfe, Eigentum und Aufgabe der Kirche). Wünsch plädiert für eine Neuorientierung der protestantischen Sozialethik im Sinne eines christlichen Sozialismus. Das Gegeneinander der Absolutheitsansprüche von Religion und Wirtschaft will er in Anknüpfung an die Werteethik und unter Bejahung der Wirtschaftsautonomie dadurch auflösen, daß er die Wirtschaft der höherwertigen, aus dem Evangelium sich ergebenden unbedingten christlichen Forderung zuordnet. Die christliche Forderung sieht er durch die drei Wesenseigenschaften Gottes, seine Allmächtigkeit, Heiligkeit und Güte, bestimmt. Wünsch führt in seiner Monographie die Thesen seines Vortrages von 1924 detailliert aus.

Wünsch hat ein waches Bewußtsein von den Fragmentierungen der modernen Kulturwelt. Er hält eine Rückkehr zu traditionellen Verhaltensmustern für unmöglich. Die Lösung könne allein in einer Bejahung der Autonomie liegen, die durch die Einbindung in die Schöpfungsteleologie den angemessenen Sinn erhalte. Dazu operiert Wünsch mit einer Hierarchisierung der Werte, lehrt die Indienstnahme der Wirtschaft bei Bestätigung ihrer Autonomie zugunsten überlegener Werte und bekennt sich ausdrücklich zur Perspektivität protestantisch-kirchlicher Christlichkeit. Neutrale Standpunkte und Lösungen hält er für unmöglich. Die von Wünsch vertretene Bejahung der Autonomie der Wirtschaft ist verknüpft mit einer strikten Ablehnung der Wirtschaftsdämonie, eines Wirtschaftens um des Wirtschaftens willen. Diese Selbstzweckhaftigkeit der Wirtschaft sei zerstörerisch. Produktions- und Effizienzsteigerungen bejaht Wünsch ausdrücklich, sie müßten aber abgestellt sein auf eine Ausweitung des Lebensfreiraums, der dem Dienst Gottes geweiht werden kann. Unter dem Stichwort des christlichen Sozialismus, der in seinen Forderungen eine gewisse Nähe zum humanitären Sozialismus, nicht aber zum marxistischen Sozialismus habe, fordert Wünsch eine Wirtschaftsordnung, die effektiv und bedarfsorientiert ist, nicht aber erwerbsorientiert. Den privatkapitalistisch-liberalistisch orientierten Wirtschaftstyp hält er für eine Episode in der Wirtschaftsgeschichte; zu einer Lösung der umfassenden Kulturkrise sei er nicht fähig.

Wünsch setzt sich nachdrücklich für eine Verbesserung des technischen und organisatorischen Aufbaus der Wirtschaft ein, um so möglichst effektiv Wirtschaftsgüter, d. h. Produktionsmittel und Konsumtionsmittel, gewinnen zu können. Eine Rückkehr zu primitiven Wirtschaftsstufen mit der Folge von Massenverelendung lehnt er ab. Die Behauptung einer Eigengesetzlichkeit im Sinne einer naturkausalen mechanischen Gesetzmäßigkeit hält er für einen überholten Standpunkt der Nationalökonomie. Den Marxismus sieht er als Spiegelbild des Privatkapitalismus an. Beide könnten die Begrenzung der Wirtschaftsdämonie nicht leisten. Die Ethik versteht Wünsch als das Mittelglied, wo die Religion mit ihrer Theologie der Güte Gottes auf die Wirtschaft einwirken kann. Den religiösen oder christlichen Sozialismus sieht Wünsch dem Ziel verpflichtet, die Wirtschaft entsprechend der absoluten Forderung Gottes auszurichten. Durch effizientes Wirtschaften solle die Befreiung von der Massenarmut und die Befreiung hin zu einem auf Gott ausgerichteten Leben erreicht werden. Die effiziente Bedarfswirtschaft soll eine Minimierung der Arbeitszeit und eine Erhöhung der allgemeinen Kulturbedingungen bringen. Dazu fordert Wünsch eine Sozialisierung der Produktionsmittel und eine Privatisierung der Konsumtionsmittel. Das strikt geplante Wirtschaftsleben soll in ein christlich ausgerichtetes Gesellschaftsleben relativierend eingebunden werden. Die Wirtschaftspolitik wird dabei nicht als Mittel kirchlicher Missionstätigkeit, sondern als Folge christlichen Glaubens begriffen.

Die schrecklichen Erfahrungen mit der nationalsozialistischen Diktatur prägten die wirtschaftsethischen Überlegungen, die die wirtschaftliche Neuordnung nach der totalen Kriegsniederlage leiteten. Durch die Teilung Deutschlands kam es zu zwei völlig unterschiedlichen Entwicklungen in den drei westlichen Besatzungszonen (ab 1949 Bundesrepublik Deutschland) einerseits und der östlichen Besatzungszone (ab 1949 Deutsche Demokratische Republik) andererseits. Marktwirtschaft und Zentralverwaltungswirtschaft standen sich antagonistisch gegenüber.

Der Freiburger Nationalökonom Constantin von Dietze (1891-1973) hat während und nach dem Zweiten Weltkrieg wichtige Impulse für die evangelische Wirtschaftsethik gegeben. Er unterstützte nachdrücklich das Programm der Sozialen Marktwirtschaft, das die Wirtschafts- und Sozialordnung der BRD bestimmte. Dieses Programm der Sozialen Marktwirtschaft suchte die staatliche Ordnungspolitik so zu formulieren, daß individuelle Freiheit und soziale Gerechtigkeit zusammengebunden und die wettbewerblichen Eigeninitiativen für den sozialen Fortschritt genutzt würden.

Dietze hat in seinem 1941 in Alpirsbach vor der Gesellschaft für evangelische Theologie gehaltenen und 1947 gedruckten Vortrag "Nationalökonomie und Theologie" die Zusammenhänge von Nationalökonomie und christlicher Theologie historisch und systematisch beleuchtet. Dabei geht er vornehmlich auf die Geschichte der Nationalökonomie seit der älteren historischen Schule ein. Mit der positivistischen Ausrichtung der Nationalökonomie seit der Jahrhundertwende sei es zu einem Unverhältnis zur Theologie gekommen.

Dietze faßt die Nationalökonomie als Ordnungswissenschaft auf, die angebe, wie die Deckung des materiellen Bedarfs des Menschen optimal erreicht werden könne, und dabei dem Prinzip folge, einen bestimmten Zweck mit möglichst geringen Mitteln zu erreichen oder mit bestimmten Mitteln einen möglichst großen Erfolg zu erzielen.

Dietze sieht die Gerechtigkeit besonders durch die Verletzung des 1. Gebots bedroht. In kritischer Anspielung auf die nationalsozialistische Herrschaft stellt er für weite Bereiche der Sozialökonomie und des gesellschaftlichen Lebens eine Tendenz zur Selbstvergötzung fest. Unter Bezugnahme auf Luther bejaht Dietze den theologischen Gedanken der creatio continua. Die Erhaltungs- und Bewahrungsordnungen seien auch für das Wirtschaften maßgeblich.

Dietze sieht den wünschenswerten Gesprächsbeitrag der Theologie für die Nationalökonomie darin, daß die Theologie anthropologische Aussagen über das Verhalten und die Natur der Menschen mache und sozialtheoretische Aussagen hinsichtlich der weltlichen Ordnungen und des Persönlichkeitswertes der Menschen. Die Nationalökonomie ihrerseits kann die Theologie über die faktischen gesellschaftlichen Zustände der Gegenwart belehren.

In seinem im Oktober 1945 vor der evangelischen Akademie Bad Boll gehaltenen und 1947 gedruckten Vortrag "Eigengesetzlichkeit und Verantwortlichkeit in der Wirtschaft" formulierte Dietze die Grundzüge einer christlich bestimmten Sozialwirtschaftsethik. Dabei geht er von der Beobachtung aus, daß die Behauptung einer Eigengesetzlichkeit der Wirtschaft mit der Ausbildung der nationalökonomischen Wissenschaft in Geltung gekommen ist. Dietze lehnt eine vollständige Autonomie der Wirtschaftsordnung ab. Jede Wirtschaftsordnung müsse an moralische Kategorien der Verantwortlichkeit gebunden bleiben, wie sie sich aus Gottesfurcht und Nächstenliebe ergäben und den 10 Geboten entsprächen. Dietze fordert eine planmäßige und in sich abgestimmte Gesamtordnung des Wirtschaftslebens inklusive der sozialen und rechtlichen Rahmenordnung. Das Gedeihen des Wirtschaftens sei darauf angewiesen, daß die verschiedenen Elemente einer Wirtschaftsordnung zueinander passen und nicht durch gegenseitige Blockade zu Störungen führen. Doch müsse eine sinnvolle Sozialpolitik ergänzend hinzutreten.

Dietze plädiert für eine Wettbewerbswirtschaft, weil hier durch Individualisierung, Dezentralisierung und Einzelentscheidung die besten Barrieren gegen Totalitätsansprüche bestünden. Die Wettbewerbswirtschaft sei auch am besten verträglich mit politischer Dezentralisation, wie sie für eine echte Demokratie charakteristisch sei. Durch eine gerechte Preis- und Lohnbildung sei ein geeignetes Mittel gegen die Ausbeutung vorhanden. Insgesamt sei mit der optimalen Güterversorgung zugleich die Aussicht auf eine Überwindung von Armut und Massenarbeitslosigkeit sowie auf eine unverzichtbare Anpassungsfähigkeit der Wirtschaft gegeben.

Die Wettbewerbswirtschaft erfordert nach Dietze eine aktive Wirtschaftspolitik und Sozialpolitik. In der Wirtschaftspolitik müsse der Staat einerseits für ein möglichst gutes Funktionieren des Marktes sorgen, andererseits die Bereiche, wo Monopolisierungstendenzen fast unvermeidlich sind, in die eigene Hand nehmen. Erforderlich sei auch eine abgestimmte Währungs- und Fiskalpolitik. In der Sozialpolitik müsse jedem Gruppenegoismus entgegengewirkt werden. Hier müßten unterstützende Maßnahmen für den Wohnungsmarkt, die betriebliche Mitbestimmung und den Gesundheitsschutz durchgeführt werden.

Karl Barth (1886-1968) hat mit seiner theologischen Wertung der Arbeit nachhaltig auf die kirchliche Industrie- und Sozialarbeit eingewirkt. Barth stellte fünf Kriterien für die dem Menschen angemessene Arbeitsgestaltung auf (vgl. Kirchliche Dogmatik III/4, S. 605-648). Er forderte für eine sinnvolle Arbeit Sachlichkeit (ernsthaftes Bemühen), Würde (Sinn), Humanität (Sozialität), Besinnlichkeit (Bewahrung des Innerlichen) und Freiheit des Daseins (Eingrenzung des Leistungswettbewerbs).

Helmut Thielicke (1908-1986) erörterte die Wirtschaft ausführlich nach ihrer grundsätzlichen Aufgabe unter dem Begriff der Arbeit (vgl. Theologische Ethik II,1) und relativ knapp nach ihrer Verfaßtheit unter den Begriffen des Eigentums, der Mitbestimmung und des Arbeitsrhythmus (vgl. Theologische Ethik III). Der ethische Ansatz bei der Zwei-Äonen-Lehre läßt ihn zwar Spannungen und Gegenläufigkeiten der Arbeit und ihrer Organisation wahrnehmen, doch führt die personalistische Perspektive zur Ablehnung von Strukturen, die anonym und abstrakt zu sein scheinen. Der Wohlfahrtsstaat wird ebenso kritisiert wie das gewerkschaftliche Funktionärswesen. Die durch die Automatisierung heraufgeführte sinnentleerte Freizeit rät Thielicke durch Betreuungsmaßnahmen zu gestalten.

Einen wichtigen Beitrag zu den neueren wirtschaftsethischen Diskussionen leistete der Schweizer Sozialethiker Arthur Rich (1910-1992). Seine langjährige Beschäftigung mit Wirtschaftsfragen und seine sozialethischen Grundsatzüberlegungen hat er in seiner zweibändigen Monographie "Wirtschaftsethik" niedergelegt. Das Menschengerechte und das Sachgemäße seien die beiden Grundkategorien, die jede fundierte Sozialethik beachten müsse. Das Sachgemäße fördere diejenige Weise des Wirtschaftens, die auch dem Menschengerechten zugute komme; das Menschengerechte gebe dem Sachgemäßen allererst den vernünftigen Rahmen und die angemessene Zielsetzung. Beim Sachgemäßen müßten Erfordernisse, die den Wirtschaftssubjekten innerhalb eines Wirtschaftssystems entgegenträten, unterschieden werden von den Grundelementen, die für alles Wirtschaften konstitutiv seien.

Die Wirtschaftsethik dürfe weder auf der Seite der Spinner noch auf der der Macher zu stehen kommen. Deshalb will Rich methodologisch die normativen Sinngewißheiten und die empirischen Tatsachenfeststellungen zusammenbringen. Im Wert der Lebensdienlichkeit bündelt Rich die divergierenden Tendenzen des Sachgemäßen und des Menschengerechten. Zur Realisierung des Grundwerts der Lebensdienlichkeit sei eine bestimmte Effizienz des Wirtschaftens vonnöten. Diese Effizienz müsse vor der kritischen Bewertung des Menschengerechten ausgewiesen werden können.

Rich will das Vermittlungsproblem zwischen Absolutem und Relativem so lösen, daß Gestaltungsmaßstäbe für gesellschaftliches Handeln formuliert werden können. Die Vermittlung dürfe nicht dadurch verweigert werden, daß das Relative, weil es vor dem Absoluten nicht bestehen könne, mit Gleichgültigkeit behandelt werde. Das Relative dürfe aber auch nicht überhöht werden, wie dies geschehe, wenn bestimmten Geschichtskräfte (Erhaltungskräfte oder Befreiungskräfte) mit dem Absoluten identifiziert würden; dann gehe die kritische Distanz zwischen Absolutem und Relativem verloren. Rich sucht die Vermittlung durch einen existential-eschatologischen Ansatz zu leisten, d. h. durch eine eschatologisch qualifizierte Existenzbestimmung, die das gesellschaftskritische Potential des absoluten göttlichen Anspruchs gegenüber dem Relativen so zur Geltung bringt, daß dadurch das Bemühen um eine menschengerechte Ordnung der Gesellschaft motiviert wird. Für die Ausgestaltung dieses Programms habe die Liebe des hoffenden Glaubens zentrale Bedeutung.

Rich unterscheidet zwei Ebenen sozialethischer Argumentation, die der Kriterien und die der Maximen: Die präskriptiven Kriterien sind prinzipieller Art und gründen in vorempirischen Werthaltungen und fundamentalen Sinngewißheiten. Diese Kriterien konkretisieren die Sinngewißheit des Humanen zu Elementen des Menschengerechten. Die operationalen Maximen vermitteln das Menschengerechte mit dem Sachgemäßen zu praxisorientierten Anweisungen. Die Maximen (Handlungsrichtlinien) sind empiriebezogen und nehmen die Analyse bestimmter gesellschaftlicher oder wirtschaftlicher Zustände auf.

In den konstitutiven Kriterien sind vorwissenschaftliche sinngebende Erfahrungsgewißheiten artikuliert. Diese dürfen keinen dogmatischen Status gewinnen. Sie müssen sowohl für neue geschichtliche Erfahrungen als auch für neue Äußerungsgestalten offen sein. Rich gibt sieben Kriterien des Menschengerechten an:

1) Kriterium der Geschöpflichkeit: Der Mensch wie die gesamte Welt haben einen transzendenten Grund. Die ontologische Differenz zwischen Schöpfer und Geschöpf ist unaufhebbar. Doch gemäß der Gottebenbildlichkeit des Menschen besteht eine personale Korrespondenz zwischen Schöpfer und Mensch. Die christliche Humanität aus Glauben ist nicht nur durch die Geschöpflichkeitsidee, sondern auch durch die Erfahrung der Sünde geprägt.

2) Kriterium der kritischen Distanz: Die Verfaßtheit der Welt wird illusionslos wahrgenommen. Die christliche Humanität verschließt vor dem Bösen in der Welt nicht die Augen. Aber sie ist erfüllt von der Hoffnung auf die Zukunft Gottes in seinem Reich.

3) Kriterium der relativen Rezeption: Die christliche Humanität hat eine engagierte Stellung zur Welt. Sie lehnt einerseits gemäß Röm. 12,2 allen Konformismus mit dem Bestehenden ab; sie sieht andererseits das Ungenügen einer nur kritischen Distanz gegenüber der Welt und wendet sich dem Unvollkommenen und Vorletzten im Sinne einer ernsthaften Bemühung um die Verbesserung menschlicher Gerechtigkeit zu.

4) Kriterium der Relationalität: Die von Christus aufgerichtete Freiheit ist auf die komplementäre Dienstbarkeit bezogen. Rich erinnert an Martin Luthers Aussage, ein Christenmenschen sei zugleich Herr und Knecht aller Dinge. Nicht die autonome Existenz, sondern die im Vertrauen auf Gott gelebte Kreatürlichkeit ist für Rich ein Zeichen christlicher Existenz. Humanität läßt sich auf keinen einzelnen Wert reduzieren. Die Polarität der Werte muß beachtet und das Absolutsetzen eines Wertes vermieden werden.

5) Kriterium der Mitmenschlichkeit: Die menschliche Existenz hat dialogischen Charakter. Humanität gibt es nur bei Beachtung der dialogisch-kommunikativen Struktur menschlichen Lebens.

6) Kriterium der Mitgeschöpflichkeit: Der Mensch ist eingebunden in das Schöpfungsganze. Dadurch trägt er Verantwortung vor Gott, die Schöpfung lebensfördernd zu nutzen und ehrfürchtig zu bewahren. Angesichts der fortschreitenden Technisierung hält es Rich für geboten, daß die Aufgabe des homo conservator erneut stärker gegenüber dem homo faber zur Geltung gebracht wird. Es geht um die natürliche Ganzheit.

7) Kriterium der Partizipation: Alle Gesellschaftsmitglieder haben an den Weisungs-, Verwaltungs-, Rechts- und Eigentumsstrukturen Anteil. Im Neuen Testament ist die Partizipation an den Sozialstrukturen fast vollständig von der Partizipation an den Interpersonalitätsstrukturen überlagert. Deshalb ist dieses Kriterium auch nicht so wie die anderen sechs explizit biblisch bezeugt. Rich weist nach, daß der gesellschaftsstrukturelle Gesichtspunkt aber in verschiedenen Aussagen der Bibel, besonders im Philemonbrief, durchaus präsent ist.

In den Maximen sollen die Grundüberzeugungen operationalisiert werden zu wirklichkeitsnahen Handlungsregeln. Rich bemüht sich um die Gratwanderung zwischen einem dezisionistischen Relativismus und einem dogmatistischen Absolutismus der Maximen. Die Maximenbildung ist sowohl ein kognitiver als auch ein voluntativer Akt. Rich unterscheidet mehrere Schritte: Problemaufweis, Sichtung bestehender oder zu entwickelnder Gestaltungskonzepte, normenkritische Klärung, Bestimmung der Richtpunkte, kritische Überprüfung. Diese Methodik folgt den elementaren Gesichtspunkten, die für den kritischen Bezug von Normen und Sachlagen wichtig sind und die in den gestaltenden Wissenschaften beachtet werden.

Rich orientiert sich stark an der Sozialtheologie Huldrych Zwinglis, an dessen Dialektik von göttlicher und menschlicher Gerechtigkeit. Die göttliche Gerechtigkeit der Liebe ist unerzwingbar, die menschliche Gerechtigkeit des geordneten Rechts erzwingbar. Die menschliche Rechtsordnung muß der göttlichen Gerechtigkeit möglichst gleichförmig werden. Deshalb wird eine weitestmögliche Humanisierung der Gesellschaftszustände angestrebt, auch wenn der Abstand zur göttlichen Gerechtigkeit prinzipiell bestehen bleibt.

Rich sieht das Spezifische der christlichen Sozialethik darin, daß sie die vollkommene Gerechtigkeit des Gottesreiches von der eschatischen Neuschöpfung erwartet. Also nicht die prinzipiellen Kriterien und nicht die operationellen Maximen zeichnen die christliche Sozialethik aus, sondern ihre dialektische Struktur von Sollen und Sein. Ihre Imperative haben eine indikativische Basis in einem geschenkten adventischen Sein.

Im Loccumer Arbeitskreis zur Wirtschaftsethik wurde Ende der achtziger Jahre beispielhaft der Versuch gemacht, sowohl Grundsatzfragen der Wirtschaftsethik als auch konkrete Problemfälle wie die Schuldenkrise und die Kernenergienutzung im Dialog von evangelischer Theologie und Wirtschaftswissenschaft zu erörtern. Von evangelischer Seite erläuterte Eilert Herms 1986 den Dialogwillen der evangelischen Theologie.

In seinem Beitrag "Aufgaben und Probleme einer theologisch begründeten Wirtschaftsethik" (Theologische Aspekte der Wirtschaftsethik 1, S. 2-49) empfiehlt Herms ein interdisziplinäres schulmäßiges Dialogverfahren, weil er für die wirtschaftsethische Theoriebildung die Binnenperspektive der Universität favorisiert. Er lehnt für die

Wirtschaftsethik eine direkte Problembeschreibung der Wirtschaft ab, sondern will die theologische Perspektive mit der wirtschaftswissenschaftlichen Theoriebildung vernetzen.

Nach Herms soll die Wirtschaftsethik, die am besten interfakultativ betrieben werde, Orientierungswissen liefern und folglich auf Handlungsanweisungen verzichten. Die Grundlegung der Wirtschaftsethik seitens der Theologie erfolge, da jedes menschliche Wirklichkeitsverständnis unvermeidbar perspektivisch sei, aus der Grundüberzeugung des christlichen Glaubens. Die akademische Theologie, die institutionell und organisatorisch für die Wirtschaftsethik geöffnet werden sollte, müsse Reflexionshilfe dabei geben, wie Fragen der Lebensführung aus der Grundüberzeugung zu beantworten seien. Eine theologische Wirtschaftsethik sei zu Prinzipientreue und Aktualität verpflichtet.

In Anlehnung an Schleiermacher sieht Herms eine evangelische Ethik dadurch charakterisiert, daß sie den Leitbegriff des höchsten Guts expliziert. Entschieden werden müsse, ob mit dem höchsten Gut als Selbstzweck des menschlichen Handelns ein irdischer Vollendungszustand gemeint sei, wo das Gottesgesetz widerstandslos herrsche, oder ob als Zielzustand der geschöpflichen Existenz das zeitjenseitige ewige Leben zu betrachten sei, wobei dieser transzendente Zielzustand die verschiedenen sittlich-irdischen Zustände qualifiziere. Diese Alternative formuliere die Differenz zwischen alttestamentlicher und neutestamentlicher Sozialethik. Herms versteht das höchste Gut nicht als mögliches Resultat menschlichen Handelns, sondern als regulatives Beurteilungskriterium des Handelns. Die theologische Realisierungsfrage, in welchem Verhältnis menschliches Handeln zum Handeln Gottes stehe, beantwortet Herms im Sinne einer individualistischen Eschatologie.

Den auch für die Wirtschaftsethik fundamentalen Bildungsauftrag sieht Herms in der Entwicklung des Menschen zu seiner schöpfungsmäßigen Bestimmung. Dementsprechend sei das Wünschbarkeitskriterium die Entfaltung des Individuums gemäß der Schöpfungsordnung. Offen bleibt dabei, wie das wünschenswerte Wachstum des inneren Menschen mit den Wirtschaftsprozessen vermittelbar ist und welche Einflüsse es auf diese Prozesse nehmen soll.

Das Orientierungswissen, das eine Wirtschaftsethik formulieren müsse, umfaßt nach Herms auch eine Methodenlehre der Entscheidungsfindung. Das Orientierungswissen müsse so beschaffen sein, daß es die individuelle Handlungssituation zu erkennen erlaube einschließlich der bestehenden Handlungsmöglichkeiten und der Entscheidungsfindung gemäß der wünschbaren Verhaltenswahl. Nicht spezielle Handlungsanweisungen sollten gegeben werden, sondern die Maxime eingeschärft werden, daß jeder in seiner Handlungsposition diejenige Maßnahme wähle, die im Rahmen der eigenen Wirkungsmöglichkeiten erkennbar den erheblichsten Beitrag leiste, um die wünschenswerte Gesamtordnung zu verwirklichen. Die konkreten Handlungsentscheidungen lägen also beim Handelnden und nicht beim Ethiker.

Falk Wagner skizzierte 1988 im Loccumer Arbeitskreis in seinem Beitrag "Religionssoziologisch-theologische Rahmenbedingungen und theologisch-sozialethische Prinzipien und Kriterien für die Konstitution und Beurteilung sozialer, insbesondere sozio-ökonomischer Verhältnisse" (Theologische Aspekte der Wirtschaftsethik 4, S. 73-129) eine andere Konzeption. Er versteht die Wirtschaftsethik im Kontext der Realisation von Theologie. Die Kategorien der Sozialethik seien Implikationen der basalen Dogmatik. Deren Themenbestand sei darauf zu prüfen, ob die menschlich-welthaften Subjekte in ihren Subjekt-Objekt-Beziehungen und in ihren Subjekt-Subjekt-Beziehungen begründet und verwirklicht werden könnten. Für die Begründung gelte der trinitarisch-christologische Aussagenzusammenhang, für die Realisierung der pneumatologische Aussagenzusammenhang. Wagner stellt seine wirtschaftsethischen Überlegungen also unter die Leitgesichtspunkte der Pneumatologie.

Gegen das Prinzip unmittelbarer Selbstbestimmung setzt Wagner das Prinzip vermittelter Selbstbestimmung als das konstitutiv christliche. Das Prinzip unmittelbarer Selbstdurchsetzung sei Kennzeichen der Sünde. Im trinitarischen Gottesgedanken könne das Prinzip der vermittelten Selbstbestimmung theologisch gedacht werden. Das sei die Stärke des trinitarischen Gottesgedankens. Wagner lehnt den mit der unmittelbaren Schöpfungsvorstellung korrelierten Gottesgedanken ab. Der Schöpfungsgedanke, der zur Grundlegung der Subjekt-Objekt-Beziehung genutzt werde, dürfe nicht kausal gefaßt werden, weil sonst der christliche Gedanke der Neukonstitution gemäß der vermittelten Selbstbestimmung nicht gedacht werden könne.

Wagner entgegenständlicht die Christologie zu einer Struktur vermittelter Selbstbestimmung. Die substanzontologische Interpretation wird durch eine subjekttheoretische ersetzt. Dadurch kommt es zu einem symmetrischen Verhältnis von Sein und Anderssein. In Anlehnung an Schleiermacher unterscheidet Wagner im Subjekt-Objekt-Verhältnis Erkennen und Handeln, im Subjekt-Subjekt-Verhältnis Personales und Soziales.

Nach Wagner besteht durch die Wirtschaft eine Tendenz zur Entdifferenzierung der Gesellschaft. Zudem korrigiere der Markt nicht die Ungleichheit zwischen allgemeinem und besonderem Interesse. Die am Gemeinnutz orientierte Bedürfnisbefriedigung und die am Eigennutz orientierte Profitoptimierung stünden sich antagonistisch gegenüber. Der Unterschied von Tauschwert und Gebrauchswert der Güter führe zu wirtschaftlichen und gesellschaftlichen Ungleichheiten, die behoben werden müßten.

Die Denkschrift "Gemeinwohl und Eigennutz" ist 1991 vom Rat der Evangelischen Kirche in Deutschland publiziert worden. Sie will die 1985 publizierte Denkschrift "Evangelische Kirche und freiheitliche Demokratie" im Blick auf das wirtschaftliche Handeln fortschreiben und ergänzen. In vielen Ausführungen und Einzelheiten zeigt sich aber auch das Aktualitätsmotiv, sich zur wirtschaftlich-sozialen Situation Deutschlands angesichts der im Jahr 1990 erfolgten Vereinigung der beiden Staaten Bundesrepublik Deutschland und Deutsche Demokratische Republik zu äußern.

Die Denkschrift macht auf ein doppeltes Desiderat aufmerksam. Intern und extern sei es geboten, die kirchliche Position zu Gestaltungsfragen der Wirtschaft zu bestimmen.

Zum einen sei es für die innerkirchliche Gesprächslage seit langem überfällig, daß evangelische Theologie und Kirche ihr Verhältnis zur Wirtschaftsordnung in Deutschland formulieren. Die ersten beiden Kapitel "Herausforderung an die Zukunftsfähigkeit wirtschaftlichen Handelns" und "Wirtschaftliches Handeln in der Bundesrepublik Deutschland. Strukturen, Leistungen, Probleme" dienen deshalb der Bestandsaufnahme. So werden für die weitere Gestaltung des Wirtschaftslebens die Kriterien der Schöpfungsverträglichkeit, Sozialverträglichkeit und Demokratieverträglichkeit der Wirtschaftsordnung benannt, die zum Suchen neuer Antworten in bestimmten Problemfeldern auffordern. Das Ordnungsprinzip der Sozialen Marktwirtschaft wird grundsätzlich bejaht, außerdem auf die Interdependenz von Demokratie und wirtschaftlicher Macht sowie die weltwirtschaftlichen Zusammenhänge hingewiesen.

Zum andern müsse die evangelische Kirche nach außen für die gesellschaftspolitische Diskussion angeben, wie sie sich eine Lösung der krisenhaften Entwicklungen (Arbeitslosigkeit, Generationenvertrag, Umwelt) vorstellt und was ihre Beurteilungskriterien für vorgeschlagene Lösungswege sind. Dem soll das dritte Kapitel der Denkschrift "Wirtschaft als Ort christlicher Verantwortung" dienen, das als theologisches Kernstück biblische Motive im Blick auf heutige moralische Anweisungen und ethische Urteilsbildung abhandelt: a) Prüfen, was Gottes Wille ist, b) Haushalterschaft im Lebensraum der Erde, c) Feiertag und Arbeit, d) Armut und Reichtum, e) Eigentum, f) Nächstenliebe, g) Gerechtigkeit und Gemeinwohl, h) Die Macht der Sünde in der Übermacht des Ökonomischen, i) Die christliche Hoffnung und die Freiheit von der Sorge. Im ethischen Schema von Indikativ und Imperativ wird die sittliche Verantwortlichkeit auf die Zuwendung Gottes gegründet (vgl. Röm. 12,1f.). Zwar wird im dritten und auch im ausblickenden vierten Kapitel immer wieder die Bedeutung struktureller und institutioneller Maßnahmen betont, doch wird auch häufig die Verpflichtung und Chance zur spontanen persönlichen Verantwortungsübernahme angesprochen.

Die einschneidenden und krisenhaften Veränderungen in der gesellschaftlichen Lage nach der deutschen Vereinigung gaben den Anstoß zu einem Konsultationsprozeß, der zu einem gemeinsamen Wort der evangelischen und katholischen Kirche führen sollte. Die im November 1994 veröffentlichte Diskussionsgrundlage "Zur wirtschaftlichen und sozialen Lage in Deutschland" fordert eine Erneuerung der sozialen Marktwirtschaft, die die beiden Grundwerte Freiheit und soziale Gerechtigkeit neu zur Geltung bringt angesichts der politisch-sozialen Veränderungen in Deutschland, in Europa und auf der Erde. Die christliche Verantwortung für die Gestaltung der Zukunft und des Gemeinwohls ist von der dreifachen Perspektive geleitet, für die Benachteiligten, den sozialen Frieden und die globale Haushalterschaft einzutreten. In Anknüpfung an Jes. 58,7; Mt. 11,28 und Jak. 1,22 wird die Fürsprache für die Schwachen formuliert. Unter Bezugnahme auf Phil. 4,7 wird die fundamentale Bedeutung des vernunftübersteigenden versöhnenden Friedens betont. Schließlich wird die Zukunftsverantwortung in den Horizont göttlicher Gerechtigkeit gestellt.

Die die gegenwärtige gesellschaftliche Lage aufnehmenden theologisch-kirchlichen Überlegungen sind in ihren Forderungen und Argumentationen nicht homogen, doch sind sie von der Überzeugung getragen, daß die theologische Wirtschaftsethik die derzeitigen Zustände in Wirtschaft und Gesellschaft ohne Scheuklappen in ihren Chancen und Gefährdungen erörtern muß. Die theologische Wirtschaftsethik betont das in Hoffen und Lieben wurzelnde Streben nach gesellschaftlicher und individueller Gerechtigkeit und Freiheit. Dabei wird sie entsprechend dem Gesellschaftszustand entweder mehr für die Freiheitsrechte oder mehr für die Partizipationsrechte in der Gesellschaft eintreten müssen.

Das gemeinsame evangelisch-katholische Wort der Kirchenleitungen wurde Ende Februar 1997 unter dem Titel "Für eine Zukunft in Solidarität und Gerechtigkeit" veröffentlicht. Es erschien während der Drucklegung dieses Lehrbuchs und soll deshalb nur knapp charakterisiert werden. Gegenüber der Diskussionsgrundlage für den Konsultationsprozeß setzt es einige neue Akzente. Zukunftsfähigkeit und Nachhaltigkeit werden besonders hervorgehoben als die zentralen Maßstäbe, an denen das wirtschafts- und sozialpolitische Handeln orientiert werden müsse, um die tiefgreifenden gesellschaftlichen Umbrüche zu meistern und die mannigfaltigen Herausforderungen auf nationaler, kontinentaler und globaler Ebene zu bestehen. Im Sinne überzeugender Selbstanwendung müsse das eigene Handeln der Kirchen den formulierten Perspektiven und Leitsätzen verpflichtet sein.

Das gemeinsame Kirchenwort bemüht sich um eine vorurteilsfreie und schonungslose Bestandsaufnahme, in der weder Mängel schöngefärbt noch Chancen kleingeredet werden. Die krisenhaften Züge der gegenwärtigen Lage in Deutschland seien angesichts von Massenarbeitslosigkeit, innerdeutschen Anpassungszwängen, Massenverarmung, finanzieller Bedrohung der sozialstaatlichen Sicherung, ungebremstem Naturverbrauch, europäischen Integrationsanforderungen und globalen Konkurrenzsituationen unübersehbar. Deshalb bedürfe die gegenwärtige Wirtschafts- und Sozialordnung einer strukturellen Erneuerung und Weiterentwicklung. Doch besitze die soziale Marktwirtschaft genug Reformpotential, um den Abbau der Massenarbeitslosigkeit erreichen und den sozialen Ausgleich festigen zu können.

Das Kirchenwort will ethische Orientierung und Impulse für den gesellschaftlichen Grundkonsens geben. Die ethischen Perspektiven aus dem christlichen Glauben sollen die kulturelle Basis einer auf Gerechtigkeit, Solidarität, Subsidiarität und Nachhaltigkeit ausgerichteten Wirtschafts- und Sozialordnung stärken. Das christliche Menschenbild, das die christliche Weltgestaltung in das Licht persönlicher Verantwortung und sozialer Verpflichtung stelle und durch das Doppelgebot der Liebe eine handlungsleitende Zuwendung zu den Armen einschließe, gebe die für die soziale Marktwirtschaft fundamentale Wertorientierung. Diese Wertorientierung drängt zu gesellschaftlichen Regeln, die das gedeihliche Zusammenleben der Menschen in mannigfaltigen Lebensbereichen und unterschiedlichen Lebenslagen ordnen. Das Kirchenwort nennt als Konsenselemente, über die in einer zukunftsfähigen Gesellschaft Einverständnis bestehen sollte, die Anerkennung der individuellen, politischen und sozialen Menschenrechte, die Bejahung der freiheitlich-sozialen Demokratie, die Weiterentwicklung der ökologisch-sozialen Marktwirtschaft, die Ausbildung eines neuen Arbeitsverständnisses und einer solidarischen Sozialkultur, die Übernahme internationaler Verantwortung.

Ethische Orientierung und Konsensimpulse sucht das Kirchenwort in konkrete Programmpunkte zu übersetzen, wie gegenwärtige Mißstände und Konflikte durch geeignete Reformmaßnahmen überwunden werden können. Dabei stehen Arbeitslosigkeit, Sozialstaat und Umweltschutz im Vordergrund, während zur europäischen Einigung und globalen Entwicklung nur knappe Hinweise gegeben werden. Der Abbau von Arbeitslosigkeit sei durch Strategien des Strukturwandels, durch Selbständigkeitsförderung, Arbeitsteilung, Ausbildungsqualifizierung und Beschäftigungsinitiativen erreichbar. Für die Reform des Sozialstaats seien Schritte zur Konsolidierung der sozialen Sicherungssysteme, zur Förderung der Familien, zur Gleichstellung der Frauen, zur Zukunftssicherung der Jugendlichen, zur Intensivierung der deutschen Vereinigung, zur gerechteren Verteilung der Vermögenslagen und zur Förderung einer neuen Sozialkultur vorzusehen. Weiterhin seien im Sinne einer langfristigen Sicherung der natürlichen Lebensbedingungen Ressourcenverbrauch und Umweltbelastungen deutlich einzuschränken und die Wirtschaftsabläufe besser in die natürlichen Prozesse einzubinden. Das nachhaltige (erhaltungsorientierte) Wirtschaften erfordere auch, das Verbrauchsverhalten und den Lebensstil zu ändern.

3. Systematische Gesichtspunkte

Frömmigkeit, Glaube und Theologie sind unterschiedliche Modi des Inneseins menschlicher Transzendenzbezogenheit. Diese Modalunterscheidung ist an den Reflexionsstufen orientiert und stellt unterschiedliche Formulierungsansprüche.

Frömmigkeit hat ihren Ort auf der Ebene unmittelbarer Lebensvollzüge. Frömmigkeit ist ein Lebensakt oder ein Lebenszustand, der die empirisch nie einholbare und durch keine Praxis zu bewältigende Offenheit der menschlichen Lebenssituation auf Sinnganzheit hin überschreitet. Frömmigkeit ist ein unmittelbares Innesein transzendenter Sinnganzheit. Fromme Überzeugungen müssen mitteilbar sein. Frömmigkeit meint eine Überzeugtheit, die der Reflexion erschließbar ist.

Glaube hat seinen Ort auf der Ebene ichhaft-bewußter Darstellung wahrgenommener Wirklichkeit. Glaube stellt Frömmigkeit in ihren mannigfaltigen Lebens- und Wirklichkeitsbezügen dar. Dem Glauben eignet ein Sichwissen, das sich bekenntnishaft ausspricht. Glaube deutet und gestaltet Wirklichkeit explizit auf Sinnganzheit hin. Er ist auf Deutebegriffe angewiesen und deshalb weder theorieneutral noch wirklichkeitsneutral. Ein Glaube, der die verpflichtende

Ausrichtung auf einen irdischen oder jenseitigen Vollendungszustand einschließt, formuliert moralische Anweisungen, wie die soziale und natürliche Welt des Menschen zu gestalten sei. In diesen teleologisch strukturierten Glaubensformationen werden die moralischen Sätze durch Bezug auf die Frömmigkeitserfahrung und den Gottesgedanken legitimiert.

Theologie hat ihren Ort auf der Ebene kategorialer Reflexionen. Sie ist auf Frömmigkeit und Glauben bezogen. Die bekenntnishaften Formulierungen des Glaubens rufen die theologische Reflexion auf den Plan, die die interne Stimmigkeit und externe Verträglichkeit dieser Glaubenssätze prüft und befestigt sowie die Vielzahl frommer Tätigkeiten aufeinander abstimmt. Die theologischen Aussagen, die die in einer Glaubensgemeinschaft geltenden Vorstellungen und Verhaltensmuster thematisieren, wirken ihrerseits auf Frömmigkeit und Glauben ein.

Das christlicher Gottesbewußtsein ist wesentlich Vertrauen in die versöhnende Liebe Gottes, die in Jesus als dem Christus wirklich geworden ist. Diese neue Wirklichkeit befreit die Glaubenden vom Zwang zur Selbsterlösung, gibt Freiheit von der Eigensucht und dem Selbstwiderspruch, schenkt ein neues Lebenszentrum. Die Erlösungserfahrung hebt die radikale Gebrochenheit menschlicher Existenz so auf, daß das strukturierte Zugleich von Sünden- und Gnadenbewußtsein dem christlichen Gottesbewußtsein eine dialektische Beweglichkeit und kritische Selbstwahrnehmung einprägt. Das christliche Gottesbewußtsein vergleicht kritisch sein eigenes Sosein mit dem urbildlichen inspirierenden Gottesbewußtsein Christi. Dadurch ist das glaubende Vertrauen in Gott immer auch von der Kritik am eigenen Unglauben begleitet.

Die theologische Ethik muß die grundlegenden christlichen Überzeugungen und Einsichten in Beziehung setzen zu den Gestaltungsaufgaben individueller und sozialer Wirklichkeit. Ethische Sätze in theologischer Perspektive können nicht den Status eines Sonderwissens für sich beanspruchen, sondern unterliegen den allgemeinen wissenschaftlichen Kriterien der Verstehbarkeit und Nachvollziehbarkeit.

Die theologische Ethik ist dadurch mit der Dogmatik verknüpft, daß die Welt als werdende und nicht schon fertige aufgefaßt wird. Im Prozeß des Werdens soll die Welt so gestaltet werden, daß die für das christlichen Gottesbewußtsein zentrale Gewißheit von der Liebe Gottes allgemein realisiert wird. Die christliche Weltgestaltung, die unter der spannungsvollen Erfahrung von Sünde und Gnade steht, bekommt damit eine eindeutige Entwicklungstendenz. Christliches Gottesbewußtsein ist dadurch weltgestaltend, daß es die Erlösungsgewißheit auch allen denjenigen Weltverhältnissen und Weltzuständen einzuprägen sucht, die von dieser frommen Gewißheit zunächst unberührt sind.

Die theologische Ethik muß in besonderer Weise den Liebesgedanken ins Zentrum stellen. Liebe meint ein exzentrisches Relationsgeschehen: Eine Person wendet sich einer anderen Person zu und teilt sich dieser so mit, daß sie sich von sich selbst losreißt, um sich in der anderen Person zu finden. Dabei wird das Du als eigenes Selbst wahrgenommen und mit ihm gemeinsam eine Sphäre des Wir gestaltet. Dieses Wir ist das von der Liebe erfüllte Zwischen, in welchem jedes Selbst reicher zu sich zurückkehrt, weil es im anderen ein anderes Selbst findet, das ebenfalls im Zwischen von Ich und Wir lebt. Die Liebe, die nach Wechselseitigkeit strebt, dabei aber Asymmetrien tragen kann, ist die unmittelbar im Zwischen wirksame Vermittlung. Das von der Liebe gestiftete Mitsein wirkt selbststeuernd auf die Entwicklung und Gestaltung der Liebe ein.

Aus der Perspektive des Liebesgedankens ist auch die biblische Vollkommenheitsforderung zu verstehen, die grundlegend für die christliche Ethik ist: "Darum sollt ihr vollkommen sein, gleich wie euer Vater im Himmel vollkommen ist." (Mt. 5,48). Diese Vollkommenheitsforderung, für die der Liebesgedanke zentral ist, interpretiert die Grundaussage der theologischen Anthropologie, der Menschen sei Gottes Ebenbild. In allen biblischen Aussagen zur Gottebenbildlichkeit bzw. Gottähnlichkeit (vgl. Eph. 4,24; 5,1; Kol. 3,10; 1. Petr. 1,16 mit Zitat von Lev. 19,2) wird eine Relation zwischen dem Verhalten des Menschen und dem Verhalten Gottes hergestellt. Der Gedanke der göttlichen Liebe gibt die Motivation der göttlichen

Tätigkeit und damit auch der menschlichen Tätigkeiten an, die auf diese göttliche Liebe antworten.

Die Theologie will die allseitige Bedeutung des christlichen Glaubens, der auf alle Vollzüge des sozialen und individuellen Lebens ausstrahlen will, auch im Themenfeld der Wirtschaftsethik zur Geltung bringen. Diese Überzeugung, daß der christliche Glaube für keinen Lebensbereich bedeutungslos sei, verträgt sich durchaus mit einer sachgerechten nicht heteronomen Wahrnehmung der mannigfaltigen sozialen und individuellen Interaktionen. Die in allen Akten praktischen Wissens und sittlicher Entscheidungen mitgesetzte Frage der Verbindlichkeit und Verantwortlichkeit wird die Theologie in den Horizont der Verantwortung vor Gott stellen.

a. Geschöpflichkeit

Der christliche Glaube sieht die Wirklichkeit des Menschen und der Welt getragen von der erhaltenden Liebe Gottes. Jesu Ermunterung zur Sorglosigkeit (vgl. Mt. 6,25-34) ist ein Lobpreis auf das Vertrauen, das der Liebe Gottes, deren erhaltende Kraft an den Lilien auf dem Felde ablesbar ist, entgegengebracht werden sollte. Die lebensbeeinträchtigende Sorge, die gerade meint, in der Vorsorge für das Leben Besonderes herauszuholen, verstellt die Wahrnehmung des Lebens, wie sie im Vertrauen auf Gottes Erhaltung offen und zuversichtlich eingeübt werden kann. Die Konzentration und Reduktion auf das Vorhandene und Zuhandene im alltäglichen Umgang mit der Wirklichkeit blendet das Wunderbare aller Dinge ab, Zeichen für das Unendliche werden zu können.

Der christliche Glaube sieht den Menschen durch seine ursprüngliche Gottesbeziehung bestimmt, die durch den Gedanken der Kreatürlichkeit ausgesagt wird. Die Aussage, daß der Mensch Geschöpf Gottes sei, muß mit der anderen Aussage verknüpft werden, daß der Mensch in seiner Gottes-, Selbst- und Weltbeziehung zutiefst zerrissen sei. Diese wesentliche Beschädigung der Gottesbeziehung spricht sich im Sündenbewußtsein des Menschen aus. Die Sünde ist dabei keine einzelne Verfehlung, sondern eine grundsätzliche Infragestellung der Gottesbeziehung. Damit steht der christliche Glaube im Gegensatz zu allen humanistischen Anthropologien, die von der natürlichen Güte des Menschen ausgehen und moralische bzw. religiöse Fehlhaltungen nur als versehentliche Ausrutscher einstufen.

Der christliche Glaube nimmt die Erfahrung des Bösen ernst und rechnet, um mit Kant zu sprechen, mit dem Radikalbösen. Vor den Abgründen menschlicher Existenz werden nicht die Augen verschlossen. Das christliche Menschenbild wird geprägt durch die Verschränkung von Erlösungsbewußtsein und Sündenbewußtsein, wie sie durch Luthers Formulierung 'simul iustus et peccator' prägnant angegeben wird. Im Sinne einer prozessual gerichteten Dialektik werden so die unterschiedlichen Seiten humaner Existenz wahrgenommen.

Die christliche Anthropologie ist für die ethische Urteilsbildung dadurch folgenreich, daß sie mit dem Bösen als einer realen Option sittlichen Verhaltens rechnet. Das bedeutet im Blick auf großtechnische Verfahrensweisen und Projekte, daß strikt auf die Minimierung von Mißbrauch und Gefahrenpotential gedrungen werden muß. Verfahrensweisen müssen so beschaffen sein, daß Fehler möglich sein können. Wirtschaftliche Strukturen und technische Verfahrensweisen, die keinen Fehler des Menschen dulden, in denen immer mit einem fehlerlosen Funktionieren des Faktors Mensch gerechnet wird, sind abzulehnen. Abzulehnen ist in wirtschaftlicher Weise auch eine Kosten-Nutzen-Rechnung, in denen die Möglichkeit von Fehlern gar nicht mehr vorkommen darf. Angesichts der unübersehbaren Konsequenzenfülle müssen Großtechniken abgelehnt werden, deren Folgen auf viele Jahre hinaus irreversibel werden. Diejenigen technischen Verfahrensweisen sind eindeutig vorzuziehen, die künftige Generationen am wenigsten festlegen und möglichst weitreichende Korrekturen erlauben. Die Irrtumsfähigkeit und prinzipielle Korrekturbedürftigkeit menschlicher Handlungen kann in die Maxime gefaßt werden: Handle so, daß die Wirkungen deiner Handlungen korrigierbar bleiben.

Die Schöpfungsaussage knüpft ursprünglich an die Kontingenzerfahrung an. Sie bringt die Endlichkeits- und Vergänglichkeitserfahrung zusammen mit der Erfahrung von Gottes erhaltender Liebe. Durch die Ausweitung auf alle Wirklichkeit kommt die Schöpfungsaussage in den Zusammenhang der Kosmogonie und damit in den verwickelten Fragezusammenhang, wie das Verhältnis von Schöpfung und Zeit, von Schöpfung und Anfang, das Verhältnis von Schöpfung, Ewigkeit und Selbständigkeit der Geschöpfe zu denken sei. In dem Moment, wo es nicht mehr selbstverständlich ist, daß etwas da ist und daß etwas geschieht, in dem Moment, wo die Selbstverständlichkeit des Seins verlorengeht und Dasein gedacht wird, in diesem Moment wird Kontingenz wahrgenommen und verlangt nach Deutung. Die Erfahrung grundlosen Erhaltenwerdens wird dann in der theologischen Reflexion in immer neuen Zusammenhängen formuliert. Der priesterschriftliche Schöpfungsbericht spricht von der Schöpfung als einem abgeschlossenen Geschehen am Anfang der Welt (vgl. Gen. 2,1). Der Gedanke der fortwährenden Schöpfung, der Gedanke der creatio continua, hebt dagegen die Unzeitlichkeit des göttlichen Handelns hervor. Das schöpferische Handeln ist über und in aller Zeit, es ist nicht nur am Anfang, es ist selbst nicht zeitlich.

Die Menschheit ist keine Aggregation von vernünftigen Monaden, von selbständig und autark lebenden vernünftigen Einzelwesen, sondern sie ist eine an die irdische Organisation gewiesene Spezies, die den biotischen Prozessen unterworfen ist. Wie die sozialen Verflechtungen, so sind auch die natürlichen Lebensbedingungen in den Begriff der Menschheit einzubeziehen. Die konstitutive Leiblichkeit des Menschen muß in der Art und Anlage des Wirtschaftens beachtet werden, sowohl nach außen als auch nach innen.

Der Gedanke der Geschöpflichkeit erinnert daran, daß die Wirklichkeit der Welt und des Menschen sich nicht selbst trägt, sondern durch Gott konstituiert und qualifiziert wird. Dieser Bekenntnissatz formuliert das Vertrauen der Glaubenden, von Gott im Leben erhalten zu werden. Dadurch wird menschliches Tätigsein vor Überforderung bewahrt und auf das Lebensförderliche begrenzt. Die natürlichen Lebenszusammenhänge müssen wahrgenommen und respektiert werden. Dies ist der Aspekt des leibhaften Außen.

In den Gedanken der Geschöpflichkeit ist eingeschlossen der Gedanke personaler Verantwortlichkeit (Existentialität) der Glaubenden und aller Menschen. Diese Verantwortlichkeit zielt auf persönliche Identität und Ganzheit des Menschen. Die Subjektstellung des Menschen im Wirtschaftsprozeß darf nicht eliminiert werden. Dies ist der Aspekt des leibhaften Innen.

b. Zeitlichkeit

Der Gedanke der Zeitlichkeit weitet den Horizont über die Gegenwart hinaus. Das Werden von Welt und Gesellschaft wird in den Horizont der Zukünftigkeit Gottes gestellt. Die Erfahrung von Geborgenheit im Gewordensein gibt Hoffnung auf die Zukunft und spricht die Verantwortung für künftige Generationen aus.

Im menschlichen Zeitbewußtsein ist Zeit mehr als eine Abfolge diskontinuierlicher Augenblicke, mehr als die punktuelle Gegenwart, die dann, wenn sie bemerkt und gewußt wird, schon vergangen ist. Erwartung und Erinnerung sind die beiden Pole des Zeitbewußtseins. Im Zeitbewußtsein wird durch Erinnerung und Erwartung Ungleichzeitiges gleichzeitig. Im phänomenalen Zeitbewußtsein ist die Kontinuität durch die Vorgängigkeit der Ganzheit gewährleistet. Und diese Ganzheit wird durch Erinnerung und Erwartung aufgebaut. In der Erinnerung wird Gewesenes, in der Erwartung wird Zukünftiges gegenwärtig. Erinnerung (memoria) und Erwartung (exspectatio) verbinden Gewesenes und Zukünftiges in der Gleichzeitigkeit der Gegenwart. Durch Erinnerung und Erwartung wird Ganzheit hergestellt.

Erinnerung und Erwartung stellen eine den Zeitfluß übergreifende Ganzheit her. Als Beispiel hat schon Augustinus (354-430) im elften Buch seiner "Confessiones" auf das Hören und Verstehen einer sprachlichen Verlautbarung (eines Satzes) hingewiesen. Die Abfolge der Laute und das Verstehen eines Satzes sind nur dadurch möglich, daß die vergangenen Laute durch die Erinnerung gegenwärtig gehalten werden und die zukünftigen im Sinne der erwarteten Aussage antizipiert werden. Nur aufgrund der bereits vollzogenen und vorliegenden Ganzheit kann der Satz als zeitübergreifendes Ganzes in seiner Sinneinheit erfaßt werden. Dasselbe gilt für ein zu singendes Lied. Auch hier muß die Melodieführung bereits beim

Beginn des Singens in ihrer Ganzheit antizipiert werden, damit das Liedstück wahrgenommen werden kann.

Die Erinnerung kann nicht die gesamte Gewesenheit vergegenwärtigen; sie kann nicht auf der Erlebnisebene alle Momente der Gewesenheit gleichzeitig machen. Sie bedarf der synthetischen Kraft des Gedankens, um das Vergangene im Wissen durch das Ermitteln der Entwicklungslinien geordnet und gebündelt zu konservieren. Indem im Erinnern das Vergangene der Gegenwart gleichzeitig wird, wird das Gewordensein dieser Gegenwart real. Damit wird Widerstand gegen ein Wirklichkeitsverständnis geleistet, das rein aktualistisch und aktivistisch ist.

Indem die Erwartung Zukünftiges antizipiert, konstituiert sie Ganzheit in der Gleichzeitigkeit von Noch-nicht-sein und Da-sein. Die Offenheit und Unabgeschlossenheit des Daseins wird durch die Erwartung zu einer vorläufigen Ganzheit gebracht. Diese durch die Erwartung hergestellte Ganzheit ist allerdings eine bedrohte, eine ambivalente, eine immer neu herzustellende und zu korrigierende. Die durch die Erwartung hergestellte Ganzheit wird durch das Kommen des Zukünftigen dementiert oder bestätigt. Aber auch die Bestätigung sieht so aus, daß sie als zu kurz greifende Totalität für neue Horizonte geöffnet werden muß.

Der christliche Glaube klammert, indem er die konstitutive Bedeutung der Zeitlichkeit betont, die Gegenwart ein, schafft Distanz zu deren übermächtigen Bedeutungsansprüchen und zieht Vergangenheit (Tradition) und Zukünftigkeit (Erwartung) zur Wahrnehmung von Gegenwart heran. Die Zeitlichkeit befreit das Wirtschaften aus der Atemlosigkeit der Aktualitätshascherei und verpflichtet auf die Berücksichtigung kommender Zeiten und Generationen. Jetzt muß und darf nicht alles verzehrt werden. Die Langfristperspektive hat ihr gutes Recht. Ein schuldenfinanzierter Wohlstand, der die Lasten der Tilgung kommenden Generationen aufbürdet, oder ein umweltzerstörender Überfluß, der kommenden Generationen die traurige Kargheit ausgeweideter Lebensräume übrigläßt, müssen unter dem Aspekt der Zeitlichkeit abgelehnt werden.

c. Gemeinschaftlichkeit

Menschen sind keine isolierten Einzelwesen. Gerade ihre Gottesbeziehung qualifiziert ihre Gemeinschaftlichkeit. In der von Christus gestifteten Gemeinschaft vertrauen die Glaubenden in die Gegenwart und Wirksamkeit des göttlichen Geistes, die gesellschaftlich ausstrahlt.

Der Gedanke der Gemeinschaftlichkeit meint ethisch die soziale Horizontausdehnung auf die Schwachen, Alten und Fernen. Dieser Aspekt thematisiert die soziale Verpflichtung der Wirtschaftenden für diejenigen, die nicht am Wirtschaftsprozeß in gleicher Weise aktiv teilnehmen können.

Das christliche Gebot der Nächstenliebe (vgl. Mt. 22,39; Mk. 12,31; Lk. 10,27, wo jeweils Lev. 19,18 zitiert wird) bindet durch den Bezug auf die Selbstliebe die Allgemeinheit von Forderung und Motivation zusammen. Die Allgemeinheit der Nächstenliebe wird strukturell an die Verfaßtheit der Selbstliebe gebunden. Damit ist mehr gemeint als das wohl verstandene Eigeninteresse, das die Förderung fremden Glücks als Unterstützungsmaßnahme und Absicherung des eigenen Glücks klugerweise zu erfassen erlaubt. Stattdessen wird hier der elementare Lebensimpuls der Selbstliebe zum Gemeinschaftsimpuls, indem die anderen Menschen als gleichverfaßte Personen wahrgenommen werden. Indem dieses geschieht, wird die Selbstwahrnehmung neu qualifiziert, und aus dieser Qualifizierung erwächst auch eine neue Verpflichtung zur identischen Anerkennung der anderen Personen. Dadurch wird die Struktur der Selbstliebe im Sinne einer differenzierten Selbstwahrnehmung auch zum Muster des Außenverhältnisses. Außen- und Innenverhältnis werden markant zusammengebunden.

Indem die Liebe wesentlich Gemeinschaft stiftet, wollen Liebende die Partizipation aller an den Entscheidungen und den Gütern der Gemeinschaft erreichen. Liebende zielen in ihrem Tun auf das Gedeihen der Gemeinschaft, auf das Offenhalten der Zukunft für alle Mitglieder. Gerade weil die Liebe erfüllte Gegenwart ist, müssen

Liebende nicht alle Lebensmöglichkeiten in diese Gegenwart hineinziehen.

Der Liebesgedanke hat für die auf Tausch beruhenden Wirtschaftsvollzüge eine kritische Funktion. Die symmetrische Wechselseitigkeit der Tauschbeziehungen (do ut des) muß für das Gedeihen des sozialen und individuellen Lebens korrigiert werden durch die partielle Asymmetrie von Solidarbeziehungen. Diese Asymmetrie, die sich im Einstehen der Stärkeren für die Schwächeren zeigt und an die Stelle des Tauschs auch das Geschenk setzen kann, befreit alle Beteiligten aber nicht von der Aufgabe, symmetrische Beziehungen anzustreben. Eine wesentliche Zielsetzung für den individuellen Bildungsprozeß und die gesellschaftliche Entwicklung ist die Förderung einer gemeinschaftsbezogenen Lebensgestaltung, die in liebender Verantwortungsübernahme Freiheit und Solidarität verknüpft.

II. Begriff der Wirtschaft

Die wirtschaftsethische Reflexion wird auch bei materialen Konfliktfällen immer wieder zurückgewiesen auf die elementaren Gegebenheiten, Strukturen und Festlegungen des Themenfeldes Wirtschaft. Deshalb muß die Reflexion beim Begriff der Wirtschaft einsetzen, wie er in der Wirtschaftswissenschaft üblich ist. Auf die anfängliche Erörterung der definitorischen Bestimmung und ihrer moralischen Implikationen folgt die Darstellung der beiden Grundordnungen Zentralverwaltungswirtschaft und Marktwirtschaft. Da nach dem Zusammenbruch des Staatssozialismus (Zweite Welt) sich in den Industrieländern die westliche Wettbewerbswirtschaft (Erste Welt) allgemein durchgesetzt hat, werden das einzelwirtschaftliche Marktmodell und das gesamtwirtschaftliche Kreislaufmodell geschildert, um abschließend die Möglichkeiten der Wirtschaftssteuerung zu bedenken.

A. Elementarbestimmungen

Die elementaren Merkmale des Wirtschaftsbegriffs müssen nicht nur die wesentlichen Leistungsmerkmale des Wirtschaftsgeschehens angeben, sondern auch für die anthropologisch-ethischen Verbindungen offen sein. Üblicherweise wird der Begriff der Wirtschaft definiert durch die Aufgabe, die zu erfüllen ist, und durch das bei der Aufgabenlösung beachtete Verhaltensprinzip. Diese teleologische Definition ist an der Kulturleistung orientiert, die das Mängelwesen Mensch erbringen muß, um die Mittel zum Unterhalt seines Lebens zu erlangen. Das Verhaltensprinzip dient zur Abgrenzung von anderen produktiven Tätigkeiten.

1. Definition

Die Wirtschaft umfaßt diejenigen menschlichen Tätigkeiten, die auf die Herstellung sowie die technische und (eingegrenzt) soziale Verteilung von knappen oder knappheitsbedrohten grundsätzlich tauschfähigen Gütern unter der Maxime der größten Nutzenstiftung mit dem Ziel der Wohlstandsmehrung gerichtet sind.

Die Wirtschaft erzeugt Sachgüter und stellt Dienstleistungen bereit. Sachgüter sind solche, bei denen Herstellung einerseits und Nutzung bzw. Verbrauch andererseits zeitlich unterschieden sind. Bei Dienstleistungen koinzidieren Herstellung und Verbrauch.

Im Produktionsprozeß werden Güter durch menschliche Tätigkeit so bearbeitet, daß neue Güter entstehen. Die in den Produktionsprozeß eingehenden Güter und Faktoren werden Vorleistungen, die entstehenden Güter Produkte genannt. Durch die von Wassily Leontief begründete Input-Output-Analyse kann der Wert der Produktionsleistung berechnet werden, indem der Wert der Input-Güter von dem der Output-Güter abgezogen wird.

Die Produkte können im Produktionsprozeß verbleiben oder verbraucht werden. Verbleiben die Produkte im Produktionsprozeß, so werden sie entweder als Vorleistungen weiterverarbeitet oder als dauerhafte Produktionsmittel genutzt. Werden die Produkte verbraucht, so werden sie zu Konsumgütern der privaten oder der öffentlichen Haushalte.

Tauschfähig sind nur solche Güter, deren Nutzung und Verbrauch auf bestimmte Nießer eingrenzbar ist (Ausschließbarkeitsprinzip) und die nicht jede Nachfrage übersteigend vorhanden sind. Nicht tauschfähig sind also öffentliche Güter, bei denen niemand von der Nutzung ausgeschlossen werden kann, und freie Güter, die nicht der Knappheit unterliegen. Nur eingeschränkt tauschfähig sind Kollektivgüter, bei denen die Nutzung nicht rivalisierend geschieht, sondern mehreren oder vielen Menschen ohne Minderung des genutzten Gutes möglich ist.

Die öffentliche Hand stellt bestimmte Güter bereit. Diese Güter werden häufig öffentliche Güter genannt. Doch ist diese Bezeichnung ungenau. Öffentliche Güter und durch die öffentliche Hand bereitgestellte Güter sind nicht deckungsgleich. Gleichfalls müssen öffentliche Güter und Kollektivgüter unterschieden werden, weil zwar für beide eine nicht konkurrierende Nutzung wesentlich ist, aber der Ausschluß von der Nutzung einmal unmöglich und einmal möglich ist.

Öffentliche Güter im strengen Sinn unterliegen den beiden Kriterien der Nicht-Rivalität und Nicht-Ausschließbarkeit. Öffentliche Güter im strengen Sinn sind deshalb nicht marktfähig (beispielsweise Küstenschutz). Sie müssen nicht von der öffentlichen Hand, sondern können auch privat bereitgestellt werden (Mäzenatentum bei öffentlichen Kunstwerken) oder können als freie Güter natürlich vorhanden sein. Bei Nicht-Ausschließbarkeit kann der allgemeine Verbrauch bzw. die allgemeine Nutzung gar nicht verhindert werden.

Notwendige öffentliche Güter muß der Staat bereitstellen und über Steuern oder Abgaben finanzieren. Welche Güter notwendig sind, hängt von der wirtschaftlichen Entwicklung ab und muß in der politischen Willensbildung entschieden werden. Eine öffentliche Bereitstellung von Gütern durch die öffentliche Hand kann auch für marktfähige Güter erfolgen.

Kollektivgüter (teilweise auch öffentliche Güter in einem weiteren Sinn genannt) sind solche, die von vielen gemeinschaftlich genutzt werden können. Bei ihrer Nutzung besteht keine Rivalität zwischen den Nutzern (Prinzip der Nicht-Rivalität), wohl aber ist die Möglichkeit des Ausschlusses von bestimmten Personen oder Gruppen gegeben (Prinzip der Ausschließbarkeit). Eine Fernsehsendung können beispielsweise beliebig viele Menschen sehen, ohne daß dadurch die Nutzung verändert wird. Eine Hose dagegen kann zur selben Zeit nur von einer Person getragen werden (Prinzip der Rivalität). Ob die Straßenbeleuchtung für eine Person oder für tausend Personen leuchtet, verändert ihre Leistung nicht. Durch die größere Zahl der Verbraucher gibt es keine Wohlfahrtseinbuße. Die Nicht-Rivalität des Konsums ist häufig an bestimmte Mengengrenzen gebunden (beispielsweise in Schwimmbädern). Besteht eine nicht-rivalisierende Nutzung, von der aber Personengruppen ausschließbar sind, so ist ein Marktangebot möglich, aber häufig ineffizient (beispielsweise Strandbenutzungsgebühren). Allmendegüter sind knappe Güter mit dem Modus rivalisierender Nutzung; für sie gibt es aber kein individuelles Eigentumsrecht.

Üblicherweise werden drei Hauptsektoren der Wirtschaft unterschieden: Der primäre Hauptsektor umfaßt Landwirtschaft und Bergbau, der sekundäre Sektor Industrie und Gewerbe, der tertiäre Sektor Dienstleistungs-, Handels-, Bank- und Versicherungsunternehmen. Für diese Dreigliederung ist der Abstand der Wirtschaftstätigkeit von der Ausgangsbasis der Naturgegebenheit maßgeblich. Je weiter sich die wirtschaftliche Tätigkeit von dieser elementaren Ebene entfernt, desto mehr nimmt der Druck ab, die Wirtschaftsprozesse den natürlichen Gegebenheiten anzupassen, und desto mehr wachsen die gesellschaftlichen Koordinationsansprüche. Das Bankgewerbe beispielsweise ist primär durch die Koordinationsanforderungen der Kapitalversorgung geprägt.

In einem elementaren Sinne ist das wirtschaftliche Tun an die Gegebenheiten der äußeren Natur gebunden. Dies zeigt sich unmittelbar bei Landwirtschaft und der Gewinnung von Bodenschätzen (Bergbau). Hier ist die wirtschaftliche Aktivität abhängig von Landschaft, Bodenbeschaffenheit, Klima, Rohstoffen, Wasservorrat und Ähnlichem. Auf diese Gegebenheiten muß sich jede wirtschaftliche Aktivität einstellen. Stellt sie sich nicht darauf ein, wird sie von der Natur gestraft. Im sekundären Bereich werden die Produkte des ersten Sektors weiterverarbeitet. Der Begriff der Industrie meint eine Produktionsweise, die eine großbetriebliche und großräumige Gütererzeugung vornimmt. Im tertiären Bereich werden die Dienstleistungen erbracht, die eine optimale Koordination und Steuerung der Wirtschaftstätigkeiten des primären und sekundären Wirtschaftsbereichs und die Verzahnung der Wirtschaft mit anderen Gesellschaftsbereichen zum Zweck haben.

Die wichtigsten Wirtschaftssubjekte, die am Prozeß des Wirtschaftens beteiligt sind, sind die Unternehmen, die privaten Haushalte und die öffentlichen Haushalte. Diese Wirtschaftssubjekte sind ihrerseits vielgestaltig. Sie müssen jeweils ein in sich differentes Bündel von Anforderungen erfüllen.

Bei den Unternehmungen lassen sich Produktion und Investition unterscheiden. Mit der Produktion sind alle betrieblichen Maßnahmen gemeint, die für die Herstellung bestimmter Güter getroffen werden müssen, also der technische Herstellungsprozeß, Einkauf, Verwaltung, Transport, Absatz, Planung usw. Mit der Investition meint man die Herstellung von Realkapital wie Gebäude, Maschinen, aber auch Lagerbestände, die nötig sind, um die Produktion durchführen zu können.

Die privaten Haushalte sind mit den Unternehmen in doppelter Weise verbunden. Einerseits stellen viele private Haushalte für die Unternehmen den Produktionsfaktor Arbeit bereit und erhalten dafür von den Unternehmen Einkommen. Andererseits treten die privaten Haushalte als Verbraucher auf, die den Unternehmen viele Waren abkaufen.

Der Staat tritt in der Doppelrolle als öffentlicher Haushalt und als Gesamtregulator des Wirtschaftsprozesses auf. Der Staat gestaltet den gesetzlichen Rahmen, innerhalb dessen die Wirtschaftssubjekte handeln. Er greift aber auch selber durch Investitionen, Subventionen, Besteuerung usw. direkt in das Wirtschaftsgeschehen ein.

2. Implikationen

Die Definition dessen, was Wirtschaft ist, will für die wissenschaftliche Untersuchung einen Gegenstandsbereich begrenzen und festlegen. Eine solche Realdefinition hat beschreibenden Charakter. Phänomene von der in der Definition angegebenen Art gibt es in der Wirklichkeit und sollen von der Wirtschaftswissenschaft nach ihren Konstellationen, Elementen und Gesetzmäßigkeiten erforscht werden.

In die Definition sind auch Begriffsmerkmale eingegangen, die ein bestimmtes sittliches Verhalten voraussetzen. Diese Voraussetzungen gilt es ausdrücklich zu machen und auf ihre moralischen Implikationen zu bedenken.

Die Wirtschaftenden haben ein Bild von ihrer eigenen Tätigkeit, das die Sinnhaftigkeit dieses Tuns und seinen kulturellen Wert aussagt. Die Seriosität und Bedeutsamkeit des wirtschaftlichen Tuns ist für die Wirtschaftenden nicht zweifelhaft. Das Wirtschaften ist heutzutage in den Industrieländern nichts Geringes oder Unwichtiges.

Vielmehr wird auch in der gesellschaftlichen Fremdeinschätzung die Wichtigkeit der wirtschaftlichen Tätigkeiten bestätigt. Eine solche positive Selbst- und Fremdeinschätzung ist nicht selbstverständlich. Das zeigt der Blick auf Kulturen, in denen wirtschaftliche Tätigkeit gering geachtet wird.

In der Gesamteinschätzung des Wirtschaftens werden elementare sittlich-religiöse Werthaltungen und Sinngewißheiten ausgedrückt. Die Sinnhaftigkeit scheint augenfällig zu sein, wenn das Wirtschaften zu einer Mehrung des Wohlstandes führt und dadurch Lebensräume vergrößert. Die wirtschaftliche Leistung wird dann auch moralisch gutgeheißen. Mit dieser Bewertung ist eine Qualitätsnormierung verbunden: Reine Spekulationsgeschäfte, die nur dem leichten und schnellen Erfolg bei der Jagd nach dem höchsten Profit dienen und nichts zum sozialen Fortschritt beitragen, sind verpönt. Das Wirtschaften will nicht nur Geldverdienen sein, sondern auch ein Element der Lebensgestaltung.

a. Knappheit

Die Wirtschaft hat die Aufgabe, den Bedarf an knappen oder knappheitsbedrohten Gütern zu decken. Dabei ist nicht nur an materielle Güter, sondern auch an Dienstleistungen gedacht. Gerade die Dienstleistungen machen eine Präzisierung des Knappheitsbegriffs erforderlich, denn die unbestreitbare Knappheit an Zeit, Liebe, Mitgefühl oder Hilfsbereitschaft läßt sich wirtschaftlich prinzipiell nicht sinnvoll überwinden. Die Pflege alter Menschen beispielsweise muß kein Wirtschaftsgut sein; die Pflege wird zur wirtschaftlichen Dienstleistung erst dadurch, daß sie Gegenstand einer Tauschbeziehung wird.

Knappheit ist in der Wirtschaftswissenschaft ein technischer Begriff. Knappe Wirtschaftsgüter sind solche, die grundsätzlich tauschfähig sind, die in eine aktuelle Tauschbeziehung eingebracht werden und bei denen die Nachfrage das Angebot überwiegt. Die knappen Wirtschaftsgüter haben deshalb einen Preis, auf den sich Anbieter und Nachfrager einigen. Die Preisfestsetzung kann auch durch Dritte erfolgen. Dies gilt vornehmlich im Blick auf die Nicht-Markt-Wirtschaft und Nicht-Gewinn-Wirtschaft, wo Unternehmen unter Technologieeinsatz Leistungen für Dritte erbringen.

Der wissenschaftliche Knappheitsbegriff knüpft zwar an die elementare Erfahrung menschlicher Bedürftigkeit und die elementare Aufgabe der Subsistenzsicherung an, doch ist dieser Begriff nicht auf die Überwindung lebensbedrohender Mangelsituationen und das Beibringen lebensnotwendiger Güter begrenzt. Vielmehr kann Knappheit bei allen Gütern begegnen, auch bei Luxusgütern. Der wissenschaftliche Knappheitsbegriff trifft nur eine Aussage zur Relation Nachfrage (Bedarf) und Angebot (Bedarfsdeckung), nicht aber zur Qualität der sich in der Nachfrage äußernden Bedürfnisse.

Indem der Knappheitsbegriff technisch verstanden wird und auch den lebenssteigernden Prozeß elementarer Bedarfsdeckung mit der sich daraus ergebenden Differenzierung der Bedürfnislagen zu erfassen erlaubt, erfolgt zugleich eine Präzisierung, ob und wie der Bedürfnisbegriff für das Begreifen der Wirtschaft herangezogen werden kann. Der Bedürfnisbegriff ist überschießend. Die Wirtschaft bearbeitet und befriedigt nicht alle Bedürfnisse. Auch eine inhaltliche Qualifizierung des Bedürfnisbegriffs (beispielsweise in vitale, generative, soziale, intellektuelle, religiöse Bedürfnisse, wobei dann die Wirtschaft die Basis der Bedürfnispyramide sichern würde) führt nicht zur erforderlichen Begriffsgenauigkeit, weil die Wirtschaft keineswegs für alle elementaren Bedürfnisse sorgt (beispielsweise in der Regel nicht für die Atemluft). Die Wirtschaft wird nur tätig, wo Knappheit besteht oder Knappheit droht, und ist dabei hinsichtlich der Bedürfnislagen sehr variabel.

Freie Güter, die im Überfluß zur Verfügung stehen, sind kein Gegenstand der Wirtschaft. Mit freien Gütern läßt sich kein Preis erzielen, auch wenn sie von den Wirtschaftssubjekten rivalisierend genutzt werden. Damit für die Nutzung von Gütern überhaupt ein Preis erzielt werden kann, muß das Prinzip der Ausschließbarkeit gelten. Bestimmte Nachfrager müssen von der Nutzung ausgeschlossen, andere müssen allein zugelassen werden können. Bei freien Gütern übersteigt, auch wenn das Prinzip der Ausschließbarkeit gilt, das Angebot die Nachfrage unbeschränkt, so daß selbst bei einem Null-Preis kein Mangel entsteht; ihre Beschaffung verursacht keine

Kosten. Deshalb wird überhaupt kein Angebot mit Preisnennung gemacht. Im Lauf der Geschichte hat die Zahl der freien Güter stark abgenommen. Heutzutage sind das Meerwasser für die Bewohner einer kleinen Insel oder das Gletschereis in Grönland solche freien Güter.

Damit Knappheit überhaupt sozial wahrgenommen werden kann, muß ein Gut, für dessen Nutzung Ausschließbarkeit besteht, nachgefragt und zu wenig angeboten werden. Knappheit führt zu einem Konkurrenzverhältnis. Deshalb muß eine Entscheidungsregel festgelegt werden, wer aus dem Kreis der Interessierten das begehrte und in Unterzahl vorhandene Gut erhalten soll. Die Entscheidungsregel ist ganz einfach. Derjenige Nachfrager erhält das angebotene Gut, der den höchsten Preis zu zahlen bereit ist, der also dem Anbieter die für diesen günstigste Tauschrate bietet. Also nicht Sympathie, Laune, Wohltätigkeit oder andere mögliche Entscheidungsfaktoren sollen für die Gütertransaktion maßgeblich sein, sondern allein der erzielbare Preis.

Diese Entscheidungsregel nutzt die Wirtschaftswissenschaft methodisch, um einen Gradmesser für die Knappheit eines Gutes zu haben. Die Tauschraten werden als Knappheitsindikatoren genommen. Dadurch sollen die individuellen Bedürfnisse, die das Eigeninteresse ausmachen und ontologisch nicht definierbar sind, objektiv faßbar werden. In der Grenznutzentheorie, wie sie erstmals von Menger, Jevons und Walras formuliert wurde, erfolgt die Festlegung des Eigeninteresses über Gebrauch und Verbrauch knapper Güter. Mit Grenznutzen ist der Wert gemeint, den ein Verbraucher der zuletzt verbrauchten Gütereinheit zumißt. Dieser Wert nimmt bei zunehmender Gütermenge ab und ist an der Grenze am kleinsten.

Wird die Höhe der Tauschrate genommen, um die Knappheit von Wirtschaftsgütern anzuzeigen, so wird dadurch die wünschenswerte Eindeutigkeit und Objektivität der Knappheitserfassung allenfalls näherungsweise erreicht. Die Tauschrate ist erstens nur aussagekräftig bei einer idealen Marktsituation und einem vollkommenen Wissen aller Marktteilnehmer. Diese Situation ist aber wegen der zumeist verzerrten Marktverfaßtheit und des unvollkommenen Informationsstandes der Marktteilnehmer fiktiv.

Bei dieser Anzeige wird zweitens nicht berücksichtigt, daß der am Tausch orientierte Knappheitsbegriff ein antagonistisches Gepräge hat, indem das Eigeninteresse der Anbieter strukturell das Ziel der Knappheitsbeseitigung gerade verhindert, weil im Zustand überwundener Knappheit kein Preis mehr erzielbar und somit keine Mittel für die Subsistenzsicherung im arbeitsteiligen Wirtschaftsgeschehen mehr erwerbbar sind. In einer arbeitsteiligen auf Tauschbeziehungen basierenden Wirtschaft besteht eine Grundtendenz, die Knappheit bestimmter Güter nicht grundsätzlich zu beseitigen. Um einen dauerhaften Überschuß mit entsprechendem Preisverfall zu vermeiden, wird die Produktion gedrosselt und die Knappheit konserviert. Zumindest die Drohung von Knappheit, wie sie bei der längerfristigen Erneuerung bestimmter Wirtschaftsgüter als Erwartungshintergrund vorhanden ist, muß für das Tauschgeschehen aufrecht erhalten bleiben. Somit zielt die Abstimmung von Produktion und Nachfrage, bei der ja ein Überschuß beider Seiten auf das Gleichgewicht hin reduziert wird, nur auf das Minimum an Knappheit und nicht auf deren Überwindung. Indem sowohl Knappheit wie Überfluß minimiert werden, wird der Zustand angestrebt, der für die wirtschaftlichen Tauschprozesse optimal ist und der die beiderseitigen Eigeninteressen von Anbietern und Nachfragern synthetisiert.

Damit wird der wirtschaftliche Vollkommenheitszustand konzeptionell als unerreichbar gedacht. Wäre die Knappheitsbeseitigung und nicht die Knappheitsminimierung das Definiens der Wirtschaft, so müßte die Überführung aller Knappheitsgüter in freie Güter das Ideal ausmachen. Damit verlöre die Tauschrate ihre Basis. In dem vollkommenen Wirtschaftszustand wäre ein mit Preisfestsetzungen verbundener Tausch unsinnig. Alle Güter stünden in beliebiger Menge zur Verfügung und könnten folglich keine Preise erzielen. Preise würden auch schon in einem unvollkommenen Zustand in immer geringerem Maße erzielt werden können, wenn immer mehr Menschen erforderliche Tätigkeiten oder Güter anderen Menschen geschenkweise zueigneten. Schenken ist eine Güterübertragung ohne Tauschratenfestsetzung. Elementare soziale Lebensordnungen (beispielsweise der Bereich der Familie) gedeihen nur dann, wenn auf Preisfestsetzungen für Tätigkeiten verzichtet wird.

Ein nur am individuellen Vorteil und materiellen Nutzen orientiertes Interaktionsmodell erweist sich drittens trotz der Annahme der 'unsichtbaren Hand', die die verschiedenen eigennützigen Aktionen zum Wohl aller koordiniert, als unzureichend, weil diejenigen, die nichts zu tauschen haben, aus dem wirtschaftlich-gesellschaftlichen Prozeß ausgeschlossen sind. Zudem können nicht alle Bedürfnisse (beispielsweise Drogensucht) ohne Schaden für Individuum und Gesellschaft befriedigt werden.

Knappheit ist relativ zu verstehen. Die Güterknappheit ist nicht von der absoluten Menge abhängig, die bei einem Gut zur Verfügung steht, sondern relativ zum Bedarf. Die Knappheit eines Gutes ist bei einem begrenzten Vorkommen relational durch seine Begehrtheit bestimmt. Wegen dieses relationalen Charakters kann unterschiedlich auf die Knappheit geantwortet werden. Entweder kann die Güterproduktion gesteigert oder die Nachfrage gesenkt werden. Auch eine Kombination von Produktionssteigerung und Nachfragesenkung ist möglich. Die Produktionssteigerung muß nicht notwendig die Knappheit vermindern. Vielmehr bleibt eine Knappheitsminderung dann aus, wenn die Nachfrage gleichzeitig mit der Produktion ebenfalls steigt; ja die Nachfrage kann durch die Produktionssteigerung noch befördert werden, wenn nämlich so die Aufmerksamkeit auf ein modisch werdendes Gut überproportional gelenkt wird.

Knappheit kann also sowohl durch eine reichlichere Versorgung als auch durch eine Senkung der Ansprüche verringert werden. In der Wirtschaftswissenschaft wird üblicherweise das gegebene Anspruchsniveau als konstant gesetzt und somit die Frage erörtert, wie es zu einer Verbesserung des Versorgungsniveaus kommen kann. Voraussetzung ist, daß insgesamt zu wenig Produktionsmittel und Ressourcen vorhanden sind, um alle menschlichen Bedürfnisse vollständig zu befriedigen. Durch die latente Wertung, daß der materielle Mangel ein Übel und durch eine Erhöhung der Güterproduktion zu beheben sei, ist mit der Feststellung von Knappheit zumeist eine Aufforderung zur Ausweitung oder Verbesserung der Wirtschaftstätigkeit verbunden.

Die Knappheit kann dadurch verringert werden, daß erstens die vorhandenen Ressourcen hinsichtlich der für den Endverbrauch verfügbaren Gütermengen möglichst optimal ausgeschöpft werden. Dabei soll die maximale Menge eines Gutes erzielt werden in Beziehung auf vorgegebene Mengen anderer Güter und in Beziehung auf vorgegebene Mengen von Produktionsfaktoren. Hier geht es also um möglichste Effizienz in der Güterproduktion. Die Knappheit kann zweitens so verringert werden, daß nicht nur die Quantität, sondern auch die Qualität des Güterangebots gesteigert wird. Die Knappheit zeigt sich drittens hinsichtlich der Verteilung des Güterangebots auf die Verbraucher. Auch bei insgesamt befriedigendem Versorgungsniveau kann es eine Diskrepanz zwischen arm und reich geben, die insgesamt als Knappheit von Gütern zu beurteilen ist.

In der ersten Hinsicht geht es um die Quantität, in der zweiten Hinsicht um die Qualität, in der dritten um die gerechte Zuordnung. In dieser Hinsicht ist der Stand der Volkswirtschaftslehre nicht befriedigend. Das Verteilungsproblem kann bisher nicht mit der wünschenswerten Prägnanz gelöst werden. Demgegenüber kann die Volkswirtschaftslehre wirksame Anleitungen für die Steigerung und Verbesserung des Produktionsergebnisses geben. Dadurch kann das Wohlstandspotential gesteigert und damit auch die Versorgungslage der Ärmeren verbessert werden.

Das Verhältnis von Überfluß und Knappheit ist höchst kompliziert. Nicht alle Bedürfnisse lassen sich von einem Individuum gleichzeitig harmonisch befriedigen. Unter den Bedingungen endlicher Freiheit bedeutet Knappheit immer die Nötigung zu einem Verzicht auf mögliche Lebensoptionen und zu einer Konzentration auf bestimmte ausschließende Lebensfestlegungen. So wie viele Wirtschaftsgüter nicht zugleich von mehreren Personen genutzt werden können (beispielsweise kann ein Apfel nur von einer Person gegessen werden), so kann eine Person ihrerseits auch den Überfluß nur begrenzt nutzen (beispielsweise kann eine Person einen Sack Äpfel nicht an einem Tag ohne Übelkeit verspeisen). In den heutigen Industriegesellschaften herrscht bei den meisten Wirtschaftsgütern Überfluß, ohne daß die gesamtgesellschaftliche Knappheit dadurch beseitigt würde. Nachfrageseite und Angebotsseite erweisen sich als verhältnismäßig autonom gegeneinander. Die Verteilungsfrage wird hier in ihrer Dringlichkeit offensichtlich.

Der Knappheitsbegriff mit seiner Relationierung einzelner Wirtschaftssubjekte zu einzelnen Gütern reicht für die teleologische Definition der Wirtschaft nicht aus. Die Bewältigung von Knappheit ist ein wesentlicher Impuls des Wirtschaftens. Gelingt die Bewältigung und wird die Knappheit aufgehoben, so kann damit eine Lebenssteigerung verbunden sein, und die Knappheit begegnet nun bei neuen Gütern. Zu dieser Lebenssteigerung müssen bestimmte Haltungen und Regeln eingehalten werden, die die wirtschaftlichen Interaktionsprozesse steuern.

b. Rationale Nutzenstiftung

Die Wirtschaft gehorcht dem Prinzip der Rationalität. Dabei ist hier mit Rationalität diejenige analytische Verstandesleistung gemeint, die für gesetzte Zwecke die am besten geeigneten Mittel herausfindet. Die wirtschaftliche Rationalität ist analytisch strukturierend. Die Zwecke werden nicht spontan von ihr gesetzt, sondern ihr als Bedürfnisse oder Wünsche vorgegeben. Die wirtschaftliche Rationalität besteht in der Sichtung und Zuordnung der erforderlichen Mittel zur Zweckrealisation. Die Zwecke des Wirtschaftens sind in der Regel keine Selbstzwecke, d. h. sie können immer wieder selbst zu Mitteln werden.

Die wirtschaftliche Rationalität wird konkret im sparsamen Mitteleinsatz (Wirtschaftlichkeit) und in der ergiebigen Wirksamkeit (Effizienz). Das Prinzip rationaler Nutzenstiftung erfordert den planerischen und sparsamen Einsatz der Mittel, den kontrollierten Ablauf des Arbeitsprozesses und die Überprüfung des Ergebnisses. Die vorhandenen Mittel sollen so eingesetzt werden, daß ein möglichst großer Nutzen entsteht. Die optimale Kosten-Nutzen-Relation, die durch das Prinzip der rationalen Nutzenstiftung erstrebt wird, meint eine möglichst günstige und sparsame Zuordnung von eingesetzten Kräften und Mitteln im Blick auf den erzielten Nutzen. Dabei kann entweder mit derselben Ausstattung und derselben Inanspruchnahme von Ressourcen eine quantitative oder qualitative Steigerung des erzielten Ertrags erreicht oder bei einer gleichbleibenden Zahl von Produkten der Einsatz von Ausstattung und Ressourcen minimiert werden.

Die Forderung nach Effizienz ergibt sich aus der Zwecksetzung der Wirtschaft, mit knappen Mitteln der Güterknappheit zu begegnen. Die Bedarfsdeckung, die selber sich knapper Mittel bedienen muß, muß mit einem möglichst geringen Aufwand und einem möglichst großen Nutzen erreicht werden. Die Forderung nach Effizienz erzeugt den durchgängigen Trend zur Rationalisierung. Die Steigerung der Effizienz zielt auf höheren Gewinn, höheres Arbeitsentgelt, höhere Sozialleistung, verminderte Umweltschädlichkeit.

Die Grundfrage nach der effizienten Allokation der Produktionsmittel läßt sich ökonomisch beantworten durch die Effizienzregel. Der optimale Mitteleinsatz (Wirtschaftlichkeit) und die Nutzenstiftung (Effektivität) sind für den Wirtschaftsprozeß grundlegend. Die Verschwendung der Produktionsmittel ist auf die Dauer ruinös. Die Maxime der Wirtschaftlichkeit meint einen möglichst geringen Aufwand zur Erzielung eines möglichst hohen Nutzens. Die Rationalität im Umgang mit den natürlichen Gegebenheiten führt zu einer rationellen Organisation und zu einer genauen Planung der wirtschaftlichen Aktivität. So werden Rohstoffe, Betriebsmittel, unternehmerische Kapazitäten, menschliche Arbeit möglichst effizient eingesetzt, d. h. mit einem möglichst sparsamen Einsatz dieser Produktionsfaktoren soll ein optimaler Nutzen erzielt werden.

Die effiziente Mittelallokation wird dadurch zu einer moralischen Frage, daß es im Wirtschaftsgeschehen nicht nur um Sachmittel geht, sondern auch um den Einsatz von Naturgütern und von arbeitenden Menschen, die nicht nur instrumental eingesetzt, sondern auch personal geachtet werden müssen. Eine effiziente Produktionsweise, die die Personalität der arbeitenden Menschen ausschlösse, würde gerade zur Verhinderung der elementaren Zwecksetzung der Wirtschaft, der knappheitsmindernden und damit lebensdienlichen Güterproduktion, führen. Die Einschränkung oder Destruktion von Personalität ist also das Begrenzungskriterium für die Verfahrensweisen rationaler Nutzenstiftung.

Das Rationalitätsprinzip legt nicht nur objektiv den optimalen Mitteleinsatz fest, sondern steuert auch subjektiv das Verhalten der

Wirtschaftsakteure, indem es sie bei der Zweckwahl von der Nutzenmaximierung leiten läßt. Die Annahme, das wirtschaftliche Verhalten der Wirtschaftssubjekte sei vom Streben nach individueller Nutzenmaximierung bestimmt, hat fundamentale Bedeutung. Dadurch wird nicht nur das Selektionsprinzip und moralische Ordnungsprinzip, sondern auch das Hermeneutikprinzip angegeben. Wirtschaftliche Phänomene müssen mit diesem Verstehensschlüssel erklärt werden. Hier wird die Übersetzung individueller Entscheidungen in allgemeine Prinzipien geleistet. Die Nutzenmaximierung wird bei allen Einzelhaushalten und bei den Unternehmungen als leitende Verhaltensmaxime unterstellt. Bei den Unternehmungen hat sie den Sinn der Gewinnmaximierung. Dabei muß das Rationalitätsprinzip des Gewinnstrebens und der Vorteilsentscheidung nicht eo ipso Selbstsucht und Geiz bedeuten, denn der Gewinn kann für durchaus unterschiedliche Zwecke erstrebt werden. Zwar verlaufen viele Wirtschaftsprozesse nach irrationalen Entscheidungen, doch erst wenn Entscheidungen auf das Prinzip der Rationalität und Wirtschaftlichkeit überzeugend bezogen werden können, gelten sich auch als wissenschaftlich erklärt.

Das Rationalitätsprinzip stellt tiefgreifende Ansprüche an die Lebensführung aller Wirtschaftsakteure und wirkt prägend auch auf andere Lebensbereiche. Die rationalen Lebensführungen, die für das Funktionieren der Marktwirtschaft im Sinne einer Alltagsgestaltung vorausgesetzt werden müssen, sind besonders die Selbstdisziplinierung der Wirtschaftssubjekte im Umgang mit Zeit und Ort. Die Wirtschaftssubjekte müssen jeweils Leistungen an einem festgesetzten Ort zur festgesetzten Zeit erbringen. Nur durch diese strikte Strukturierung gelingt die möglichst reibungsfreie Verzahnung der verschiedenen Tätigkeiten. Das setzt einen disziplinierten Umgang mit der Uhr voraus. Auch mit den zur Verfügung stehenden finanziellen und sachlichen Mitteln muß klug umgegangen werden. Hier zeigt sich die Disziplin in der Einteilung und im Auskommen, in der Portionierung und Verteilung für den zu bewältigenden Zeitraum.

Die Disziplin zeigt sich aber auch in der Zielstrebigkeit der Aktionen, die die Wirtschaftssubjekte unternehmen. Halbvollendete Arbeit kann nicht geduldet werden, ebensowenig Ablenkung oder ein planloses Umgehen mit der Zeit. Die Selbstdisziplin zeigt sich im Extremen darin, daß die Aktionen der Wirtschaftssubjekte auch gegen den biologischen Rhythmus allein auf die von den Arbeitsstrukturen geforderten optimalen Arbeitsabläufe eingerichtet werden.

Die heutige Form des Wirtschaftens beruht also auf einer hohen Disziplinierung bzw. Selbstdisziplinierung aller Wirtschaftsakteure. Wer nicht bereit oder fähig ist, die entsprechende Selbstkontrolle durchzuführen oder durchzuhalten, der wird sehr schnell aus den sozialen Bezügen des Wirtschaftslebens ausgeschlossen. Geldverschwendung oder Arbeitsunlust führen sehr schnell zum sozialen Abstieg.

Individualisierung und Selbstdisziplinierung sind nur zwei Seiten derselben Medaille. Die große und immer noch wachsende Verfügbarkeit über eigene Lebensräume, die autonom gestaltet werden können, ist nur möglich, weil in den Bereichen der sozialen Interaktion eine enorme Disziplinierung stattfindet, die die notwendige Koordination der Tätigkeiten und den Erhalt der hochkomplexen Organisationen sicherstellt.

Die hohe Effektivität des Wirtschaftens, die die gewünschten individuellen Lebensfreiräume materiell allererst ermöglicht, erfordert eine Art der Disziplinierung bzw. Selbstdisziplinierung, die früheren Generationen fremd war. Der Weg in die Krankheit ist häufig eine sozial geduldete Form des partiellen Ausstiegs aus dieser immensen Lebensdisziplinierung. Die Effektivität des Wirtschaftens ist umso größer, je stärker die Disziplinierung als Selbstdisziplinierung von möglichst vielen Akteuren geleistet wird. Fremddisziplinierung durch äußerliche Überwachung ist wirtschaftlich gesehen immer kostenträchtig und der Selbstdisziplinierung unterlegen.

Die Forderung nach Rationalität ist auf der Produktionsseite sehr viel besser realisierbar als auf der Verteilungsseite. Die Bewertung der Güter entzieht sich dem rechnerischen Kalkül, wie es bei der Mittelallokation geübt wird. Ein Gut wird durch die Käufer zumeist nicht nach seinem Gebrauchswert für die Erhaltung des Lebens und häufig auch nicht nach der Größe der Mühe bewertet, die den Betreffenden die Herstellung des Gutes selber gekostet hat bzw. kosten würde, sondern nach dem Grad der erwarteten Glücksempfindung oder dem imaginierten Lustgefühl, die mit der Nutzung des Gutes verbunden sind. So können lebenswichtige Güter (beispielsweise Trinkwasser) gering bewertet werden, wenn sie ohne Mühe reichlich zur Verfügung stehen, wogegen höchst entbehrliche Luxusgüter, die schwer zu beschaffen sind, teilweise hoch geschätzt werden (beispielsweise Schmuck). Für die Bewertung ist einerseits die erbrachte oder unterstellte Arbeitsleistung für die Herstellung oder Beschaffung des Gutes und andererseits seine Begehrtheit im Kreis der potentiellen Verbraucher maßgeblich. Die Begehrtheit kann durch Reklame oder Modetrends willentlich oder unbewußt beeinflußt werden.

Das Bestreben, Kosten zu senken, muß moralisch dann zustimmend beurteilt werden, wenn die Kostensenkung durch den sparsameren Einsatz von Sachmitteln und Arbeitskraft und nicht durch das Drücken der Lohnrate erreicht wird. Das Senken der Kosten ist unter diesem Gesichtspunkt ein Ansporn für technischen Fortschritt, während das Bestreben, Gewinne zu steigern, primär an der Ergiebigkeit der Tauschrate orientiert ist.

c. Wohlstandsmehrung

Die von der Wirtschaft zu erbringende Wohlstandsmehrung kann individuumszentriert oder gemeinschaftsbezogen oder bezogen auf Individuum und Gesellschaft verstanden werden. Die Dimension von Sozialität, die mehr ist als das Nebeneinander vieler Individuen, muß ethisch ins Spiel gebracht werden. Individuen sind ja nicht von Geburt an fertig, sondern führen ihr Leben als einen Werdeprozeß, der Individualität immer neu im Horizont von Sozialität formuliert und damit auch die Sozialität immer neu prägt. Die substanzielle Existenz punktueller autarker Individuen ist eine schlechte Abstraktion.

In der Wirtschaftswissenschaft wird terminologisch teilweise zwischen individuumszentriertem Wohlstand und gemeinschaftszentrierter Wohlfahrt unterschieden. Dieser terminologischen Differenzierung wird hier nicht gefolgt, weil die konstitutive soziale Dimension von individuellem Wohlstand durch eine solche Unterscheidung abgeblendet wird.

Wirtschaftswissenschaftlich wird eine inhaltliche Qualifizierung der wünschenswerten Güter und Tätigkeiten abgelehnt. Vielmehr wird die Entscheidung darüber, welche Tätigkeiten und Güter jeder einzelne Mensch nach seinen Bedürfnissen für wünschenswert hält, in die Willensbestimmung jedes einzelnen Menschen gestellt. Eine gewisse Orientierung erfolgt allein über den Bedürfnisbegriff. Dabei gibt es eine Tendenz, diese Grundbedürfnisse eher individuell zu verstehen, ohne daß eine inhaltliche Präzisierung erfolgte.

Die These, daß die Verfolgung des Eigeninteresses zur besten Beförderung des Gesamtinteresses diene, wird in der klassischen Wirtschaftswissenschaft mit der These verknüpft, der Wohlstand werde der Armut natürlicherweise vorgezogen. Dies ist eine fundamentale Weichenstellung. In einer Gesellschaft, die das Eremitentum oder die Bettelorden hochschätzt und die also die Armut moralisch höher einschätzt als den Reichtum, kann die Wohlstandsmehrung kein Ziel des Wirtschaftens sein. Erst wenn der Reichtum auch moralisch geschätzt, wenn er als Ermöglichung von Lebenschancen verstanden wird, kann das Wirtschaften zu einer moralisch gesicherten eigenen Lebenssphäre oder sogar zum Selbstzweck werden.

Wird der Wohlstandsbegriff individuumszentriert und als theoretische Spiegelung der marktwirtschaftlichen Grundordnung genommen, so wird der wirtschaftliche Wohlstand zumeist individualistisch als optimale Bedürfnisbefriedigung der Einzelnen verstanden. Durch den unscharfen Bedürfnisbegriff werden die sozialen Beziehungen als sekundär qualifiziert. Die Fiktion autarker Individuen erweist sich schon dadurch als haltlos, daß die Wirtschaft ja gerade durch die Nichtautarkie überhaupt konstituiert ist. Die Sozialität muß also in die Grundlegung von Wollen und Erkennen mit aufgenommen werden. Und die Kulturleistung besteht in der wechselseitig verschränkten Entwicklung der sozialen und individuellen Sphäre.

Im Wohlstandsbegriff müssen also individuelle und soziale Gesichtspunkte synthetisiert werden. Wird mit Wohlstand sowohl die umfassende und gerechte Teilhabe aller Menschen an den gesellschaftlichen Produktions- und Konsumtionsmöglichkeiten als auch die Entwicklungssicherung für künftigen Wohlstand gemeint, so werden damit sehr gehaltvolle Aussagen über den Zweck wirtschaftlicher

Interaktionen gemacht. Die Verteilungsgerechtigkeit wird in die Definition der Wirtschaft aufgenommen. Die nachhaltige Entwicklung der Wohlstandsgrundlagen schließt die Generationenfolge in die Definition der Wirtschaft ein und sichert also einen gegenwartsübergreifenden Zeithorizont. Die wohlstandszentrierte Definition erlaubt auch die Bezugnahme auf das staatliche Recht im Sinne der Begrenzung wirtschaftlicher Macht als auch die Bezugnahme auf die Technologie im Sinne einer Minimierung umweltbeeinträchtigender Produktionsweisen. Die Mitverantwortung für die Entwicklungschancen der nicht oder wenig industrialisierten Länder kann über das Gleichheitsprinzip dem Wohlstandsgedanken zugeordnet werden.

Wohlstand meint also die umfassende und gerechte Bereitstellung von Gütern und Arbeitsplätzen für alle Menschen. Dem Wohlstandsbegriff ist der Begriff der wirtschaftlichen Entwicklung korreliert. Die Grundlagen für künftigen Wohlstand müssen durch geeignete Maßnahmen erhalten und verbessert werden.

Wird angenommen, daß jeder Mensch selbst am besten wisse, welche Güter und Tätigkeiten für sein Wohlsein am wichtigsten und geeignetesten seien, so ist damit einer staatlich-zentralen Wirtschaftslenkung eine Absage erteilt, weil keine zentrale Verwaltungsinstanz in hinreichender Weise Kenntnis von den Wohlstandspräferenzen aller Personen haben und diese dann entsprechend koordinieren kann. Eine solche Planungsinstanz nähme die Position Gottes ein.

Die anthropologische These, daß die Menschen in ihrem Wohlstandsstreben verschieden seien und folglich verschiedene Güter und Tätigkeiten präferieren würden, impliziert notwendig die technische Aufgabe der Koordination dieser verschiedenen Wohlstandsoptionen und die sittliche Aufgabe der Verteilungsgerechtigkeit. Die Annahme einer individuellen Entscheidungshoheit stellt auf der technischen Seite in ganzer Schärfe das Problem, wie die mannigfaltigen individuellen Präferenzen nicht nur aggrediert, sondern koordiniert werden können. Die vielfältigen Lösungswege der technischen Aufgabe erfordern ihrerseits moralische Maximen, und umgekehrt muß für die Lösung der sittlichen Aufgabe die Verfahrensweise technisch realisierbar sein.

Für die Auswahl der Wirtschaftsgüter wird jedes Wirtschaftssubjekt geleitet von einer Vorstellung des höchsten Gutes. Diese Zielvorstellung hat normativen Charakter mit den mannigfaltigen Einzelentscheidungen, die die Wirtschaftssubjekte treffen müssen. Das höchste Gut ist diejenige inhaltliche Bestimmtheit des praktischen Wissens, die der sittlichen Person in ihrer Selbstgewißheit Frieden und Seligkeit gibt. Die inhaltlich qualifizierten Vorstellungen hinsichtlich des höchsten Gutes unterliegen selbst der Wahrheitsfrage.

Durch den Wohlstandsbegriff wird neben dem Gesichtspunkt der Produktion und damit der Knappheitsminderung auch der Gesichtspunkt der Verteilungsgerechtigkeit geltend gemacht. Die elementare Bedürftigkeit der Menschen, sich im Austausch mit der natürlichen Umwelt erhalten und entwickeln zu müssen, ist durch Tausch und Arbeitsteilung gesellschaftlich gebunden. Individueller Wohlstand ist heutzutage immer gesellschaftlich vermittelt, bedeutet Anteilhabe am gesellschaftlichen Wohlstand. Diese soziale Ordnung, durch die die elementare Bedürftigkeit befriedigt und die Lebenssphäre gesteigert wird, bedarf der politischen Gestaltung.

B. Grundordnungen

Mit dem Begriff der Wirtschaftsordnung ist die politisch-rechtliche und organisatorische Verfaßtheit des Wirtschaftens gemeint. Eine Wirtschaftsordnung besteht aus einer Vielzahl von Regeln und Institutionen, die den Prozeß des Wirtschaftens regulieren. Die rechtliche gesetzlich fixierte Seite der Wirtschaftsordnung kann auch als Wirtschaftsverfassung beschrieben werden.

Die Wirtschaftsordnung folgt einem Prinzip, das nicht nur die Wirtschaftsprozesse, sondern auch deren gesellschaftliche Verankerungen und Auswirkungen bestimmt. Jede Wirtschaftsordnung impliziert anthropologisch-kosmologische Grundentscheidungen. Sie bestimmt den Selbständigkeitsgrad der Wirtschaft im sozialen Gefüge. Sie legt den Verfügungsgrad fest, den Menschen über die Dinge dieser Welt haben.

Die Ordnungsprinzipien müssen Art und Verfahren regeln, wie die Wirtschaftsprozesse koordiniert werden sollen, müssen festlegen, wer die Entscheidungen über Produktion und Verbrauch treffen soll (Eigentum und Verfügung), müssen angeben, wie die Wirtschaftsprozesse mit anderen sozialen Handlungsbereichen vernetzt werden sollen. Die Ordnungsprinzipien sind faktisch mit Optionen für bestimmte Handlungsmotivationen sowie soziale und individuelle Zielvorstellungen verknüpft. Die Ordnungsprinzipien beeinflussen maßgeblich die Verfahren, wie die Informationen, die für die Koordination der Wirtschaftsprozesse unverzichtbar sind, gewonnen werden können. Die Ordnungsprinzipien grenzen die Leistungsanreize ein, mit denen ein System operieren kann.

Für die Verschiedenheit der wirtschaftlichen Grundordnungen sind vorrangig nicht die Eigentumsregelungen und sozialen Gruppierungen maßgeblich, sondern die Regelung der Koordination der Wirtschaftsprozesse. Ordnungen mit zentraler und solche mit dezentraler Koordination stehen einander gegenüber.

In der theologischen Ethik gibt es eine Grundströmung, die sich vornehmlich mit der Verteilungsthematik beschäftigt und eine Vorliebe für die Bedarfswirtschaft erkennen läßt, während die Erwerbswirtschaft kritisiert wird. Diese Wertungen gründen im Engagement für die Verteilungsgerechtigkeit (Schutz der Armen) und im moralischen Mißtrauen gegenüber dem Erwerbsstreben. Doch wird durch diese Konzentration auf spezielle Moralaspekte die Vielgestaltigkeit der wirtschaftlichen Interaktionen und das lebenssteigernde Potential wirtschaftlicher Produktivität zu wenig berücksichtigt. Der theologische Vorbehalt gegenüber der Sündhaftigkeit der Welt kann ja nicht säuberlich auf bestimmte Gruppen und soziale Lagen eingegrenzt werden. Vielmehr muß darauf hingewirkt werden, daß die auch in der Wirtschaft beobachtbaren zerstörerischen Handlungsimpulse oder lähmenden Verhaltensmuster in lebensförderliche Ordnungen eingebunden werden.

Die ethische Qualität einer Wirtschaftsordnung ist daran zu messen, ob sie Freiheit (Autonomie), Gleichheit (Armutseindämmung), Gerechtigkeit und Wohlstand fördert, ob sie mit Demokratie, Naturwelt und Frömmigkeit verträglich ist.

1. Kontraste

In der Wirtschaftsgeschichte des 20. Jahrhunderts sind vornehmlich zwei Ordnungsprinzipien antagonistisch wirksam geworden. In den Zeiten der scharfen Konkurrenz zwischen staatssozialistischen und privatkapitalistischen Gesellschaften wurden Überlegungen zu den Ordnungsprinzipien und Vergleiche zwischen den Grundordnungen häufiger angestellt. Bei diesen Systemvergleichen waren zumeist stärker soziologische als wirtschaftswissenschaftliche Beobachtungen und Thesen leitend. Nicht selten kam es zu verzerrenden Identifizierungen unterschiedlicher Perspektiven.

Den konkreten Wirtschaftsordnungen liegen idealtypisch zwei Ordnungsprinzipien zugrunde, nämlich die zentral gelenkte Wirtschaft und die dezentrale Marktwirtschaft. Zur Profilierung dieser gegensätzlichen Ordnungsprinzipien können auch die Alternativen von Befehlswirtschaft und Vertragswirtschaft sowie von Verwaltungswirtschaft und Verkehrswirtschaft einander gegenübergestellt werden. An diesen beiden gegensätzlichen Ordnungsprinzipien sind einerseits die staatssozialistische Zentralverwaltungswirtschaft der östlichen Volksdemokratien und andererseits die privatkapitalistische Marktwirtschaft oder Wettbewerbswirtschaft der westlichen Wahldemokratien orientiert, aber sie sind faktisch nie rein verwirklicht worden. Das hängt mit den internen Gegenläufigkeiten und Widersprüchen zusammen, die ein partielles Sistieren der grundlegenden Ordnungsprinzipien erfordern. Dadurch kommt es in den faktischen Ordnungen zu Mischerscheinungen.

Privatkapitalismus und Marktwirtschaft (bzw. Wettbewerbswirtschaft oder Verkehrswirtschaft) sind nicht identisch, wohl aber besteht zwischen beiden eine Affinität, wie sich auch eine Affinität zwischen Zentralverwaltungswirtschaft und Staatssozialismus beobachten läßt. Die Marktwirtschaft der westlichen Industrieländer ist zwar in der geschichtlichen Entwicklung mit der Ausbildung des Kapitalismus verknüpft gewesen, doch ist der Kapitalismus nur eine mögliche Ordnungsgestalt innerhalb des Grundsystems Marktwirtschaft. Kapitalismus meint die Vorherrschaft der Kapitalinteressen bei gleichzeitiger Kapitalakkumulation in der Hand entweder von Eigentümerunternehmern oder von Erwerbsgesellschaften. Mit der Kapitalakkumulation ist dann auch eine entsprechende Machtkonzentration verbunden. Privatkapitalismus meint also eine Wirtschaftsform, wo die gesellschaftliche Minderheit der Kapitaleigner die Subjektstellung für die Wirtschaftsprozesse innehat und dadurch die gesellschaftliche Mehrheit dominiert. Staatssozialismus meint die Vergesellschaftung der Produktionsmittel, genauer die Verfügung und Nutzung der Produktionsmittel allein in der Hand des Staates.

Die Bezeichnung der Zentralverwaltungswirtschaft als Planwirtschaft ist insofern mißverständlich, als suggeriert wird, in der Marktwirtschaft finde keine Planung statt. Planen ist aber für jedes Wirtschaften unverzichtbar. Wirtschaften ist wesentlich geplante zweckbestimmte Tätigkeit. Deshalb ist es irreführend, die Wirtschaftsordnungen in solche, wo geplant wird, und in solche, wo nicht geplant wird, einteilen zu wollen. Unterscheidende Merkmale sind Trägerschaft und Verfahren der Planung. Planungssubjekte sind in der Marktwirtschaft die einzelnen Unternehmungen und Haushalte, in der Zentralverwaltungswirtschaft dagegen eine staatliche Planungsbehörde. Nicht die Planung macht die Unterscheidung der Wirtschaftssysteme aus, sondern die Koordinationsverfahren und die Lenkungsinstrumente des Wirtschaftens.

Die Entscheidungskompetenz über Art und Umfang der Produktion, die hauptsächlich von der Eigentumsordnung abhängig ist, wird in der Marktwirtschaft mit Privateigentum dezentral von den jeweiligen Privateigentümern und in der Zentralverwaltungswirtschaft mit Staatseigentum von der Zentralinstanz getroffen. Prinzipiell sind aber Eigemtums- und Verfügungsrechte nicht identisch, sondern können getrennt wahrgenommen werden (beispielsweise in der deutschen Kriegswirtschaft während der beiden Weltkriege und in der betrieblichen Autonomie in Ungarn in den 1980er Jahren). Die Koordination der Wirtschaftsaktivitäten und Wirtschaftsfaktoren geschieht in der Zentralverwaltungswirtschaft durch den Plan, in der Marktwirtschaft durch den Preismechanismus. Im Bereich bilateraler Monopole können aber auch Koordinationen durch Verhandlungen stattfinden, im

Bereich öffentlicher Güter durch politische Abstimmungen der Wahlberechtigten oder ihrer Repräsentanten.

Modelle sozialistischer Wirtschaft ohne zentrale Lenkung und ohne ausschließliches Staatseigentum an Produktionsmitteln sind verschiedentlich konzipiert worden. Hingewiesen sei besonders auf das politisch realisierte jugoslawische Modell der Arbeiterselbstverwaltungswirtschaft. Doch hat kein Modell die Koordinationsfrage überzeugend beantworten können. Werden die Verfügungs- und Nutzungsrechte in privaten Genossenschaften organisiert, so sind diese mit einer Marktwirtschaft verträglich.

Beide Wirtschaftssysteme sind Idealtypen, die niemals rein verwirklicht wurden. Weder gab es je eine Zentralverwaltungswirtschaft ohne Einzelwirtschaften noch eine reine Vertragswirtschaft mit reinem Marktverkehr ohne kleine zentral geleitete Wirtschaftseinheiten (Privathaushalte).

Da es in der Wirtschaft um Minderung der Knappheit der Güter des menschlichen Bedarfs geht, müssen die zu diesem Zweck nötigen ebenfalls knappen Mittel optimal eingesetzt werden. Das erfordert eine genaue Planung in der Allokation der Mittel. Die Entscheidungen über die günstigste Allokation muß nach dem Knappheitsgrad der Güter erfolgen. Dieser Knappheitsgrad kann entweder durch Marktpreise oder durch Planbilanzen angezeigt werden. Die Modi, die die Knappheitsgrade anzeigen, konstituieren zwei wirtschaftliche Grundsysteme: die dezentrale Marktwirtschaft und die Zentralverwaltungswirtschaft, in der staatliche Behörden den Wirtschaftsprozeß planen. Die Wirtschaftsprozeßplanung erfolgt in der Marktwirtschaft durch die Unternehmen, die sich ihrerseits nach dem Kaufverhalten der Verbraucher richten. Der dezentralen Marktwirtschaft steht die zentrale Staatswirtschaft gegenüber. Hier liegt die Planung der Wirtschaftsprozesse bei den staatlichen Behörden. Sie ist keineswegs an eine sozialistische Eigentumsordnung gebunden.

Die Vorzüge und Schatten der beiden Wirtschaftssysteme sind spiegelbildlich verteilt. Die Zentralverwaltungswirtschaft hat ihre großen Mängel auf der Angebots- und Produktionsseite; sie erreicht keine hohe Effizienz und produziert in geringer Auswahl und Qualität nur wenige Güter; auf der Verbraucherseite kann sie soziale Standards ziemlich gut garantieren. Die Marktwirtschaft erreicht eine vielfältige Güterproduktion bei hoher Effizienz; auf der Verbraucherseite kommt es leicht zu sozialen Destabilisierungen und Verwerfungen.

a. Zentralverwaltungswirtschaft

In der Zentralverwaltungswirtschaft werden die Zielgrößen des Wirtschaftens, d. h. welche Produkte in welcher Qualität und welchen Mengen hergestellt werden sollen, an welchen Standorten und für welchen Verbrauch, zentral festgelegt und in einem Plan niedergelegt. Dessen Umsetzung muß jeweils durch immer neue Bilanzierung durch untergeordnete Instanzen kontrolliert werden. Diese Planerstellung und Planumsetzung ist umso komplizierter, je höher entwikkelt die Wirtschaft ist. Durch die Lieferverflechtungen zwischen den Betrieben müssen nämlich Plandifferenzen zu immer neuen Korrekturen aller Einzelpläne führen.

Wäre eine lückenlose Erfassung der benötigten Güter sowohl innerhalb des Produktionsprozesses als Vorleistungen für die verschiedenen Betriebe als auch als Konsumgüter für den Verbrauch der privaten Haushalte möglich, so könnten ohne das Tauschmittel Geld alle Güter den jeweiligen Verbrauchern direkt zugeteilt werden. Gerade diese Mengenplanung ist aber prinzipiell nicht erreichbar, weil alle Korrekturen Zeit und Ressourcen erfordern und somit die Planerfüllung der Wirklichkeit prinzipiell hinterherhinkt. Da die Mengenplanung unvollständig ist, muß notwendigerweise die Investitionsplanung mangelhaft sein; denn der wirkliche Knappheitsgrad der Güter ist weitgehend unbekannt.

Der prinzipiellen Unvollständigkeit der Mengenplanung kann durch die Einführung einer Preisplanung, die das Nachfrageverhalten regulieren soll, nur unzureichend begegnet werden. Besonders schwerwiegend ist zudem das Problem der Motivation für die Produzenten, Verbraucher und Unternehmungen, ihren wirklichen Bedarf ehrlich anzugeben. Das Planungsprinzip unterstützt die Unehrlichkeit, weil eine Untertreibung der Produktionskapazitäten belohnt wird durch eine gleiche Versorgung bei geringerer Leistung.

Mängel der Zentralverwaltungswirtschaft sind die Schwerfälligkeit der Planungsverwaltungen, die systemimmanenten Konflikte zwischen den verschiedenen Verwaltungsebenen, weil hier Planerfüllung und Planbestimmung und Plankontrolle zumeist gegenläufig sind, die Tendenz zu einer möglichst einfachen Erfüllung der aufgestellten Pläne bei Ermessensspielraum der Betriebe (wenige große Schrauben statt vieler kleiner Schrauben bei gleicher Menge), das Bilden und Ausweichen auf Schwarzmärkte zur Knappheitsregulierung. Wegen der Vielzahl der nötigen Daten ist besonders die Informationsvermittlung ein unlösbares Problem. Das Erfassen der Konsumentenwünsche geht nur sehr unzureichend in die Planung ein. Neue technische Entwicklungen machen die Planungen schnell zur Makulatur.

b. Marktwirtschaft

In der Marktwirtschaft sind die Kompetenzen für Planung und Entscheidung hinsichtlich von Produktion und Verbrauch völlig dezentralisiert. Wirtschaftssubjekte sind hier die einzelnen Unternehmungen, die privaten und die öffentlichen Haushalte. Die Selbstverantwortung und effektive Entscheidungsfreiheit der einzelnen Wirtschaftssubjekte korrelieren mit einer Ungebundenheit durch staatliche Direktiven. Die Unternehmen müssen darüber bestimmen, was sie in welcher Menge wie herstellen wollen. Die Haushalte müssen darüber bestimmen, wie sie das ihnen zur Verfügung stehende Einkommen für welche Güter wann und wo ausgeben wollen. Die marktwirtschaftliche Wirtschaftsplanung ist mikroökonomisch. Die Koordination der freien individuellen Planungsentscheidungen erfolgt vorrangig über den Markt.

Marktwirtschaft ist immer Wettbewerbswirtschaft. Die Rationalität der Wirtschaftsentscheidung besteht gerade darin, daß die am Wirtschaftsprozeß Beteiligten darauf aus sind, den eigenen Nutzen zu maximieren. Die Anbieter wollen möglichst viel Gewinn erzielen, die Nachfrager die gewünschten Güter möglichst billig erwerben.

In der Marktwirtschaft ist die Motivation der Wirtschaftenden auf das Eigeninteresse ausgerichtet. Doch soll durch die List des Marktes das Eigeninteresse dem Gesamtinteresse dienen. Zwar will der einzelne nur für den eigenen Gewinn wirtschaften, doch auch gegen den eigenen Willen befördert er das allgemeine Wohl. Mit der Metapher von der 'unsichtbaren Hand' erinnert Adam Smith an die theologische Lehre von der weisen Vorsehung Gottes. Der individuelle Egoismus sorge für die allgemeine Wohlfahrt.

Die nötige Koordination der Entscheidungen erfolgt über den Markt bzw. den Preis mittels des Wettbewerbs. Der Markt steht für Tauschvorgänge, die durch die Kommunikation von Anbietern und Nachfragern zustande kommen. Dabei muß nicht ein bestimmter räumlicher Ort definiert werden. Wichtig ist nur, daß Anbieter und Nachfrager zusammenkommen. Die Pläne beider werden dann über den Marktmechanismus oder den Marktpreis aufeinander abgestimmt durch den Wettbewerb.

Die Preise geben, falls sie durch Wettbewerb zustande kommen, die nötigen Informationen über den Knappheitsgrad eines Gutes. Höhere Preise reizen zur Produktion knapper Güter an und sorgen für schonlichen Umgang mit knappen Produktionsfaktoren. Produktion und Nachfrage werden dadurch koordiniert, daß höhere Preise zu einer Anhebung der Produktion und zu einer Verringerung des Verbrauchs führen, bis sich Gleichgewichtspreise eingependelt haben. Die Preise lenken zudem die Produktionsfaktoren zwischen den Einzelmärkten.

In der Marktwirtschaft haben die Nachfrager mittels des Preismechanismus einen maßgeblichen Einfluß auf die Herstellung und das Angebot. Idealtypisch besteht eine Nachfragesouveränität. Durch die Kaufentscheidung fällen die Nachfrager ihr Urteil über Art und Umfang der Produktion. Dadurch sind die Nachfrager (Verbraucher) in einer offenen Marktwirtschaft die unbekannte Größe. Idealtypisch ist der Wettbewerb auch Motor des Fortschritts. Friedrich August von Hayek (1899-1992) sprach vom Entdeckungsverfahren. Der Wettbewerb zwingt zu Qualitätsverbesserungen und Kostensenkungen. Der Wettbewerb erzwingt eine optimale Allokation der Produktionsfaktoren und zwar gerade unter Berücksichtigung der Nachfragerwünsche. Dadurch werden die Produzenten zu Leistungssteigerungen gezwungen. Diese kommen den Nachfragern (Verbrauchern) wiederum zugute. Im Streben der Produzenten nach größerem Gewinn und größerem Marktanteil werden ungewollt gerade die Wünsche der Nachfrager besser befriedigt.

Innerhalb der Grundordnung der Marktwirtschaft sind sehr unterschiedliche Einzelordnungen ausgeprägt worden. Schon im europäischen Raum unterscheiden sich Deutschland, Schweden und Großbritannien gewaltig. Noch größer sind die Unterschiede zu den USA und Japan. Schon vor der Staatwerdung der BRD wurde in Deutschland die 'Soziale Marktwirtschaft' aus der Taufe gehoben. Prägend waren protestantisch-liberale Vorstellungen (Alfred Müller-Armack, Ludwig Erhardt, Walter Eucken), die einerseits die Freiheit und die dezentrale Selbstentscheidung des wirtschaftlichen Geschehens gegen jede Zentralverwaltungswirtschaft (Kriegswirtschaft) und andererseits die Sozialpflichtigkeit des wirtschaftlichen Tuns hervorhoben. Die Ordnungen der Marktwirtschaft sind nicht nur von den Elementen und Vollzügen des Wirtschaftsgeschehens, sondern auch von der nationalen Tradition und Kultur abhängig, von der Mentalität und den Werthaltungen der Menschen.

Die Mängel der Marktwirtschaft resultieren aus dem dezentralen anonymen Koordinationsgeschehen. Die Marktwirtschaft erweist sich gerade wegen ihrer inneren Logik als ausgesprochen anfällig für Krisen, die durch Arbeitslosigkeit und Inflation ausgelöst werden. Arbeitslosigkeit und Inflation sind ja selbst Hilfsmittel im Preismechanismus. Der Instabilität der Märkte wird durch staatliche Wirtschaftspolitik möglichst entgegengesteuert (Konzertierte Aktion). Die Nachfragesouveränität ist zudem eingeschränkt, weil die Nachfrage durch Werbemaßnahmen mehr oder minder stark beeinflußt werden kann. Häufig hat die Produzentenseite ein Übergewicht über die Nachfragerseite.

Das Marktgeschehen funktioniert allein mittels eines freien Preismechanismus. Dazu wäre nötig, daß alle wichtigen Faktoren in die Preisbildung eingehen. Das ist aber nicht der Fall. Es gibt externe Erträge und externe Kosten, allgemein externe Effekte, die aus der Preisbildung ausgeschlossen bleiben. Hier hat der weite Bereich der Umweltdebatte seinen Ort.

Aus seiner eigenen Logik heraus ist allerdings die Markt- oder Wettbewerbswirtschaft verschiedenen Gefährdungen bzw. Zerstörungen ausgesetzt. Durch Größenwachstum und Monopolbildung kommt es zu einer Einschränkung bzw. Aufhebung des Wettbewerbs. Dann werden Preise vom Produzenten auf Dauer diktiert. Größenwachstum bringt nämlich zunächst Kostensenkungen und damit Konkurrentenverdrängung. Mit der Marktbeherrschung kann das Unternehmen höhere Preise durchsetzen.

Auch in der Marktwirtschaft gibt es die grundlegende Schwierigkeit einer zureichenden Information über das Marktgeschehen und die Marktzustände. Dadurch kann es zu schwerwiegenden Fehlentscheidungen kommen. Gerade im Bereich der Versicherungen gibt es prinzipiell eine asymmetrische Information, weil die versicherte Person über die Risiken besser Bescheid weiß als die Versicherungsgesellschaft. Gerade die kalkulierte Durchschnittlichkeit der Risiken führt zu einer adversativen Selektion. Personen mit gutem Risiko nehmen die Versicherungen nämlich überhaupt nicht im gewünschten Ausmaß in Anspruch. Zudem können Versicherungen zu Verhaltensweisen führen, die gerade durch Erhöhung der Risikobereitschaft den Schadensfall häufiger auftreten lassen (moral hazard).

Die Markt- oder Wettbewerbswirtschaft führt zu einer Verstärkung bestehender Ungleichheiten bei Einkommen und Vermögen. Je mehr Vermögen vorhanden ist, desto besser läßt es sich gewinnbringend anlegen und steigern. Außerdem fallen große Personenkreise, die keine marktfähigen Leistungen erbringen, aus der Gruppe der Einkommenserzieler heraus.

Die Marktwirtschaft wird keineswegs ungeplant und zwangsläufig allen Gesamtinteressen der Gesellschaft gerecht. Erstens müssen Infrastruktur und Sicherheitsinteresse anders erfüllt werden. Das Erziehungs-, Verkehrs- und Bildungswesen ebenso wie die Sicherheitskräfte sind öffentliche Güter, die nicht erwerbswirtschaftlich erbracht werden können. Zweitens muß der Staat eingreifen bei den externen Effekten wie Luftverschmutzung, Gewässerverschmutzung, Waldsterben usw., die von bestimmten Güterproduktionen ausgehen und sich der marktwirtschaftlichen Koordination entziehen. Eine dritte Schwäche des Marktes ist seine kurzfristige Orientierung.

2. Sozial geordnete nachhaltige Marktwirtschaft

Der christliche Glaube hat das Wirtschaften nicht direkt zum Thema. Wohl aber lassen sich aus den moralischen Implikationen christlichen Glaubens Präferenzen für die Grundordnung des Wirtschaftens formulieren. Der christliche Glaube ist zugleich gemeinschaftsbezogen und individualisierend, realitätsskeptisch und hoffnungsträchtig. Er unterstützt eine sozial gebundene und geordnete Marktwirtschaft, die individuelle Entscheidungsfreiheit und soziale Verantwortung zusammenknüpft.

Die Gesellschaft wird durch die Art und Verfaßtheit des Wirtschaftens mitgeprägt. Diese sozialen Wirkungen des Wirtschaftens müssen beachtet werden. Das christliche Zielbild der gesellschaftlichen Ordnung muß schon bei Erzeugung, Verteilung und Verbrauch von Sachgütern und Dienstleistungen gestaltend berücksichtigt werden. Deshalb muß bei der Gestaltung der Wirtschaftsgrundordnung die Bezogenheit von Selbstverantwortlichkeit (Freiheit) und Sozialpflichtigkeit (Solidarität) leitend sein. Dabei müssen Arbeitslosigkeit, asymmetrische Einkommensverteilung, Chancenungleichheit und Benachteiligung von Gruppen möglichst verringert und die soziale Absicherung der Lebensrisiken angemessen garantiert werden.

Der Staat hat als Souverän des Rechts primär die Aufgabe, die für die sozialen Interaktionen geltenden Ordnungen zu setzen und also die äußere Freiheit der Personen zu regulieren. Der Staat hat nicht nur durch sein Gewaltmonopol die Schutzfunktion, ungeregelte Gewaltandrohung und Gewaltanwendung einzelner Personen oder Gruppen gegen andere Personen oder Gruppen auszuschließen, sondern auch eine soziale Ordnungsfunktion durch Gesetzgebung und Verwaltung. Bei dieser Ordnungsfunktion, zu der auch Wirtschaftsrecht, Privatrecht und Schuldrecht gehören, muß sich der Staat allerdings auf den Bereich der Handlungen beschränken und darf nicht in den Bereich der Gesinnung und des Gewissens eingreifen. Die

Selbstbegrenzung des Staates besteht also sowohl in der Selbstbindung an das von ihm gesetzte Recht als auch in der Begrenzung der sozialen Ordnungssetzung auf die Sphäre äußerer Freiheit und den Schutz der persönlichen Entfaltung.

Die Wirkungen des Marktes sind durchaus ambivalent. Einerseits findet eine Machtdämpfung durch die Konkurrenz statt, andererseits kommt es durch die Konkurrenz zu Verdrängung und Machtbildung. Deshalb ist die Marktwirtschaft nicht automatisch auch demokratieverträglich. Da im Wirtschaftsprozeß das Leistungsprinzip gilt, wird die Ungleichheit durch den Verdrängungswettbewerb geradezu gefördert. Die ungleiche Verteilung von Produktionsmitteln und Einkommen läßt wirtschaftliche Machtpositionen entstehen. Diese werden nicht nur im Wirtschaftsleben, sondern auch in der politischen Entscheidungsfindung eingesetzt. Die wirtschaftliche Ungleichheit bedroht die politische Willensbildung, die auf Gleichheit der Bürger beruht. Wirtschaftliche Macht bedarf deshalb auch der inneren Kontrolle. Die Wirtschaftsordnung muß in Richtung auf eine Partizipation der Wirtschaftenden an den Entscheidungsprozessen entwickelt werden. Die Wirtschaftsordnung muß mit dem demokratischen Staatsaufbau kompatibel sein.

Die Marktwirtschaft bedarf eines staatlich gesetzten und sozialethisch reflektierten Ordnungsrahmens. Dieser muß die Fairneß des Wettbewerbs, sozialen Ausgleich, arbeitsrechtliche Sicherung, Schutz der natürlichen Umwelt, Stabilität und Beschäftigung durch globale Steuerung und eine angemessene Infrastruktur zu erreichen suchen. Der Staat muß sein Handeln wirtschaftspolitisch an bestimmten Zielvorgaben orientieren. Er muß öffentliche Güter bereitstellen. Er muß bei Marktversagen Maßnahmen ergreifen, um Fehlentwicklungen zu minimieren und zu überwinden. Er muß wirtschaftliche Macht kontrollieren und eindämmen. Er muß für den internationalen Bereich auf vertragliche Regelungen hinarbeiten.

Im Programm der 'Sozialen Marktwirtschaft', wie es nach dem Zweiten Weltkrieg in der Bundesrepublik Deutschland teilweise politisch durchgesetzt worden ist, wird ein Ausgleich zwischen der einzelwirtschaftlichen Gewinnorientierung und einer gesamtwirtschaftlichen sozialstaatlichen Berücksichtigung der schwächeren Gesellschaftsmitglieder sowie Wahrung kultureller Traditionen angestrebt. Dieses Programm meint nicht die soziale Unterfütterung der freien Wettbewerbswirtschaft, sondern das Ineinander von freien Wirtschaftsleistungen und sozialen Bemühungen.

Dieser Zielsetzung dient die Ausgestaltung der sozialen Sicherungssysteme in den Fällen von Alter, Krankheit, Pflegebedürftigkeit, Arbeitslosigkeit und Unfall. Durch die arbeitsrechtliche Gesetzgebung sollen die Schwächeren gegen Willkürhandlungen der wirtschaftlich Stärkeren geschützt werden. Das Arbeitsrecht regelt die Beziehungen der Abhängigbeschäftigten zu den Arbeitgebern. Es setzt für den individualrechtlichen Arbeitsvertrag zwischen dem einzelnen Arbeitnehmer und dem Arbeitgeber einen verbindlichen Rahmen und trifft kollektivrechtliche Regelungen wie die Betriebsverfassung, die soziale Selbstverwaltung, die Tarifvertragsstruktur und den Arbeitskampf. Durch die Mitbestimmungsregelung nehmen die Abhängigbeschäftigten an den Entscheidungen ihres Betriebes und Unternehmens teil. Die autonome tarifvertragliche Einkommensanpassung soll die Teilhabe an die wirtschaftliche Entwicklung sichern. In allen diesen Hinsichten wird das Sozialsystem nicht von der Wirtschaft alimentiert, sondern die Wirtschaftsstruktur von den sozialen Belangen mit geformt.

Eine Wirtschaftsordnung bedarf immer wieder der bewußten Weiterentwicklung und Umgestaltung. Soziokulturelle, ökologische und ökonomische Veränderungen verlangen auch eine Anpassung der Wirtschaftsordnung. Die Flexibilität der Ordnung ist selbst Kennzeichen ihrer Leistungsfähigkeit. Eine Umgestaltung der Ordnung kann ihrerseits gesellschaftliche Reformprozesse begünstigen. Für die Gestaltung der Wirtschafts- und Sozialordnung sind die institutionellen Regelungen wichtig. Im Geflecht von Unternehmen, Verbänden und staatlichen Stellen müssen die allgemeinen Werte konkretisiert und in Handlungs- und Organisationsmaximen umgeformt werden.

Die industrialisierte Art des Wirtschaftens hat eine krisenhafte Wirkung für den natürlichen Lebensraum der Menschheit gezeitigt. Deshalb sind Korrekturen der Wirtschaftsstrukturen zur Durchsetzung einer stark verbesserten Umweltverträglichkeit vonnöten.

Seit den 1980er Jahren gibt es in den westlichen Industriestaaten eine Grundtendenz, die sozialen Aktivitäten und Regulierungen des Staates zu beschränken und verstärkt die Eigeninitiative der Gesellschaftsmitglieder zu fordern. Die Privatisierung ist motiviert sowohl durch Ineffizienzen staatlicher Bürokratien, Verdruß über eine zu hohe Staatsquote und unnötige Gängelungen der Gesellschaftsmitglieder einerseits, aber auch durch Ausweitung privater Tätigkeit auf lukrative öffentliche Tätigkeitsfelder andererseits. Die Formulierung des Verhältnisses von individuellen, kooperativen und allgemeinen Interessen muß neu vorgenommen werden. Die grundlegenden Wandlungen im Verhältnis zur Natur und im Verhältnis der Geschlechter zueinander sowie im Verhältnis der Erwerbstätigen zu den Nichterwerbstätigen haben direkte Konsequenzen für die Organisation der Wirtschaftsprozesse.

C. Einzelwirtschaftliches Marktmodell

Das mikroökonomische Marktmodell basiert auf Tausch, Vertragsfreiheit und Eigennutzoptimierung. Moralische Verhaltensmaximen werden dabei implizit vorausgesetzt: Tauschehrlichkeit, Vertragstreue und Loyalität geben die selbstverständliche Basis ab. Diese Voraussetzung läßt sich besonders gut auf dem Arbeitsmarkt beobachten. Hier wird die Lohnhöhe nach dem Marktmodell entsprechend Angebot und Nachfrage ausgehandelt. Ist es dann zu einem Vertragsabschluß gekommen, so wird bei beiden Vertragsparteien eine Begrenzung des am Eigennutz orientierten Verhaltens erwartet. Die Arbeitnehmer sollen sich nach Kräften für die von ihnen übernommene Arbeitsaufgabe einsetzen, die Arbeitgeber sollen möglichst umfassend für den Unterhalt der Arbeitnehmer Sorge tragen. Wäre das Eigennutzstreben ungezügelt weiterhin verhaltenssteuernd, so gäbe es nicht die wünschenswerte Vertragssicherheit und Vertragstreue. Beide Seiten müßten jederzeit des Vertragsbruches gewärtig sein. Dadurch würde insgesamt die Wirtschaftsleistung deutlich beeinträchtigt.

1. Voraussetzungen und Elemente

Nicht für alle Güter gibt es einen Markt. Damit überhaupt ein Markt zustande kommen kann, muß es den Anbietern möglich sein, ein Gut als ihr eigenes zu behaupten und Interesse an seinem Wert zu wekken. Ferner muß es den Anbietern möglich sein, die Nutzung des angebotenen Gutes auf einen bestimmten Personenkreis zu beschränken (Ausschließbarkeitsprinzip). Bei bestimmten Gütern ist der Nutzungsausschluß prinzipiell nicht vollziehbar (beispielsweise Küstensicherung, öffentliche Sicherheit in einer Großstadt, Seuchenvorsorge). Sollen solche Güter überhaupt produziert werden, so müssen sie durch die Nachfrager angefordert und durch die öffentliche Hand bereitgestellt werden.

Die Anbieter eines Gutes schließen in der Regel alle diejenigen vom Konsum bzw. von der Nutzung aus, die den geforderten Preis nicht bezahlen wollen oder nicht bezahlen können. Wenn der Ausschluß zwar durchsetzbar, dies aber relativ zur angebotenen Leistung mit hohen Kosten verbunden ist, erfolgt die Durchsetzung in der Regel nur mit eingeschränkten Mitteln. Beispielsweise wird der Fahrkartenbesitz im öffentlichen Personennahverkehr nur durch Stichproben überprüft.

Auf dem Markt begegnen sich Nachfrager und Anbieter. Dies war in früheren Jahrhunderten ein ausgewiesener Ort. Man denke an die spezifizierten Marktplätze in den größeren mittelalterlichen Städten (beispielsweise in Köln). Da gab es einen Kornmarkt, Heumarkt, Pferdemarkt, Ochsenmarkt. Anbieter und Kaufwillige kamen zu festgesetzten Zeiten an einem bestimmten Ort zusammen, um die Handelsgeschäfte abzuwickeln und die Güter zu übereignen.

So geschieht es heute noch auf einem Wochenmarkt. Hier sind Anbieter und Kaufwillige sowie die Marktleitung. Diese sorgt dafür, daß von beiden Seiten, hauptsächlich auf der Seite der Anbieter, die Regeln des Marktes eingehalten werden. Wird das Beispiel des lokalen Wochenmarktes auf die Gesamtwirtschaft übertragen, so begegnen in der Wirtschaftsordnung der Marktwirtschaft genau diese drei

Instanzen: Es gibt die Produzenten und die Konsumenten sowie den Staat, der das Marktgeschehen regelt und die Regelungen überwacht.

Heutzutage gehört die raumzeitliche Begegnung nicht mehr zwingend zum Marktgeschehen. Durch technische Hilfsmittel ist es möglich, Präsenz auch ohne raumzeitliche Anwesenheit herzustellen. Das hat zu einem tiefgreifenden Wandel der sozialen Interaktionen geführt. Auch das Marktgeschehen ist davon betroffen.

Ein Markt bildet sich überall dort, wo Anbieter und Kaufwillige voneinander wissen und ihr Kauf- bzw. Verkaufsverhalten danach einrichten. Ein Markt ist also primär ein Mittel zum Sammeln und Austauschen von Informationen und zur Verabredung von Geschäften. Die reale Übereignung der Güter ist nicht an das Marktgeschehen gebunden und kann real sehr verschieden vollzogen werden. Die marktliche Verfaßtheit von Koordinationsprozessen hat sich als sehr wirksam erwiesen. Deshalb prägt diese Struktur von Marktlichkeit immer stärker die sozialen Interaktionen.

In der Wettbewerbs- oder Marktwirtschaft gibt es viele Einzelmärkte. Die Abgrenzung eines Einzelmarktes erfolgt bei empirischen Marktuntersuchungen ausschließlich pragmatisch. Die Einzelmärkte sind für die verschiedenen Güter und Dienstleistungen sehr unterschiedlich organisiert. Die sektorale Aufgliederung der Gütermärkte ist verschränkt und überlagert von der raumzeitlichen Aufgliederung nach Orten, Ländern, Kontinenten. In wichtigen Wirtschaftszweigen ist das Marktgeschehen auf die gesamte Erde ausgedehnt. Diese Entwicklung zur Globalisierung der Einzelmärkte kann für die einzelnen Volkswirtschaften zu erheblichen Konkurrenz- und Anpassungskrisen führen.

Fast alle am Wirtschaftsprozeß Beteiligten sind zugleich Produzenten und Konsumenten im weitesten Sinn. Bei einer Analyse des Marktgeschehens muß diese Zweiseelenhaftigkeit der Wirtschaftsakteure ausgeblendet werden. Es wird unterstellt, daß sie sich in der Position des Verbrauchers und in der des Anbieters jeweils nach den üblichen Maximen verhalten.

2. Modell der vollständigen Konkurrenz

Die mikroökonomische Theorie operiert, um die Prozesse auf einem Wettbewerbsmarkt zu erfassen, abstrahierend mit dem Modell, daß bei einem homogenen Gut auf der Anbieterseite und der Nachfragerseite vollständige Konkurrenz bestehe. Das Modell der vollständigen Konkurrenz impliziert beträchtliche Voraussetzungen, so eine atomistische Marktstruktur, Homogenität des gehandelten Gutes, Markttransparenz und rationales Verhalten der Marktteilnehmer mit Orientierung am Nutzenmaximum. Die atomistische Marktstruktur meint einen Markt mit einer Vielzahl von Anbietern und Nachfragern, wo kein Marktteilnehmer einen dominierenden Einfluß auf das Marktgeschehen hat. Mit der Homogenität des gehandelten Gutes ist dessen räumliche, zeitliche und sachliche Gleichheit angenommen. Die Markttransparenz bedeutet eine kostenlose und umfassende Information aller Marktteilnehmer über Preise und Mengen. Graphisch wird ein Einzelmarkt durch ein Preis-Mengen-Diagramm dargestellt.

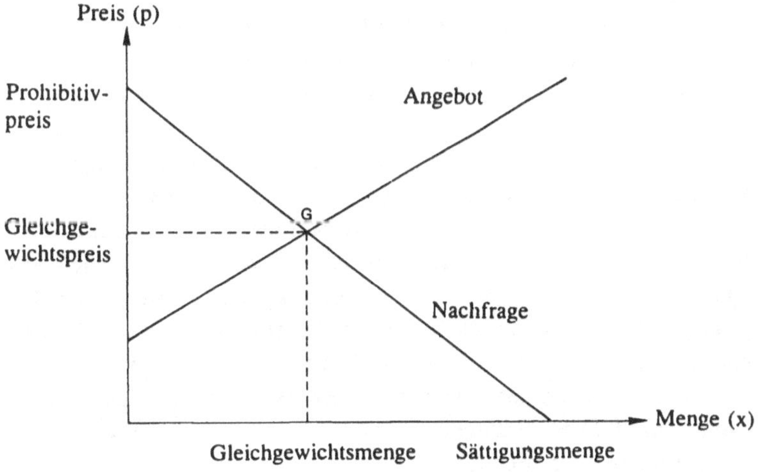

Die nachgefragten Menge des Gutes (Nachfragekurve) und die angebotene Menge des Guts (Angebotskurve) sind in umgekehrter Weise vom Preis des Gutes abhängig. Durch die Zuordnung beider Kurven soll der Harmoniezustand zwischen Angebot und Nachfrage errechnet werden.

a. Nachfrage

Auf der senkrechten Achse, die den Preis (p) anzeigt, beginnt die Nachfragekurve beim Prohibitivpreis, d. h. bei dem Preis, bei dem es keine Nachfrage mehr gibt, und führt abwärts auf die waagerechte Achse, die die Menge (x) anzeigt, zur Sättigungsmenge, d. h. zu derjenigen Menge, bei der das Gut keinen Preis mehr erzielt. Die Sättigungsmenge wird in der Regel auch dann nicht überschritten, wenn das Gut verschenkt wird. Die Nachfragekurve illustriert also das sog. Gesetz der Nachfrage, das besagt, daß die Nachfrager eine umso größere Menge des Gutes kaufen, je niedriger der Preis ist. Der Terminus 'Gesetz' wird hier nicht im Sinne einer starren und unverrückbaren Determination verstanden, sondern als Ausdruck einer Regelmäßigkeit.

Das einzelwirtschaftliche Nachfrageverhalten wird kausal durch vier Grundfaktoren erklärt und in einer allgemeinen Nachfragefunktion formalisiert: Die Nachfrage des Einzelhaushalts nach einem Gut ist eine Funktion des Preises dieses Guts, der anderen Güterpreise, der Konsumsumme und der Bedürfnisstruktur. Die Konsumsumme ist als der Geldbetrag definiert, der in einem Haushalt für einen bestimmten Zeitraum zu Konsumausgaben verfügbar ist. Die Konsumsumme ergibt sich aus dem laufenden Arbeitsentgelt sowie den Unterstützungs- oder Transferzahlungen sowie den Vermögenserträgen eines Haushalts. Die Bedürfnisstruktur eines Haushaltes gibt die kulturellen und gesellschaftlichen Einstellungen an, die zu bestimmten Interessen und Vorlieben im Konsumverhalten eines Haushaltes führen. Diese Präferenzen sind nach Lebensalter und Bevölkerungsgruppe unterschiedlich.

Während in der allgemeinen Nachfragefunktion alle vier Grundfaktoren berücksichtigt werden, wird in der speziellen Nachfragefunktion nur die Abhängigkeit vom Preis erfaßt. Jede spezielle Nachfragefunktion steht unter dem Vorbehalt der ceteris-paribus-Klausel, daß alle sonstigen entscheidungswichtigen Sachverhalte gleich sind. Die Preiselastizität der Nachfrage gibt an, wie stark die Nachfrage auf eine Preisänderung reagiert. Bei vollkommener Starrheit hat die Preisänderung keinen Einfluß auf die Nachfrage. Bei vollkommener Elastizität besteht eine hundertprozentige Abhängigkeit. Entsprechend läßt sich auch die Preiselastizität des Angebots beschreiben. Die Preise anderer Güter haben auf die Nachfrage nach einem bestimmten Konsumgut unterschiedlichen Einfluß, je nachdem sie als Substitutionsgüter miteinander konkurrieren (beispielsweise Kaffeesorten bzw. Kaffee und Tee) oder als Komplementärgüter sich ergänzen (beispielsweise Autos und Reifen) oder ob sie völlig unabhängig voneinander sind (beispielsweise Käse und Regenschirme).

Das sog. Nachfragegesetz, daß bei einer Preiserhöhung die Nachfrage nach dem Gut sinkt und bei einer Preisermäßigung die Nachfrage steigt, basiert einerseits auf dem Zusammenhang von Güterpreis und Kaufkraft. Dieser sog. Einkommenseffekt besagt, daß bei konstantem Geldeinkommen die Kaufkraft durch die Verteuerung des Guts sinkt und durch dessen Verbilligung steigt.

Das Nachfragegesetz basiert andererseits auf der Ersetzbarkeit eines Guts durch ein anderes. Dieser sog. Substitutionseffekt besagt, daß ein höherwertiges (superiores) Gut durch ein billigeres (inferiores) Gut ersetzbar ist. Der Konsum superiorer Güter nimmt bei steigendem Einkommen zu, während der Konsum inferiorer Güter bei steigendem Einkommen sinkt. Bei den sog. Giffen-Gütern ist der Einfluß eines solchen Guts auf das verfügbare Geldeinkommen eines Einzelhaushalts so groß, daß eine Preiserhöhung den Substitutionseffekt überkompensiert. Robert Giffen (1837-1910) beobachtete diesen Sachverhalt bei Brotpreiserhöhungen im 19. Jahrhundert in England. Da Brot in den armen Bevölkerungsgruppen das Hauptnahrungsmittel war und, je ärmer die Bevölkerungsgruppe war, umso mehr konsumiert wurde, bedeutete die Verteuerung für diese Gruppen einen solchen Kaufkraftverlust, daß auf andere inferiore Güter verzichtet werden mußte und stattdessen noch mehr Brot gegessen wurde.

Wenn die Nachfrage nach einem Gut bei steigendem Preis sogar zunimmt, liegt eine anormalen Nachfragekurve vor. Diese stellt sich dann ein, wenn der höhere Preis für höhere Qualität genommen wird, der Prestigewert zunimmt oder in Erwartung weiterer Preiserhöhungen eine Bevorratung erfolgt.

b. Angebot

Die Angebotskurve im Preis-Mengen-Diagramm (S. 181) gibt die Menge an, die die Anbieter bei bestimmten Preisen innerhalb bestimmter Zeitperioden auf den Markt bringen. Wegen der unumgänglichen Kosten gibt es einen Mindestpreis. Entsprechend dem Angebotsgesetz, daß die Menge desto größer ist, je höher der Preis des Gutes ist, steigt die Kurve vom Mindestpreis ausgehend an.

Die Analyse der Angebots- oder Produzentenseite beginnt am besten mit dem Modell eines Ein-Produkt-Unternehmens. Hier ergibt sich der Gewinn aus der Differenz von Erlös minus Kosten. Diese Differenz ist nicht konstant, sondern hauptsächlich die Kostenseite variiert in Abhängigkeit von der Produktmenge. Es gibt Mengenbereiche, in denen kostengünstig, und solche, in denen kaum oder gar nicht kostendeckend produziert wird.

Für die Kostenanalyse müssen Stückkosten und Grenzkosten unterschieden werden. Die Stückkosten (oder Durchschnittskosten) sind die durchschnittlichen Produktionskosten pro Stück; sie werden berechnet durch Division der Gesamtkosten durch die produzierte Stückzahl. Die Grenzkosten geben an, wie hoch die Kosten für ein Stück sind, das über eine bestimmte feste Stückmenge hinaus produziert werden soll.

Bei den Produktionskosten werden fixe Kosten und variable Kosten unterschieden. Werden nur wenige Stücke produziert, so decken die Erlöse zumeist nicht die Fixkosten (Maschinen, Bauten). Die Gewinnschwelle wird erreicht, wenn der Erlös die Kosten deckt. Steigt die Erlöskurve steiler als die Kostenkurve, so wird der Gewinn mit jeder zusätzlichen Produkteinheit vergrößert. Der optimale Produktionsplan gibt an, bei welcher Produktionsmenge das Gewinnmaximum erreicht wird. Das Gewinnmaximum ist erreicht, wo Grenzerlös und Grenzkosten gleich groß sind.

Nach der sog. allgemeinen Angebotsfunktion ist das Angebot eines Unternehmens abhängig vom Preis des Guts, von den Preisen der notwendigen Inputgüter, der Produktionstechnologie und der Betriebsgröße. Durch diese allgemeine Angebotsfunktion wird die Angebotsmenge mit den festen Faktoren korreliert, die die Kapazitätsgrenze determinieren. Werden innerhalb dieser allgemeinen Angebotsfunktion die Inputgüterpreise, die Produktionstechnologie und die Betriebsgröße als konstant gesetzt, dann wird in der sog. speziellen Angebotsfunktion die Gütermenge abhängig gemacht vom Preis.

Die Betriebsgröße hat Einfluß auf die Kostenhöhe. Größere Betriebe sind nach dem Gesetz der Massenproduktion besser in der Lage, zu günstigeren Preisen anzubieten. Dafür sprechen die Vorteile der innerbetrieblichen Arbeitsteilung und technische Gründe bei Material- und Energieverbrauch. Allerdings kommt es in Großbetrieben zu Effektivitätsminderungen aus Organisationsgründen. Deshalb wird die optimale Betriebsgröße dann erreicht, wenn die niedrigsten Stückkosten für die Produktion eines Gutes in Anspruch genommen werden müssen.

Die Produktionstechnologie hat andere wirtschaftliche Wirkungen, wenn Produktivfaktoren im Verhältnis der Ersetzbarkeit oder wenn sie in dem der Ergänzung stehen. Bei substitutionaler Technologie können bestimmte Produktivfaktoren durch andere ersetzt werden. Die substitutionale Technologie hat abnehmende Ertragszuwächse. Hier wird die Grenzproduktivität in der Nähe der Kapazitätsgrenze immer kleiner (beispielsweise beim Einsatz von Düngemitteln in der Landwirtschaft). Bei limitationaler Technologie können die Produktivfaktoren nur in einem strikt komplementären Verhältnis eingesetzt werden. Die limitationale Technologie hat bis zur Kapazitätsgrenze konstante Grenzkosten und führt zu gleichmäßigen Ertragszuwächsen bis zur Kapazitätsgrenze.

In einem Produktionskonto können die für die Produktion anfallenden Kosten aufgelistet werden. Der Gesamterlös entspricht dem

Bruttoproduktionswert. Ein Unternehmen muß zur Produktion von Gütern Vorleistungen kaufen; werden die Vorleistungskosten vom Bruttoproduktionswert abgezogen, so ergibt sich der Nettoproduktionswert. Die Wertschöpfung wird durch Abzug der Abschreibungen vom Nettoproduktionswert errechnet. Die Wertschöpfung eines Unternehmens ist die Summe von Unternehmereinkommen (kalkulatorische Unternehmerkosten sowie der Gewinn) und Kontrakteinkommen (Löhne und Gehälter, Mieten und Pachten, Zinsen). Das Kontrakteinkommen ist die Entgeltsumme für die drei Produktionsfaktoren Arbeit, Boden und Realkapital, für die das Unternehmen Preise zahlen muß. Lohn ist der Preis für die Arbeitskraftnutzung, Grundrente der Preis für die Boden- und Gebäudenutzung (Pacht und Miete) und Zins der Preis für die Nutzung des Realkapitals und des Geldkapitals. Das Unternehmereinkommen besteht aus den kalkulatorischen Unternehmerkosten für Arbeit, Grundrente und Eigenkapitalverzinsung und dem Gewinn. Je höher die Wertschöpfung eines Unternehmens ist, desto größer ist sein Beitrag zur wirtschaftlichen Nutzenstiftung.

Das Angebotsverhalten der Unternehmen ist primär bestimmt durch das Bestreben, einen größtmöglichen Gewinn zu erzielen. Neben der zentralen Zielsetzung, Gewinn zu erwirtschaften, können Sortimentsbreite, Höhe des Marktanteils oder Dividendenausschüttung nachrangige Ziele des Unternehmensverhaltens sein. Wird das Ziel, Gewinn zu erwirtschaften, längerfristig nicht erreicht, muß das Unternehmen aus dem Markt ausscheiden.

Der Wettbewerb zwischen mehreren Unternehmen bringt langfristig eine Verringerung der Gewinnspannen. Denn Unternehmen mit ungünstigeren Kostenstrukturen werden die erfolgreicheren Anbieter nachahmen, die ihrerseits ihren Vorsprung durch Kapazitätserweiterung auszudehnen versuchen werden. Durch das Überangebot sinkt der Preis. Dies ist ein Anreiz, günstigere Produktionsverfahren zu suchen.

Auf vollkommenen Wettbewerbsmärkten, die sich langfristig dem Gleichgewichtszustand nähern, tendiert der Gewinn gegen Null. Gewinne entstehen durch besondere Situationen am Markt (Marktlagengewinne, Knappheitsgewinne, Pioniergewinne) oder durch Marktmacht.

Die Tendenz zur Gewinnminimierung, die in der Struktur des vollkommenen Wettbewerbsmarktes liegt, ist den an Eigennutz und Gewinnmaximierung orientierten Anbietern ein Dorn im Auge. Deshalb werden sie Strategien ersinnen, um sich dieser Tendenz zu widersetzen. Eine Vereinbarung mit den Konkurrenten über Wettbewerbseinschränkungen ist am bequemsten, doch am wirkungsvollsten die Etablierung einer dominierenden Marktposition durch erfolgreiche Ausdehnung.

c. Preisbildung

Bei einem vollkommenen Wettbewerbsmarkt gilt das Gesetz von der Unterschiedslosigkeit der Preise. Wegen der Markttransparenz können Anbieter höhere Preise als den Marktpreis nicht durchsetzen, weil die Käufer sonst zu den Konkurrenten gingen. Umgekehrt brauchen Anbieter keine niedrigeren Preise zu akzeptieren, weil sie ihre Güter zum Marktpreis absetzen können und der Preisnachlaß nur einen Gewinnverzicht bedeutete. Nach diesem Modell gibt es kein Abweichen vom einheitlichen Marktpreis; Angebot und Nachfrage sind vollständig dem Marktpreis angepaßt.

Wenn alle Marktteilnehmer bei ihren Mengenkalkulationen vom einheitlichen Marktpreis ausgehen, wie kommt der Marktpreis zustande? Léon Walras hat das Festsetzen des Marktpreises durch die Fiktion eines Auktionators erklärt, der vor der Abwicklung von Käufen und Verkäufen durch Ausrufen eines Preises die nötigen Informationen über Angebot und Nachfrage sammelt und demgemäß den Preis einrichtet.

Realistischer allerdings ist die Aufnahme des Preismechanismus in das Modell. Der Preismechanismus meint die in Folge des Wettbewerbs stattfindende Preisbewegung hin zum Gleichgewichtspreis. Der Preismechanismus erklärt, wie durch das gleichzeitige Vorhandensein mehrerer Preise nebeneinander eine Preisbewegung hin zum Gleichgewicht zustande kommt. Dieses erfolgt durch partielle Preissenkungen bei Angebotsüberschuß so lange, bis Nachfrage und Angebot einander angepaßt haben und jeder Anbieter sein gesamtes Angebot absetzen kann, so daß es keinen Grund mehr für weitere Preissenkungen gibt. Dieser Preismechanismus erfordert allerdings auch, daß die Preisänderungen nicht gleichzeitig allen Marktteilnehmern zugänglich sind und daß folglich die vollkommene Markttransparenz für einen bestimmten Zeitraum ausgesetzt wird.

Das einzelne Wirtschaftssubjekt hat auf die Preisbewegung innerhalb des Preiswettbewerbs keinen nennenswerten Einfluß. Beteiligt es sich an der Entwicklung nicht, so scheidet es aus dem Markt aus, weil es keine Tauschpartner mehr findet. Für das einzelne Wirtschaftssubjekt ergibt sich so die Erfahrung, dem Wettbewerbsmechanismus ausgeliefert zu sein.

Der Schnittpunkt von Angebots- und Nachfragekurve im Preis-Mengen-Diagramm (S. 181) wird Marktgleichgewicht (G) genannt. Bei Marktgleichgewicht sind Angebots- und Nachfragemenge gleich groß. Da alle Nachfrager und alle Anbieter zum Zuge kommen, können hier alle Marktteilnehmer ihre Wirtschaftspläne realisieren. Ist der Preis eines Gutes höher als der Gleichgewichtspreis, so gibt es einen Angebotsüberschuß (ein Überangebot); ist der Preis niedriger, so gibt es einen Nachfrageüberschuß (eine Übernachfrage). Beim Gleichgewichtspreis wird die größtmögliche Gütermenge abgesetzt. Bei höherem Preis wirkt die Nachfrage, bei niedrigerem das Angebot begrenzend auf den Absatz. Jeweils die kleinere Marktseite bestimmt die Absatzmenge auf dem Markt. Hinsichtlich der Versorgungsmenge markiert der Gleichgewichtspreis also das Maximum.

Das Preis-Mengen-Diagramm ist ganz auf den Güterpreis konzentriert und blendet alle anderen Faktoren aus, die Einfluß auf Angebot und Nachfrage haben. Durch den methodischen Einsatz der ceteris-paribus-Klausel lassen sich auch diese anderen Faktoren untersuchen. Ändern sich beispielsweise die Inputpreise oder die Kaufkraftlage, so kommt es zu einer Verschiebung von Angebots- oder Nachfragekurve. Dadurch entstehen verschiedene Gleichgewichtssituationen, die miteinander verglichen werden können und die die Erklärungen für bestimmte Preisbewegungen liefern. Auch öffentliche Eingriffe wie Steuern, Subventionen oder Zölle führen zu entsprechenden Kurvenverschiebungen. In der komparativ-statischen Analyse werden Preisverschiebungen durch den Vergleich zweier

Gleichgewichtssituationen erfaßt. Bei dieser Methode wird der Zeitablauf selbst ausgeblendet.

Die Berücksichtigung des Zeitverlaufs erfordert ein Modell, das den dynamischen Prozeß selbst erfaßt. Das geschieht am einfachsten durch das Spinnwebtheorem (Cobwebtheorem).

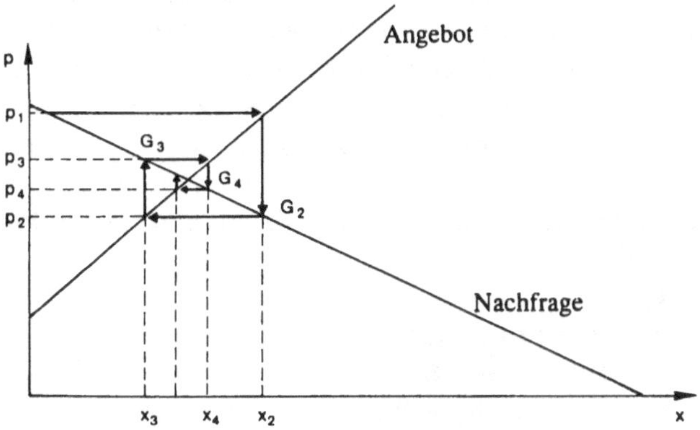

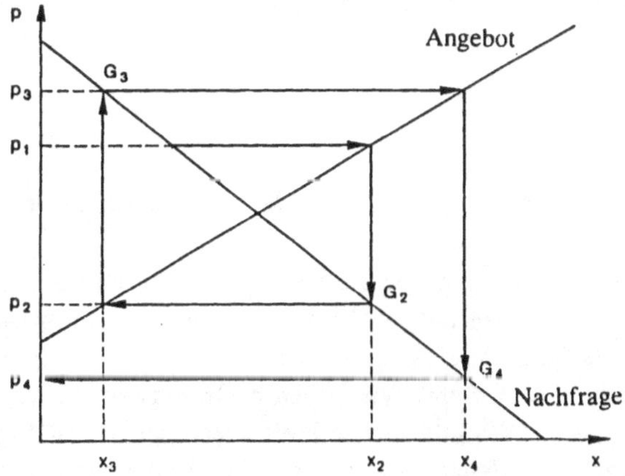

Durch das Spinnwebtheorem können sowohl Preisbewegungen erfaßt werden, die eine stabilisierende Tendenz haben und auf den Gleichgewichtspreis zulaufen (obere Abbildung), als auch Preisbewegungen, die eine destabilisierende Tendenz haben und zu einem Marktzusammenbruch führen (untere Abbildung). Das Spinnwebtheorem hat den Nachteil, daß konstante Verhaltensmuster vorausgesetzt werden müssen und die Marktteilnehmer jeweils nicht aus den Erfahrungen der Vorperioden lernen.

Bei einem dynamischen Marktmodell werden der Zeitablauf und die Marktveränderungen miterfaßt. Leicht überschaubar sind zyklische Marktschwankungen, wie sie beispielsweise beim sog. Schweinezyklus beobachtet wurden. Die auf den Markt kommenden Güter sind dabei jeweils durch Entscheidungen der Vorperiode festgelegt. Arthur Hanau (1902-1985) untersuchte 1927 den Sachverhalt, daß alle 12 bis 15 Monate Preishochstände und Preisniedrigstände bei Schweinefleisch einander ablösten. In der Phase von Preishochständen stiegen auch nebenberufliche Produzenten (beispielsweise Pastoren oder Lehrer auf den Dörfern) in die Schweinemast ein. Dies führte, da auch die gewerblichen Mastbetriebe selbst die Produktion ausweiteten, zu einer deutlichen Überproduktion und einem entsprechenden Preisverfall. Da nun die an der Kostendeckungsgrenze operierenden Produzenten aus der Mast ausstiegen, kam es zu einem deutlichen Produktionsrückgang und damit verbunden zu einem Preisanstieg, weil die Nachfrage nach Schweinefleisch ziemlich konstant war.

D. Gesamtwirtschaftliches Kreislaufmodell

Die makroökonomische Theorie beschäftigt sich mit hoch aggregierten Konstrukten. Sie untersucht die Zusammenhänge zwischen den gesamtwirtschaftlichen Faktoren. Wodurch werden Sozialprodukt und Beschäftigung beeinflußt? Was haben Außenhandel und Wechselkurs für Einflüsse auf das inländische Preisniveau, auf Beschäftigung und Produktion? In welchem Verhältnis stehen Lohnniveau, Preisniveau und Zinsniveau?

Der Zielpunkt der Makroökonomie ist die Stabilität der Wirtschaftsentwicklung. Diese erweist sich dadurch als Problem, daß bei der industriellen Produktion bestimmte Konjunkturzyklen zu beobachten sind. Das Bruttoinlandsprodukt wächst und schrumpft in einem bestimmten Rhythmus, ebenso der Auslastungsgrad des gesamten

Produktionspotentials. Ein Konjunkturzyklus besteht aus den vier Phasen von Aufschwung (zunehmende Wachstumsraten), Hochkonjunktur (anhaltend hohe Wachstumsraten), Abschwung (verlangsamte Wachstumsraten) und Rezession (niedrige oder negative Wachstumsraten). Diese Konjunkturzyklen fordern dadurch das wirtschaftspolitische Handeln heraus, daß in Abschwung und Rezession eine Zunahme von Arbeitslosigkeit und in der Hochkonjunktur eine Zunahme der Geldentwertung erfolgt.

Hinsichtlich des Stabilitätsproblems muß die Frage untersucht werden, ob und wie es durch wirtschaftspolitische Eingriffe gelingt, das Niveau von Preis und Beschäftigung zu stabilisieren. Dabei spielen die Fiskalpolitik (Gestaltung des Staatshaushalts), die Geldpolitik und die Währungspolitik eine besondere Rolle.

Die makroökonomische Theorie arbeitet mit einer sehr starken Vereinfachung, wenn sie Sozialprodukt, Kapitalmarkt, Arbeitsmarkt und Gütermarkt als homogene Größen behandelt. Die unübersichtlichen Konglomerate der Einzelmärkte von Arbeit, Gütern und Kapital werden zu einheitlichen Größen addiert, die dann in Beziehung gesetzt werden. Die faktische Inhomogenität von Arbeit, Geld, Kapital und Gütern wird zugunsten der Untersuchung ihrer Zusammenhänge vernachlässigt.

1. Strukturelemente

Güter und Dienstleistungen werden in einer arbeitsteiligen Wirtschaft getauscht. Die makroökonomische Theorie operiert mit einem Kreislaufmodell, um die Austauschbeziehungen, in denen alle Wirtschaftssubjekte direkt oder indirekt stehen, zu erfassen. Güter und Dienstleistungen werden von den Tauschpartnern bewertet, diese Bewertung in Geld ausgedrückt. Die Austauschbeziehungen können durch die Bewegung (Zufluß oder Abfluß) des Mediums Geld erfaßt werden. Die mannigfaltigen Wirtschaftssubjekte lassen sich nach Funktion und Ort im Wirtschaftsprozeß zu bestimmten Gruppen zusammenfassen, deren Beziehungen zueinander durch die Geldbewegung darstellbar ist. Dem dient das Kreislaufmodell. Jede Gruppe von Wirtschaftssubjekten, die im Kreislaufmodell als Pol oder Sektor auftritt, steht zu jeder anderen in Beziehung. Jeder Sektor hat einen Zustrom und Abstrom von Geld.

Wird die Gesamtwirtschaft durch makroökonomische Marktmodelle, die von mikroökonomischen Marktmodellen durchaus verschieden sind, erfaßt, so gilt der Zustand des Gleichgewichts als Ziel. Im Gleichgewichtszustand kommt es zur einer optimalen Nutzung der eingesetzten Wirtschaftsfaktoren und zu einer optimalen Nutzenstiftung. Das gesamtwirtschaftliche Gleichgewicht ist abhängig von den verknüpften simultanen Gleichgewichten im Güterbereich und im Geldbereich.

a. Einfaches Kreislaufmodell

Das einfache Kreislaufmodell operiert mit drei Sektoren, die vektoral miteinander verbunden sind. Die Bereiche Unternehmen, private Haushalte und Vermögensänderungen sind durch einen geschlossenen Geldkreislauf verbunden, der in einer bestimmten Relation zum Güterkreislauf steht. Die Haushalte erhalten Faktoreinkommen, für das sie Konsumgüter kaufen und Sparguthaben anlegen. Die Unternehmen erzielen für ihre Produkte Verkaufserlöse, benötigen für ihre Investitionen Kredite und bezahlen für die in Anspruch genommenen Faktorleistungen. Im Bereich Vermögensänderungen werden die Ersparnisse gesammelt und das Kapital für die Investitionen bereitgestellt; dieser Bereich ist ein Scharnierstück zwischen den Haushalten und Unternehmen. Im einfachen Kreislaufmodell werden die Sektoren oder Pole selbst als homogene Größen genommen, werden der staatliche Bereich und die Auslandsbeziehungen ausgeblendet und wird jeder Sektor durch wenige Sachverhalte charakterisiert.

Nach dem Budgetprinzip oder dem Kreislaufaxiom gilt für einen geschlossenen Kreislauf, daß die Summe der bewerteten in einen Sektor hineinfließenden Ströme identisch ist mit der Summe der bewerteten aus diesem Sektor wieder herausfließenden Ströme. Das Kreislaufmodell läßt sich deshalb in der Ex-post-Betrachtung für die messende Kontoführung und in der Ex-ante-Betrachtung für die

Planung nutzen. Dann werden das Einkommenskonto der privaten Haushalte, das Produktionskonto der Unternehmungen und das Konto der gesamtwirtschaftlichen Vermögensänderungen nebeneinander gestellt.

In der Ex-post-Betrachtung (beispielsweise in der volkswirtschaftlichen Gesamtrechnung) werden die faktischen Transaktionen der für eine Volkswirtschaft relevanten Sektoren erfaßt. Hier ist das Budgetprinzip immer erfüllt. Denn die für die Rechnung maßgeblichen Größen sind so definiert, daß ein kohärentes Buchführungssystem gewährleistet ist.

In der Ex-ante-Betrachtung können die einzelnen Wirtschaftssubjekte Plangrößen für ihre Tätigkeit in einer Wirtschaftsperiode erstellen. Hier wird das Koordinationsproblem deutlich, denn nach dem Kreislaufaxiom kann allein das Zusammenstimmen der verschiedenen Einzelpläne zu einem stimmigen Gesamtplan führen. Sollen die Pläne der Wirtschaftssubjekte bei unveränderter Realisierung vereinbar sein, so liegt eine Gleichgewichtssituation vor.

Das Kreislaufmodell mutiert zum Gleichgewichtsmodell. Da das Gleichgewicht immer dann gegeben ist, wenn die Nachfrage dem Angebot entspricht, wenn also das gesamte Angebot auf eine ausreichende Nachfrage trifft, wird das Budgetprinzip zur Gleichgewichtsbedingung: Nur wenn die geplante Investitionsnachfrage und die geplante Ersparnis übereinstimmen, entstehen in einer geschlossenen Volkswirtschaft ohne staatlichen Sektor am Gütermarkt und am Kapitalmarkt weder eine Lücke noch ein Überschuß an Nachfrage.

Durch das Kreislaufmodell lassen sich auch die Situationen des Ungleichgewichts beschreiben, wenn beispielsweise die Sparleistung der Haushalte nicht dem Nettoinvestitionsbedarf der Unternehmungen entspricht. Ein Ungleichgewicht ergibt sich immer dann, wenn die Pläne der Wirtschaftssubjekte nicht zueinander passen und folglich nicht ohne Veränderungen realisiert werden können.

Das Kreislaufmodell macht selbst keine Aussagen, wie die Anpassungsprozesse ablaufen. Am Gütermarkt und Kapitalmarkt können Angebotsüberschuß oder Nachfrageüberschuß durch unterschiedliche Maßnahmen beantwortet werden. Beispielsweise kann einem Nachfrageüberschuß am Gütermarkt dadurch begegnet werden, daß erstens Lagerbestände abgebaut und mehr Güter als produziert verkauft werden oder daß zweitens die Preise so weit erhöht werden, daß eine Nachfragedämpfung eintritt, oder daß drittens bei konstanten Preisen und zu wenig Waren hingenommen wird, daß die Verbraucher ihr entsprechendes Einkommen nicht in Konsum umsetzen können (Käuferschlangen).

Das aus dem Kreislaufmodell gewonnene Gleichgewichtsmodell ist statisch. Es dient lediglich der Feststellung, ob Gleichgewicht oder Ungleichgewicht am Gütermarkt oder Kapitalmarkt herrscht und welcher Typ (Übernachfrage oder Überangebot) vorliegt.

Das Kreislaufmodell ist ein Konstrukt mit hohem Abstraktionsgrad, das ausgesprochen interessegeleitet ist. Es werden ja gleichartige Wirtschaftssubjekte und gleichartige Transaktionen zusammengefaßt zu Sektoren und Strömen. Diese Gleichartigkeit wird aber erst durch die Konstruktion selber ausgemittelt und definiert. Durch diese Definition werden bestimmte Zusammenhänge präpariert, andere ausgeblendet. Die Aktivitäten und Beziehungen innerhalb der Sektoren werden ebenso wie die Elemente der Stromgrößen ausgeblendet. So bleiben die Vorleistungen im Unternehmenssektor oder die von der Einkommensverteilung bestimmten Haushaltstypen im Haushaltssektor unbeleuchtet. Allein die gesamtwirtschaftlichen Größen Einkommen, Verbrauch, Ersparnis und Investition werden erfaßt.

b. Erweitertes Kreislaufmodell

Ein realistischeres Kreislaufmodell muß den staatlichen Bereich und die Auslandsbeziehungen berücksichtigen. Dieses ist das Modell einer offenen Volkswirtschaft. Hier werden also insgesamt fünf Sektoren oder Pole miteinander in Beziehung gesetzt: Unternehmen, Privathaushalte, Vermögensänderungen, öffentliche Haushalte (Staat), Auslandsbeziehungen.

Das Sozialprodukt ist die Summe aller derjenigen in einer Rechnungsperiode erbrachten und preislich bewerteten Güter und Dienstleistungen, die der Endnachfrage verfügbar sind. Das Sozialprodukt mißt, bezogen normalerweise auf ein Jahr, die Leistungen einer

Volkswirtschaft. Im Sozialprodukt sind alle innerhalb eines Jahres hergestellten und vermarkteten Sachgüter und Dienstleistungen summiert, wobei der Wert der bei der Produktion verbrauchten Güter abgezogen ist. Das Sozialprodukt kann nach der Entstehungsseite oder nach der Verwendungsseite berechnet werden.

Beim Bruttosozialprodukt (BSP) werden die Investitionen gemäß ihrem Bruttowert (also ohne Berücksichtigung der Abschreibung) angegeben, beim Nettosozialprodukt (NSP) gemäß ihrem Nettowert (also unter Berücksichtigung der Abschreibung). Das Nettosozialprodukt umfaßt auf der Verwendungsseite die Nettoinvestitionen, den privaten Konsum, den staatlichen Konsum sowie den Außenhandelssaldo (Export minus Import); beim Bruttosozialprodukt kommen noch die Abschreibungen hinzu.

Angesichts der Tatsache, daß es einen Austausch von Faktorleistungen (Pendler, Kapital) zwischen Inland und Ausland gibt, müssen Sozialprodukt und Inlandsprodukt unterschieden werden. Das Inlandsprodukt ist an der Produktionsseite orientiert und mißt die im Inland erzeugten Güter und Dienste. Das Nettoinlandsprodukt umfaßt auf der Entstehungsseite die Summe der Nettoproduktionswerte aller Branchen; beim Bruttoinlandsprodukt kommen die Abschreibungen hinzu. Beim Inlandsprodukt wird der Wohnsitz der an der Produktion Beteiligten nicht berücksichtigt, mithin das inländische Einkommen von Ausländern einbezogen. Das Sozialprodukt demgegenüber blendet das inländische Faktoreinkommen von Ausländern aus, bezieht aber das im Ausland erzielte Faktoreinkommen von Inländern ein. Die Umrechnungsformel lautet also: Bruttoinlandsprodukt minus inländisches Faktoreinkommen von Ausländern plus ausländisches Faktoreinkommen von Inländern gleich Bruttosozialprodukt.

Länder, in denen Ausländer große Investitionen getätigt haben, haben in der Regel ein größeres Bruttoinlandsprodukt als Bruttosozialprodukt (beispielsweise Irland). Umgekehrt haben Länder, die große Auslandsinvestitionen vorgenommen haben, einen deutlich größeres Bruttosozialprodukt als Bruttoinlandsprodukt (beispielsweise Kuwait).

Im 20. Jahrhundert sind die Staatsausgaben stärker gewachsen als das Sozialprodukt. Durch die Entwicklung des Sozialstaates wurde die Staatsquote in den Industrieländern besonders in der Zeit nach dem Zweiten Weltkrieg laufend erhöht. Mit der Staatsquote wird die prozentuale Beanspruchung des Sozialprodukts durch den Staat bezeichnet. Bei der Nettostaatsquote werden nur die Haushaltsausgaben des Staates, bei der Bruttostaatsquote auch die Sozialversicherungen und die staatlichen Monopolbetriebe berücksichtigt. Die Bruttostaatsquote lag 1996 in Deutschland etwa bei der Hälfte des Bruttosozialproduktes.

Das Bruttosozialprodukt ist als Maß individueller und gesellschaftlicher Wohlfahrt nur eingeschränkt tauglich. Ökonomisch werden wichtige Sachverhalte ausgeblendet oder falsch berücksichtigt: Die kompensatorischen Leistungen, durch die Schäden beseitigt werden, werden positiv gewertet. Der Verbrauch von Umwelt und Ressourcen wird nicht in den Abschreibungen berücksichtigt. Die Schattenmarktaktivitäten, Selbstversorgungsaktivitäten und ehrenamtlichen Aktivitäten, die viel zur materiellen Versorgungslage beitragen, werden nicht erfaßt. Da die Marktpreise vom Wettbewerbsgrad abhängig sind, führt ein hoher Monopolisierungsgrad zu hohen Preisen und damit zu einer Erhöhung des Bruttosozialprodukts. Dasselbe gilt für den Bereich der administrativ festgesetzten Preise. Deshalb kommt es bei einer starken Ausweitung des öffentlichen Dienstes zu einer Erhöhung des Bruttosozialprodukts, dem nicht ein höherer Wohlfahrtsgrad entsprechen muß. Durch das Bruttosozialprodukt werden Qualitätsmerkmale des Zusammenlebens wie beispielsweise die Verteilungsgerechtigkeit nicht erfaßt.

2. Theorieschulen

Die makroökonomische Theorie zielt darauf, Steuerungsregeln für die gesamtwirtschaftlichen Prozesse anzugeben. Im gesamtwirtschaftlichen Kreislaufmodell wird ein Zustand des Gleichgewichts angestrebt. Wie dieser optimale Zustand der Volkswirtschaft erreicht werden könne, darüber gibt es durchaus widerstreitende Theorien, die auf unterschiedlichen Erklärungen der Funktionsweise der Wirtschaft basieren. Mehrere Schulen lassen sich unterscheiden.

a. Neoklassische angebotsorientierte Wirtschaftstheorie

Die neoklassische Wirtschaftstheorie, die seit der Grenznutzenschule in einem reich gegliederten Schulspektrum vertreten wurde und wird, ist einem methodologischen Individualismus verpflichtet. Die Theoriebildung geht methodisch vom Individuum aus: Aus den freien Entscheidungen der einzelnen Unternehmer und Verbraucher sollen die Wirtschaftsprozesse begriffen werden. Diese freien Entscheidungen, die von der Maxime der Nutzenmaximierung bestimmt seien, werden statistisch-mathematisch erfaßt; die Verflechtung verschiedener ökonomischer Größen wird analysiert und modellhaft dargestellt.

Die neoklassische Wirtschaftstheorie ergänzt das Marktmodell durch eine Gleichgewichtskonzeption. Der Markt wird als Koordinationsort für die teilweise widerstrebenden Wirtschaftspläne der Unternehmen und Haushalte genommen. Die Koordination der Wirtschaftspläne erfolge über den Preismechanismus. Der Markt tendiere zum Gleichgewicht und damit zu einer erfolgreichen Koordination der korrigierbaren Einzelpläne der Marktteilnehmer. Dabei sollen die Preise über die relative Knappheit informieren, weniger über die Produktionskosten.

Die neoklassische Wirtschaftstheorie ist angebotsorientiert: Die Güternachfrage wird als abhängige Funktion des Güterangebots verstanden. Arbeitslosigkeit resultiert danach allein aus den Behinderungen des freien Spiels von Preisen, Investitionstätigkeit und Arbeitskraftmobilität. Nur die Flexibilität von Lohnsätzen, Kapitalzinsen und Güterpreisen garantiere den Absatz eines wünschenswert großen Güterangebots.

Bei der angebotsorientierten Wirtschaftstheorie steht der Arbeitsmarkt im Mittelpunkt: Arbeitskraftangebot und Arbeitskraftnachfrage seien abhängig vom Reallohn, d. h. von dem auf einen Preisniveauindex (Lebenshaltungsindex) bezogenen und dadurch bereinigten Nominallohn. Arbeitslosigkeit zeige immer einen zu hohen Reallohn an. Die freie Wirksamkeit des Preis- und Lohnmechanismus sorge für eine dauernde Vollbeschäftigung, die auch nach einer Störung schnell wieder hergestellt werde. Bei einem zu hohen Reallohn gehe nämlich die Nachfrage nach Arbeitskraftanbietern zurück, deshalb sänke wegen der Konkurrenz zwischen den Arbeitskraftanbietern der Reallohn. Durch die Reduktion gehe das Angebot von Arbeitskraft zurück und nehme die Nachfrage nach Arbeitskraft zu. Diese Entwicklung auf dem Arbeitsmarkt ist aber korreliert mit dem Gütermarkt. Da mit dem Lohn zugleich auch die Güternachfrage und deshalb die Güterpreise sinken, würde sich bei einem gleichmäßigen Rückgang von Löhnen und Preisen der alte zu hohe Reallohn wieder einstellen. Deshalb kann nach neoklassischem Modell die Störung nur überwunden werden, wenn die Preise weniger stark sinken als die Löhne. Diese Bedingung, durch die allein es zu einem neuen Gleichgewicht zwischen Preis und Lohn komme, wird begründungslos als erfüllt angenommen.

Nach dem neoklassischen Modell bestimmt der Arbeitsmarktzustand das reale Sozialprodukt, das vom monetären Sektor unabhängig sei. Die Quantitätsgleichung des Geldes, wonach ex post der Wert des Sozialprodukts in einer bestimmten Zeitperiode immer gleich ist der Geldmenge multipliziert mit der Einkommenskreislaufgeschwindigkeit, wird in der neoklassischen Quantitätstheorie des Geldes so interpretiert, daß die Einkommenskreislaufgeschwindigkeit die Zahlungsgewohnheiten ausdrücke und deshalb kurzfristig ziemlich konstant sei, daß somit die Geldnachfrage proportional dem Einkommen und unbeeinflußt vom Zinssatz sei. Änderungen der Geldmenge hätten direkt keine Auswirkungen auf das reale Sozialprodukt oder die Einkommenskreislaufgeschwindigkeit des Geldes. Eine Geldmengensteigerung führe nur zu Preissteigerungen und nicht zu einer erhöhten Wirtschaftsleistung. Milton Friedman, der Hauptvertreter des Monetarismus, hat die Quantitätstheorie auf die These zugespitzt, die langfristige Wachstumsrate des realen Sozialprodukts müsse das Maß für die Geldmengenwachstum sein, um Wirtschaftswachstum über stabile Preise und staatliche Haushaltsdisziplin zu erreichen.

Der weltweite Erfolg der Neoklassik gründet in der mathematischen Erfassung der Verflechtung ökonomischer Größen. Die angenommene Preisflexibilität, die für die Selbststeuerung des Marktgleichgewichts Voraussetzung ist, ist wegen der Tarifpolitik und staatlichen Arbeitsrechtsgesetzgebung faktisch nicht vorhanden. So sind Löhne keineswegs nach unten beliebig flexibel. So muß eine hohe Arbeitslosigkeit keineswegs in einen neuen Beschäftigungszuwachs übergehen. Die Ersparnisse können gehortet und die erforderlichen Realinvestitionen verweigert werden. Dieses alles läßt sich an der Weltwirtschaftskrise von 1929/30 studieren. Aus dem damaligen Versagen der Marktmechanismen sind neue Erkenntnisse für die konzeptionelle Gewichtung makroökonomischer Größen erwachsen.

b. Keynesianische nachfrageorientierte Wirtschaftstheorie

John Maynard Keynes (1883-1946) entwickelte 1936 in der Schrift "The General Theory of Employment, Interest and Money" eine nachfrageorientierte Wirtschaftstheorie, die in deutlichem Kontrast zur neoklassischen angebotsorientierten Wirtschaftstheorie steht. Während nach liberalistischer Auffassung der Staat möglichst nicht in die Wirtschaftsprozesse eingreifen soll und die Konjunkturzyklen allein den selbstheilenden Steuerungskräften der Märkte überlassen bleiben sollen, versuchte Keynes zu zeigen, daß ein Zustand hoher Arbeitslosigkeit ohne staatliche Stimulation der Nachfrage nicht überwunden werden könne. Nach Keynes ist für die gesamtwirtschaftliche Entwicklung primär die Güternachfrage verantwortlich. Die Unternehmer ließen sich bei ihren Entscheidungen hinsichtlich Produktion, Investition und Beschäftigung davon leiten, welche Entwicklung der Nachfragesituation zu erwarten sei. Ein Nachfragedefizit führe zu Rezession und Arbeitslosigkeit. Das Güterangebot sei eine Funktion der Güternachfrage.

Die keynesianische Wirtschaftstheorie ist an makroökonomischen Größen orientiert. Nicht die einzelnen Haushalte und Unternehmen, sondern die gesamtwirtschaftlichen Faktoren wie Arbeitslosigkeit, Zinsniveau und Wirtschaftswachstum sind für Keynes die maßgeblichen Faktoren zum Verstehen und Steuern der Wirtschaftsentwicklung. Der Markt allein bringe große wirtschaftliche Mißstände in sozial angemessenen Zeiträumen nicht zurecht, sondern lasse große Ungleichgewichte langfristig bestehen. Deshalb müsse der Staat, wenn von den privaten Unternehmen keine entsprechende Investitionstätigkeit ausgehe, durch Schuldenaufnahme selbst als Investor auftreten. Die Staatsverschuldung sei allerdings nur in der Phase scharfer Rezession erlaubt. In der Phase des Aufschwungs müsse eine Rückführung der Schulden erfolgen.

Investitionen, Staatsausgaben und Steuern haben nach Keynes Multiplikatorenwirkung. In dieser Multiplikatorenwirkung gründe die erfolgreiche Wirksamkeit staatlicher Nachfragepolitik. Nach dem von Trygve Haavelmo aufgestellten Theorem kann auch ein ausgeglichener Staatshaushalt den Konjunkturverlauf positiv anregen: Eine über Steuern finanzierte Erhöhung der Staatsausgaben bringe immer eine Erhöhung des Sozialprodukts, weil der Multiplikator der Staatsausgaben größer ist als der der Steuer. Die Strukturwirkungen des Haushalts bleiben dabei unberücksichtigt.

Keynes sieht in der Höhe des Volkseinkommens den maßgeblichen Faktor der Güternachfrage. Der Verbrauch werde vom Volkseinkommen bestimmt. Bei steigendem Volkseinkommen werde ein bestimmter Prozentsatz der Steigerung zum Mehrverbrauch genutzt. Konsum- und Spartätigkeit seien stabil. Diese Behauptung der keynesianischen Wirtschaftstheorie ist besonders umstritten.

Problematisch ist zudem die Verallgemeinerung der Annahme, die Investitionstätigkeit sei zinsunabhängig. Investitionsentscheidungen sind primär von Zins- und Ertragserwartungen abhängig. Investitionen werden entsprechend der Maxime der Gewinnmaximierung dann getätigt, wenn die erwartete Kapitalrendite den Marktzinssatz übersteigt. Die Korrelation von Investition und Zins geht aber (und daran knüpft Keynes an) verloren, wenn bei mangelnder Kapazitätsauslastung auch auf längere Sicht keine Verbesserung der Absatzlage erwartet werden kann.

Bei einer zinsunabhängigen Investitionstätigkeit wird das Gleichgewicht auf dem Gütersektor dann erreicht, wenn das geplante Güterangebot so groß ist wie die geplante Güternachfrage. Diese Übereinstimmung von Güterangebot und Güternachfrage bedeutet zugleich auch eine Übereinstimmung von geplanter Investition und geplanter Ersparnis. Bei einer Nachfragelücke komme es durch Angebotseinschränkungen zu einem kreiskausalen Prozeß, der dem stabilen Gleichgewicht zustrebe.

Die Behauptung, die Investitionstätigkeit sei zinsunabhängig, gilt nur bei extremer Unterbeschäftigung und extremer Kapazitätsnichtauslastung. Sobald es Nachfrageausdehnungen über die Kapazitätsgrenzen hinaus gibt, kommt es zu Preissteigerungen. Zudem wird in der keynesianischen Wirtschaftstheorie ausgeblendet, daß das Ausgabeverhalten der Verbraucher besonders durch deren Erwartungen bestimmt wird. Bei Keynes ist das Ausgabeverhalten einlinig nur vom Einkommen abhängig. Gerade die Erwartung höherer Steuern angesichts gewachsener Staatsverschuldung dürfte verbrauchshemmend wirken.

Die keynesianische Wirtschaftstheorie hatte in den 1960er Jahren maßgeblichen Einfluß in den USA (Harvard-Schule) und auch in der Bundesrepublik Deutschland. Eine nachfrageorientierte Wirtschaftspolitik steht immer in der Gefahr, zugunsten gewerkschaftlicher Lohnmaximierung und unternehmerischer Gewinnmaximierung instrumentalisiert zu werden. Auch wenn eine antizyklische Steuerung beabsichtigt ist, kommt es durch Informationsdefizite, Verwaltungsträgheit und Globalsteuerung häufig zu prozyklischen Konstellationen. Dann wirkt die Staatsverschuldung inflationär. Die wirtschaftspolitischen Maßnahmen sind längerfristig nur erfolgreich, wenn in der Phase des Aufschwungs fiskalisch strikte Zurückhaltung geübt wird. Die 1970er und 1980er Jahre haben gezeigt, daß eine Rückführung der Staatsverschuldung nicht gelungen ist.

c. Ordoliberalismus

Der Ordoliberalismus, wie er beispielsweise von Walther Eucken (1891-1950), Franz Böhm (1895-1977), Wilhelm Röpke (1899-1966) und Alfred Müller-Armack (1901-1978) vertreten wurde, hat nach dem Zweiten Weltkrieg die Neuorientierung der deutschen Wirtschaft hin zur sozialen Marktwirtschaft wesentlich bestimmt. Die Analyse der nationalsozialistischen Diktatur und der ihr vorangehenden Weimarer Republik zeigt, daß die nationalsozialistische Machtergreifung und Aufrüstungspolitik wesentlich durch die auf vielen Märkten erfolgte Kartellbildung erleichtert worden war, die seit 1891 nach einer Entscheidung des Reichsgerichts erlaubt war. Die Kartellbildung führte zu einer Vermachtung der Wirtschaft, zur Benachteiligung der Verbraucher durch überhöhte Preise und der Arbeitnehmer durch geringe Löhne.

Der Ordoliberalismus fordert eine stabile Wettbewerbsordnung mit Kartellverbot und staatlicher Monopolaufsicht. Das Privateigentum sei sozialpflichtig, der Produzent müsse für alle Folgekosten haften, der Staat müsse die Wettbewerbswirtschaft durch eine umfassende Sozialpolitik stützen. Soziale Sicherung und progressive Besteuerung sollten die soziale Gerechtigkeit sicherstellen. Der Wettbewerb sei kein Selbstzweck, sondern ein Instrument zu einer optimalen sozialen Nutzung der Wirtschaft.

Der Ordoliberalismus fordert für die Wirtschaftspolitik Vertragsfreiheit, Produzentenverantwortung für Folgelasten, Stetigkeit der Politik, Wettbewerbserhaltung, gerechte Einkommens- und Lastenverteilung, Verhinderung von Angebotsanomalien und Umweltschutz. Die Wirtschaftspolitik müsse in ihrem Instrumentarium marktkonform sein, damit Interventionsspiralen vermieden werden. Der Staat müsse eine verläßliche langfristige Ordnung garantieren und sich einzelnen Interessengruppen versagen. Die Geldwertstabilität sei durch eine unabhängige Notenbank zu garantieren. Der Staat müsse sich gegenüber den Wirtschaftsprozessen selber neutral verhalten. Der Ordoliberalismus fordert einen starken dem Gemeinwohl verpflichteten Staat, der sich den Pressionen einzelner Interessengruppen widersetzen kann. Die Agrarpolitik, wie sie in Deutschland im Prozeß der europäischen Einigung betrieben worden ist, gibt ein markantes Beispiel für das Scheitern des Ordoliberalismus ab.

E. Steuerung der Wirtschaft

Dem Staat stehen verschiedene Instrumente für die Beeinflussung der Wirtschaftsentwicklung zur Verfügung. Der Staat wirkt auf die Wirtschaftsprozesse durch Gesetzgebung, Steuern und Subventionen ein. Die staatlichen Maßnahmen müssen so beschaffen sein, daß ihre

Durchsetzung mit möglichst großem Erfolg und möglichst geringem Mitteleinsatz gelingen kann. Dazu ist eine möglichst breite Zustimmung der Wirtschaftenden, Klarheit und Einfachheit der Regeln sowie eine leichte Überprüfbarkeit der Regelbefolgung nötig. Die Durchsetzbarkeit getroffener Maßnahmen ist angesichts der transnationalen Wirtschaftsverflechtungen und der grenzüberschreitenden Beweglichkeit des Kapitals besonders wichtig. Die rasch voranschreitende Globalisierung der Wirtschaftsprozesse schränkt die Wirksamkeit volkswirtschaftlicher Steuerungsinstrumente deutlich ein. Deshalb müssen verstärkt transnationale Übereinkünfte erzielt werden.

Die Eingriffe des Staates in die Wirtschaftsprozesse wirken nicht nur korrigierend oder fördernd, sondern erzeugen immer auch Nachteile oder nicht gewollte Hemmungen. Indirekt wirkende Eingriffe, die weniger Verwaltungsaufwand erfordern und das Mittun der Wirtschaftenden anreizen, sind gegenüber den direkten Kontrollen zumeist kostengünstiger und leichter durchsetzbar. Der Staat ist in seinen Verwaltungsaufwendungen zur Sparsamkeit verpflichtet. Der Einsatz und die Ausgestaltung der staatlichen Interventionsmittel machen in besonderer Weise das Konfliktfeld zwischen der Politik und den verschiedenen Gruppierungen der Wirtschaft aus.

1. Aufgabenbereiche

Die Steuerung der Wirtschaft geschieht in einer Wettbewerbswirtschaft vorrangig über den Markt. Die Güter-, Arbeits- und Finanzmärkte sind zwar vernetzt, haben aber eine relative Eigenständigkeit. Da die Märkte nicht alle Koordinationsleistungen erbringen können, muß der Staat regulierend in die Allokation (Abstimmung des Ressourceneinsatzes) und die soziale Verteilung eingreifen sowie eine Stabilisierung der Wirtschaftsprozesse zu erreichen versuchen. Alle drei Aufgabenbereiche sind eng miteinander verknüpft. Für die Wirtschaftspolitik hat zumeist die Stabilisierung Vorrang.

a. Allokation

Die Leistungskraft des Marktes ist gerade hinsichtlich der Allokation groß. Die Selbststeuerung wird vornehmlich durch Mängel bei der Konstitution des Marktes beeinträchtigt. Versagt der Markt wegen fehlender Information, Beeinträchtigungen des Wettbewerbs, externer Wirkungen oder Öffentlichkeit des gewünschten Gutes, so muß der Staat durch ordnungspolitische, steuerpolitische oder haushaltspolitische Maßnahmen sich um Korrektur der Mißstände bemühen. Dabei muß die Wirksamkeit dieser Maßnahmen fortlaufend überprüft werden. Denn es ist nicht zu übersehen, daß staatliche Maßnahmen ihrerseits die Gefahr von Fehlallokationen bergen. So kann es zur Vermeidung bestimmter Steuern zu Einschränkungen von Produktionsleistungen und zur Abwanderung von Produktivkapital kommen. Oder Verzerrungen bei der Allokation stellen sich dadurch ein, daß staatliche Subventionen gesucht und gefunden werden. Beispielsweise sei an die Milchseen der Europäischen Wirtschaftsgemeinschaft erinnert.

b. Verteilung

Eine gerechte Güterverteilung kann vom Markt allein nicht erbracht werden, weil der freie Markt keine eindeutige Tendenz zur Optimierung des Gemeinwohls und zur Aufhebung der in ihrem geschichtlichen Gewordensein höchst unterschiedlichen Erstausstattungen der Gesellschaftsmitglieder hat. Der Markt scheint sich als Verteiler zu empfehlen, wenn die Leistung maßgeblich sein soll. Dabei werden allerdings nicht nur generell die sehr unterschiedlichen individuellen Anstrengungen ausgeblendet, sondern müssen auch viele Zufälligkeiten und Verzerrungen hingenommen werden. Sofern die Verteilungsergebnisse des Wettbewerbsmarktes nach den Gesichtspunkten der Bedarfsbefriedigung oder der Chancengleichheit beurteilt werden, so fällt das Ungenügen in die Augen. Das Marktversagen muß durch staatliche Maßnahmen korrigiert werden.

Eine marktkonforme Umverteilung durch Internalisierung der Umverteilungskosten gelingt nicht überzeugend, weil die Verteilung ein öffentliches Gut ist. Die Beiträge einzelner sind allein nicht ausreichend; andere müssen mitmachen; die eigene Bereitschaft ist davon abhängig, daß andere sich beteiligen; diese können aber bei Freiwilligkeit sich zurückhalten und ohne Mitfinanzierung den Nutzen einstreichen; folglich werden auch die eigenen Beiträge zurückgehalten. Der Umverteilungswille muß also politisch tätig werden und das Gesetzgebungsverfahren so zu gestalten versuchen, daß gesetzliche Transferleistungen eingerichtet werden.

c. Stabilisierung

Der Wettbewerbsmarkt ist durch eine Instabilität gekennzeichnet, die zu starken Ausschlägen der Wirtschaftsentwicklung führen kann. Die Wirtschaftspolitik hat vorrangig das Ziel, den Wirtschaftslauf zu glätten, Abstürze in Arbeitslosigkeit und Produktionsrückgang einerseits sowie Übernachfrage und Geldwertverlust andererseits zu verhindern. In der Glättung des Wirtschaftslaufes wird die beste Förderung der Wirtschaftsentwicklung und damit die optimale Nutzenstiftung der Wirtschaft für die Gesellschaft gesehen.

In der Bundesrepublik Deutschland hat die Regierung seit 1967 gemäß dem "Gesetz zur Förderung und Stabilität des Wachstums der Wirtschaft" (Stabilitätsgesetz) einen besonderen Auftrag zur Steuerung der Wirtschaft. Das Stabilitätsgesetz, das von der Großen Koalition (CDU/SPD) im Zuge staatlicher Maßnahmen gegen die Wirtschaftsrezession 1966/67 beschlossen und in der 'Konzertierten Aktion' praktisch umgesetzt wurde, verpflichtet die öffentliche Hand in ihren wirtschafts- und fiskalpolitischen Maßnahmen zur Beachtung des gesamtwirtschaftlichen Gleichgewichts. Das Gesetz formuliert vier wirtschaftspolitische Zielgrößen: Preisstabilität, hohen Beschäftigungsstand, Gleichgewicht der Außenwirtschaft, angemessenes und kontinuierliches Wirtschaftswachstum. Das Gesetz nimmt keine quantitative Festlegung der Zielgrößen vor. Diese Festlegung ist der Beurteilung der Bundesregierung anheimgestellt.

Einkommensteuer und Arbeitslosenversicherung sind dauernd im System vorhandene antizyklische Stabilisatoren, während Investitionsbonus, Abschreibungssätze, Konjunkturausgleichsrücklagen und Zuschläge zur Einkommensteuer bei Bedarf besonders eingesetzt werden. Weitere Instrumente der Stabilisierungspolitik existieren im Bereich der Geldpolitik. Diese wird weitgehend von der unabhängigen Zentralbank wahrgenommen. Hier findet eine Geldmengensteuerung über den Mindestreservesatz und die Refinanzierungsbedingungen statt.

Die Korrelation zwischen Geldmenge und langfristigem Produktionspotential muß administrativ reguliert werden. Die Finanzmärkte mit ihren starken Sonderinteressen und Sonderbewegungen haben sich in ihrer verselbständigten Organisationsform von den Produktionsdaten weitgehend gelöst. Die staatliche Notenbank muß um der gesamtwirtschaftlichen Entwicklung willen aber eine Korrelation administrativ zu erreichen suchen. Das ist angesichts der liberalisierten Finanzmärkte immer schwerer und teilweise kaum noch durchsetzbar. Die Finanzmärkte selbst passen die Geldmenge nicht automatisch dem Produktionspotential an. Sie machen das Geld zu einer selbständigen Ware, die den Tauschmittelcharakter des Geldes vergessen läßt. Der einseitige Warencharakter des Geldes, der dann den Regeln des Marktes unterworfen ist, beeinträchtigt die Tauschmittelfunktion.

Für eine aktive Stabilisierungspolitik sind die öffentlichen Investitionen vorrangig wirksam, denn sie haben eine größere Multiplikatorwirkung als Transferleistungen. Für die Stabilisierungspolitik ist eine nachhaltige Beeinflussung der Erwartungshaltung der Wirtschaftenden wichtig. Eine Steuerermäßigung, die entweder der Angebotsverbesserung oder der Nachfrageverbesserung oder auch beidem dienen soll, kann sowohl eine negative als auch eine positive Spirale auslösen. Die Erwartung schlechter Zeiten trägt nachdrücklich dazu bei, daß diese auch kommen. Wird bei einer pessimistischen Erwartung hauptsächlich die Sparleistung erhöht, so kommt es zu einer Erhöhung der Staatsschulden, ohne daß durch diese Verschuldung ein Wachstumsimpuls ausgelöst würde. Die Erhöhung der Verschuldung treibt die Zinsen hoch, diese wiederum blockiert die privaten Investitionen, dadurch wird die Arbeitslosigkeit erhöht und der Bedarf an öffentlicher Unterstützung wächst noch.

2. Theoretische Konzeptionen

Wie die wirtschaftspolitischen Instrumente am besten einzusetzen sind, um eine wünschenswerte Stetigkeit der Wirtschaftsentwicklung zu erreichen und die anscheinend naturgegebene Instabilität der Wirtschaft zu zügeln, dazu stützt sich die Wirtschaftspolitik auf die Analysen und Empfehlungen der Wirtschaftswissenschaft. Da es unterschiedliche Theorien darüber gibt, wie die Gesamtwirtschaft funktioniert und woher ihre Instabilität rührt, gibt es dementsprechend auch unterschiedliche Vorschläge für die politische Steuerung der Wirtschaft. Nachfrageorientierte und angebotsorientierte Wirtschaftstheorie geben den Politikern durchaus gegensätzliche Erklärungen für bestimmte Zustände und gegensätzliche Ratschläge zu ihrer Veränderung. So stehen sich keynesianisch-fiskalische und neoklassisch-monetaristische Stabilisierungskonzeptionen antagonistisch gegenüber.

a. Keynesianisch-fiskalistische Konzeption

Die keynesianisch-fiskalistische Konzeption gründet auf der These von der systemimmanenten Instabilität der Marktwirtschaft und von der effektiven gesamtwirtschaftlichen Güternachfrage. Die Instabilität des Wirtschaftssystems erfordere eine aktive Stabilisierungspolitik, die mit fiskalpolitischen Instrumenten eine antizyklische diskretionäre Globalsteuerung vornimmt.

Die Stabilisierungspolitik ist am Nachfragedefizit orientiert. Tritt ein gesamtwirtschaftliches Nachfragedefizit auf, so wird es durch eine erhöhte Staatsnachfrage ausgeglichen. Die dafür aufgenommenen Schulden werden dann antizyklisch in der folgenden Hochkonjunktur getilgt, wodurch gleichzeitig die Konjunktur vor Überhitzung bewahrt wird. Die wirtschaftspolitischen Maßnahmen müssen diskretionär (schrittweise) immer wieder den neuen konjunkturellen Lagen angepaßt werden. Diese Anpassung ist als Globalsteuerung auf die gesamtwirtschaftlichen Größen, nicht auf Einzelmärkte gerichtet.

Eine große Schwierigkeit dieser Stabilisierungskonzeption resultiert aus den Diagnoseverzögerungen und aus den Wirkungsverzögerungen. Von der Erkenntnis einer bestimmten Lage, der Konzeption geeigneter Maßnahmen, um die Mangelsituationen abzuwenden, bis zu ihrer Umsetzung in den politischen Entscheidungsprozessen vergeht in der Regel eine größere Zeitspanne. Antizyklisch gemeinte Maßnahmen können durch die Verzögerung prozyklische Wirkungen entfalten. Zudem läßt sich beobachten, daß kontraktive Maßnahmen in der Phase der Hochkonjunktur politisch schwer durchsetzbar sind. Expansive Maßnahmen in Zeiten der Rezession werden sehr viel leichter gebilligt.

Dadurch daß die öffentliche Hand auf der Nachfrageseite nicht gleichmäßig in allen Wirtschaftsbereichen, sondern überwiegend in den Wirtschaftsbereichen der Infrastruktur auftritt, begünstigt eine aktive Stabilisierungspolitik faktisch bestimmte Wirtschaftsbereiche. Sie ist also nicht strukturneutral. Die Globalsteuerung hat wenig Einfluß darauf, daß Arbeitsplätze und Arbeitskräfte auch zusammenpassen; sie ist also gegenüber einer Stagflation hilflos. Die Globalsteuerung erlaubt keine genaue Dosierung der einzusetzenden Mittel. Staatliche Vollbeschäftigungsgarantien begünstigen bei oligopolistischen Gütermärkten und tarifvertraglich festgelegten Arbeitsmärkten eine durch Verteilungskämpfe verursachte Inflationsentwicklung, weil Preis- und Lohnerhöhungen auch in Rezessionszeiten durchsetzbar sind. Die Preisniveaustabilität wird der Vollbeschäftigung nachgeordnet.

b. Neoklassisch-monetaristische Konzeption

Die neoklassisch-monetaristische Konzeption basiert auf der These von der Selbststabilisierung des marktwirtschaftlichen Systems und der Skepsis gegenüber einer nachfrageorientierten diskretionären Wirtschaftspolitik. Sie fordert eine stetige potentialorientierte Geldpolitik und eine konjunkturneutrale Fiskalpolitik. Als angebotsorientierte Stabilisierungspolitik fordert diese Konzeption weiter die Deregulierung staatlicher Vorschriften, die Senkung der Steuern, eine niedrige Staatsquote und eine ordnungspolitische Förderung von Leistungswettbewerb und Marktmechanismus. Das neoklassische Modell rechnet mit der Stabilität des marktwirtschaftlichen Systems und hält Unterbeschäftigungssituationen für kurzzeitige Störungen.

In der neoklassischen Wirtschaftstheorie werden staatliche Einwirkungen auf die Wirtschaft nur zur Setzung unverzichtbarer Rahmenbedingungen akzeptiert. Den Märkten wird prinzipiell durch die Tendenz zum Gleichgewicht eine erfolgreiche Selbststeuerung der Prozesse zugeschrieben (Selbstheilungskräfte). Die Märkte müßten dazu genügend Spielraum haben, um sich frei entfalten zu können. Dementsprechend sollten staatliche Interventionen möglichst unterbleiben. Je größer der Einfluß des Staates auf die Wirtschaft sei, desto weniger könnten die Märkte die Wirtschaftsprozesse steuern.

Mängel dieser neoklassisch-monetaristischen Stabilisierungskonzeption bestehen in der praktischen Undurchführbarkeit des Verstetigungsgebots, in der Hinnahme einer Erhöhung der Arbeitslosigkeit bei Stagflation, in einer unzulässigen Abstraktion der Wirtschaftsprozesse aus den soziokulturellen Zusammenhängen, in der Unterschätzung der sozialen und individuellen Auswirkungen der Arbeitslosigkeit und in Fehlbewertungen der Haushaltspolitik. In der von Ronald Reagan betriebenen angebotsorientierten Wirtschaftspolitik (Reaganomics) der USA in den 1980er Jahren wurden die Steuersätze gesenkt mit der Behauptung, daß dadurch das Steueraufkommen und das Sozialprodukt gesteigert werden könne. Diese Legitimationsbehauptung wurde durch die von Arthur B. Laffer formulierte These (Laffer-Kurve) begründet, daß das Steueraufkommen bei einem mittleren Steuersatz am höchsten sei und Steuersätze unterhalb des maximalen Aufkommenspunktes liegen sollten. Die Ergebnisse der Reaganschen Steuerpolitik widerlegten die Legitimationsbehauptung.

Nach der neoklassischen Wirtschaftstheorie ist eine möglichst weitgehende Deregulierung des Marktes für die Dynamisierung des Wirtschaftsgeschehens vorteilhaft. Eine solche Deregulierung führt aber auf vielen Märkten zu Kapitalkonzentration und zu einem nur mittelfristigen Wettbewerb. Sobald eine oligopolartige Struktur erreicht ist, wird der Wettbewerbsvorteil zumeist zu Gunsten der stärkeren Marktpartei eingesetzt.

c. Beurteilung

Die staatliche Wirtschaftspolitik kann ihr Ziel, Wirtschaftswachstum bei möglichst stabilen Preisen zu erreichen, sowohl über die Angebotsseite als auch über die Verbrauchsseite zu erreichen suchen. Besonders in Rezessionszeiten entbrennt ein heftiger politischer Streit darüber, ob auf der Angebotsseite Kostendämpfung erreicht werden soll oder auf der Verbrauchsseite eine Ausweitung der Nachfrage durch Kaufkraftstimulation. Diese beiden Optionen haben sozialpolitisch konträre Folgen.

Der Kontrast zwischen den beiden Steuerungskonzeptionen ist markant: Während im keynesianischen Modell die Güternachfrage die Beschäftigung bestimmt, ist im neoklassischen Modell die Flexibilität von Löhnen und Preisen zentral. Im keynesianischen Modell führt ein Investitionsrückgang zur Rezession, im neoklassischen Modell gleicht der Zinsmechanismus die Nachfragelücke aus ohne Produktionsrückgang. Wegen des sinkenden Zinses nähmen nämlich die Konsumausgaben um den Minderbetrag des Investitionsrückgangs zu. Im keynesianischen Modell können erhöhte Staatsausgaben die rückgängige private Güternachfrage ersetzen. Im neoklassischen Modell sind Staatsinterventionen sinnlos, weil der Markt durch seine eigenen Kräfte schnell zur Vollbeschäftigung zurückführt. Nach dem keynesianischen Modell sind Gütersektor und monetärer Sektor über den Zinssatz miteinander verbunden, im neoklassischen Modell dagegen gibt es keine solche Verbindung und wird die Geldmenge als beziehungslos zum realen Sozialprodukt angesehen.

Ein großes Problem beider Stabilisierungskonzeptionen liegt in der Wandelbarkeit der Verhaltensweisen der Wirtschaftsteilnehmer. Diese verändern entsprechend ihren Erwartungen ihre Verhaltensweisen und unterlaufen dadurch bestimmte Maßnahmen, die mit konstantem Nachfrager- und Erzeugerverhalten rechnen. Noch komplizierter wird die Sachlage, wenn bei den Wirtschaftsteilnehmern ein Mißverständnis über die gegenseitigen Erwartungserwartungen besteht.

Produktionspotential und Auslastungsgrad sind Indikatoren für die Orientierung der Steuerungspolitik. Wird bei hoher Kapazitätsauslastung das Produktionspotential nicht ausgeweitet, so ist eine angebotsorientierte Steuerungspolitik erforderlich. Sinkt dagegen der Auslastungsgrad, so muß eine nachfrageorientierte Stabilitätspolitik gesteuert werden.

Nach ordoliberalem Wirtschaftsverständnis greift der Staat nicht aktiv in das einzelne Wirtschaftsgeschehen ein, sondern er setzt den verläßlichen Rahmen für die Wirtschaftsprozesse. Der Staat muß die verbindlichen Regeln aufstellen, um den Unternehmern umwelt- und sozialverträgliche Produkte und Produktionsverfahren vorzuschreiben. Der Staat garantiert seinerseits die Verläßlichkeit und Kalkulierbarkeit der Rahmenbedingungen. Die Neutralität des Staates gegenüber den Parteien des Wettbewerbsmarktes, die durch die personelle Verquickung der Führungseliten nicht gefährdet werden darf, ist von vorrangiger Bedeutung. Nur dadurch kann die Vertretung der Allgemeininteressen gegenüber den Partikularinteressen wirkungsvoll durchgesetzt werden.

III. Faktoren der wirtschaftlichen Nutzenstiftung

Diejenigen Güter, die für den Produktionsprozeß notwendig und keine Vorleistungen sind, heißen Produktionsfaktoren. Mit Blick auf die primäre Güterverteilung werden in der klassischen Volkswirtschaftslehre drei elementare Produktionsfaktoren unterschieden, nämlich Arbeit, Boden und Kapital. Durch diese Dreiteilung wird die Verteilung des Einkommens erklärt: Arbeit wird entlohnt, Boden erhält Grundrente, Kapital bekommt Zins bzw. Profit.

Die Arbeitskraft und der Boden als natürlich vorhandene Produktionsfaktoren können dem Realkapital als produziertem Produktionsfaktor gegenübergestellt werden. Doch auch die Produktionsfaktoren Boden und Arbeit sind heutzutage in der Regel schon gesellschaftlich geformt. Die natürlichen Ressourcen (der Boden, das Klima, die regenerierbaren Ressourcen, die erschöpfbaren Ressourcen, Wasser und Luft) sind in den Industrieländern weitgehend nicht naturbelassen, sondern bereits in irgendeiner Weise von Menschen in Dienst genommen. Die menschliche Arbeitskraft ist durch Erziehung, Ausbildung und Fortbildung gesellschaftlich gebildet; deshalb wird der Produktionsfaktor Arbeit auch als Humankapital bezeichnet. Der produzierte Produktionsfaktor Kapital ist selbst Ergebnis des Produktionsprozesses. Dieser Produktionsfaktor tritt als Realkapital und als Geldkapital auf. Zum Realkapital gehören nicht nur die dauerhaften Produktionsanlagen, sondern auch die Lagerbestände von Vorprodukten und von fertigen Gütern. Das Geldkapital hat darin einen Bezug zum Produktionsprozeß, daß es der Vorfinanzierung des Realkapitals dient.

Alle drei Produktionsfaktoren sind wechselseitig miteinander verknüpft. Die separierende Dominanz eines der Faktoren hat nachteilige Folgen für die Gesamtentwicklung. Die Natur ist zwar in genetischer Hinsicht fundamental für die beiden anderen Faktoren, doch kann keine alleinige Produktivität der Natur behauptet werden. Deren Produktivität wird durch Arbeit und Kapital den menschlichen

Bedürfnissen nutzbar gemacht, angeeignet und gesteigert, allerdings auch mit Zerstörung bedroht. Die Arbeit hat sich vielfach vom direkten Naturbezug gelöst und aufs engste mit dem Faktor Kapital verknüpft. Doch muß die Natur in ihrer produktiven Bedeutung angemessen wahrgenommen werden.

Die wirtschaftliche Tätigkeit nahm ihren Ausgang von natürlichen Gegebenheiten und hat diese durch Arbeit und durch erarbeitetes Sachkapital genutzt und umgestaltet. Die Zuordnung der Faktoren und die Abfolge ihrer Erörterung erlaubt keine einlinige Rangfolge. Doch hat die Arbeit zumindest epistemisch einen Vorrang. Die folgende Erörterung geht deshalb zunächst auf den Faktor Arbeit ein, durch den die Natur wahrgenommen und erschlossen wird. Die Arbeit geht heutzutage fast immer auf schon bearbeitete Natur. Die immense Ausweitung der Arbeit konfligiert mit der Natur. Der Faktor Kapital wird den beiden anderen Faktoren nachgeordnet, weil das Sachkapital als produziertes Produktionsmittel geronnene Arbeit ist und das Geldkapital nur über das Sachkapital überhaupt ein produktiver Faktor ist. Geldkapital ist primär ein Organisationsfaktor, der die Koordination der Wirtschaftstätigkeiten erleichtert.

A. Arbeit

Arbeit hat im heutigen gesellschaftlichen Wertesystem in Deutschland den Charakter einer sittlichen Pflicht, von der nur Krankheit und Lebensalter (Kindheit und Ruhestand) befreien. Dies wirkt sich auch in der Selbstwahrnehmung und Fremdwahrnehmung der Arbeitslosigkeit aus. In der Hochschätzung der Arbeit sind durchaus unterschiedliche Motive gebündelt. Sicherung des Lebensunterhalts, Aufbau von Machtpositionen, soziales Erleben, Taten der Selbstverwirklichung, Schritte zur humanen Weltgestaltung, säkulare Askese, Ersatz für fromme Werke - das alles kann bei der Hochschätzung der Arbeit eine Rolle spielen. Unleugbar ist die Arbeit ein beherrschender Faktor gegenwärtigen Alltagslebens.

Arbeit wird in der Ambivalenz von produktiver Tätigkeit und harter, belastender Mühe wahrgenommen. Das soziale Ansehen und die soziale Wertschätzung einer Person oder einer Personengruppe beruht zumeist auf der gesellschaftlich wahrgenommenen Arbeitsleistung. Im Phänomen der Arbeit sind Subsistenzsicherung, individuelle Selbstentfaltung und soziale Kommunikation miteinander verknüpft. Diese sehr komplexe Qualität der Arbeit ist die Quelle mannigfaltiger Konflikte.

Arbeit bedeutet gesellschaftlich die Tätigkeiten, die der Selbsterhaltung der Menschen dienen. Arbeit bedeutet individuell den Erwerb der Mittel, die zur selbständigen Lebensführung nötig sind. Arbeit vollzieht sich immer im Zusammenwirken mit anderen, sie ist ein wichtiger Faktor der Sozialität. In der Ausbildung der eigenen Fertigkeiten fordert sie auch immer neue sittliche Bestimmungen des personalen Selbst.

Die Arbeit muß so gestaltet sein, daß sie der Würde des Menschen nicht zuwiderläuft, sondern umgekehrt dieser Würde Ausdruck verleiht. Dementsprechend sind die Unternehmungen nicht nur auf Wirtschaftlichkeit, sondern auch auf Humanität verpflichtet. Dies zeigt sich darin, daß die Talente der Arbeitenden sich entfalten können, daß die Arbeitenden einen erfahrbaren Beitrag zur Sicherstellung des Lebenserhalts liefern und daß die Entlohnung zu einem gedeihlichen Lebensunterhalt führt.

1. Mehrdeutigkeit

Arbeit ist im wirtschaftswissenschaftlichen Sinn eine zielgerichtete Tätigkeit, durch die menschliche Bedürfnisse befriedigt werden sollen. Im physikalischen Sinn ist Arbeit das Produkt von Kraft mal Weg. Diese physikalische Definition von Arbeit ist nicht spezifisch menschlich ausgerichtet; sie gilt auch von Tieren und Maschinen. Spezifisch menschlich ist die produktive zielgerichtete Arbeit, durch die Güter und Dienstleistungen hergestellt werden.

Der Arbeitsbegriff ist primär auf die Subsistenzsicherung bezogen. Dabei sind zumeist moralische Werthaltungen impliziert: Der

Lebenserhalt erfordert die Anstrengung aller. Jeder Arbeitende nimmt an der gemeinsamen Aufgabe der Lebenserhaltung durch bestimmte Aktivitäten teil. Jeder Mensch ist verpflichtet, nach seinen Möglichkeiten und Fähigkeiten für seinen Lebensunterhalt selbst zu sorgen bzw. dazu seinen Beitrag zu leisten. Damit ist der Gedanke der Gleichheit in den Arbeitsbegriff aufgenommen. Die Arbeit wird nicht an bestimmte Gruppen delegiert; es ist nicht schimpflich zu arbeiten. Verhältnisse der Feudalgesellschaft oder der Sklavenhaltergesellschaft werden abgelehnt.

Nachdrücklich gefördert wurde die Ausbildung einer engagierten Arbeitshaltung durch Pietismus und Aufklärung gegen Ende des 17. Jahrhunderts. Durch permanente Geschäftigkeit und Eingespanntsein in Arbeit wollte August Hermann Francke (1663-1727) das Aufkommen böser Lüste unterdrücken. Faulenzer und Rentiers hatten für den Pietismus kein Lebensrecht. Mit der Berufung auf die eigene Arbeitsleistung grenzte sich das Bürgertum gegen den Adel ab, dem es einen unnützen Lebenswandel vorwarf. Während im Pietismus noch die Arbeit dem Ziel des Reiches Gottes galt, bekam die Arbeit im 19. Jahrhundert unter Ablegung der religiösen Bindungen den Charakter eines Selbstwertes. Für Thomas Carlyle (1795-1881) galt: laborare est orare.

Arbeit, die eine Hemmung der natürlichen Begierde (vgl. Hegel, Die Phänomenologie des Geistes) voraussetzt, intendiert menschliche Weltbemächtigung, die durch den Einsatz von Hilfsmitteln und Maschinen ausgedehnt und verstärkt wird. Der Einsatz von Maschinen befreit von belastenden Tätigkeiten, etabliert aber auch neue Abhängigkeiten, indem die menschliche Arbeitskraft nun durch die Orientierung an den Maschinen streng von außen normiert und häufig von Ersetzbarkeit bedroht wird. Es kommt zu Phänomenen der Entfremdung.

Die Schrecknisse der Arbeitswelt in der industriellen Revolution wurden von Friedrich Engels in seinen Berichten aus England und Charles Dickens in seinen Romanen anschaulich geschildert. Nach Karl Marx sind die Lohnarbeiter nicht Herr ihrer produktiven Tätigkeit, zu der sie gezwungen sind, um ihre physische Existenz zu erhalten. Die Lohnarbeit, die Teile des Daseins abspalte, führe zu zerstörerischer Konkurrenz unter den Arbeitern. Im Marxismus wie im bürgerlichen Liberalismus wird vom technischen Fortschritt die Erlösung von den Antagonismen der Arbeit erwartet.

Der Faktor Arbeit ist einerseits ein elementares Mittel zur Herstellung und Verteilung von Gütern. Er ist aber andererseits auch eine elementare Äußerung menschlicher Subjektivität, eine notwendige Darstellungs- und Erhaltungsgestalt für menschliches Leben. Dadurch hat er gegenüber den anderen beiden Produktionsfaktoren eine herausgehobene Stellung. Dem Produktionsfaktor Arbeit kann wirtschaftsethisch nur dann angemessen Rechnung getragen werden, wenn die personal-intersubjektive Funktion von Arbeit für menschliche Lebensgestaltung mit in den Blick genommen wird.

Die Arbeitenden erzeugen mit ihrer Kraft und Fertigkeit die für menschliches Leben erforderlichen und wünschenswerten Güter und Dienstleistungen. Die arbeitenden Menschen dürfen nicht zur Ware Arbeitskraft instrumentalisiert und personal vergleichgültigt werden. Die menschliche Arbeit ist sowohl objektives Sachmittel als auch personales Darstellungsmedium. Sie läßt sich vermarkten, und sie muß doch in Korrelation zur personalen Wesensdarstellung stehen, weil sonst die Arbeitenden sich in der Verdinglichung verlieren. Der Produktionsfaktor Arbeit erscheint dadurch janusköpfig, daß die Arbeit als wirtschaftliches Gut eingeschätzt und wie eine Sache behandelt werden kann, daß aber die Arbeit wegen ihrer personalen Bedeutung niemals auf ihre Sachlichkeit reduziert werden darf.

Die Wirtschaftswissenschaft faßt die Arbeit als knappes Gut auf, das seinen Preis hat. Die Einschätzung der Wirtschaftswissenschaft hat daran ihren Anhalt, daß die Arbeitenden sich im Arbeitsprozeß objektivieren und mittels einer Arbeitstechnik Güter produzieren. Da im Zuge der Arbeitsteilung die Produktivität der Arbeitstechnik gesteigert werden kann, wird die effektivere Arbeitstechnik selbst zu einem gesuchten wirtschaftlichen Gut, das besser bezahlt wird. Dieser ökonomische Aspekt darf aber den personal-sittlichen Aspekt nicht verdrängen. Umgekehrt darf der ökonomische Aspekt aber auch nicht übergangen werden. Die Bemühungen um Humanisierung der Arbeitsbedingungen und personale Mitverantwortlichkeit bleiben in einem bestimmten Grad dem Effizienzkriterium verpflichtet, weil nur so die Leistungsfähigkeit der Wirtschaft und damit ihre Lebensdienlichkeit gewahrt wird.

Unter Arbeit wird zumeist Erwerbsarbeit verstanden, d. h. eine Tätigkeit, die finanziell vergütet wird. Der Arbeitsbegriff wird heutzutage über die Erwerbsarbeit hinaus auf die verschiedensten Tätigkeitsbereiche ausgeweitet. In dem Maße, in dem die Subsistenzsicherung einen immer kleineren Teil des Wirtschaftens ausmacht, verliert die Funktion der Arbeit, die Mittel zum Leben bereitzustellen, an Bestimmungskraft. Die Arbeitswelt wächst zu einem eigenen Lebensraum, der andere moralische Legitimationen und Regeln braucht. Die Arbeit ist nicht nur notwendig-mühsames Subsistenzmittel, sondern sie ist ebenso Medium menschlicher Gestaltungskraft.

2. Arbeitsteilung

Arbeit ist ein sozialer Vorgang. Da Menschen verschiedene Begabungen und Fertigkeiten haben, erweist es sich als nützlich und förderlich, die Ergebnisse unterschiedlicher Fertigkeiten auszutauschen. Die jeweiligen Tauschpartner und die Gemeinschaft insgesamt erzielen durch die Teilung der Arbeit eine Steigerung der Ergebnisse.

a. Arbeitsteilung und Warentausch

Der Warentausch ist der Ursprung der Arbeitsteilung. Und die Arbeitsteilung vervielfältigt die Bereitstellung tauschfähiger Waren. Das Ausmaß der Tauschchancen bedingt das Ausmaß der Arbeitsteilung. Die wirtschaftliche Entwicklung ist menschheitsgeschichtlich durch eine wachsende Arbeitsteilung geprägt.

Die ersten Ansätze und einfachsten Arten der Arbeitsteilung waren an den Produzierenden, nämlich am Geschlecht, am Alter oder am Standort orientiert. Die sich stärker entwickelnde handwerkliche Arbeitsteilung war auf das Produkt (bzw. das Material) und schließlich die industrielle Arbeitsteilung auf das Fertigungsverfahren bezogen.

Der Vorteil der Arbeitsteilung liegt in der Effizienzsteigerung, die durch eine Arbeitsvereinfachung zustande kommt. Am Beispiel der Produktion von Stecknadeln macht Adam Smith klar, wie sehr die Produktivität dadurch gesteigert wird, daß der Produktionsprozeß in verschiedene Arbeitsschritte zerlegt und einzelnen Spezialisten und deren geschickter Handhabung von Maschinen übergeben wird. Er plädiert damit für eine technische Formierung und gesellschaftliche Organisierung der Arbeit, um eine möglichst große Steigerung von Produktivität und Wohlstand zu erreichen. Unterschiedliche Talente werden durch die Arbeitsteilung forciert und für die Gemeinschaft nutzbar gemacht. Die Berücksichtigung der vorliegenden Begabungen fördert die Produktivität. Die Vielzahl der Talente wird durch Handel und Tausch zu einem gleichsam gemeinschaftlichen Besitz. Auch können durch die Spezialisierung Lernprozesse überschaubarer ablaufen.

David Ricardo hat die Theorie der komparativen Kosten entwickelt und gezeigt, daß aus Arbeitsteilung und Tausch zwei Staaten beide auch dann Vorteil ziehen, wenn ein Land dem anderen gegenüber bei allen Produktarten einen Kostennachteil hat. Das kostenungünstigere Land muß sich auf das Produkt mit dem geringeren Kostennachteil, das kostengünstigere Land auf das Produkt mit dem größeren Kostenvorteil spezialisieren (Beispiel: England auf Tuch und Portugal auf Wein). Bei immobilen Bedingungen und bei Nichtberücksichtigung der Transaktionskosten bringt die Spezialisierung für beide Länder einen komparativen Kostenvorteil und einen absoluter Wohlfahrtsgewinn.

Die Gelegenheit zum Warentausch setzt der Arbeitsteilung ihre Grenzen. Je größer und vielfältiger der Markt, desto größer ist der Anreiz zur Arbeitsteilung und damit zur Spezialisierung einzelner Wirtschaftssubjekte auf besondere Produkte. Die Transporterfordernisse der unterschiedlichen Produkte (Milch anders als Wolle) sind für die Marktgröße und die Marktchancen wesentlich. Der Entwicklungsstand der Arbeitsteilung determiniert seinerseits den Eigenbezug der Produzenten zu ihren Produkten. Werden die naturalen Wirtschaftsbezüge stark verringert, so wird schließlich nicht mehr der überschüssige Arbeitsertrag zum Tausch gegeben. Die Produkte verlieren für die Produzenten den direkten Subsistenzcharakter. Die Produzenten sind zum Tausch genötigt, weil sie teilweise gar nichts für den eigenen Bedarf herstellen, sondern nur Produkte, die allein für den Tausch geeignet sind. Eine Eigenverwendung ist gar nicht mehr vorgesehen.

Eine weit fortgeschrittene Spezialisierung führt zu einer Monotonisierung der Arbeit und zu starken persönlichen Einschränkungen. Die Arbeitsteilung führt zu einer gegenseitigen oder einseitigen Abhängigkeit, durch die Entwicklungen in anderen Regionen oder Branchen sich negativ auf bestimmte Standorte auswirken können.

b. Geschichtliche Entwicklung

Die vornehmlich naturhafte Arbeitsteilung war bei den eiszeitlichen Jägern und Sammlern und auch bei den altsteinzeitlichen Bauern geschlechtsspezifisch ausgerichtet. Die natürlichen Gegebenheiten des Standorts waren vorrangig wichtig, so bei Fischern oder Jägern.

Mit der Ausbildung unterschiedlicher handwerklicher Tätigkeiten im Neolithikum wurde eine produktorientierte Arbeitsteilung eingeführt. Baumacher, Töpfer, Weber, Zimmerer, Gerätemacher waren einzelne Menschengruppen mit einem Tätigkeitsschwerpunkt, aber noch keine Berufsgruppen. Spätestens mit der Eisenzeit und den Eisengießern bildeten sich Berufsgruppen aus, d. h. Gruppen von Menschen, die eine bestimmte Wirtschaftstätigkeit ausschließlich ausübten, indem sie sich auf die Erzeugung einer bestimmten Produktart konzentrierten. Später wurden dann die primären Berufe in Spezialberufe weiter aufgegliedert. So gab es Berufsgruppen, die sich am zu bearbeitenden Material (Kupfer, Bronze, Gold, Silber) orientierten, oder solche, die sich an bestimmten Produkten orientierten: Waffen, Messer, Ketten, Hufeisen, Zirkel; alle von besonderen Schmieden hergestellt. Im mittelalterlichen Zunftwesen wurde so eine hohe Spezialisierung erreicht.

Die produktorientierte Arbeitsteilung korrespondierte mit arbeitsintensiven Kleinbetrieben. Die Produktionsfaktoren Arbeit und Kapital sowie der gesamte Arbeitsprozeß von Anfang bis Ende waren in einer Hand; dadurch wurden Gestaltungsdrang und Qualitätsbedürfnis stimuliert. Bei dieser Arbeitsteilung verläuft die Trennlinie zwischen Mensch und Mensch. Menschliche Arbeit wird nicht durch nichtmenschliche ersetzt. Im Herstellungsprozeß sind viele Arbeitstätigkeiten zusammengefaßt. Der Arbeitsprozeß hat für den Produzenten ganzheitlichen Charakter.

Die fertigungsorientierte Arbeitsteilung ist charakteristisch für das Maschinenzeitalter. Der Maschineneinsatz bringt eine Reduzierung der Stückkosten durch eine größere Zahl von gefertigten Stükken. Mit der Einführung der extensiven Maschinentechnik im 18. und 19. Jahrhundert wurde 'Industrie' zum Begriff für solche kapitalintensiven Großbetriebe, in denen die Technisierung der Arbeitsprozesse eine gewaltige Produktionssteigerung brachte. Vornehmlich erfolgten zunächst die Energieerzeugung in großtechnischen Dampfkesselanlagen und die Kraftübertragung durch Bänder.

Die Entwicklung der Elektroindustrie machte die Kleinbetriebe wieder konkurrenzfähig. In der Landwirtschaft gab seit Ende des 19. Jahrhunderts eine fortschreitende Mechanisierung und eine Produktionsintensivierung durch den Einsatz chemischer Mittel. Durch die Mikroelektronik, die nach der Erfindung des Transistors 1948 besonders durch die Anforderungen der Raumfahrttechnik vorangebracht wurde, wurde und wird die Automatisierung in allen Wirtschaftsbereichen noch einmal deutlich gesteigert.

Vergleicht man die produktorientierte Arbeitsteilung der handwerklichen Zeit mit der fertigungsorientierten Arbeitsteilung der Industriezeit, so fallen gewichtige Unterschiede ins Auge. Die fertigungsorientierte Arbeitsteilung ist kapitalintensiv, weil sie vom Maschinensystem geprägt ist. Die Produktionseinrichtungen (Kraftmaschinen, Werkzeugmaschinen und Informationsverarbeitungsmaschinen) verlangen hohe Investitionen. Die Zahl der Eigentümerunternehmer ist so immer kleiner geworden, die Zahl der Lohnarbeiter und Unselbständigen dagegen immer größer. Die maschinelle Produktion fordert nicht nur immer größeren Kapitaleinsatz, sie begünstigt auch die Entstehung von Großbetrieben. Mit der Produktvielfalt und der Unübersichtlichkeit der Märkte wachsen die Anforderungen an die Unternehmer. Da die Eigentümer den Leitungsanforderungen häufig nicht mehr gewachsen sind, übernehmen angestellte Manager die Unternehmensleitung. Unternehmertätigkeit und Unternehmereigentum treten auseinander.

Bei fertigungsorientierter Arbeitsteilung wird menschliche Arbeitskraft tendenziell durch maschinelle Arbeitskraft verdrängt. Der technologische Fortschritt stellt immer größere Anforderungen an die Menschen, die die Maschinen bedienen. Die einfachen Arbeitsplätze fallen der Rationalisierung zum Opfer. Die menschliche Arbeit innerhalb der maschinengeprägten Fertigungsprozesse wird immer abstrakter und anonymer. Hier werden die Produktionsprozesse in einzelne Arbeitsschritte separiert und bestimmten Personengruppen zugewiesen. Gegenüber der produktorientierten handwerklichen Arbeitsteilung hat das eine Fragmentierung der Arbeitstätigkeit der Produzenten zur Folge. Bei der fertigungsorientierten Arbeitsteilung nähert sich in der Mechanisierungsphase die menschliche Handarbeit einem Sachmittel.

Bilanziert man die bisherige Entwicklung des Industrialisierungsprozesses, so ist das Ergebnis nicht eindeutig. Einerseits ist die materielle Güterproduktion durch die Industrialisierung von einer enormen Produktivität und Effizienz gekennzeichnet. Alle Menschen der Industriestaaten könnten aufgrund des Produktionspotentials mit den ihnen notwendigen Gütern versorgt werden, wenn die Verteilungsstrukturen angemessen wären. Andererseits ist diese reichliche Güterversorgung aber an Produktionsverhältnisse und Produktionstechniken gebunden, die sowohl in Hinsicht auf die Binnenstruktur der Gesellschaft als auch in Hinsicht auf die Umwelt zu gravierenden Lebenshemmungen geführt hat. Die Differenzierung der Arbeitsprozesse führt unerbittlich auch zu einer Differenzierung der Arbeitsplätze und der am Arbeitsprozeß Teilhabenden. So wird in bestimmten planerischen und technologischen Berufen die Subjektstellung gestärkt; so werden andererseits unqualifizierte Hilfsdienste an den Rand gedrängt oder ganz aus dem Arbeitsprozeß ausgegliedert.

Dieses Schema von Inklusion und Exklusion führt ökonomisch zum Ausschluß größerer Bevölkerungsgruppen aus der Produktionssphäre. Hier hat die Diskussion um die Zweidrittelgesellschaft ihren Anhalt. Ein beachtlicher Teil der Gesellschaft wird ökonomisch und sozial marginalisiert, denn der Ausschluß aus der Produktionssphäre ist zumeist mit Lebensreduktionen verbunden. Die unübersehbaren Defizite bei der gesellschaftlichen Organisation der Erwerbsarbeit können aber nicht zu einer argumentativen Fundierung einer postmodernen Kulturkritik genutzt werden. Dafür ist das Wohlfahrtspotential der Industriegesellschaft zu groß; dafür sind die Chancen einer Korrektur des Industrialisierungsprozesses noch zu wenig genutzt.

c. Ambivalenz

Arbeitsteilung bringt Produktivitätsgewinne. Diese können aber nur genutzt werden, wenn es gelingt, die immer spezieller werdenden Produktionsvorgänge ihrerseits präzise zu koordinieren, um das gewünschte komplexe Produkt oder Arbeitsergebnis zu erzielen. Die Arbeitsteilung ist in ihrem Nutzen also direkt abhängig von einer erfolgreichen Koordination. Diese wiederum kann nur gelingen, wenn die technischen Einrichtungen und moralischen Einstellungen vorhanden sind, um die erforderliche Koordination auch zu bewerkstelligen. Dazu gehört Arbeitsdisziplin, Zeitmessung, Raumüberbrückung (Transport), Vereinbarungsklarheit.

Adam Smith war sich des Dilemmas der Arbeitsteilung durchaus bewußt. Durch die fortschreitende Arbeitsteilung werde die Mehrheit der Arbeitenden in ihrer Tätigkeit auf wenige Arbeitsschritte reduziert. Das führe zwangsläufig zu einer Lähmung der seelischen und geistigen Kräfte und fördere den Stumpfsinn. Doch auch wenn Adam Smith den Zusammenhang zwischen Arbeitsstruktur und Persönlichkeitsformation sieht, hat das für ihn keine einschneidenden Konsequenzen für die Produktivitätsorientiertheit. Die Knappheitsbewältigung war ihm vorrangig gegenüber den Nachteilen für die Persönlichkeitsentfaltung.

Seitdem die Maschinen aus der Stellung eines Hilfsmittels herausgetreten sind, müssen sich die Arbeitenden immer stärker den Abläufen der Maschinen anpassen. Die Arbeitenden kommen technisch in eine Unterstützungs- und Hilfsfunktion zur Maschine. Die teilweise gewaltigen Investitionskosten, die für die Beschaffung bestimmter Großmaschinen aufgewendet werden müssen, läßt die Arbeitenden auch finanziell zu einem Anhängsel der Maschinen werden. Die Lohnkosten werden zweitrangig gegenüber den Sachkapitalkosten. Gemäß dieser Kostenrelation werden dann aber häufig auch die Bedürfnisse der Arbeitenden gewichtet. Die Forderungen nach flexibleren Arbeitszeiten und verlängerten Maschinenlaufzeiten dürfen aber nur unter Beachtung der individuellen und sozialen Lebensbedürfnisse entschieden werden. Doch sollten gerade die Potentiale an kulturellem Fortschritt, die mit einer immer weitergehenden Automatisierung der Produktion verbunden sein können (beispielsweise körperliche Entlastungen, Zeitgewinne), wahrgenommen und realisiert werden gegen die ebenfalls vorhandenen Bedrohungspotentiale.

3. Beruf

Eine Folge der Arbeitsteilung ist die Entwicklung von Berufen, in denen dazu qualifizierte Menschen bestimmte Arbeitstätigkeiten erbringen. Für einen Beruf, der eine bestimmte Beschäftigungssphäre umfaßt und zugleich eine soziale Position in der Arbeitswelt zuweist, müssen sich die Erwerbstätigen durch eine besondere Ausbildung vorbereiten.

Nach reformatorischer Auffassung ist der Beruf die Verantwortung jedes Christen in der Welt. Während der Beruf (sprachlich abgeleitet von Berufung, vocatio) in der vorreformatorischen Ethik auf den status perfectionis des Mönchs bzw. Priesters eingegrenzt war, qualifizierte die reformatorische Theologie, indem sie vom Gedanken der Rechtfertigung und des allgemeinen Priestertums ausging, alle weltliche Arbeitstätigkeit als weltlichen Gottesdienst (vgl. Luthers Kirchenpostille von 1522, WA 10 I, und Confessio Augustana 16, BSELK 70f.). Maßgeblich war Luthers Verständnis von 1. Kor. 7,20: "Jeder bleibe in dem Beruf, in dem ihn Gottes Ruf traf." Der Dienst in der weltlichen Verantwortung am Nächsten sei Gottesdienst in der Welt. Eine besondere Ausrichtung bekam der Berufsgedanke im Calvinismus dadurch, daß Calvin den Beruf nicht mit der Rechtfertigung, sondern mit der Erwählung verband. Der Berufseifer konnte dann in Verknüpfung mit dem Berufserfolg zum Aufweis des Erwähltseins werden.

Die Berufswahl war in einer berufsständisch organisierten Gesellschaft ein wichtiges moralisches Problem. Nach lutherischer Auffassung muß der Glaube sich auch in den weltlichen Tätigkeiten bewähren. Diesen Gedanken prinzipialisierte Albrecht Ritschl (1822-1889) zu einer um den Berufsgedanken zentrierten Sozialethik.

Mit der Neuorientierung der Arbeitswelt von der Berufsorientierung zur Prozeßorientierung wird die persönliche Wahrnehmung und Gestaltung des Berufs weniger wichtig. Zugleich erfordert die Dynamisierung der Arbeitsprozesse eine Umorientierung der einzelnen Berufe, die Schaffung vieler neuer Berufe und die Abkehr vom Lebensberuf. Viele Erwerbstätige müssen immer neue Qualifikationen erlernen, müssen teilweise bereit sein, ihr Tätigkeitsfeld einoder auch mehrmal in ihrem Arbeitsleben zu wechseln. Die Zahl der Berufe hat sich ins Immense gesteigert. Dadurch bekommt die Berufswahl ein sehr stark dezisionistisches Moment. Die noch im 19. Jahrhundert eingeschärfte Gewissensprüfung hinsichtlich der Berufswahl wird heutzutage wohl kaum noch empfohlen und geübt.

Die Auffassung der Arbeitstätigkeit als Beruf impliziert bereits eine moralische Wertung. Die personale Verantwortung für die Arbeitstätigkeit und die Arbeitsgestaltung wird damit bejaht. Ein berufsständisches Ethos ist residual in manchen akademischen Berufen mit Standesgerichtsbarkeit (Mediziner, Juristen, Theologen) und in manchen Handwerksberufen wirksam.

Das Verständnis einer Arbeitstätigkeit als Job impliziert dagegen die personale Vergleichgültigung dieser Tätigkeit. Die personale Identität wird dann in anderen Lebensvollzügen gesucht. Damit wird aber der Entfremdung in der Arbeitswelt faktisch Vorschub geleistet.

Durch eine qualifizierte Berufsbildung muß den Entfremdungstendenzen begegnet werden. Die Berufsbildung muß heutzutage über die Jahre der Schulpflicht hinausgehen und auch noch das Erwerbsleben begleitend immer neue Fertigkeiten vermitteln. Daß es überhaupt eine allgemeine Schul- und Ausbildungspflicht gibt, ist eine Spätfolge von Reformation und Aufklärung.

Es sei daran erinnert, daß Kinderarbeit in Europa erst im 19. Jahrhundert gesetzlich verboten wurde. Vorher war sie innerhalb der Familienverbände in der bäuerlichen oder handwerklichen Lebenswelt üblich. Mit der Fabrikarbeit trat eine neue Situation ein, weil hier die Kinder den Familienverband verlassen und an einem fremden Ort arbeiten mußten. In Preußen wurde 1839 die Fabrikarbeit der bis 8jährigen generell verboten und die der 9- bis 16jährigen auf 10 Stunden pro Tag begrenzt. Gemäß Konvention Nr. 138 des International Labour Office (ILO) von 1973 ist Kinderarbeit bis zum 15. Lebensjahr verboten. Das wichtigste Mittel gegen Kinderarbeit ist die soziale Verankerung der Schulbildung, die Respektierung der Schule als eines eigenen Lebensraums und die Ausdehnung der allgemeinen Schulpflicht auf eine steigende Zahl von Jahren.

4. Beschäftigung

Zu den wichtigen makroökonomischen Zielstellungen der Wirtschaftspolitik gehört die Bekämpfung der Arbeitslosigkeit und die Gewinnung der Vollbeschäftigung. Gemäß dem Stabilitätsgesetz ist Vollbeschäftigung neben dem außenwirtschaftlichen Gleichgewicht und der Preisniveaustabilität eines der Eckziele der Wirtschaftspolitik.

Die wirtschaftspolitische Zielstellung, Vollbeschäftigung zu erreichen und zu erhalten, meint theoretisch die Vollauslastung aller Produktionsfaktoren, wird aber zumeist in der politischen Praxis auf die Vollauslastung des Arbeitskräftepotentials konzentriert. Die Vollbeschäftigung wird erstrebt, um Ressourcenverschwendung zu vermeiden, um eine umfassende Beteiligung aller Erwerbspersonen an den Wertschöpfungen zu erreichen, um den beruflichen Fähigkeiten umfassende Tätigkeitsmöglichkeiten zu eröffnen, um soziale und wirtschaftliche Prozesse des Strukturwandels einvernehmlich durchführen zu können.

In Deutschland gilt der Grundsatz der Tarifautonomie. Die Koalitionen der Arbeitnehmer und Arbeitgeber sind berechtigt, ohne staatliche Einflußnahme die Arbeits- und Wirtschaftsbedingungen zu vereinbaren. Diese Tarifmacht, die in der vom Grundgesetz garantierten Koalitionsfreiheit (Art. 9 III GG) gründet, ist auf Verbandsangehörige eingegrenzt und dem Gemeinwohl verpflichtet.

Der Staat ist gegenüber Gewerkschaften und Arbeitgeberverbänden zur Neutralität verpflichtet. Durch das Tarifvertragsgesetz (TVG) von 1949 sind die Tarifverhandlungen formal geregelt. In Tarifverträgen und Manteltarifverträgen werden die Normen für Lohnsätze und Arbeitsbedingungen festgelegt, nach denen die individuellen Arbeitsverträge abgeschlossen werden.

Die Tarifverhandlungen folgen in etwa dem Modell eines bilateralen Monopols. Die Tarifpartner haben allerdings keinen Einfluß auf Arbeitsnachfrage bzw. Arbeitsangebot. Diese Mengenentscheidungen liegen bei den Einzelhaushalten und Unternehmungen nach Aushandlung des Tarifvertrages. Ist der Effektivlohn deutlich höher als der Tariflohn, gibt es also eine höhere Lohndrift, so ist dies ein Anreiz zu einer stärkeren Tariflohnerhöhung.

Kampfmittel sind Streik und Aussperrung. Rechtlich umstritten ist das Mittel des regionalen Schwerpunktstreiks und das Mittel der Aussperrung. Entscheidend ist aber die Frage, ob und wann ein Machtungleichgewicht zwischen den Tarifparteien vorliegt. Für die Aussperrung gilt das Rundumgebot (keine Einzelauswahl), das Angriffsverbot (Relation zum Streik) und das Gebot der Verhältnismäßigkeit.

a. Arbeitsmarkt

Die Beschäftigungssituation wird wirtschaftswissenschaftlich zumeist durch das Marktmodell mit dem Gegenüber von Arbeitgebern auf der Nachfrageseite und Arbeitnehmern auf der Angebotsseite erfaßt. Zur näheren Beschreibung des Arbeitsmarktes wird häufig angenommen, hier liege eine Summe von einzelwirtschaftlichen Nachfragemengen vor. Wie bei einem homogenen Gütermarkt würde sich eine Preis-Mengen-Funktion ergeben, bei der die Arbeitnehmer (Arbeitskraftgeber) als Anbieter und die Arbeitgeber (Arbeitsplatzgeber) als Käufer auftreten.

Für die Arbeitgeber, die Arbeitskraft nachfragen, wird das Interesse an Gewinnmaximierung unterstellt, für die Arbeitnehmer, die ihre Arbeitskraft anbieten, das Interesse an Lohnmaximierung. Die Nachfragekurve (Arbeitgeberseite) ist negativ geneigt (höherem Lohn korreliert eine geringere Arbeitskraftnachfrage), die Angebotskurve (Arbeitnehmerseite) positiv steigend (höherem Lohn korreliert ein höheres Arbeitskraftangebot), allerdings unterschiedlich verlaufend gemäß den Annahmen, die für das Verhalten der Arbeitnehmer getroffen werden. Neben dem Lohn können beispielsweise der Wunsch nach Freizeit, nach beruflichem Aufstieg oder nach familienfreundlichen Arbeitsbedingungen verhaltenssteuernd sein.

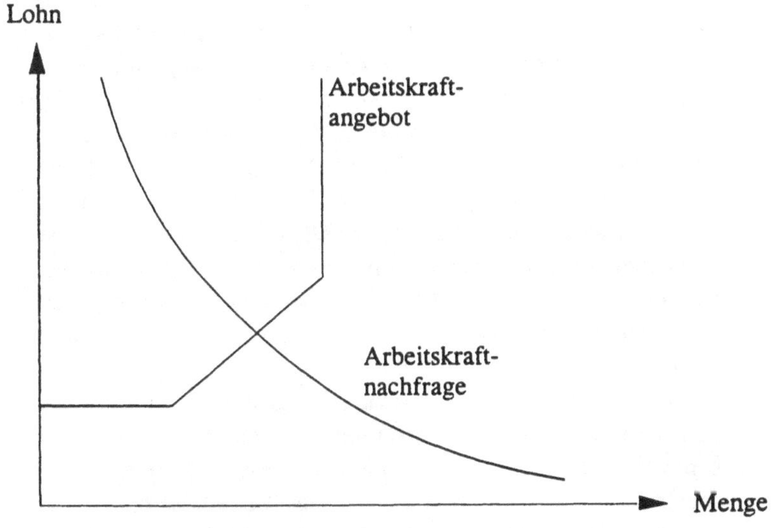

Eine lohnzentrierte Angebotskurve hat (wie in der obigen Abbildung) einen kantigen Verlauf, wenn angenommen wird, daß bis zu einem Lohnminimum, das dem Satz der Arbeitslosenhilfe entspricht, ein Arbeitskraftangebot so gut wie nicht vorhanden ist, daß dann das Angebot konstant ist und somit die Kurve gleichmäßig ansteigt, bis schließlich ab einer bestimmten Lohnhöhe das Arbeitskraftangebot überhaupt nicht mehr auf den Lohn reagiert.

Wenn die Arbeit ein variabler Produktionsfaktor ist, der zu den übrigen Input-Gütern in einem substitutionalen Einsatzverhältnis steht, und wenn auf dem Arbeitskraftmarkt genauso wie auf dem Güterabsatzmarkt vollkommene Konkurrenz herrscht, müssen die Arbeitgeber den Güterabsatzpreis und den Arbeitskraftpreis (Lohnsatz) als gegeben hinnehmen. Die Arbeitskosten sind gleich der Arbeitskraftmenge multipliziert mit dem Lohnsatz und steigen bei konstantem Lohnsatz bis zur letzten eingesetzten Arbeitskrafteinheit kontinuierlich an. Die Kosten der letzten eingesetzten Arbeitskrafteinheit (d. h. die Grenzkosten) sind gleich dem Lohnsatz. Den Arbeitskosten steht der Produktionserlös gegenüber, der gleich der Menge des hergestellten Guts multipliziert mit dem Verkaufspreis ist. Da die Produktmenge in Korrelation zum Arbeitskrafteinsatz nur unterproportional zunimmt, mithin die Menge des hergestellten Guts nicht so stark wie die Menge der eingesetzten Arbeitskraft ansteigt, nimmt die Produktivität der jeweils letzten eingesetzten Arbeitskrafteinheit (d. h. die Grenzproduktivität) und damit auch bei konstantem Verkaufspreis der Erlös ab. Wird diese Grenzproduktivität der Arbeit mit dem Marktpreis bewertet, so ergibt sich die Wertgrenzproduktivität der Arbeit. Der Gewinn als Differenz zwischen Erlös und Kosten ist dann maximal, wenn die Wertgrenzproduktivität der Arbeit mit den Grenzkosten der Arbeit übereinstimmt. Diese Inputregel ist das Spiegelbild der Outputregel, daß beim Güterangebot das Produktionsoptimum vorliegt, wenn Marktpreis und Grenzkosten gleich sind.

Diese Inputregel, daß der Gewinn am größten ist, wenn beim Einsatz der variablen Produktionsfaktoren Wertgrenzproduktivität und Faktorpreis gleich sind, bedeutet, daß eine gewinnorientierte Unternehmensleitung, wenn der Lohnsatz über die Wertgrenzproduktivität der Arbeit hinaus ansteigt, die Beschäftigtenzahl reduzieren wird. Durch diese Reduktion wird die Grenzproduktivität der Arbeit günstiger und zudem der Lohnsatz gedrückt. Umgekehrt wird die Unternehmensleitung bei einem Lohnsatz unter der Wertgrenzproduktivität die Beschäftigtenzahl ausdehnen, um zu einer Gewinnerhöhung zu gelangen. Die Wertgrenzproduktivitätskurve ist bei einem Arbeitskraftmarkt vollkommener Konkurrenz also identisch mit der Nachfragekurve der Unternehmen nach Arbeitskraft.

Wird der Arbeitsmarkt als Summe von einzelwirtschaftlichen Nachfragemengen aufgefaßt, so ergeben sich die Korrelationen: niedriger Lohn - hohe Arbeitskraftnachfrage, hoher Lohn - niedrige Arbeitskraftnachfrage. Wäre die Festsetzung der Lohnhöhe allein dem Marktmechanismus freier Preisbildung überlassen, so führte im Sinne des Modells des vollkommenen Wettbewerbs eine über den Gleichgewichtszustand hinausgehende Überzahl von Arbeitsplatzsuchenden zu einer Lohnsenkung und umgekehrt eine Unterzahl von Arbeitsplatzsuchenden zu einer Lohnerhöhung. Arbeitslosigkeit im Sinne einer Überzahl von Arbeitsplatzsuchenden würde durch den Marktmechanismus entsprechend schnell abgebaut.

Dieses Modell ist in hohem Maße wirklichkeitsfern. Es operiert mit der Ware Arbeitskraft als einem homogenen Gut, dessen Preisbestimmung völlig isoliert festgelegt werde. In Deutschland wie in allen Industrieländern besteht aber ein organisierter Arbeitsmarkt mit vielen gesetzlichen und tariflichen Festlegungen, die einen freien Preismechanismus weitgehend außer Kraft setzen. Zudem ist die Homogenität der Arbeitskraft in keiner Weise gegeben. Vielmehr läßt sich beobachten, daß auch bei einer allgemein hohen Arbeitslosenrate häufig ein starker Arbeitsplatzüberhang für ganze Berufszweige besteht. Die gesuchte Arbeitskraft ist ja immer eine qualifizierte Arbeitskraft, und für die unterschiedlichen Produktionsprozesse sind sehr unterschiedliche Arbeitsleistungen erforderlich. Außerdem müssen die Arbeitgeber, die ja strukturell die günstige Position der Nachfragesouveränität innehaben, bei ihren Entscheidungen über Einstellungen und Entlassungen die Auswirkungen auf die Arbeitsmotivation und das innerbetriebliche Sozialverhalten berücksichtigen. Auf den Teilmärkten und in den Regionen liegen sehr unterschiedliche Konkurrenzsituationen vor. Schließlich hat die Bereitstellung von Kaufkraft markante Auswirkungen auf die Bereitstellung von Arbeitsplätzen und umgekehrt. Die Lohnsatzänderung eines großen Wirtschaftsbereichs hat erhebliche Auswirkungen auf die Konsumgüternachfrage. Bei sinkendem Güterabsatz entsteht eine negative Spirale mit sinkender Arbeitsnachfrage und erneut sinkendem Güterabsatz. Die positiven Beschäftigungseffekte einer Lohnsenkung würden dadurch aufgezehrt.

Das Marktmodell belehrt allerdings über den Grundsachverhalt des Interessengegensatzes zwischen der Gruppe der Arbeitsplatzsuchenden und der Arbeitsplatzbereitstellenden. Eine Überzahl von Arbeitsplatzsuchenden wirkt - wenn auch eingeschränkt - für die Tarifvereinbarungen lohndämpfend, während eine Unterzahl lohnsteigernd wirkt. Entsprechend gibt es in der Behandlung der Arbeitslosigkeit eine antagonistische Interessenlage zwischen Gewerkschaften und Arbeitgebern. Die Bereitschaft der Arbeitgeber, eine höhere Arbeitslosenquote hinzunehmen oder gar für wünschenswert zu halten, wird allerdings dadurch eingeschränkt, daß die Arbeitgeber bei der Finanzierung der Arbeitslosigkeit ebenfalls beteiligt sind. Dadurch entsteht auf der Arbeitgeberseite entweder das Verlangen, sich an der Finanzierung der Arbeitslosigkeit nicht mehr beteiligen zu müssen oder Maßnahmen zu ergreifen, die eine Eingrenzung oder einen Abbau der Arbeitslosigkeit unter kostengünstigen Bedingungen voranbringen.

b. Arbeitslosigkeit

Die Arbeitslosigkeit wird statistisch berechnet durch die Zahl der beim Arbeitsamt gemeldeten Arbeitslosen, dividiert durch die Zahl der unselbständigen Erwerbspersonen. Nicht berücksichtigt in dieser statistischen Zahl ist die stille Reserve, d. h. die Zahl derjenigen Erwerbspersonen, die einen Arbeitsplatz suchen, sich aber nicht beim Arbeitsamt gemeldet haben. Die stille Reserve läßt sich nur sehr grob schätzen. Berechnungsgrundlage dafür ist die Zeit der Vollbeschäftigung zu Beginn der 60er Jahre in den alten Bundesländern. Damals habe es keine stille Reserve gegeben, so die Annahme. Unter Bezugnahme auf die damalige Wohnbevölkerung wird eine Potentialerwerbsquote für das Basisjahr errechnet. Unter Berücksichtigung der Veränderungen des Erwerbsverhaltens wird dann die Potentialerwerbsquote für das Berichtsjahr fortgeschrieben und mit der aktuellen Wohnbevölkerungszahl korreliert. In den alten Bundesländern dürfte die stille Reserve momentan knapp ebenso groß sein wie die offizielle Arbeitslosenzahl.

Seit der starken Verteuerung des Erdöls in den 1970er Jahren und der Beendigung des Wiederaufbaus existiert in Deutschland eine ziemlich hohe Arbeitslosigkeit. Diese ist faktisch deutlich höher als die statistisch angegebene Arbeitslosenquote, weil ein Großteil der Frührentner und eine Vielzahl von arbeitswilligen Frauen statistisch nicht erfaßt sind. Von der Beschäftigungskrise sind insbesondere Frauen und in die Erwerbstätigkeit strebende Jugendliche betroffen.

Durch die Langzeitarbeitslosigkeit kommt es zu schwerwiegenden psychosozialen Beeinträchtigungen. Rollenerwartungen können nicht mehr erfüllt werden, Lebens- und Autoritätsstrukturen zerbrechen. Da in der wettbewerbswirtschaftlichen Leistungsgesellschaft auch sehr viele soziale Kontakte über den Arbeitsplatz vermittelt sind, droht mit der Arbeitslosigkeit auch die soziale Isolation. Besonders nachhaltig wirkt sich die Arbeitslosigkeit bei Jugendlichen aus. Hier kommt es häufig zu grundlegenden Irritationen: Soziale Orientierungsmuster verlieren an Kraft; der Lebenshorizont verdunkelt sich.

Arbeitslosigkeit hat sehr unterschiedliche Gründe. Deshalb ist es sinnvoll, mehrere Typen zu unterscheiden, um die Maßnahmen für mehr Beschäftigung darauf auszurichten.

aa. Saisonale Arbeitslosigkeit: Die saisonale Arbeitslosigkeit, die in bestimmten Wirtschaftszweigen (Baugewerbe, Tourismus) auf wenige Monate im Jahr begrenzt ist, resultiert aus Gründen natürlicher und regelmäßig wiederkehrender Verhinderung von Wirtschaftstätigkeit. Hier ist die sozialstaatliche und arbeitsrechtliche Absicherung vorrangig.

bb. Friktionale Arbeitslosigkeit: Die friktionale Arbeitslosigkeit geht auf den permanenten Technologiewandel der Wirtschaft zurück. In einer Volkswirtschaft gehen laufend in bestimmten Regionen und Wirtschaftsunternehmen Arbeitsplätze verloren, die an anderen Orten und in anderen Unternehmen neu geschaffen werden. Hier müssen die Arbeitsplatzsuchenden die entsprechenden Orientierungen und Informationen erhalten.

cc. Strukturale Arbeitslosigkeit: Von der strukturalen Arbeitslosigkeit sind nicht einzelne Betriebe oder Regionen, sondern ganze Wirtschaftszweige betroffen. Dann stimmen Qualifikationsanforderungen der Unternehmen und Qualifikation der Arbeitskraftanbieter nicht mehr zusammen. Die Unterscheidung von friktionaler und strukturaler Arbeitslosigkeit kann nicht scharf getroffen werden.

dd. Wachstumsdefizitäre Arbeitslosigkeit: Wachstum wird dadurch von Konjunktur unterschieden, daß der Wachstumsbegriff auf das Produktionspotential, der Konjunkturbegriff auf den Auslastungsgrad dieses Produktionspotentials gerichtet ist. Die Erhöhung des Sozialprodukts ist folglich keine präzise Angabe des Wachstums, weil das Sozialprodukt auch durch eine bessere Konjunktur, d. h. bessere Auslastung des Produktionspotentials gesteigert werden kann. Erst bei einer länger andauernden Konjunktur stellt sich auch ein echtes Wachstum, d. h. eine Ausweitung des Produktionspotentials ein.

Die wachstumsdefizitäre Arbeitslosigkeit hat zumeist mehrere Ursachen im Zusammenspiel. Die Entwicklungen der Güternachfrage, des Güterangebots, der Technologien und des Erwerbspersonenpotentials können zu Arbeitslosigkeit führen. In den Industrieländern kann es in bestimmten Wirtschaftsbereichen wegen einer Marktsättigung zu einer Stagnation der Güternachfrage kommen. Allgemein nimmt mit der Steigerung des Gesamteinkommens die grenzwertige Neigung zum Konsum ab. Wird diese Nachfragelücke nicht durch öffentliche Investitionen geschlossen, so stagniert auch die Entwicklung des Güterangebots. Wegen zu geringer Gewinnerwartungen werden die privaten Investitionen eingeschränkt. Langwierige Genehmigungsverfahren können hier verstärkend wirken. Der technologische Fortschritt, wenn durch die Produktivitätssteigerung mehr Arbeitsplätze vernichtet als geschaffen werden, sowie der starke Anstieg des Erwerbspersonenpotentials können zur wachstumsdefizitären Arbeitslosigkeit beitragen.

Daß diese Ursachen in der Regel miteinander verknüpft sind, zeigt die unterschiedliche Aufnahme des stark gewachsenen Erwerbspersonenpotentials in den 1950er und 1980er Jahren. Während in der Phase des Wiederaufbaus die steigenden Arbeitsplatzwünsche erfüllt werden konnten und der Produktivitätszuwachs mit einem Produktionswachstum einherging, war in den 1980er Jahren eine durch die Bevölkerungsentwicklung bedingte Arbeitslosigkeit mit einer Stagnationsarbeitslosigkeit und einer Technologiearbeitslosigkeit verbunden.

ee. Konjunkturale Arbeitslosigkeit: Die konjunkturale Arbeitslosigkeit ergibt sich aus der marktwirtschaftlichen Interdependenz von Arbeitsmarkt und Gütermarkt. Bei einem funktionierenden Preis- und Lohnmechanismus dürfte es eigentlich keine Arbeitslosigkeit aus konjunkturellen Gründen geben. Bei einem Rückgang der Güternachfrage müßten die Preise fallen und die Löhne sich entsprechend anpassen. Fallen die Preise aufgrund einer oligopolen Marktverfassung, wo kein echter Preiswettbewerb vorliegt, nicht, dann bleibt die Güternachfrage rückläufig, es werden Produktionskapazitäten abgebaut, die Arbeitslosigkeit nimmt zu. Bleiben dagegen die Löhne starr, wenn die Güterpreise fallen, so ist die Preissenkung faktisch eine Reallohnerhöhung. Die Erhöhung der Lohnstückkosten führt zu einer Verminderung der Wettbewerbsfähigkeit und damit langfristig zum Abbau von Produktionskapazitäten (und damit steigender Arbeitslosigkeit). In beiden Fällen versagt der Vollbeschäftigungsmechanismus. Die Starrheit der Löhne kann auf Tarifverträge, auf die Langfristigkeit von individuellen Arbeitsverträgen, aber auch auf betriebsinterne Lohnstrukturen zurückgehen.

Doch die Funktionsfähigkeit von Preis- und Lohnmechanismus führt nicht automatisch aus der Unterbeschäftigung heraus. Eine unzureichende Güternachfrage wird dann nicht verändert, wenn aufgrund von Zinssteigerungserwartungen die liquiden Mittel nicht auf dem Wertpapiermarkt angelegt werden, somit der Zinssatz für die Finanzierung von Investition und Konsumtion nicht sinkt und folglich Güternachfrage und Arbeitskraftnachfrage nicht zunehmen (Liquiditätsfalle). Aber auch die Erwartungen bleibender Absatzschwierigkeiten können bei sinkendem Zinssatz Investitionen verhindern und damit die Güternachfrage blockieren (Investitionsfalle). Schließlich führt ein deutlicher Rückgang des Absatzes zu einer negativen Anpassung der Produktionskapazitäten. Dadurch sinkt das Reallohneinkommen und damit aber auch das Nachfragepotential.

Bei der Arbeitslosenquote läßt sich für Deutschland beobachten, daß nur in Zeiten des Wiederaufbaus nach dem Zweiten Weltkrieg eine konjunkturale Arbeitslosigkeit völlig wieder mit der Wiederbelebung der Konjunktur verschwand. Seit den 1970er Jahren dagegen steigt die Arbeitslosigkeit beim Vergleich der Konjunkturzyklen permanent an; sie kehrt im späteren Konjunkturzyklus nie mehr zur Lage im früheren Konjunkturzyklus zurück.

c. Beschäftigungspolitik

Die Beteiligung an der Erwerbsarbeit wird auch in den hochentwickelten Industriegesellschaften noch lange die persönlichen Lebenschancen und die sozialen Positionen sehr stark prägen. Deshalb ist es von großer Bedeutung, möglichst viele Menschen an der gesellschaftlich organisierten Arbeit und ihren Entscheidungsprozessen zu beteiligen.

Angesichts der elementaren Bedeutung, die die Teilnahme an den Arbeitsprozessen für den einzelnen Menschen hat, ist immer wieder die Forderung nach einem staatlich verbrieften Recht auf Arbeit erhoben worden. Ein Recht auf Arbeit ist als Staatsziel in einigen Länderverfassungen formuliert (vgl. Hessen und Nordrhein-Westfalen). Ein solches Staatsziel, das angesichts der nun schon länger anhaltenden Massenarbeitslosigkeit eine besondere Dringlichkeit hat, ist im Grundgesetz nicht explizit formuliert, kann aber aus der Sozialstaatsklausel in Art. 20 und 28 GG abgeleitet werden.

Ein Recht auf Arbeit kann in einer auf Privateigentum basierenden Wettbewerbswirtschaft nur bedeuten, daß der Staat als gleichsam indirekter Arbeitgeber darauf verpflichtet wird, die Gewinnung von Vollbeschäftigung unter seine Handlungsziele aufzunehmen. Durch diese staatliche Selbstverpflichtung soll angestrebt werden, daß vorhandener individueller Arbeitswille auch realisiert werden kann. Da der Staat in den westlichen Industrieländern selbst nicht Eigentümer der Arbeitsplätze ist, da Freiheit in der Wahl des Berufes und des Arbeitsplatzes besteht, kann das Recht auf Arbeit nur in dem Sinne verstanden werden, daß der Staat eine umfassende Arbeitsmarktpolitik betreibt, die darauf gerichtet ist, möglichst allen Arbeitsplatzsuchenden einen Arbeitsplatz zu verschaffen. Eine direkte Zuweisung von Arbeitsplätzen ist allein in einer Zentralverwaltungswirtschaft möglich.

Da die kurzfristige friktionale Arbeitslosigkeit nicht vermeidbar ist, kann das Vollbeschäftigungsziel nicht als Arbeitslosenquote von 0% definiert werden. Nach den Erfahrungen der 1960er Jahre muß eine Quote von ca. 1% angenommen werden. Die Beobachtung der 1980er Jahre, daß auch bei deutlich höherer Arbeitslosenquote auf bestimmten Teilmärkten ein erheblicher Arbeitskräftemangel herrschte, kann nicht gegen diese Zielquote von 1% verwandt werden. Diese Beobachtung belegt nur die Unwirksamkeit einer pauschalen gesamtwirtschaftlichen Nachfragepolitik und fordert zu einer stärkeren sektoralen Beschäftigungsförderung auf.

Aktive Arbeitsmarktmaßnahmen sollen die nichtkonjunkturelle Arbeitslosigkeit durch Ausbildungsförderung, Arbeitsbeschaffungsmaßnahmen, Mobilitätsbeihilfen und Einarbeitungszuschüsse verbessern. Durch die Arbeitsmarktpolitik soll die Qualifikation der Arbeitsplatzsuchenden den Arbeitsplatzangeboten durch Fördermaßnahmen angepaßt werden. Die aktive Arbeitsmarktpolitik ist allerdings in ihrer Finanzierung zyklenabhängig. Wenn bei hoher Dauerarbeitslosigkeit eine solche akitve Arbeitsmarktbeeinflussung am meisten vonnöten ist, stehen die wenigsten Geldmittel zur Verfügung, weil die Beiträge sinken und die Auszahlungen zumeist durch Unterstützungszahlungen gebunden sind. Deshalb muß eine aktive Arbeitsmarktpolitik antizyklisch finanziert und um eine Minderung des Zyklenausschlags bemüht sein. Voraussetzung für eine höhere Beschäftigtenzahl ist die Kostenneutralität der zu ergreifenden Maßnahmen, gemessen an den Stückkosten, und die Abwendung von Umgehungsstrategien, wonach die Arbeitszeitverkürzung nur zu einer Arbeitsintensivierung genutzt wird.

Die aktive Arbeitsmarktpolitik wird teilweise ergänzt durch eine traditionelle Expansionsstrategie, die bei einer Senkung der Arbeitskosten die Produktion ausweiten und dadurch die Arbeitslosigkeit abbauen will. Hier werden besondere Hoffnungen auf die Steigerung der Exporte gesetzt. Dabei stellen sich dann aber globale Verteilungsprobleme ein.

Die aktive Arbeitsmarktpolitik kann aber auch ergänzt werden durch eine Innovationsstrategie, die eine neue Arbeitsorganisation einführen will. Neben dem Markt erwerbsorientierter Lohnarbeit wird ein zweiter Markt für Eigenarbeit und Kleingruppenarbeit etabliert. Dabei werden zumeist Dienstleistungen über eine Börse ohne Geld getauscht und so Erwerbsarbeit durch unentgeltlichen Leistungstausch substituiert. Doch stellen sich dabei schnell geldähnliche Organisationsmedien ein. Die Frage nach der Verknüpfbarkeit beider Wirtschaftsformen und der Trägerschaft bzw. Autorenschaft des zweiten Bereichs wird dann dringend, wenn eine gesellschaftliche Breitenwirkung erreicht werden soll. Dabei wäre eine stärkere Aufnahme genossenschaftlicher Strukturen denkbar. Während bei Lohnarbeit eine Arbeitsvermehrung auch als Kostenfaktor zu Buche schlägt, wird in einer genossenschaftlich organisierten Unternehmung nach den tatsächlich erzielten Erträgen bezahlt und abgerechnet. Genossenschaften sind darin reinen Familienbetrieben ähnlich, wo auch jeder zu unentgeltlicher Mehrarbeit bereit sein muß. Fraglich bleibt aber, ob es in Genossenschaften gelingt, jeweils die entsprechende Motivation der Mitglieder zu erreichen.

Defensive Arbeitsmarktmaßnahmen zielen auf eine Verringerung des Erwerbspersonenpotentials. Diese defensiven Maßnahmen sollen den Mangel an Arbeitsplätzen so abschaffen, daß die Zahl der Arbeitsplatzbewerber reduziert wird. Die vorhandene nicht für alle ausreichende Arbeit wird nicht vermehrt, sondern der Mangel gerechter verteilt. Diskutierte Maßnahmen sind die Verlängerung der Ausbildung, die Unterbrechung oder die vorzeitige Beendigung der Erwerbstätigkeit sowie die Verringerung der Zahl ausländischer Erwerbstätiger. Insgesamt sollen durch diese Maßnahmen vermehrt Arbeitslose in die dann frei werdenden Stellen einrücken.

Die Distributionsstrategie setzt außerdem auf eine Verkürzung der Lebensarbeitszeit (durch Frühverrentung), der Jahresarbeitszeit (durch den Abbau von Überstunden, Verlängerung des Jahresurlaubs oder Einführung eines Bildungsurlaubs) oder der Wochenarbeitszeit sowie auf eine Vermehrung von Teilzeitarbeitsplätzen. Bei diesen defensiven Maßnahmen ist die Finanzierung höchst umstritten zwischen Arbeitgeberseite, Arbeitnehmerseite und dem Staat.

Die Verkürzung der Lebensarbeitszeit, wie sie durch die gesetzlichen und tariflichen Regelungen der Frühverrentung seit den 1980er Jahren gefördert worden ist, hat sich infolge des Anwachsens der

Massenarbeitslosigkeit als nicht mehr finanzierbar erwiesen. Die Lebensarbeitszeit wird neuerdings wieder verlängert, um angesichts der absehbaren demographischen Entwicklung die Bevölkerungsgruppe der Ruhegeldempfänger nicht zu groß werden zu lassen. Die Verlängerung birgt manche Konflikte. Sie erfordert altersgerechte Arbeitsplätze und Qualifizierungsmaßnahmen. Sie darf die Chancen der jugendlichen Berufsanfänger, einen Arbeitsplatz zu finden, nicht beeinträchtigen. Hier kann eine partielle Arbeitsteilung nach dem Senior-Junior-Modell zu einer Kooperation der Generationen führen.

5. Grenzen der Arbeit

In der Wirtschaftswissenschaft ist umstritten, ob das gesamte Arbeitsvolumen begrenzt ist, ob also der Produktivitätsgewinn auf längere Zeiträume geblickt mehr Arbeitsplätze verschwinden läßt, als daß neue geschaffen werden. Führt der Produktivitätsfortschritt nicht zu einer stetigen Erweiterung der Nachfrage, sondern gibt es objektive Marktsättigung und Nachfragebegrenzungen, so entsteht die wachsende Aufgabe, das vorhandene und insgesamt schrumpfende Arbeitsvolumen umzuverteilen.

Die Nachfrageseite ist in hohem Maße beeinflußbar durch die Angebotsseite. Die Entwicklung neuer Produkte schafft in vielen Fällen allererst die Nachfrage, weckt die Bedürfnisse, zu deren Befriedigung die Produkte hergestellt worden sind. In welchem Umfang ist es verantwortlich, über die Angebotsseite die Nachfrageseite zu stimulieren oder zu manipulieren? Von Jean Baptiste Say stammt das allerdings strittige Theorem, daß die Erzeugung neuer Güter eine Kaufkraftvermehrung bewirke und daß somit die Erhöhung des Angebots zu einer entsprechenden Erhöhung der Nachfrage führe. Dieses Theorem wurde in der Zeit der Maschinenstürmer formuliert. Zu Beginn des 19. Jahrhundert tobte in der englischen Textilindustrie ein heftiger Streit darüber, ob der Einsatz der Maschinen nicht die Preise ins Bodenlose fallen lasse und damit viele Menschen ihrer Arbeit beraube. Diese Auseinandersetzung hat Charlotte Brontë (1816-1855) in ihrem Roman "Shirley" anschaulich geschildert. Bis heute unklar ist, ob die Nachfrage jede Entwicklung der Angebotsseite mitmachen wird oder ob es echte Sättigungsgrenzen gibt.

Hannah Arendt (1906-1975) gibt eine düstere Prognose zur Entwicklung der gegenwärtigen Arbeitsgesellschaft, weil die soziale Dominanz der Arbeit dann katastrophale Wirkungen zeitigen müsse, wenn der Gesellschaft mit der Arbeit ihre Daseinsberechtigung ausgehe. Schon Friedrich Nietzsche (1844-1900) hat die religiöse Verherrlichung der Arbeit als Zeichen des Nihilismus gedeutet. Das Gefühl der Sinnlosigkeit solle durch die Flucht in die Arbeit kaschiert werden. Frei nach dem Motto: Wer in Atemlosigkeit läuft, braucht nicht nachzudenken, warum er läuft.

Gegenüber der klassischen Forderung nach gerechter Verteilung des Sozialprodukts ist neuerdings die Frage nach einer gerechten Verteilung des Arbeitsvolumens, d. h. der Beteiligung möglichst aller Erwerbsarbeitsfähigen am Arbeitsprozeß in den Vordergrund getreten. Die Konfrontation zwischen denen, die einen Arbeitsplatz und dadurch ein Erwerbseinkommen haben, und denen, die allein auf ein Transfereinkommen angewiesen sind, nimmt zu. Dies meint die Rede von der Zweidrittelgesellschaft. Durch die Mechanisierung und Automatisierung fällt viele (auch qualifizierte) Handarbeit weg. Zur Verhinderung bzw. zum Abbau einer hohen Sockelarbeitslosigkeit ist die reine Umverteilung derzeitiger Erwerbsarbeit durch Arbeitszeitkürzung allein nicht zureichend. Vielmehr muß der Wirtschaftsprozeß dahin umstrukturiert werden, daß bisher vernachlässigte arbeitsintensive Güter und Dienstleistungen aus dem Produktivitätsfortschritt heraus neu geschaffen werden. Beispielsweise sei auf den weiten Bereich der Pflegeberufe hingewiesen. Unter dem Gesichtspunkt der Partizipation müßten auch Arbeitsstrukturen gefördert werden, die den aufgrund ihrer Lebenslage oder Begabung nicht besonders Qualifizierten einen Arbeitsplatz eröffneten. Die Wirtschaftspolitik muß so ausgerichtet sein, daß jeder Arbeitsfähige und Arbeitswillige die entsprechenden Qualifizierungschancen und die dementsprechenden Arbeitsplatzchancen erhält. Massenhafte Dauerarbeitslosigkeit führt zu sozialer Desintegration.

Die Mühsal der Arbeit läßt für viele erst die Wonnen der Freizeit richtig erlebbar machen. Gerade die straffe Einbindung in strikte

Arbeitseinforderungen gibt dem Wechsel des Lebensgefühls Kontur. Die Erfolge der Arbeitstätigkeiten werden auch als Bestätigung der individuellen Leistungskraft erlebt. Das Gegliedertsein der Arbeitsanforderungen wirkt häufig als seelischer Stabilisator. Die Aussichten auf totale Freizeit werden als beängstigend empfunden, wichtige Faktoren der Lebensgliederung werden vermißt, die vollständige Freiheit der Lebensgestaltung erscheint als Überforderung. Die Vision eines von allen Zwängen der Subsistenzsicherung freien Lebens hat keine Zugkraft. Schleiermachers Satz "Alle Menschen sind Künstler" (Brouillon zur Ethik 108) ist zwar ästhetisch gemeint, doch kann er auch für eine sozialpolitische Vision stehen. Solche Visionen sind gerade angesichts der heutigen Lage, daß die Subsistenzarbeit an Bedeutung verliert und die Automatisierung von Produktionslinien immer mehr zunimmt, zunehmend wichtig. An ihnen lassen sich die Grundoptionen klarmachen, vor denen die Sozial- und Wirtschaftspolitik steht. Das Wachsen der Arbeitsproduktivität und die Begrenztheit des Arbeitsvolumens, das zudem noch mit Maschinen geteilt werden muß, führt die Dringlichkeit vor Augen, über langfristige Strategien des Umgangs mit dem reduzierten Arbeitsvolumen nachzudenken. Dabei ist dann auch die Bevölkerungsentwicklung maßgeblich zu berücksichtigen.

B. Natur (Umwelt)

Die Natur als Grundfaktor der wirtschaftlichen Nutzenstiftung wird in der klassischen Wirtschaftswissenschaft unter der Verteilungsrubrik Boden abgehandelt. Der Boden meint alle natürlichen Gegebenheiten, die gesamte Umwelt, die für eine Gesamtwirtschaft maßgeblich ist. Der Boden ist unproduzierbar und unvermehrbar; darum wächst seine Knappheit bei Erhöhung der Arbeitsmittel einer Gesamtwirtschaft. Der Boden wird heutzutage allerdings als Anlagekapital bilanziert. Boden besonders für großflächige Industrieanlagen muß zumeist mit hohem Kapitalaufwand für die entsprechende Produktion hergerichtet werden. Diese Unschärfe zwischen Boden und

Kapital führt teilweise zu dem fatalen Mißverständnis, als sei Boden ebenso vermehrbar wie Kapital und Produktionsmittel. Diese Unschärfe begünstigt ein naturschädigendes Wirtschaftsverhalten. Allenfalls bestimmte Nutzungsarten von natürlichen Gegebenheiten sind relativ vermehrbar.

Die kartesianische Erkenntnistheorie mit ihrer scharfen Trennung von res cogitans und res extensa konnte zu einem mechanistischen und objektivierenden Umgang mit der Natur führen. Dabei ging der Riß zwischen Vernunft und Natur durch den Menschen selber. Der menschliche Körper gehörte der Natur an und mußte so wie die Außenwelt den Gesetzen der Vernunft unterworfen werden. In der romantischen Auffassung wird der Natur eine eigene Heiligkeit zugesprochen und die Versöhnung des Menschen mit der Natur erstrebt. Für die gegenwärtige Diskussion hat Albert Schweitzers Maxime der Ehrfurcht vor dem Leben eine große Bedeutung. Seit Dennis Meadows 1972 für den Club of Rome über "Die Grenzen des Wachstums" berichtet hat, ist die Umweltdebatte nicht mehr verstummt. Eine Umgestaltung der industriellen Produktionsweise dergestalt, daß ein nachhaltiges, d. h. die Ressourcen schonendes und die natürliche Regeneration einplanendes Wirtschaften etabliert wird, ist allerdings bisher erst ansatzweise erfolgt.

Der Naturbegriff thematisiert die Vorgegebenheit der Weltphänomene, die dem menschlichen Freiheitshandeln entgegenstehen. Naturgesetze sind der menschlichen Verfügung entzogen. Sie können nur entdeckt, nicht aber erfunden werden. Die natürlichen Gegebenheiten sind solche, in denen sich der Mensch vorfindet, denen er teilweise schicksalhaft unterworfen ist, die er aber teilweise durch sein Tun auch gestalten kann. Menschheitsgeschichtlich geht der große Tätigkeitsimpuls dahin, den Raum der Freiheit immer weiter in die natürliche Welt auszudehnen und die natürlichen Gegebenheiten den Kulturbedürfnissen von Vernunft und Sittlichkeit zu unterwerfen. Diese Ausweitung des menschlichen Freiheitsraumes steigert die individuellen und sozialen Koordinationsanforderungen gewaltig und macht den Naturbezug zu einem sittlichen Problem.

Das Verhältnis der Menschen zu ihrer natürlichen Umwelt wird in den Industrieländern heutzutage häufig als krisenhaft empfunden.

Fühlten die Menschen früherer Jahrhunderte sich der Natur mit ihren Segnungen wie Schrecknissen ausgeliefert, so muß heutzutage natürlicher Lebensraum vor dem menschlichen Zugriff geschützt werden. Das Verhältnis zur Natur ist selbst ein künstliches geworden. Der Prozeß der Vergesellschaftung aller Lebensräume ist in den Industrieländern an ein erfolgreiches Ende gekommen. Der menschliche Zugriff auf die natürliche Umwelt ist so total, daß er selbst zur Lebensbedrohung der Menschen wird. Der Schutz der Natur vor dem Menschen hat Vorrang erhalten vor dem Schutz der Menschen vor der Natur. War früher der Mensch der Natur ausgeliefert, so scheint heute die Natur dem Menschen und seinem technischen Zugriff ausgeliefert zu sein. Dieses hat aber keineswegs die paradiesischen und segensreichen Zustände heraufgeführt, die in früheren Jahrhunderten erträumt worden waren. Nach dem gewonnenen Kampf beginnen viele Menschen sich selbst als ein Stück Natur zu suchen und zu begreifen. Die Grenzlinie zwischen Mensch und Natur ist nicht so eindeutig und klar, wie früher häufig gemeint worden war. Zudem zeigt sich, daß die Eingriffe, die der Mensch aus den unterschiedlichsten Motiven in die Natur vorgenommen hat und vornimmt, in irgendeiner Weise ihren Preis fordern.

Die ungeheuer vielfältigen Konsequenzen, die die Einführung grundlegend neuer Techniken (beispielsweise Kernenergie oder Gentechnik) mit sich bringt, erfordern eine ethische Analyse der entsprechenden Entscheidungssituationen. Je mannigfaltiger und gewichtiger die Handlungskonsequenzen sind, desto strikter muß die Forderung nach einer ethischen Analyse sein.

1. Grenzen des Wachstums

Das Wachstum der Wirtschaft, wie es in der Zeit der Industrialisierung zu beobachten ist und wie es etwa seit 1950 exponentielle Gestalt angenommen hat, ist ein völlig neues Phänomen in der Geschichte der Menschheit. Das Wirtschaftswachstum korrelierte in den vorindustriellen Zeiten vornehmlich mit der Bevölkerungsentwicklung. Gerade in den letzten Jahrzehnten gilt diese Korrelation immer weniger. Die Wachstumskurve der Wirtschaft ist in weitaus stärkerem Maße angestiegen als die Wachstumskurve der Bevölkerung.

Das Wirtschaftswachstum ist wesentlich Ergebnis des technischen Fortschritts sowie des kapitalorientierten Erwerbsstrebens. Das Produktionspotential wird ständig verbessert und ausgeweitet. Die industrielle Wirtschaft ist eine evolutionäre Wirtschaft. Bereits John Stuart Mill fand 1848 in seiner Schrift "Principles of Political Economy" werbende Worte für einen stationären Wirtschaftszustand. Heutzutage wird das Konzept einer 'steady-state'-Ökonomie als Alternative zur 'growth manier' hauptsächlich von Hermann E. Daly vertreten. Ein solches Wirtschaftskonzept wäre allerdings nur im Rahmen einer rigorosen Sozialregulierung durchführbar.

Das Wirtschaftswachstum, das in den westlichen Industrieländern auch durch gestiegene Ansprüche an den Lebensstandard stimuliert worden ist, steht in enger Verbindung mit dem Produktivitätswachstum: In kürzerer Zeit können mehr Güter produziert werden. Gerade diese Produktivitätssteigerung scheint aus sozialpolitischen Gründen zum Wirtschaftswachstum zu nötigen. Würde der Produktivitätszuwachs nämlich durch eine Arbeitszeitverkürzung mit entsprechender Lohnsenkung ausgeglichen, so käme es beim Erwerbseinkommen der Arbeitenden, aber auch bei den Sozialversicherungen und dem Nachfragepotential zu Kürzungen, die in eine Senkung des Lebensstandards und zu Verteilungskämpfen führen würden. Würde dagegen eine Arbeitszeitverkürzung bei vollem Lohnausgleich vorgenommen, dann könnte die eintretende Erhöhung der Arbeitskosten zu Nachteilen im internationalen Wettbewerb und damit zu einer Reduzierung von Produktion und Beschäftigung führen: Zu hohe Produktionskosten zögen entweder wettbewerbsbedingte Betriebsschließungen oder die Substitution der menschlichen Arbeitsleistung durch Maschinen nach sich. Sollen Arbeitslosigkeit und Senkung des Lebensstandards vermieden werden, so scheinen die höhere Produktivität und der rückläufige Arbeitskraftbedarf nur durch Ausweitung der Produktion ausgeglichen werden zu können. Da dieser Ausweitung dadurch Grenzen gesetzt sind, daß das Wirtschaftswachstum weder die natürliche noch die soziale Stabilität gefährden darf, müssen neue Güter und Sozialstrukturen gefördert werden.

Für das quantitative Wirtschaftswachstum war nicht allein der Markt und die von einer erhöhten Nachfrage ausgehende Stimulation der Angebotsseite maßgeblich, sondern auch die Wirtschaftspolitik des Staates, der zur Finanzierung seiner vielfältigen sozialen Dienste eine laufende Erhöhung der Wirtschaftsleistung braucht. Zur Vermeidung von sozialen Konflikten scheint die Wirtschaftspolitik geradezu das Wachsen der Wirtschaft anstreben zu müssen. Die Wirtschaftspolitik ist heutzutage noch zumeist von der Vorstellung geleitet, daß der Wohlstand der Bevölkerung ablesbar sei am Jahresbruttosozialprodukt je Einwohner. Der Wohlstand wird also zusammengedacht mit der Vermehrung von Sachgütern und Dienstleistungen. Wie und welche Sachgüter und Dienstleistungen der Bevölkerung zugute kommen, ist in diesem Konzept nicht meßbar und nicht aussagbar. Es ist die Leitvorstellung der Wohlstandsgesellschaft; das Glück scheint durch Reichtum garantiert zu sein. Karl William Kapp hat auf das wirtschaftswissenschaftliche Problem hingewiesen, daß die betriebswirtschaftlichen Indikatoren von Kostenminimierung und Gewinnmaximierung volkswirtschaftlich nicht ausreichen, weil hier eine größere Anzahl externer Faktoren mit in den Blick genommen werden müssen.

Das im Stabilitätsgesetz gesteckte Wachstumsziel ist heute keineswegs unumstritten. Gewachsenes Sozialprodukt ist ja keineswegs identisch mit gesteigertem Wohlstand. Kompensatorische Wirtschaftstätigkeiten (Ersatzleistungen), durch die Zerstörungen, Vergiftungen, Schädigungen aller Art beseitigt werden, tragen zum Sozialprodukt bei, sind aber faktisch Korrekturen von Wohlstandsminderungen. Auch die Schäden eines Verkehrsunfalls oder einer Kraftwerkskatastrophe gehen als Wirtschaftsleistung in das Sozialprodukt ein, obwohl hier die Wirtschaftstätigkeit ja nur in der Wiederherstellung des alten Zustandes besteht. Die Wertschöpfung ist dann allein der Ausgleich für Lebensbeeinträchtigung und Lebenshemmung. Ein sittliches und wirtschaftliches Verhalten, das solche Unglücke und Katastrophen vermeiden ließe, wird im Sozialprodukt keineswegs immer angemessen erfaßt, ja es kann die Wirtschaftsleistung nach unten drücken. Das Sozialprodukt gibt keine völlig zutreffende Bündelung der Wirtschaftslage, weil die so gemessenen Wirtschaftstätigkeiten mit einer Verminderung des Volksvermögens und naturalwirtschaftlicher Leistungen einhergehen können.

Das Wachstumsziel wird häufig damit begründet, daß dadurch das Vollbeschäftigungsziel unterstützt werde, welchem die Erhöhung der Arbeitsproduktivität durch den technischen Fortschritt und der Strukturwandel entgegenständen; außerdem könnten leichter sozialpolitische Ziele bei der Einkommensumverteilung erreicht werden. Ab einem bestimmten Produktionsniveau werden aber die lebenshemmenden Nebenfolgen so groß, daß das Gesamtsystem des Wirtschaftens in Frage gestellt werden muß.

Diese neue Dimension, die mit dem alten Gegensatz von Kapitalismus und Sozialismus nichts mehr zutun hat, ist seit den 1970er Jahren unter dem Stichwort 'Grenzen des Wachstums' diskutiert worden. Für die verschiedenen Entwicklungsprognosen, die in den vergangenen Dekaden erstellt wurden, spielen die Faktoren Bevölkerungswachstum, Industrieproduktion und Rohstoffreserven eine hervorragende Rolle. Der Bedarf an Nahrungsmitteln, Energie und Transportmittel ist direkt davon abhängig. In der Studie "Die Grenzen des Wachstums" wird davor gewarnt, daß es bei einem Fortdauern der gegenwärtigen Zunahmeraten an Bevölkerung, industrieller Produktion und Verbrauch der Rohstoffreserven in 100 Jahren zu einem unaufhaltsamen Rückgang der Bevölkerung und der industriellen Kapazität kommen werde. Anders gesprochen: Die gegenwärtige Sozial- und Wirtschaftsordnung wird dann, ohne daß es noch Möglichkeiten des Gegenlenkens gäbe, zusammenbrechen.

Diese Unheilsprophezeiung läßt sich knapp auch satirisch formulieren: Zwei Planeten begegnen sich auf ihrem Weg durch den Weltraum. Der eine sieht angegriffen und auch betrübt aus. Sagt der andere: "Du siehst aber schlecht aus. Was hast Du denn?" Sagt der erste: "Homo sapiens." Tröstet der zweite: "Ach, das ist nicht so schlimm. Das geht schnell vorbei."

Die ökonomische Expansion hat in den westlichen Industrieländern ein Ausmaß erreicht, das die natürliche Lebensbasis bedroht. Dadurch wird der fundamentale Zweck der Wirtschaft, nämlich die Mittel der Subsistenz zu schaffen, konterkariert. Dabei ist ein Ausweichen in ein postindustrielles Zeitalter der Technikverweigerung aus verschiedenen Gründen verbaut. Aus Achtung des natürlichen Lebens sind aber dem Gebrauch und der Entwicklung von Technik strikte Grenzen gesetzt. Der Mensch ist eingebunden in die Welt der Natur; das ist seine Kreatürlichkeit.

In den Industrieländern hat eine grundlegende Neubewertung der wirtschaftlichen Prozesse begonnen. Mit dem Ausbau der sozialen Sicherungssysteme und der sich abzeichnenden Marktsättigung bei vielen elementaren Verbrauchsgütern bilden sich neue Präferenzen aus. Die Entwicklung zur Erlebnisgesellschaft spiegelt gewisse wirtschaftliche Sättigungstendenzen. Immaterielle Güter gewinnen wieder an Bedeutung. Der Ruf nach einem neuen Lebensstil speist sich aus sehr unterschiedlichen Quellen.

Unter dem Stichwort der Lebensqualität gibt es seit den siebziger Jahren tastende Versuche, die Wirtschaftsleistung auch nach ihrer qualitativen Seite hin zu erfassen. Wohlstand meint die quantifizierbare Versorgung der Bevölkerung mit Gütern, meint den Lebensstandard, die verfügbare Gütermenge. Wohlfahrt dagegen bezieht die immateriellen Bedürfnisse wie gerechte Verteilung, unversehrte Umwelt, sozialen Frieden usw. mit ein.

Bei der Forderung nach qualitativem Wachstum geht es zunächst um eine Entkoppelung von Wirtschaftswachstum einerseits und Energie- sowie Rohstoffverbrauch andererseits. Als Wachstumsziel wird die Erhöhung der Lebensqualität angenommen, für die Gesundheit, Gemeinschaftssinn und Bildungsstand wichtig sind. In der Forderung nach qualitativem Wachstum macht sich die Forderung nach einer Neuorientierung der Wirtschaft geltend angesichts der gegenwärtigen Krisenphänomene.

2. Dominium terrae

Das gewaltige Anwachsen der wirtschaftlichen Aktivitäten nach dem Zweiten Weltkrieg hat Anfang der 1970er Jahre zu Symptomen geführt, die eine starke Schädigung von Wasser, Luft und Boden und damit eine Bedrohung der natürlichen Lebensgrundlagen anzeigten. Die damals einsetzende Umweltdebatte führte zur fundamentalen

Anfrage, ob die Anthropozentrik der Ethik nicht eine Ursache der Fehlentwicklung sei. Hat die Natur, haben Pflanzen und Tiere nicht ein eigenes unaufhebbares Daseinsrecht? Ist der Überlegenheitsanspruch des Menschen, alle Dinge in seinem Sinn ordnen und nutzen zu wollen, nicht der Antrieb, der in die Zerstörung der Natur und damit in die Selbstzerstörung der Menschheit führe?

Auf den Gestaltungsanspruch kann die Menschheit solange nicht verzichten, solange die Natur ihr auch feindlich begegnet. Da der Standpunkt eines ökologisch motivierten Quietismus ethisch nicht plausibel und politisch nicht durchführbar ist, so müssen auch im Verhältnis zur Natur die Entscheidungsoptionen verantwortungsvoll getroffen und die Freiheitsräume zum Guten genutzt werden. Dabei gilt die vernünftige Einsicht, daß alle Dinge miteinander in Beziehung sind, nichts isolierbar ist, alles seine Wirkungen entfaltet, für die in irgendeiner Weise Rechnung getragen werden muß.

In der Umweltdebatte erregte Carl Amery 1972 mit seinem Buch "Das Ende der Vorsehung" großes Aufsehen. Amery wirft dem Christentum vor, durch den Schöpfungsauftrag des dominium terrae (vgl. Gen. 1,26-28) die neuzeitliche Technik mit ihrer Ausbeutung der Natur besonders befördert zu haben und insofern mit zur ökologischen Krise beigetragen zu haben. Auf diesen Vorwurf haben verschiedene Theologen (beispielsweise Heinz Eduard Tödt und Günther Altner) mit einer Neuakzentuierung der Schöpfungslehre geantwortet. Diese Theologen geben Amery in seiner Kritik insofern Recht, als sie ein häufiges Mißverstehen des biblischen Schöpfungsglaubens einräumen. Sie unterscheiden einen falschen Schöpfungsglauben, der zu rücksichtsloser Naturausbeutung geführt habe, vom richtigen Schöpfungsglauben, der das verantwortliche Bewahren der anvertrauten Schöpfung zum Inhalt habe. Dieser richtige Schöpfungsglaube wird als Motor für die Überwindung der ökologischen Krise in Anspruch genommen.

Tödt nimmt die Schöpfungstheologie nach Gen. 1,26-28 und Röm. 8,19 als theologische Fundamentalaussage, die die materialen Kriterien für den menschlichen Umgang mit der Natur bestimmen soll. Die anthropozentrische Weltsicht soll zu einer mitkreatürlichen umgewandelt werden: Ausbeutung in Fürsorge, Verschwendung in schonenden Gebrauch. Dazu schlägt Tödt vor, die Großtechnik aufzugeben und stattdessen kleine und mittlere Technik zu bevorzugen.

Der biblische Gedanke des dominium terrae (Gen. 1,28) ist zumeist anthropozentrisch verstanden worden. Durch sein Vorkommen im priesterschriftlichen Schöpfungsbericht hat er einen deutlichen Sitz im Leben. Wird zum Verständnis der Kundschafterbericht Num. 13f. herangezogen und die Situation des babylonischen Exils berücksichtigt, so antwortet dieser Herrschaftsauftrag auf die Sorge, daß bei der Rückkehr der Exilierten in ihre Heimat, in das sehr stark verwilderte Land Palästina, die menschliche Existenz durch wilde Tiere gefährdet sei. Beim priesterschriftlichen Herrschaftsauftrag muß die Situation, daß die Tierwelt die Menschen bedroht, imaginiert werden. Herrschaft über das Land meint nicht abstrakt und allgemein Herrschaft über die Natur, sondern Herrschaft über die Tierwelt so, daß von dieser keine Bedrohung oder Vernichtung der Menschen ausgehe. Mehrung des Volks bedeutet räumliche Ausbreitung auch in Regionen, die Aufenthaltsort und Ausgangspunkt für aggressive Aktionen der Tierwelt sind. Der Herrschaftsauftrag hat weniger eine Dimension zeitlichen Fortschreitens und einer Intensivierung der Herrschaft als ihrer räumlichen Verbreiterung.

Der Herrschaftsauftrag, der nicht die allgemeine Naturbemächtigung im Sinn hat, sondern speziell auf das Verhältnis zur Tierwelt und deren Bedrohung konkretisiert ist, kann als Ratifizierung der göttlichen Fruchtbarkeitszusage verstanden werden. Die Bedrohung, die von der Tierwelt ausgeht und die die Fruchtbarkeitszusage konterkarieren kann, wird durch die Inbesitznahme des Landes beseitigt. Unterstützt wird diese Interpretation durch die Verknüpfung mit der Aussage der Gottesebenbildlichkeit des Menschen in Gen. 1,26. Diese Vorstellung, die auf dem Hintergrund der persischen Königsideologie die richtigen Konturen erhält, ist ebenfalls auf die Herrschaft der Menschheit über die sie bedrohenden anderen Lebewesen gerichtet.

Der Gedanke der Bewahrung der Schöpfung knüpft an Gen. 2,15 an, wo im jahwistischen Schöpfungsbericht der Mensch zum Bebauen und Bewahren des Gartens Eden eingesetzt wird. Auch hier ist nicht von einer umfassenden Naturbemächtigung die Rede, sondern von der Verpflichtung der Menschen zu Gartenarbeit und Gartenaufsicht. Es geht also um eine sehr begrenzte Aufgabe. Zum Verständnis muß zudem das Ende der Sündenfallgeschichte und die Vertreibung aus dem Paradies noch hinzugezogen werden. Es bleibt für den Menschen nur noch die Mühsal der Arbeit über. Nach babylonischen Schöpfungsmythen sind die Menschen von den Göttern überhaupt nur geschaffen worden, weil die Götter die Arbeitsplackerei satt hatten und an die Menschen loswerden wollten. Der biblische Schöpfungsbericht ist hier viel freundlicher. Doch direkte schöpfungsethische Impulse lassen sich kaum gewinnen.

Der Schöpfungsglaube und die Schöpfungsberichte werden von theologischer Seite teilweise biblizistisch für die Umweltdiskussion als besondere Offenbarungsquellen herangezogen. Doch wirkt die biblizistische Argumentationsfigur ('so steht es geschrieben') für alle die nicht überzeugend, die die Prämisse einer buchstäblichen Offenbarung ablehnen. Und das sind im wissenschaftlichen Gespräch die meisten Zeitgenossen. Vielmehr muß der Schöpfungsglaube vernünftig expliziert werden.

Theologische Reflexionen über das Verhältnis des Menschen zur Natur werden bei dem Gedanken der creatio continua ansetzen müssen. Der theologische Schöpfungs- und Erhaltungsgedanke, wie er in der biblisch-christlichen Tradition wirksam geworden ist, will göttliche Erhaltung und menschliche Verantwortlichkeit synthetisieren. Gottes schöpferische Erhaltung zur Welt ist nach christlicher Auffassung der Grund für das vertrauensvolle In-der-Weltsein des Menschen. Gottes schöpferische Aktivität macht die menschliche Aktivität nicht überflüssig, steht nicht in Konkurrenz zur menschlichen Aktivität, weist dieser menschlichen Aktivität aber ihr Maß und ihre Richtung zu. Der Mensch ist cooperator dei. Dabei können die Aussagen zum schöpferischen Erhaltungswillen Gottes nur unter Berücksichtigung des christlichen Erlösungs- und Versöhnungsglaubens formuliert werden.

Der Herrschaftsauftrag von Gen. 1 ist kein Auftrag zur Plünderung und auch nicht zur Ausbeutung der Erde, sondern der Auftrag zu einer gedeihlichen Einwirkung auf den natürlichen Lebensraum, durch den die lebensdienlichen Prozesse für den Menschen genutzt und die zerstörerischen zurückgedrängt oder beseitigt werden sollen. Die Formulierung des Auftrages selbst läßt die Vermutung als berechtigt erscheinen, daß hier die prälapsarische Vollkommenheit schon aus den postlapsarischen Erfahrungen des Lebenskampfes gesehen ist. Der Gedanke der Erschlossenheit der Natur für den Menschen dürfte im Vordergrund stehen. Darin zeigt sich die Freundlichkeit und Überlegenheit Gottes. Wie die Erfahrungen des Lebenskampfes, natürlicher Destruktivität und menschlicher Selbstherrlichkeit damit zusammengebracht werden können, darüber muß theologisch nachgedacht werden. Der Beherrschungsauftrag ist offensichtlich nicht so eindeutig, wie er zunächst zu sein scheint. Er hat teil an der Vieldeutigkeit des Menschen selber.

Die Natur hat durch die Technik viele ihrer Schrecken verloren. Umgekehrt gefährden manchen technische Prozesse nachhaltig die natürliche Umwelt. Da im Umgang der Menschen mit der Natur die Fähigkeit zur gewollten Gestaltung deutlich gewachsen ist, liegt es in der Logik dieser Steigerung von Freiheitsbefähigung, daß technische Prozesse möglichst vermieden werden sollten, deren Ergebnisse irreversibel sind. Die Verpflichtung des Freiheitsbewußtseins auf seine eigene Prinzipienleitung stellt insofern auch Kriterien dafür auf, welche Wirkungen bestimmter technischer Maßnahmen hinnehmbar und mit Freiheit und entsprechendem sittlichen Wirklichkeitsverständnis verträglich sind und welche nicht. Die Selbstwahrnehmung des Menschen als irrtumsfähig fordert auch die Selbstbegrenzung seiner Freiheitshandlungen als solche, die korrigierbar sind.

3. Umweltallokation

Für die Planung und Durchführung aller Wirtschaftsprozesse ist konstitutiv, daß sie nach dem Schema von Innen und Außen gegenüber einem Umfeld abgegrenzt und dann innerhalb dieser Grenzziehungen quantifiziert werden. Die Grenzziehung hat wesentlichen Einfluß auf das Rechnungsergebnis. Die Umweltschädigungen, die sich real aus der Art der Naturbearbeitung ergeben, werden wirtschaftlich gefördert durch Grenzziehungen, wo die Negativwirkungen der eingetretenen Schäden und deren Beseitigung nicht in die Kostenrechnung aufgenommen werden. Da die Kosten für die Schadensbeseitigung externalisiert werden, wird diejenige Produktionsart gewählt, die innerhalb der Kostenrechnung die günstigste ist, gleich wie schwerwiegend die externen Schädigungen sind.

Nach dem Verantwortungsprinzip müssen Schädigungen möglichst vermieden werden. Nach dem Verursacherprinzip müssen diejenigen, die Schäden hervorgerufen haben, auch für die Beseitigung aufkommen. Die verursachten Schäden müssen also in die Kostenrechnung aufgenommen werden. Doch das ist bei der natürlichen Umwelt leichter gesagt als getan. Die Schädiger müssen identifizierbar, die Schädigungen müssen erkennbar, die Schutzmaßnahmen müssen durchsetzbar sein. Deshalb lassen sich gesamtwirtschaftliche nicht einfach in einzelwirtschaftliche Kostenrechnungen umsetzen. Dadurch, daß die natürlichen Aufbauprozesse langsamer sind als die entsprechenden Abbauprozesse, muß für die Wirtschaft das Postulat der Langsamkeit gelten. Mit einer zu intensiven Naturnutzung ist längerfristig eine Destabilisierung auch der Naturprozesse selbst verbunden. Da die Substitution von Ressourcen nur teilweise möglich ist, müssen gegebenenfalls Einschränkungen des Verbrauchs erfolgen. Die unterschiedliche Robustheit der Naturprozesse macht eine hohe Flexibilität des Wirtschaftens erforderlich, die am ehesten durch eine sinnvolle Dezentralisierung zu erreichen ist.

Umweltschädigungen und Ressourcenverschwendung sind eine fortwährende Fehlallokation in temporaler und modaler Hinsicht. Die Bedürfnisse künftiger Generationen, die auf dieselben Ressourcen angewiesen sind, werden negiert. Diese Schädigungen künftiger Generationen sind eine temporale Fehlallokation. Regenerierbare Ressourcen werden ohne Rücksicht auf die Regenerationsfähigkeit genutzt, erschöpfbare Ressourcen in kurzer Zeit verbraucht. Bei der gegenwärtigen Preisfeststellung wird der Knappheitsgrad, der in der langfristigen Perspektive durchaus besteht (beispielsweise beim Erdöl), nicht oder nicht angemessen berücksichtigt. Die Wirtschaftspolitik muß deshalb zum Schutze der Umwelt Maßnahmen ergreifen, durch die die Kosten der Umweltnutzung in die Rechnung internalisiert und die natürlichen Ressourcen erhalten werden.

In einer Wettbewerbswirtschaft soll über den Preismechanismus der optimale Ressourceneinsatz gesteuert werden. Dazu ist eine vollständige Erfassung der Kosten nötig. Die Allokation der Produktionsfaktoren klappt nur dann optimal, wenn die Preisbildung den Knappheitsgrad widerspiegelt. Dazu müssen alle anfallenden Kosten auch zu privaten Kosten des Verursachers werden. Durch die Preise sollen die sozialen Kosten oder sozialen Erträge einer Volkswirtschaft in die private Kosten- und Nutzenrechnung jedes Verursachers und jedes Verbrauchers überführt werden. Externe Effekte bringen diese Rechnung durcheinander und führen zu einer falschen Allokation.

Eine richtige Allokation ist daran gebunden, daß ein Verursacher alle Kosten nach Marktpreis bezahlt und allen Nutzen ebenfalls im Marktpreis bekommt. Haben bestimmte wirtschaftliche Tätigkeiten Wirkungen, die als Kosten oder Erträge nicht dem Wirtschaftsubjekt, sondern außenstehenden Dritten angelastet werden oder zugute kommen, so liegen externe Effekte vor. Kosten, die nicht vom Verursacher, sondern von unbeteiligten Dritten getragen werden, sind externe Effekte negativer Art (externe Nachteile oder externe Kosten). Nutzenstiftungen, die nicht dem Verursacher, sondern Dritten zugute kommen, sind externe Effekte positiver Art (externe Vorteile oder externe Erträge). Externe Effekte positiver oder negativer Art sind nur dann der Fall, wenn die Dritten nicht über den Markt, sondern direkt durch die entsprechenden Aktivitäten beeinflußt werden. Externe Effekte dürfen vom Verursacher nicht zweckhaft gewollt, können aber billigend hingenommen werden; sie bleiben im Kosten- und Nutzenkalkül unberücksichtigt.

Im Fall, daß bei einer bestimmten Güterproduktion externe Kosten auftreten, liegen die privaten Grenzkosten eines Produzenten niedriger als die sozialen Grenzkosten der Gesamtwirtschaft. Bei den positiven externen Effekten ist es genau umgekehrt. Auf einem vollkommenen Wettbewerbsmarkt führen die externen Effekte somit zu einer Verschiebung der normalen Produktionskurve. Der Produzent braucht nicht alle Kosten zu tragen und kann folglich einen geringeren Anbieterpreis machen. So kommt es zu einer Ausweitung von Produktion und Absatz gegenüber der Menge, die bei Verrechnung aller Kosten möglich wäre. Muß dagegen ein Produzent externe Kosten, die andere Wirtschaftssubjekte verursachen, mittragen, so ist seine Grenzkostenkurve zu hoch und seine Absatzmenge zu niedrig gegenüber seinen eigenen Produktionskosten.

Externe Effekte kommen nur bei Aussetzen des Ausschlußprinzips zustande. Externe Kosten sind öffentliche Übel, externe Erträge sind öffentliche Güter. Die meisten Umweltschäden sind Kollektivübel mit Nichtrivalität.

Die Umweltschädigungen sind mikroökonomisch gesehen externe Kosten. Die Verursacher der Luftverschmutzung beispielsweise werden nur zu einem geringen Teil für die durch sie verursachten Kosten haftbar gemacht. Landschaft, Luft und Wasser werden wie freie Güter behandelt, obwohl längst Knappheit eingetreten ist. Der Verbrauch von Energie und Rohstoffen sowie die Ablagerung von Schadstoffen verändern nachhaltig die Nutzungsmöglichkeiten der natürlichen Umwelt.

Die Umweltschäden können nach dem Verursacherprinzip oder nach dem Gemeinlastprinzip behandelt werden. Bei Anwendung des Verursacherprinzips werden die externen Kosten der Umweltschädigung dem Verursacher angelastet und bei ihm internalisiert. Beispiel: Reinigungsanlagen in Kraftwerken. Bei Anwendung des Gemeinlastprinzips werden die Kosten für die Umweltschutzmaßnahmen von der Allgemeinheit mittels Steuerlast getragen.

Das Verursacherprinzip ist dem Gemeinlastprinzip vorzuziehen, weil durch das Verursacherprinzip ein wirksamerer und gerechterer Umweltschutz erreicht wird. Die unzureichende Schadensermittlung und Schadenszurechnung verhindert aber teilweise schon im Ansatz, daß das Verursacherprinzip bei Umweltschutzmaßnahmen zur Geltung gebracht werden kann. Auch verteilungspolitische Schutzmaßnahmen für einkommensschwache Gruppen können dazu führen, daß Subventionen nach dem Gemeinlastprinzip an die Stelle des Verursacherprinzips treten (beispielsweise bei der Umrüstung von Personenkraftwagen). Schließlich kann die vollständige Internalisierung der externen Kosten eine arbeitsmarktpolitisch nicht gewollte Schließung von Produktionsstätten verursachen. Eine arbeitsmarktpolitisch begründete Subvention muß aber mit der Verpflichtung zur Reduktion der Schadstoffbelastung verbunden sein. Ist allerdings schon bei niedrigem Produktionsniveau der Grenznutzen kleiner als die externen Grenzkosten, so sollte auch unter ökonomischem Gesichtspunkt die Produktion eingestellt werden.

Bei der Luftreinhaltung muß der Emissionsschutz Vorrang vor dem Immissionsschutz haben. Immissionsschutzregeln verlocken zu kostengünstigen Maßnahmen (beispielsweise zu höheren Schornsteinen), die nur zu einer ausgeglicheneren Verteilung der Schadstoffe, nicht aber zu einer Reduktion der Schadstoffverursachung führen. Nur dann, wenn die Verursacher nicht eindeutig ermittelbar sind, darf das Gemeinlastprinzip angewendet werden.

Ökonomisch müssen die Kosten der Umweltbelastung gegen die Kosten des Umweltschutzes abgewogen werden. So müssen beispielsweise bei der Schadstoffemission die Grenzkosten der Schadstoffvermeidung den Grenzkosten der Schadstoffbelastung gegenübergestellt werden. Der Grenznutzen der Schadstoffreduzierung wird umso geringer, je geringer die noch bestehenden Schadstoffemissionen sind. Volkswirtschaftlich gesehen optimal ist eine Maßnahme, wo die Grenzkosten der Vermeidung so groß sind wie die Grenzkosten der Umweltschädigung. Das große Problem des Umweltschutzes besteht darin, daß es in vielen Fällen höchst schwierig ist, überhaupt den Schaden zu ermitteln und, selbst wenn das gelingt, ihn einer bestimmten Verursachungsart zuzurechnen.

4. Schutzmaßnahmen

Für den Umweltschutz muß das Prinzip der Vermeidung Vorrang vor dem Prinzip der Reparatur haben. Durch einen möglichst geschlossenen Wirtschaftskreislauf sollen möglichst wenig Schadstoffe erzeugt und im Produktionsvorgang benutzt werden. Wenn Schadstoffe für bestimmte Produktionen unvermeidbar sind, so sollen sie nach dem Gebrauch nicht deponiert, sondern erneut in den Produktionsprozeß eingespeist werden. Durch die Wiederverwendung nicht nur der Schadstoffe, sondern auch der gebrauchten Rohstoffe soll insgesamt die Belastung der Natur minimiert werden.

Das Ziel, den Naturreichtum zu erhalten und Umweltschäden zu vermeiden, muß die Suche nach den geeigneten Instrumenten leiten. Dabei kommt es bei der Zusammenstellung des Maßnahmebündels darauf an, eine Verminderung der Schäden zu erreichen, Anreize zur Weiterentwicklung naturfreundlicher Produktionsmethoden zu geben, eine leichte Überprüfbarkeit der getroffenen Regeln zu sichern und den Umgang mit der Natur nicht nur als schädigenden Eingriff, sondern als kulturförderndes Zusammengehen mit der Natur zu organisieren. Bei der Dosierung der Maßnahmen müssen die Auswirkungen auf andere soziale Bereiche beachtet werden.

a. Verwaltung und Strafrecht

Bei Umweltschutzauflagen in Form von Verwaltungsmaßnahmen erfolgt ein direkter Eingriff in den Wirtschaftsprozeß. So können der Gebrauch von bestimmten Rohstoffen bzw. Vorprodukten oder die Herstellung von bestimmten Produkten verboten werden. Die Verwaltungsmaßnahmen können auch Vorschriften hinsichtlich des Produktionsverfahrens und der Reduktion von Emissionen oder von Immissionen umfassen. Die Verwaltungsmaßnahmen müssen so gefaßt werden, daß sie leicht durchsetzbar sind und Anreize zu einer Verbesserung der Technologie enthalten.

Das Instrument des Strafrechts ist nicht besonders tauglich, weil es nur grobe Regelverletzungen sanktionieren kann, aber keinen Anreiz zur Verbesserung von Produktionsmethoden und zur Optimierung der Allokation bietet.

b. Umweltsubvention

Durch eine Umweltsubvention kann der Staat die Umstellung auf umweltverträglichere Produktionsmethoden unterstützen. Hier wird also die Vermeidung von Umweltbelastungen durch staatliche Zahlungen honoriert. Damit wird allerdings einem mißbräuchlichen Verhalten die Tür geöffnet. Die Honorierung einer Aktivitätsunterlassung fördert zumeist zunächst die Aktivitätsverstärkung des potentiellen Subventionsempfängers, um eine möglichst hohe Subvention zu erreichen. Deshalb sollten Subventionen immer positiv bedingt sein. Außer der Bedingungsstruktur ist noch die rechtlich-moralische Frage wichtig, ob das Vermeiden eines schädigenden Verhaltens belohnt werden darf. Als Beispiel mag der Wasserpfennig in Baden-Württemberg 1987 dienen. Die Wasserverbraucher sollten den geringeren Nitrateintrag der Landwirte honorieren. Doch haben die Landwirte ein Anrecht auf Nitrateintrag? Die Geschädigten sind ja Nutznießer der Beendigung des schädigenden Verhaltens nur insofern, als die restitutio ad integrum als eigenständige Leistung bewertet und von der Genese der Schädigung abstrahiert wird. Entsprechend dem Prinzip, daß die Geschädigten nicht auch noch die Schädiger für das Abstellen der Schädigung honorieren müssen, können solche Subventionen allenfalls als politischer Kuhhandel eingeschätzt werden. Keinesfalls darf die Geltung des Verursacherprinzips und die Verpflichtung zur Vermeidung schädigenden Verhaltens unterminiert werden.

c. Umweltsteuer

Bei einer Umweltsteuer nutzt der Staat die Tendenz zur Steuervermeidung, um bestimmte Einspareffekte zu erreichen. Solange die Grenzkosten der Emmissionsvermeidung unter dem Steuersatz liegen, ist eine Einschränkung der Emissionen ökonomisch sinnvoll. Wäre das Ausmaß der externen Kosten genau bekannt, so könnte der Steuersatz so festgelegt werden, daß er den Grenzkosten der Verschmutzung optimal entspricht. Diese optimale Besteuerung wird Pigou-Steuer nach dem Neoklassiker Arthur Cecile Pigou (1877-1959) genannt. Der optimale Steuersatz muß der jeweiligen Datenlage immer wieder angepaßt werden. Gegenüber Umweltauflagen hat die Umweltsteuer den Vorteil, daß geringere volkswirtschaftliche Kosten entstehen und zudem die Entwicklung verbesserter Technologien gefördert wird. Die Umweltsteuer erlaubt eine differenziertere Anpassung an die Kostenstruktur der einzelnen Unternehmungen, hat allerdings den gravierenden Nachteil, daß sie nur langsam wirkt und der Staat den Grenzkostenverlauf der Vermeidung zumeist nicht kennt. Die Umweltsteuer hat gegenüber der Umweltsubvention den großen Vorteil, daß sie ein strategisches Verhalten ausschließt.

d. Umweltmärkte

Die externen Umweltkosten können auch durch Etablierung von Umweltmärkten bekämpft werden. Der Staat tritt als Inhaber von Eigentumsrechten an der Natur auf und verkauft beim Lizenzmodell Verschmutzungslizenzen oder Umweltzertifikate. Die Unternehmungen handeln dann mit diesen Lizenzen an einer Umweltbörse wie Aktien. Voraussetzung für dieses Lizenzmodell ist allerdings, daß die Region und der Zeitraum deutlich begrenzt sind. Umstritten ist der Teilnehmerkreis an einem solchen Umweltmarkt. Entweder wird der Markt auf die Unternehmen beschränkt oder für alle Wirtschaftssubjekte ausgewiesen. Entsprechend unterschiedlich können die Lizenzen ausgegeben werden. Sollen alle Wirtschaftssubjekte teilnehmen, so verlangt der soziale Gesichtspunkt Beachtung. Wie kann verhindert werden, daß aus Armutsgründen die Lizenzen verkauft werden und dann das Betreiben eines Kraftfahrzeugs oder Kühlschranks verboten ist.

Beispiel: Das Lizenzmodell wird für die Luftreinhaltung in den USA praktiziert. Hier ist nämlich (anders als in Europa) die weitere Bedingung erfüllt, daß Emissionen und Immissionen einander regional entsprechen. Die Unternehmungen können sich jeweils zwischen Reinigungsverfahren und Verschmutzungslizenzen entscheiden. Der Vorteil gegenüber der Steuerpolitik liegt in der regionalpolitischen Dynamik. Steigt durch neue Industrieansiedlungen der Preis der Lizenzen, so entsteht für alle Unternehmungen der Region der Anreiz, ihre Emissionen zu verringern. Die öffentliche Hand kann zudem durch Ankäufe oder Verkäufe von Umweltlizenzen die Lizenzpreise beeinflussen. Das Lizenzmodell hat allerdings den großen Nachteil, daß es von Großunternehmen oder finanzkräftigen Unternehmen zur Marktabschottung genutzt werden kann. Das Lizenzmodell spielt in Deutschland keine Rolle.

e. Haftung und Versicherung

Die privatrechtliche Haftungspflicht des Schädigers gegenüber dem Geschädigten ist ein wirkungsvolles Instrument, um die Internalisierung der externen Umweltkosten zu erreichen. Diese Haftungspflicht müßte durch eine entsprechende Pflichtversicherung ergänzt werden.

Seit 1990 gilt mit dem neuen Umwelthaftungsgesetz in Deutschland die Gefährdungshaftung nicht nur bei Wasser und Atomnutzung, sondern für den gesamten Umweltbereich. Die Schadenersatzpflicht besteht danach auch ohne absichtliche oder fahrlässige Verschuldung, wenn einer bestimmten Unternehmung die Verursachung eines Schadens nachgewiesen werden kann. Doch ist der Kausalzusammenhang in vielen Fällen nicht beweisbar. Dazu müßten andere Ursachen der Schädigung ausgeschlossen werden.

Wichtig ist eine Ergänzung durch eine Umwelthaftungsversicherung, weil dadurch die Umweltlasten in Gestalt der gestaffelten Prämien rechenbar würden und zudem die Geschädigten auch dann abgesichert würden, wenn der Umweltschaden über das Haftungskapital des Unternehmens hinausgeht. Eine solche Umwelthaftungsversicherung hat den Vorteil, daß sie die Risiken oder das Schadenspotential quantifiziert und dadurch einen Anreiz zur Vermeidung schafft. Sie birgt aber auch die Gefahr, daß sie, wenn sie erst einmal als unvermeidbarer Kostenfaktor besteht, dann auch in Anspruch genommen wird, damit einmal ein Gegenwert sichtbar wird. Hier müßte durch ein gestaffeltes Tarifsystem mit entsprechenden Rabattvereinbarungen (wie bei der deutschen Kraftfahrzeughaftpflichtversicherung) ein Anreiz zur Vermeidung auch des Versicherungsfalls gegeben werden.

C. Kapital

Kapital meint als Geldbetrag bezifferbares Erwerbsvermögen, das geeignet ist, seine eigene Vermehrung erreichen zu können. Durch die abstrakte Geldbewertung der Dinge können prinzipiell alle tauschfähigen Güter zu Erwerbsvermögen werden. In besonderer Weise besteht das Erwerbsvermögen aus den produzierten Produktionsmitteln.

1. Undeutlichkeit

Der Kapitalbegriff ist dadurch zweideutig, daß er als Sachkapital und auch als Geldkapital verstanden werden kann. Das Sachkapital besteht in Maschinen, Werkzeugen, Anlagen usw. und ist auf die Produktion von Gütern angelegt. Das Geldkapital dagegen sind die Barmittel und Ersparnisse einer Volkswirtschaft. Das Sachkapital ist im strengen Sinne Produktionsfaktor, das Geldkapital nicht. Dennoch wird es meist zu den Produktionsfaktoren gerechnet, weil im Geldkapital die mögliche Verfügungsmacht über Sachkapital mitgedacht wird.

Das Wort 'Kapital' kommt von capitale und meint den Viehbestand, der nach Köpfen (capita) gezählt wurde. Das Vieh war in der Zeit des spätrömischen Reiches das maßgebende Tauschmittel, die Ware, die den Maßstab für andere Waren abgab. Das Vieh hatte damit Geldfunktion. Bei der Ausbildung der mittelalterlichen Geldwirtschaft in Europa wurde 'Kapital' mit 'Geld' gleichgesetzt. In der neuen abstrakten Bedeutung wurden nicht mehr die Köpfe des Viehbestands gezählt, sondern wurde das Stammgut im Unterschied zu den Zinsen bezeichnet: Kapital meinte die Zinsen bringende Geldanlage. Kapital war aber nicht nur verleihbares Geld (Leihkapital), sondern auch die mit solchem geliehenen Geld vorgenommene Ausstattung mit Handelswaren, durch die beim späteren Verkauf ein Gewinn erzielt werden konnte. Ein solcher kaufmännische Tätigkeit ermöglichender Geldverleih fiel nicht unter das kirchliche Wucherverbot.

Mit der beginnenden Industrialisierung im 18. Jahrhundert wurde der Kapitalbegriff ausgeweitet auf alle Investitionen, die in einer Unternehmung getätigt werden, um Produktionsmittel zu schaffen. Die ältere monetäre Auffassung, Kapital sei primär Geld, wurde verändert in die güterorientierte Auffassung, Kapital sei in Sachgüter umgesetztes Geld. Diese Sachauffassung des Kapitals kennzeichnet die Industriewirtschaft.

Mit der Industrialisierung verlor die ständisch-feudale Gesellschaftsordnung an Prägekraft. Das aufstrebende Industriebürgertum und die wachsende Zahl der Arbeiter bestimmten immer stärker die Gesellschaftsprozesse. Die Arbeiter sicherten ihren Lebensunterhalt allein durch das Lohneinkommen, das sie vom Arbeitgeber für bestimmte Tätigkeiten erhielten. Die Arbeiter waren zwar rechtlich frei und wirtschaftlich selbst verantwortlich, doch hatten sie kein anderes Subsistenzmittel als ihre Arbeitskraft, die sie als Ware auf dem Arbeitsmarkt anbieten mußten. Dieser Preis für Leistungen, die von einem fremden Willen bestimmt wurden, wurde frei ausgehandelt und war nicht längerfristig vertraglich geschützt. Die Produktionsmittel waren in der Hand der Kapitaleigentümer, die frei über die Verwendung entscheiden konnten.

Seit der Industrialisierung hat der Konflikt zwischen Kapital und Arbeit, zwischen Arbeitgebern (Kapitalgebern) und Arbeitnehmern (Arbeitskraftgebern) den alten subsistenzwirtschaftlichen Konflikt zwischen Grundherrn und unselbständigen Bauern abgelöst. Die Zuordnung von Kapital und Arbeit hat entscheidende Bedeutung sowohl für die Frage, wer bestimmenden Einfluß auf die Güterproduktion hat, als auch für die Frage, nach welchem Schlüssel die Faktorbewertung und Güterverteilung vorgenommen werden soll.

Der Kapitalismus vertritt den Vorrang des Kapitals, der Laborismus den Vorrang der Arbeit. Der Kapitalismus argumentiert mit der Bereitstellung der Produktionsmittel, ohne die die Arbeitskräfte gar nicht produktiv tätig werden könnten. Der Laborismus argumentiert mit dem Gewordensein der Produktionsmittel aus vorangegangener Arbeit. Der Kapitalismus argumentiert mit der vorangegangenen Sparleistung und dem unternehmerischen Risiko. Der Laborismus argumentiert mit der Produktivkraft des Menschen und seiner personalen Würde. Beide Positionen müssen sich daran messen lassen, ob und wie sie leistungsfähige und gerechte Strukturen schaffen können.

Der Laborismus, der ursprünglich an Handwerksverhältnissen orientiert ist, muß zeigen, wie die berechtigten Forderungen der Arbeitenden erfüllt werden können in einer hochkomplexen industrialisierten Wirtschaft, in der das immer aufwendigere Sachkapital eine prägende Bedeutung erlangt hat. Der Kapitalismus, der ursprünglich am individuellen Eigennutzstreben orientiert ist, muß zeigen, wie die privatwirtschaftlich organisierten Wirtschaftsprozesse zu humanen Arbeitsverhältnissen und zu einer allgemeinen Wohlstandsmehrung führen können.

2. Sachkapital

Sachkapital meint produzierte Produktionsmittel, durch die die Produktion ermöglicht wird. Dabei wird Umlaufkapital unterschieden von Anlagekapital: Das Umlaufkapital wechselt den Besitzer, das Anlagekapital ist auch in seiner produktiven Funktion stationär.

Da Boden und Arbeit als Produktionsfaktoren begrenzt sind, hat die kapitalintensive Industriewirtschaft die Tendenz, Geld- und Sachkapital als produzierte Produktionsmittel zu vermehren und durch erhöhten Kapitaleinsatz erhöhten Kapitalgewinn zu erzielen. Der erhöhte Kapitalgewinn kann dann wieder in die Steigerung des Wirtschaftsprozesses investiert werden. Das quantitative Wachstum der Wirtschaft basiert weitgehend auf dieser Spirale von Kapitaleinsatz, Wertschöpfung, Kapitalgewinn und erneuter Investition. Dabei bleibt zunächst unberücksichtigt oder nur am Rande berücksichtigt, was auf diese Weise mit den anderen beiden elementaren Produktionsfaktoren Boden und Arbeit geschieht.

Sachkapital ist gespeicherte Arbeit. Dabei sind vornehmlich die Maschinen gemeint, die wertschöpfend produzieren. Die menschliche Arbeitsleistung wird dadurch entweder substituiert oder in der Leistungsfähigkeit gesteigert. Die Produktionsfaktoren Kapital und Arbeit sind also auf das engste miteinander verwoben. In der industriellen Wirtschaft ist weder Kapital ohne Arbeit, noch Arbeit ohne Kapital denkbar. Durch die Substitutionsmöglichkeit scheint die Arbeit zur Funktion des Kapitals werden zu können. Dabei wird aber die Genese und die Entwicklungsmöglichkeit ausgeblendet; denn das Sachkapital ist ja ein produziertes Produktionsmittel, und eben dazu ist Arbeit nötig. Arbeit geht immer dem Kapital voran. Produktive Kraft hat in einem strengen Sinne nur der Mensch.

Daß in der industrialisierten Gesellschaft die Menschen ohne Kapital nicht mehr produzieren können, zeigt nur, daß mit der Arbeitsteilung in fertigungstechnischer Hinsicht die Vermitteltheit des Arbeitsprozesses und die Abhängigkeit von vorangegangener Arbeit gewachsen ist. Die Vergegenständlichung der Arbeitsproduktivität des Menschen in Gestalt von Maschinen und Ausrüstungen bindet ihn auch wiederum an das einmal Geschaffene. Er kann nicht immer wieder bei Null anfangen.

Mit der Industrialisierung sind die Wirtschaftsprozesse immer weiter aus den natürlichen Entwicklungsprozessen herausgelöst worden. Dadurch gewannen die Arbeitsmittel und die Arbeitsorganisation eine immer größere Bedeutung. Die Aufgliederung der Arbeitsprozesse und die Maschinisierung erforderten eine umfassende Bevorratung und den Verzicht auf Verbrauchsgüter zugunsten von Investitionsgütern (Produktionsmitteln). Die Zuordnung von Verbrauch und Investition ist eine der wirtschaftspolitischen Daueraufgaben. Dabei kommt als unkalkulierbare Größe der technologische Fortschritt nachhaltig ins Spiel. Für die Festlegung der Investitionsgüter müssen die Grundüberlegungen zur Güterbestimmung berücksichtigt werden.

3. Geldkapital

Das Tauschmittel Geld bringt gegenüber dem Naturaltausch eine Vereinfachung des Tauschprozesses. Die Transaktionskosten werden verringert, weil keine Ringgeschäfte nötig sind; die Preisbildung (Tauschrelationen) wird leichter durchschaubar, weil die Güter nur noch in einer Preisrelation zum Geld und nicht mehr zu vielen anderen Gütern bewertet werden. Das Geld seinerseits regt den Tausch- und Zirkulationsprozeß an, aus dem es entstanden ist, und führt zu einer Erweiterung des Angebots. Das Geld ermöglicht eine Bündelung der Kräfte und damit eine Steigerung der wirtschaftlichen Wirkungsmöglichkeiten (Kondensierung).

Wird ein Tauschmittel erst einmal von vielen Wirtschaftssubjekten für viele Transaktionsarten akzeptiert, so ist sein eigener Gebrauchswert tendentiell bedeutungslos. Wichtig ist allein seine Umtauschbarkeit in andere Waren. Es muß hinsichtlich seines Materials haltbar und leicht transportabel sein. Es muß wertbeständig sein und somit zur Wertaufbewahrung taugen. Die Tauschfunktion des Geldes konnte von sehr verschiedenen Gegenständen erfüllt werden und läßt sich schließlich von Sachgütern ganz ablösen.

Historisch gesehen liegen die Ursprünge des Geldes wohl nicht nur in den geschilderten Zweckmäßigkeiten, sondern auch im sakralen Bereich, wo der Wert sühnender Opfergaben ähnlich wie eine Geldrechnung festgelegt wurde. Etymologisch steckt in der Herkunft des deutschen Wortes 'Geld' von 'gelten' genau dieser sakrale Bezug, weil 'gelten' neben 'wert sein' auch 'opfern' bedeutet, 'entschädigen'. Der religiöse Untergrund des Geldes, der sich auch beim magisch verwendeten Hortgeld zeigt, schimmert durch in dem Vertrauen, das sich am Geld festmacht und durch das Geld symbolisiert wird. Geld ist wesentlicher Indikator des Vertrauens, das in die Stabilität einer Gesellschafts- und Wirtschaftsordnung gesetzt wird. Dieses läßt sich schon aus der Etymologie des Wortes 'Kredit' einsichtig machen.

Im rechtlichen Sinne ist Geld die Teilhaberschaft an den Leistungen der Volkswirtschaft. Ein gesetzlicher Geldschein begründet die Anwartschaft darauf, einen dem Geldbetrag entsprechenden Anteil an den Leistungen der Volkswirtschaft zu bekommen. Geld regelt das Verhältnis von Berechtigten und Verpflichteten. Geldscheinbesitzer lösen mit der Übergabe ihres Geldscheins ihre Anwartschaft auf bestimmte Leistungen der Volkswirtschaft ein. Geldscheinnehmer verpflichten sich zu Leistungen in genau dieser Höhe.

Die Theorieschule des Monetarismus schreibt dem Geld zentrale Bedeutung für das gesamte Wirtschaftsgeschehen zu. Konjunkturschwankungen der Gesamtwirtschaft seien überwiegend von den vorangegangenen Veränderungen der Geldmenge verursacht. Die Stetigkeit der Geldmengenentwicklung sei für ein stabiles Wirtschaftswachstum unerläßlich.

a. Soziale Dimension

Geld ist eine gesellschaftliche Größe. Es ist ein soziales Gut, dessen Besitz und Nutzung individuell differiert. Es ist kein öffentliches Gut, denn es gilt das Kriterium der Ausschließbarkeit: Einzelne Personen können vom Geldbesitz ausgeschlossen werden. Es ist kein privates Gut, denn es kann nicht exklusiv von einzelnen Individuen genützt werden: Wäre alles Geld in einer Hand konzentriert, verlöre es seine Vermittlungsfunktion. Es ist ein soziales Gut, das durch individuellen Besitz und Gebrauch die soziale Koordination der Wirtschaftstätigkeiten ermöglicht.

Das Geld als abstraktes Tauschmittel, das in Form von Papiergeld allein den Funktionswert der gesamtwirtschaftlichen Leistung symbolisiert, ermöglicht allererst den Aufbau höchst komplexer und abstrakter Tausch- und Produktionsvorgänge. Es erhöht die gesellschaftliche Mobilität und die individuellen Handlungsräume. Geld wird als Freiheitsgarantie gesehen. Es wird als Verfügungsmacht angestrebt. Stabiler und starker Geldwert wird als Indikator für die Stabilität und Leistungskraft einer Gesellschaft und ihrer längerfristigen Entwicklungschancen genommen. Die Geschichte des Geldes zeigt, daß der Geldwert vom Regelsystem wirtschaftlichen Handelns und politisch-sozialer Konstellationen abhängig ist.

Geld ist in Industriegesellschaften zentrales Medium sozialer Kommunikation. Da heutzutage in den Industrieländern immer weniger Dinge oder Tätigkeiten ohne Geldleistungen verfügbar sind, ist der Erwerb und der Besitz von Geld immer wichtiger geworden. Diese Geldzentriertheit ist Zeichen der fortgeschrittenen Vergesellschaftung der Lebensverhältnisse. Die Zahl der freien Güter ist stark reduziert. Die Lebensräume sind immer stärker eingegrenzt und müssen immer genauer aufeinander abgestimmt werden. Die häufig beklagte Ökonomisierung des Lebens ist nur ein Indikator für die Dialektik von individualisierter Lebensführung und intersubjektiver Vernetzung. Diese Vernetzung geschieht heute nicht mehr über direkte Eingriffe, sondern über das Medium Geld.

An diesen Sachverhalt knüpft die soziologische Systemtheorie (vgl. Niklas Luhmann) an und ersetzt die teleologische Definition der Wirtschaft durch eine mediale Definition: Wirtschaft meint den Bereich sozialer Interaktionen, in dem das Medium Geld gültig ist. Da in den kapitalistischen Wirtschaftsordnungen das Geld das unverzichtbare Interaktionsmedium der Wirtschaftsabläufe ist, so kann die Wirtschaft als Funktionsbereich der Gesellschaft auch sektoral über das Funktionsmedium Geld definiert werden. Bei dieser medialen Definition wird der inhaltliche Bezug der Wirtschaftstätigkeit auf die Kulturaufgabe der Knappheitsbewältigung und Lebenssteigerung ausgeblendet und die Bestimmungskraft des Mediums Geld für die gesellschaftlichen Prozesse und Strukturen beleuchtet. Das Medium Geld steuert diese Prozesse durch die Zielvorgabe der Geldvermehrung.

Tätigkeiten, die anders motiviert sind, aber auch wirtschaftliche Aspekte haben, geraten in der funktionalen Betrachtung auf den Einbahnweg der Ökonomisierung. So können zwar gegenseitige Hilfeleistungen (beispielsweise Nachbarschaftshilfen) sekundär wirtschaftlich bewertet werden, doch ist damit ihre soziale Bedeutung nicht erfaßt. Dasselbe gilt für Tätigkeiten in Familien und Vereinen, die wirtschaftliche Tätigkeiten ersetzen, aber nicht honoriert werden und auch ohne Erwerbsstreben motiviert sind. Die mediale Definition hat den Vorteil, daß sie die heutige abstrakte Situation von Tauschvorgängen besonders im Dienstleistungsbereich scharf erfassen kann, doch bietet sie keine ethische Perspektive und tritt damit als Beförderin der beschriebenen Funktionalisierungsprozesse auf. Die teleologische Definition, die Wirtschaft von ihrem Ziel der Knappheitsbewältigung und Lebenssteigerung her zu verstehen, ist stärker einem politisch-moralischen Begriff der Gesellschaft verpflichtet.

b. Funktionen des Geldes

Nach Aristoteles hat das Geld, dessen Wert nicht natürlich, sondern gesetzlich bestimmt ist (vgl. Nikomachische Ethik, 1133a, 30), einen guten Sinn, weil es den Tauschhandel erleichtert (vgl. Politik, 1257a, 34), der in Geld meßbare Tauschwert der Güter den Bedarf angibt und alle Dinge durch den Geldwert kommensurabel werden. Dadurch werde ausgleichende Gerechtigkeit möglich. Diese Meßfunktion des Geldes hat eine große Bedeutung für das Versicherungs- und Schadensersatzwesen. Hier wird durch Geldzahlungen für verlorene oder zerstörte Körperteile (beispielsweise: Augen) versucht, im Sinne einer ausgleichenden Gerechtigkeit für den Verunglückten oder das Opfer einer Straftat mittels des Geldbetrags Ersatz für das Verlorene zu schaffen. Indem im Strafwesen auch Geldstrafen vorgesehen sind, wird auch hier im Geld Ersatz für eine Sühnehandlung gesehen.

Der subjektive Geldwert gibt den einzelwirtschaftlichen Tauschwert des Geldes für das jeweilige Wirtschaftsindividuum an. Mikroökonomisch basiert die Wertschätzung des Geldes auf dem Nutzen der Güter, die mittels des Geldes erworben werden können. Der Einsatz des Geldes wird nach der Grenznutzenschule wie bei jedem anderen marktfähigen Einzelgut bestimmt.

Der objektive Geldwert ist Gegenstand mannigfaltiger theoretischer Kontroversen gewesen. Zwei Schulen standen sich hauptsächlich gegebenüber: die konventionalistische und die metallistische Geldauffassung. Die metallistische Geldtheorie betont den Warencharakter des Geldes und ist an der Wertaufbewahrung interessiert. Die konventionalistische Geldtheorie stellt den Zahlungsmittelcharakter in den Vordergrund und ist am Tauschverkehr interessiert.

Die Konventionstheorie ist seit der Aufklärung, speziell seit John Locke (1632-1704) immer wieder vertreten worden. Danach wird das Geld als Vertragsgegenstand verstanden, der im Sinne eines Pfandes als Zwischengut in der Kette der Tauschhandlungen genommen wird, um ihn später gegen das eigentlich gewünschte Gut einzutauschen. Diese Konventionstheorie hat 1905 Georg Friedrich Knapp (1842-1926) präzisiert zu der Auffassung, daß das Geld durch die Rechtsordnung als ein chartales Zahlungsmittel geschaffen werde; alle Mitglieder der Rechtsordnung seien verpflichtet, das vom Staat definierte Geld auch in Zahlung zu nehmen.

Dieser Auffassung staatlich sanktionierten Geldwertes stand eine Auffassung von der substanzhaften Bedeutung des Geldes gegenüber, wie sie seit dem 18. Jahrhundert im Metallismus formuliert wurde. Danach beruht die Bedeutung und der Wert des Geldes in dem Metall, das als geprägte Münze in Umlauf gebracht wird. Die metallistische Geldauffassung sucht dem Strudel einer willkürlichen Geldwertfestsetzung zu entkommen.

Geld wird heutzutage makroökonomisch durch die Funktionen und Leistungen definiert, die es für die Wirtschaftsprozesse erbringt. Üblicherweise werden drei Grundfunktionen des Geldes unterschieden: Geld ist Tauschmittel (Zahlungsmittel), Rechenmittel und Wertaufbewahrungsmittel.

aa. Tauschmittel (Zahlungsmittel): Als Tauschmittel dient das Geld der sozialen Kommunikation. Innerhalb des Tauschprozesses markiert die Übergabe von Geld die Verwandlung von Tauschberechtigung in Tauschabhängigkeit und umgekehrt. Anders als in der Naturalwirtschaft mit direktem Gütertausch ist die Geldwirtschaft medial und abstrakt. Die Disponibilität der einzelnen Wirtschaftenden wächst, weil jeder ohne Bezug auf den konkreten Tauschpartner entscheiden kann, wann, wo und wie er die im Geld zusammengefaßten Ansprüche auf Leistung realisieren will. Die Funktionsfähigkeit des Geldes als Tauschmittel ist allerdings an seinen Werterhalt gebunden. Je mehr es und je schneller es seinen Wert verliert, desto mehr treten andere Güter an seine Stelle als Tauschmittel.

bb. Rechenmittel: Die Funktion des Rechenmittels ergibt sich aus seiner Funktion als Zahlungsmittel. Die mannigfaltigen Knappheitsrelationen zwischen verschiedenen Gütern werden einheitlich auf das Gut 'Geld' bezogen und dadurch das Geld zum Standardgut gemacht. Dadurch wird das Wirtschaftsgeschehen übersichtlicher und kostengünstiger. Als Rechenmittel erlaubt das Geld die unterschiedlichsten privaten und öffentlichen Leistungen miteinander zu koordinieren und so die Verteilung in einer Gesellschaft zu steuern.

cc. Wertaufbewahrungsmittel: Bei allen Tauschaktionen zwischen mehreren Partnern, wo Kauf und Verkauf bzw. Verkauf und neuer Kauf zeitlich auseinandertreten, muß ein Aufbewahrungsmittel vorhanden sein, das den erzielten Wert des Verkaufs solange bewahrt, bis es für einen neuen Kauf weggegeben werden soll. Als Vermögensmittel ist das Geld nicht konkurrenzlos, hat aber gegenüber den anderen Vermögensmitteln den Vorzug hoher Liquidität. Das Verlangen nach schneller Verfügbarkeit unterstützt den Charakter des Geldes als einer eigenständigen Ware.

c. Organisation des Geldwesens

Der monetäre Sektor ist in Marktwirtschaften zweistufig aufgebaut. Die zentrale Notenbank kontrolliert die Geldmenge, d. h. die Summe der Zahlungsmenge (Bargeld und Sichtguthaben), die für Güterkäufe unmittelbar zur Verfügung steht. Die Geschäftsbanken wickeln die Geldgeschäfte mit den Unternehmungen und Privathaushalten ab.

Gesetzliche Zahlungsmittel sind in Deutschland Münzen, für die der Bund die Prägehoheit hat, und papierene Banknoten, deren Ausgaberecht allein die Bundesbank hat. Anders als die Münzen müssen die Banknoten im Wirtschaftsverkehr unbegrenzt angenommen werden. Das Papiergeld, das 1759 erstmals im deutschen Kulturraum auftrat, löste sich immer stärker von dem Gedanken einer materiellen Deckung und läßt mit dem Aufkommen einer Annahmepflicht des Geldes die soziale Bedeutung hervortreten. Papiergeld ist ein Wertversprechen, was von den Teilnehmern einer Volkswirtschaft geglaubt werden muß und das folglich sehr anfällig für Störungen ist. Das Papiergeld bezeichnete zunächst Rechtsansprüche auf Metallgeld, das die Banken des Transports wegen im Keller behielten. Doch ist dieser Rückbezug zum Metall inzwischen aufgegeben.

Als Zahlungsmittel steht das Buchgeld oder Giralgeld dem Bargeld zur Seite. Mit Buchgeld oder Giralgeld sind die Sichtguthaben von Nichtbanken bei den Geschäftsbanken gemeint. Anders als bei den Sparguthaben oder Termingeldern kann über diese Sichtguthaben jederzeit verfügt werden. Die Sichtguthaben der Geschäftsbanken bei der zentralen Notenbank werden als Zentralbankgeld bezeichnet. Zwischen Wirtschaftsunternehmen wird häufig mit Wechseln gezahlt, d. h. mit schuldrechtlichen Schriftpapieren, die in einer gesetzlich vorgeschriebenen Form die unbedingte, aber befristete Zahlungsverpflichtung eines Bezogenen an einen Nehmer zu Gunsten des Ausstellers regeln.

Der monetäre Sektor ist unterteilt in Geldmarkt und Wertpapiermarkt. Der Geldmarkt stellt das Medium für die wirtschaftlichen Transaktionen bereit. Auf dem Wertpapiermarkt werden Ersparnisse zinsbringend angelegt. Bargeld wird als Wertaufbewahrungsmittel nur genutzt, wenn Wertpapiere von Verlust bedroht sind.

Durch den Wertpapiermarkt wird für den monetären Sektor unter Berücksichtigung der Geldmenge das Gleichgewicht zwischen Angebot und Nachfrage hergestellt. Die Geldnachfrage ist abhängig von Volkseinkommen und Zins. Der Ausgleich zwischen Geldnachfrage und Sparsumme erfolgt jeweils über den Wertpapiermarkt und seinen Zinsmechanismus. Ist zuviel Geld auf der Angebotseite, so fallen die Zinsen bei den Wertpapieren. Umgekehrt wird bei steigendem Zins mehr gespart und weniger Kapital für Investitionsgüter nachgefragt.

Die Geldpolitik ist auf Zinsen, Geldmenge und Geldumlaufgeschwindigkeit ausgerichtet. Die Notenbank steuert den Geldsektor hauptsächlich über die Leitzinsen. Diese geben an, zu welchen Konditionen sich die Geschäftsbanken bei der Notenbank Geld beschaffen können. Eine restriktive Geldpolitik vermindert durch eine Erhöhung der Leitzinsen indirekt die Kreditvergabe der Geschäftsbanken. Eine expansive Geldpolitik verfährt umgekehrt. Für die Geldpolitik sind Diskontsatz und Lombardsatz besonders wichtig.

Der Diskontsatz benennt den Zinsfuß, den die Notenbank für Kredite an die Geschäftsbanken verlangt, wobei der Zins vom später fälligen Nominalbetrag der Forderung abgezogen und dem Gläubiger sogleich gutgeschrieben wird (Diskontierung). Der Lombardsatz, der zumeist 1% über dem Diskontsatz liegt, benennt den Zinsfuß, zu dem Geschäftsbanken Lombardkredite der Zentralbank in Anspruch nehmen können. Lombardkredite sind kurzfristige Kredite, bei denen wertbeständige und leicht veräußerbare Wirtschaftsgüter, in diesem

Fall speziell Wechsel, verpfändet werden. Sie dienen der Überbrükkung des Zeitraums, bis das verpfändete Wirtschaftsgut veräußert oder die vorübergehende Finanzknappheit überwunden ist.

In einer stationären Wirtschaft ist das Gesamteinkommen gleich dem Produkt aus Geldmenge und Einkommenskreislaufgeschwindigkeit. Diese definitorische Quantitätsgleichung kann bei Berücksichtigung eines Preisindexes dahin präzisiert werden, daß das Produkt von Geldmenge und Einkommenskreislaufgeschwindigkeit gleich dem Produkt aus indiziertem Preis und realem Einkommen ist. Nach der klassischen Quantitätstheorie bestimmt die Geldmenge kausal den Preis, ist der Preis von der Geldmenge abhängig. Dabei wird aber übersehen, daß die Geldmenge nicht die effektive Güternachfrage regelt und auch eine erhöhte Güternachfrage nicht zu Preissteigerungen führen muß. Die Quantitätstheorie ist eine makroökonomische Theorie globaler Größen und kann den Überschritt zu den individuellen mikroökonomischen Entscheidungen nicht einsichtig machen. Walras hat mit seinem generellen Gleichgewichtsmodell die Faktor- und Güterpreise anderer Märkte für die Erklärung eines bestimmten Marktpreises hinzugezogen.

Die Geldmenge wird entsprechend den Geldfunktionen unterschiedlich definiert. Im Blick auf die Tauschmittelfunktion besteht die Geldmenge M_1 aus dem Bargeld (Münzen und Banknoten) und den Sichtguthaben bei den Geschäftsbanken. Im Blick auf die Zahlungsmittelfunktion gehört zur Geldmenge M_2 zusätzlich auch noch das Termingeld. Im Blick auf die Wertaufbewahrungsfunktion müssen für die Geldmenge M_3 auch noch die Sparguthaben S berücksichtigt werden. Die Währungsstabilität umfaßt Wechselkursstabilität (Außenwert) und Preisniveaustabilität (Binnenwert).

d. Geldwertstabilität

Bei der Zielsetzung der Geldwertstabilität stehen immer noch die Erfahrungen mit der Inflation 1922/23 in Deutschland im Hintergrund. In dieser Phase der Hyperinflation verlor das Geld durchschnittlich 1/5 seines Wertes an jedem Tag. Damit wurde es als Tauschmittel unbrauchbar.

Warum es in Marktwirtschaften überhaupt zur Inflation kommt, ist nicht leicht erklärbar, da eine einmalige Preiserhöhung noch keine Inflation ist. Eine Erklärung wird zumeist im Verteilungskampf der verschiedenen Gruppen gesehen.

Inflation ist ein langfristiger Kaufkraftverlust. Unterschieden wird zwischen einer angebotsinduzierten und einer nachfrageinduzierten Inflation. Eine genaue Unterscheidung des ersten Anstoßes ist aber häufig nicht möglich.

Inflationsfaktoren auf der Angebotsseite können höhere Preise für importierte Vorleistungen, höhere Steuern oder auch höhere Faktorpreise sein, aber auch Erhöhungen der Gewinne durch Erhöhung des Monopolgrads oder der Zuschlagskalkulation. Inflationsfaktoren auf der Nachfrageseite sind Steuersenkungen, Zunahme der Konsumneigung, Zunahme der autonomen Ausgaben, aber auch eine Ausdehnung der Geldmenge.

Dominieren Inflationsursachen der Nachfrageseite, so kommt es üblicherweise zu einer Produktionsausweitung und Beschäftigungszunahme. Dominieren dagegen die Inflationsursachen der Angebotsseite, so bedeutet steigendes Preisniveau stagnierende oder sinkende Produktion. Dieser Wirtschaftszustand wird Stagflation genannt.

Nach der realwirtschaftlichen Theorie ist das Preisniveau eine exogene Größe, die hauptsächlich durch die Faktorkosten und die Einkommensverwendungen in der Nachfrage bestimmt wird. Die Kassenhaltung wird nach Keynes ausgerichtet auf die Transaktionsplanung, auf die Reservebildung und auf die Spekulationsbereitschaft. Für die Monetaristen ist das Preisniveau eine endogene Größe in Abhängigkeit von der Geldmenge. Friedman geht darin über Keynes hinaus, daß er die Kassenhaltungstheorie Cambridger Provenienz in die allgemeine Nachfragetheorie einordnet.

Die Geldwertstabilität wird offiziell gemessen entweder nach dem Lebenshaltungsindex der Haushalte oder nach dem Preisindex des Bruttosozialprodukts. Die Ermittlung des Preisniveaus hat hauptsächlich die Aufgabe, den Kaufkraftverlust des Geldes zu messen. Wird das Preisniveau durch den Lebenshaltungsindex der Haushalte festgestellt, so wird die Warenkorbsumme für das Berichtsjahr durch die Warenkorbsumme des Basisjahres dividiert und dann mit 100 multipliziert. Bei dieser Messung des Preisniveaus ist die Festlegung des Waren- und Güterkorbs von besonderer Problematik. In vielen Fällen wird ein Güterkorb für die Spezifizierung eines Preisindexes festgelegt, z. B. Industrieprodukte, Großhandelsgüter oder Im- und Exportgüter. Diese Preisindizes sind in ihrer Entwicklung häufig deutlich unterschieden. Zudem gibt es noch zwei verschiedene Meßarten. Entweder kann der Güterkorb des Basisjahres (Laspeyres-Index) oder der des Berichtsjahres (Paasche-Index) für die Berechnung leitend sein.

Die Zielsetzung der Geldwertstabilität ist nicht leicht quantifizierbar. Dauernd sinkende Preise sind nur bei einer Rezession denkbar und folglich als Zielsetzung inakzeptabel. Genau gleichbleibende Preise (Inflationsrate 0%) sind zwar erstrebenswert, dürften aber wegen der oligopolen Verfassung vieler Gütermärkte und der Abhängigkeit der Preisbildung von den staatlichen Steuersätzen nicht erreichbar sein. Die Aufwendungen für einen Strukturwandel führen zumeist zu einer Preisniveauerhöhung. Die Erhöhung von indirekten Steuern und der Abbau von Subventionen finden durch Überwälzungsmaßnahmen Eingang in die Preisindizes. Zudem sind Preissteigerungen aufgrund von Qualitätsverbesserungen akzeptabel. Als ein stabiles Preisniveau gilt eine Erhöhung von 1-2% pro Jahr.

Währungsstabilität ist eine Voraussetzung für eine geordnete Wettbewerbswirtschaft. Diese Auffassung widerspricht dem wirtschaftspolitischen Programm, durch eine kontinuierliche großzügige Ausweitung der Geldmenge könne das Wirtschaftswachstum gefördert werden und die mit diesem Wirtschaftswachstum verbundene sog. schleichende Inflation (Preissteigerungsrate maximal 10% pro Jahr) sei angesichts der positiven Wirkungen auf dem Arbeitsmarkt hinnehmbar. Doch ergeben sich bei diesem Programm gewichtige Nachteile, die daraus resultieren, daß nicht alle Produktpreise, Faktorpreise und Transfereinkommen gleichmäßig mit der gleichen Inflationsrate ansteigen. Vielmehr kommt es zu einer Benachteiligung der Gläubiger gegenüber den Schuldnern, der abhängigen Einkommen und Transfereinkommen gegenüber den Gewinneinkommen, der

Geldvermögensbesitzer gegenüber den Sachvermögensbesitzern. Zudem führt die adaptive Inflationserwartung zu einer Verstärkung der Inflation. Damit werden aber längerfristig die wohltätigen Wirkungen auf dem Arbeitsmarkt in negative Wirkungen verkehrt. Das Finanz- und Sozialsystem gerät aus den Fugen. Für das Gegensteuern gilt die Regel: Je höher die Inflationsrate, desto schwieriger die Bekämpfung.

Eine inflationäre Geldwertentwicklung begünstigt eine Spekulantenmentalität und schädigt die Wirtschaftsmoral. Bei inflationären Prozessen werden Nominalwerte gegen Realwerte getauscht, wird die Kapitalbildung behindert, da die Steuern auf das Nominalvermögen erhoben werden, und finden Vermögensverlagerungen in Staaten mit größerer Stabilität statt.

Alban W. Phillips (1914-1975) ermittelte für die britische Wirtschaftsentwicklung von 1861 bis 1957 in einer empirischen Datenerhebung, daß die Lohnsteigerungsrate und die Arbeitslosenquote negativ korrelieren: Hohe Lohnsteigerungsrate geht zusammen mit niedriger Arbeitslosenquote und umgekehrt.

Die Phillips-Kurve wurde auf den Zusammenhang von Preissteigerungsrate und Arbeitslosenquote übertragen (abgeleitete Phillips-Kurve). Die von der abgeleiteten Phillips-Kurve hergestellte Korrelation ist heftig umstritten: Sie läßt sich aus der keynesianischen nachfrageorientierten Theorie gut erklären, paßt aber nicht zur neoklassischen angebotsorientierten Theorie. Gemäß der abgeleiteten Phillips-Kurve steht die Wirtschaftspolitik in einem unauflöslichen Konflikt (trade-off) zwischen dem Ziel der Vollbeschäftigung und dem Ziel der Geldwertstabilität: Sie müsse bei der Inflationsbekämpfung eine Arbeitslosigkeitserhöhung und umgekehrt bei der Arbeitslosigkeitsbekämpfung eine Erhöhung der Inflation hinnehmen.

Die starke Ölpreiserhöhung der 1970er Jahre sprengte die negative Korrelation von Inflationsrate und Arbeitslosenquote auf. Hier erwiesen sich nämlich die adaptiven Erwartungen als ein selbstverstärkendes Moment der Inflation. Die erwartete Inflation wurde in die Tarifauseinandersetzungen gleich einbezogen. Es kam zu einer Selbsterfüllung der Erwartungen. Die bestehende Inflation wurde fortgeschrieben.

Für die Beurteilung der Phillips-Kurve ist wichtig, welche Bedeutung die Erwartungen der Wirtschaftssubjekte für die weitere Wirtschaftsentwicklung haben. Der These adaptiver Erwartungen steht die These rationaler Erwartungen gegenüber. Bei der Adaptionsthese sind die Preiserwartungen und dementsprechend die Preisforderungen der Wirtschaftssubjekte an der gerade vorhandenen Inflationsrate orientiert. Eine expansive staatliche Ausgabenpolitik zur Senkung der Arbeitslosigkeit führt danach zu wachsenden Inflationsraten. Die Erfolge der Beschäftigungspolitik sind nicht dauerhaft bei einmaligem Preisschub, sondern die Inflationserwartungen schaukeln sich auf und schädigen die Beschäftigungslage. Bei der Rationalitätsthese können die Wirtschaftssubjekte die Veränderungen entscheidungsrelevanter Daten jeweils genau prognostizieren. Hier kommt es zu einer korrekten Antizipation der Entwicklungen. Die Erkenntnis in die Vergeblichkeit staatlicher Beschäftigungspolitik führt in die Stagflation.

IV. Funktionen der Wirtschaft

Die Wirtschaft hat die Aufgabe, Sachgüter und Dienstleistungen herzustellen bzw. bereitzustellen und zu verteilen. Dadurch soll eine umfassende und vielgestaltige Subsistenzsicherung und kulturelle Lebenssteigerung erreicht werden. Die Arbeitsverhältnisse müssen human so gestaltet werden, daß die Würde der Person gewahrt wird. Die Gerechtigkeit soll den Weg weisen zu einer angemessenen Güterverteilung.

A. Güterproduktion

Die großbetriebliche technikorientierte Güterproduktion, die durch die Industrialisierung etabliert wurde, ist durch die Trennung von dispositiver und exekutiver Arbeit, durch eine an der Fertigung orientierte Arbeitsteilung, durch die Maschinenabhängigkeit der menschlichen Arbeitstätigkeit sowie durch die Trennung von Wohnwelt und Arbeitswelt charakterisiert. Mit der Industrialisierung gingen ein starkes Bevölkerungswachstum und die Bildung von großen Stadtregionen einher. Die individuellen und sozialen Lebensbedingungen werden durch die Art der Güterproduktion tiefgreifend geprägt.

1. Güterbestimmung

Die Entscheidungen über Produktion und Verbrauch von Sachgütern und Dienstleistungen betreffen die Bedürfnisse der Menschen, die mit dem technologischen Leistungsstand, den kulturellen Leitvorstellungen und den natürlichen Lebensbedingungen koordiniert werden müssen. Das Entscheidungsverfahren wird durch die wirtschaftliche Grundordnung geprägt.

a. Knappheitsregel

Die Frage, welche Güter hergestellt werden sollen, scheint in einer dezentral geordneten Wettbewerbswirtschaft, wo eine Vielzahl von Wirtschaftssubjekten eigenständig über die Teilnahme am Wirtschaftsgeschehen beschließen kann und eine Souveränität der Nachfrageseite gegenüber der Produktionsseite besteht, durch die Knappheitsregel eindeutig beantwortbar zu sein: Es sollen diejenigen Güter hergestellt werden, die von den Menschen nachgefragt werden; je größer die Nachfrage und je knapper das Gut ist, desto größer muß die Mengenproduktion sein. Die Steuerung geschieht über den Preismechanismus, der das Gewinnstreben der Produktionsseite und das Nutzenstreben der Nachfrageseite miteinander koordiniert.

Diese Zuordnung, die Güterproduktion von der Güternachfrage abhängig zu machen, erfordert eine große Flexibilität der Produktionsseite. Die Nachfragewünsche müssen laufend ermittelt und die eigene Produktionsplanung darauf abgestellt werden. Die Veränderbarkeit oder Wechselhaftigkeit des Nachfrageverhaltens bedeutet für die Produktionsseite eine Unsicherheit in den Kalkulationen und Produktionsentscheidungen. Zur Minderung des Risikos ist die Produktionsseite deshalb bestrebt, auf die Güternachfrage bestimmend oder sogar manipulativ Einfluß zu nehmen. Die Güternachfrage soll also in ihrer Entscheidungsbedeutung herabgestuft und die Abhängigkeit der Produktionsseite von der Nachfrageseite gelockert werden. Für die Produktionsseite sind verständlicherweise Zustände bequemer und zumeist auch lukrativer, wo die Nachfrageseite von der Produktionsseite abhängig ist.

Die Nachfrage nach Gütern ist sehr variabel. Sie bringt Konkurrenz auf der Produktionsseite sowohl zwischen mehreren Produzenten desselben Guts als auch zwischen mehreren Gütern. Auf der Nachfrageseite müssen ebenfalls Bewertungen und Rangordnungen zwischen verschiedenen Güterangeboten getroffen werden.

Üblicherweise erfolgt die Güterbestimmung auf der Produktionsseite nach dem Gewinnprinzip. Ein Unternehmen stellt die Produkte her, von denen es die höchsten Gewinne erwartet. Dazu sind allerdings die nötigen technologischen Kenntnisse die Voraussetzung. Und diese müssen langfristig erworben werden. Faktisch ist also die Produktionsfähigkeit mindestens ebenso wichtig wie das Gewinnprinzip. Das Gewinnprinzip wird erst wirksam in einer Situation gleichrangiger Optionen. Doch ist diese Situation eher die Ausnahme als die Regel.

Gewinn ist unverzichtbar, weil und wenn er der Kapitalsammlung für neue Maschinen, neue Produktionsweisen, neue Vertriebswege usw. dient. Gewinn ermöglicht Vorsorge für künftige Zeiten. Wird der Wirtschaftsprozeß selbst für das Gewinnstreben instrumentalisiert, werden also Produktion und Konsumtion nur unter den Aspekt der Gewinn- bzw. Nutzenmaximierung gestellt, so werden damit Güterbestimmung und Produktionsstrukturen von der Leitfrage entkoppelt, ob denn das hier und so Erwirtschaftete überhaupt dem humanen Sinn der Wirtschaft diene.

Auf der Nachfrageseite geschieht die Güterbestimmung nach den Prinzipien des Bedarfs und der Nutzenmaximierung. Doch bleibt ein größerer Bereich zufälliger und unkalkulierter Entscheidungen. Zudem ist die individuelle Beurteilung der einzelnen Nutzenrangskalen lebensgeschichtlich variabel. Nach Sättigung des Grundbedarfs werden die Präferenzen zumeist vielgestaltig und unscharf.

b. Staatliche Regulation

Eine staatliche Regulation der Güterbestimmung ist in den Fällen geboten, wo über den Markt keine Koordination von Produktion und Nachfrage möglich ist (öffentliche Güter ohne Ausschließbarkeit). Bei Kollektivgütern, die sowohl marktlich als auch öffentlich bereitgestellt werden können, muß politisch entschieden werden, welche Güter unter welchen Bedingungen zu welchen Zwecken produziert werden sollen. Eine staatliche Regulation der Güterbestimmung ist schließlich immer dann erforderlich, wenn die Güter schädliche oder zerstörerische Wirkungen für die Nachfrager oder die Gesellschaft haben.

Erweisen sich unter Produktivitätsgesichtspunkten Projekte der Großtechnik als wünschenswert und sinnvoll, so gilt es, deren Sozialverträglichkeit und deren Folgekosten eigens gesondert zu untersuchen. In diese Richtung gehen Bemühungen, sowohl eine Technikfolgenabschätzung als auch eine Sozialverträglichkeitsprüfung zu etablieren. Beide Prüfverfahren wurden eindringlich für die Kernenergietechnik gefordert, besonders nach der Tschernobyl-Katastrophe von 1986. Ähnliches müßte aber auch für die Gentechnik, für neue Verkehrstechniken oder neue Rüstungstechniken durchgeführt werden. Bei der Prüfung der Sozialverträglichkeit geht es um die Prüfung, ob ein technisches Großprojekt verfassungsgerecht, politisch wertverträglich und mit anderen Entwicklungslinien zusammenstimmend konzipiert werden kann.

2. Produktionsstrukturen

In der Betriebswirtschaftslehre wird zwischen elementaren und dispositiven Produktionsfaktoren unterschieden. Elementare Produktionsfaktoren sind die Betriebsmittel, die Werkstoffe und die produktbezogene Arbeitsleistung; dispositive Produktionsfaktoren sind Geschäftsleitung, Organisation und Planung. Die Produktionsstrukturen sind auf die optimale Allokation der Produktionsmittel ausgerichtet. Die Produktionsprozesse sind zeitlich dimensioniert. Sie werden deshalb durch Stromgrößen, d. h. durch Mengeneinheiten pro Zeiteinheit, gemessen.

a. Produktionsorganisation

Die industrielle Produktionsweise basiert auf einer analysierenden und abstrahierenden Lebenshaltung. Die Produzenten müssen bereit sein, Funktionszusammenhänge zu erkennen und zu akzeptieren. Das ist mit den sogenannten Sachzwängen gemeint. Die Produzierenden müssen ihre jeweiligen momentanen Bedürfnisse entsprechend den Erfordernissen der Produktionsabläufe disziplinieren. Das erfordert

Unterordnung von Stimmungslagen und momentanen Wünschen unter die Objektivität des Produktionsgeschehens. Dem Selbst wird die Abstraktion von der Eigenzentriertheit zugemutet und die Identifizierung mit übergreifenden Prozessen.

In der Arbeitsökonomie zeigt sich der analytische Grundzug darin, daß der für die Herstellung eines Produkts nötige Arbeitsprozeß in möglichst kleine Teile zerlegt wird, die in ihrer Summe einfacher sind als das Ganze und somit eine Produktivitätssteigerung mit sich bringt. Dieses analytische Prinzip führt zu Einzelschritten, durch die die Arbeitenden immer weniger Einfluß auf das Gesamtprodukt erhalten. Dadurch sind die Möglichkeiten der Arbeitenden, auf die Produktion selbst direkt Einfluß zu nehmen, immer geringer geworden.

Kennzeichnend für die handwerkliche Fertigung ist eine dezentrale generalistische Organisation der Produktion. Der geringe Spezialisierungsgrad erforderte eine ausgedehnte und breite Lehre, um die mannigfaltigen Arbeitsabläufe der Produktentwicklung und Produktfertigung koordinieren und durchführen zu können.

Die industrielle Massenproduktion dagegen ist konstituiert durch die vollständige Austauschbarkeit der Einzelbauteile eines Produkts und durch eine einfache Verfahrensweise des Zusammenbaus. In der Automobilproduktion wurde diese neue Produktionsorganisation initiiert. Das T-Modell von Henry Ford aus dem Jahre 1908 erfüllte erstmalig die vollständige Austauschbarkeit der Bauteile. Auf Grund dieser Austauschbarkeit konnte dann im Frühjahr 1913 das Fließband eingeführt werden.

Der Austauschbarkeit der Bauteile korrespondiert die Austauschbarkeit der Arbeitenden. Die Arbeitsteilung in ihrer funktionellen Koordination bestimmt den Einsatz der Arbeitenden. Die einzelnen Arbeitenden brauchen sich über die funktionelle Positionierung ihrer Arbeit keine Gedanken mehr zu machen; dies wird ihnen von den Ingenieuren abgenommen.

Wissenschaftliche Studien zu Produktionsgliederung und Arbeitsschritten führte erstmals der amerikanische Ingenieur Frederick Winslow Taylor (1856-1915) durch. In seinem Buch "Principles of Scientific Management" entwickelte Taylor 1911 die Leitgedanken eines systemorientierten Produktionsverfahrens, wo Mensch und

Maschine in ihren Arbeitsschritten perfekt ineinandergreifen, unnötige Bewegungen vermieden werden und die Arbeitsschritte möglichst kleinteilig gegliedert werden. Dieses System der wissenschaftlichen Betriebsführung sollte die wirtschaftliche Effizienz steigern, war aber auch mit der sozialen Idee verbunden, über hohe Löhne auch arme Bevölkerungsgruppen am Massenwohlstand zu beteiligen. Dafür wurde ein hohes Maß an Monotonie und Außenregulierung in Kauf genommen. Diese Effektivitätssteigerung und Kostensenkung durch Arbeitsrationalisierung sollte in Deutschland der Reichsausschuß für Arbeitsstudien (RefA) fördern.

Die Arbeitsteilung in der Fertigung führte auch zu einer Arbeitsteilung in der Verwaltung. Die Führungsstrukturen wurden immer stärker diffenziert, entsprechend der Produktions- und Firmenausweitung immer neue Entscheidungsebenen eingeführt. Dadurch wurde zugleich die Entscheidungsfähigkeit beeinträchtigt. Der Aufbau stark gegliederter Verwaltungen machte zahlreiche interne Koordinations- und Kontrollmaßnahmen nötig. Die starke Verwaltungsgliederung wirkte sich hemmend auf die Innovationsfähigkeit aus.

Neuerdings sind Reformbemühungen im Sinne einer Verschlankung der Verwaltung und einer besseren Koordination der Entscheidungsebenen in Gang gekommen. Für eine kostengünstigere Produktion werden die industriellen Produktionsstrukturen übersichtlicher gemacht und die Produktvielfalt eingeschränkt.

Die Bemühungen um effektivere Produktionsprozesse werden ergänzt durch Bemühungen um eine Verbesserung des Betriebsklimas und der Arbeitsmotivation. Dazu wird die innerbetriebliche Information verbessert, werden die Vorgesetzten psychologisch für den Umgang mit Mitarbeitern geschult, die Arbeitsplätze freundlicher gestaltet. Die Zufriedenheit der Arbeitenden soll durch eine Erweiterung, Anreicherung oder Flexibilisierung der Arbeitsplatzaufgabe verbessert werden. Für solche betriebspsychologischen Maßnahmen war Elton Mayo (1880-1949) ein Vorkämpfer. Die Betriebspsychologie wird ihrerseits von der Arbeitswissenschaft ergänzt.

Die Produktionsstrukturen sind dem Grundsatz wirtschaftlicher Effizienz verpflichtet. Doch müssen auch die sittlichen und kulturellen Belange der Arbeitenden nachhaltig berücksichtigt werden. Die

Arbeitenden müssen ihre Tätigkeit identifizieren und als sinnvoll bewerten können. Sie müssen in ihrem Tätigkeitsfeld Verantwortung übernehmen können. Eine totale Zersplitterung der Arbeitsprozesse ist abzulehnen. Aufbau und Durchsetzung von Organisationsstrukturen und ökonomischen Verfahrensweisen dürfen nicht das Personsein der Arbeitenden beschädigen.

Die tayloristische Rationalisierung mit ihrer Aufspaltung der Arbeitsprozesse und der Indienstnahme der Maschinen für möglichst viele Teilschritte weist Menschen sehr unterschiedliche Leistungen zu, einerseits Planung und Kontrolle, andererseits die normierten Ausführungsschritte, die die Maschinen noch nicht schaffen können. Ist bei der handwerklichen Produktion die intrinsische Arbeitsmotivation hoch, so muß sie bei der Arbeitsausführung am Fließband durch eine extrinsische ersetzt werden (Lohnanreize).

Die tayloristische Arbeitsrationalisierung drängt zu normierten Arbeitsschritten, die von den Leistungsmöglichkeiten und Anforderungen der Maschinen bestimmt sind. Menschliche Fließbandarbeit wird zum maschinendienlichen Produktionsmittel herabgedrückt. Charley Chaplin (1889-1977) hat das in seinem Film "Modern Times" (1936) eindrucksvoll ins Bild gesetzt.

Das tayloristische Rationalisierungskonzept führt durch die strikte außenregulierte Arbeitsbegrenzung und die damit verbundene Demotivation der Arbeitenden auch ökonomisch in die Sackgasse. Der fragmentierende Taylorismus wird durch die erneute Verknüpfung von Planen, Ausführen und Kontrollieren überwunden. Auch dank der fortschreitenden Automatisierung der industriellen Produktion wird die herkömmliche Fließbandorganisation durch neue Formen von Gruppenarbeit abgelöst.

Die menschliche Persönlichkeit erfordert Arbeitsstrukturen, die den Arbeitenden Mitverantwortung am Arbeitsplatz einräumen. Deshalb sollten die Arbeitenden bei Planung und Ausführung mitentscheiden können und auch für die Ergebnisse der Arbeit mitverantwortlich sein. Im Sinne der Partizipation sollten die Arbeitenden an den betrieblichen Entscheidungsprozessen teilnehmen können. Dadurch sollten monokratische Tendenzen verhindert und Verfahrensweisen der Wechselwirkung etabliert werden, damit möglichst viele an den Entscheidungsfindungen gleichberechtigt teilnehmen können.

b. Produktionstechnik

Die Güterproduktion ist in hohem Maß vom Entwicklungsstand der Technik abhängig. Indem es den Menschen gelungen ist, durch das Herstellen und den Einsatz von Hilfsmitteln ihre eigenen Kräfte zu vervielfältigen, muß die wirtschaftliche Tätigkeit dauernd auch auf die Erneuerung und Verbesserung der technischen Hilfsmittel gerichtet sein.

Hinsichtlich des Maschinenzwecks können Krafterzeugungs- und Arbeitsmaschinen unterschieden werden. Bei den Arbeitsmaschinen sind die arbeitenden Menschen direkt auf die Maschinenprozesse bezogen. Da menschliche Arbeitsleistung durch Maschinenleistung ersetzt werden kann, besteht hier ein Konkurrenzverhältnis zwischen Mensch und Maschine. Die Entwicklung innerhalb des Maschinenzeitalters ist gekennzeichnet vom Übergang von den unselbständigen Maschinen über die halbselbständigen zu den selbständigen Maschinen.

Bei den unselbständigen Maschinen muß der Mensch jeweils die Maschine handhaben, nicht unähnlich der Handhabung der Werkzeuge durch die Handwerker (vgl. Drehbank, Schleifmaschine). Bei diesen Werkzeugmaschinen vollzieht der Arbeiter mit Hilfe der Maschine bestimmte Arbeitsprozesse am Werkstück. Hier besteht noch eine große Nähe zum Handwerk.

Die technische Entwicklung ging über halbselbständige zu selbständigen Maschinen. Bei den halbselbständigen Maschinen handelt es sich um halbautomatische Fertigungseinrichtungen (beispielsweise die Revolverdrehbank). Selbständige Maschinen basieren auf der elektronischen Datenverarbeitung, die auch komplexe Maschinenabläufe zu steuern vermag.

Die Erfindung des Transistors, eines Übertragungswiderstands in Gestalt eines Halbleiterbauelements, das wie eine miniaturisierte Elektronenröhre wirkt, hat seit Ende der 1940er Jahre die Informationstechnik revolutioniert. In der Halbleitertechnologie gelang es, eine immer wachsende Zahl von Transistoren auf Siliziumplättchen zu einer integrierten Schaltung zusammenzufügen. Waren es 1960 einige wenige, so 1970 einige Tausend, 1980 eine Million und 1990 eine Milliarde. Die hochkomplexen integrierten Schaltungen wurden durch die Einführung des Mikroprozessors 1971 universell einsetzbar und entgingen damit dem ökonomischen Dilemma von Spezialisierung und Massenfabrikation.

Die Mikroelektronik ist dabei, die Arbeitswelt der Industriestaaten in hohem Maße umzugestalten. Das Einsatzpotential sowohl in der Fertigung als auch bei Planung, Verwaltung und Dienstleistung ist bisher erst ansatzweise genutzt. Die elektronische Arbeitsrationalisierung erbringt verstärkt eine Substitution menschlicher Handarbeit durch Maschinenarbeit. Demgegenüber wird die Kopfarbeit zunehmend anspruchsvoller. Durch die Substitution wird menschliche Arbeit weniger knapp, d. h. die ökonomische Wichtigkeit sinkt, damit auch Nachfrage und Preis. Erhöht wird durch die Automation die Nachfrage nach planerischer und lenkender Tätigkeit, besonders nach technologischen Kenntnissen.

Die Mikroelektronik ist in ihren Entwicklungsmöglichkeiten ambivalent. Sie eröffnet einerseits die Möglichkeit, das tayloristische Rationalisierungskonzept der Prozeßfragmentierung zu überwinden in Hinsicht auf eine neue Integration der Fertigungsschritte zu einer Einheit des Fertigungsprozesses in der Person des Fertigungssubjektes. Während früher der Mensch die Handarbeit mit der Maschine teilte, so muß er heute auch die Kopfarbeit mit ihr teilen. Die Computerisierung macht sich sowohl in der Fertigung als auch in der Planung, als auch in der Administration durchgängig bemerkbar. Durch die Computerisierung nimmt die Handarbeit in der Fertigung deutlich ab. Immer mehr Menschen werden in die Planung und Vermarktung überwechseln. Die übliche Segmentierung kann zurückgehen. Die Mikroelektronik bietet andererseits aber auch die Gelegenheit, die tayloristische Arbeitsfragmentierung noch weiter voranzutreiben und zu perfektionieren. Deshalb müssen beim Einsatz der Mikroelektronik Weichenstellungen zugunsten humaner Produktionsverfahren gewollt und vorgenommen werden.

c. Arbeitszeit

Die sakrale Gliederung des Jahres durch die kirchlichen Feste begann bereits im 14. Jahrhundert durchlöchert zu werden. Die Kontore rechneten zum 1. Januar und 1. Juli ab. Durch das Vordringen der Geldwirtschaft, besonders des Kreditwesens, durch Geschäftsverträge und weiträumige Transporte wurde die Vereinbarung und Beachtung frei gesetzter Zeittermine auch zu einem wichtigen Bestimmungselement der Alltagswelt.

Mit der Ausbildung der industrialisierten Produktion stiegen die Anforderungen an die Regelmäßigkeit der Arbeit. In einem langwierigen Prozeß wurden seit dem 17. Jahrhundert die Arbeitenden einer strengen Disziplin unterworfen. Die Zahl der Wochentage, an denen gearbeitet werden mußte, wurde deutlich ausgeweitet und die Arbeit auch auf Tage ausgeweitet, die früher einmal religiösen oder sozialen Festen gewidmet waren (Heiligentage, Kirchweih usw.). Der Beginn und das Ende der Arbeitszeit wurde mittels rigoroser Bestrafung (Lohnabzüge) eingeprägt. Indem der Tagesablauf als gegliederte und zu füllende Zeitspanne wahrgenommen wurde, trat auch die Differenz zwischen Arbeitszeit und Freizeit immer schärfer ins Bewußtsein. Die täglichen Arbeitszeiten wuchsen auf bis zu 16 Stunden an. Zur Pünktlichkeit des Anfangs und des Endes trat eine Verkürzung der unterbrechenden Pausen. Insgesamt wurde ein völlig neues, von den natürlichen Rhythmen unabhängiges Zeitverhältnis eingeübt. Die den Tag in Minuten und Sekunden teilende Zeitmessung suggerierte eine Zeitnutzung, die von den Befürfnissen des individuellen und sozialen Lebens weitgehend abstrahierte.

In unterschiedlicher Intensität ist im Laufe der neueren Wirtschaftsgeschichte um die Tages-, Wochen-, Jahres- und Lebensarbeitszeit zwischen Arbeitgeberschaft und Arbeitnehmerschaft gestritten worden. Dabei waren unterschiedliche Interessen im Spiel - wie möglichst effektive Nutzung der Arbeitskraft, angemessene Regeneration, Gewinnung von Freizeit, Erhalt der Gesundheit. Zum quantitativen Aspekt trat noch der qualitative Aspekt einer Intensivierung der Arbeit hinzu.

Gegen diesen wachsenden Druck formierte sich immer nachdrücklicher die Forderung nach Freizeit. In Deutschland wurde 1966 mit der 40-Stunden-Woche für fast alle Produktionsbereiche auch der arbeitsfreie Samstag eingeführt. Seit Mitte der 80er Jahre gibt es wachsende Bestrebungen, das Verbot der Sonntagsarbeit aufzuweichen und den Samstag wieder zu einem normalen Arbeitstag zu machen.

Die sehr unterschiedlich motivierten Bestrebungen, die Wochenarbeitszeit zu verkürzen und die Maschinenlaufzeiten zu verlängern, haben der Diskussion um eine Flexibilisierung und Differenzierung der Arbeitszeiten einen kräftigen Anschub gegeben. Dabei geht es nicht nur um eine neue Festlegung von Schichtzeiten, um eine mögliche Ausweitung von Nachtarbeit (Aufhebung des Verbots von Nachtarbeit für Frauen), sondern auch um die Zuordnung von Freizeitarbeit und Vollerwerbsarbeit, um die Beziehung von individuellen Arbeitsbedürfnissen und familiären Anforderungen sowie um die grundsätzliche Frage des gesellschaftlichen Stellenwerts der wirtschaftlichen Tätigkeit.

Der Schutz des Sonntags und der Feiertage genießt in Deutschland Verfassungsrang sowohl im Bund als in den Ländern. Nach Art. 139 WRV in Verbindung mit Art. 140 GG sind diese Tage der Arbeitsruhe und der seelischen Erhebung gewidmet. Diejenigen Tätigkeiten sind am Sonntag verboten, die den Sonntag wie jeden anderen Tag nutzen wollen. Dagegen sind diejenigen Tätigkeiten erlaubt oder sogar geboten (soziale Dienste), die für den Sonntag da sind, die also die kommunikativen Veranstaltungen ermöglichen und fördern. Auf der Ebene der Europäischen Union gibt es keine direkte Sonntagsschutzregelung, wohl aber eine Richtlinie vom 23. November 1993 zur Arbeitszeitgestaltung, derzufolge Sonntagsschutzregelungen im Gestaltungsrahmen der wöchentlichen Ruhezeit den einzelnen Mitgliedstaaten anheimgestellt werden.

Die Verfassungsbestimmung des Grundgesetzes wird durch Feiertagsgesetze der Länder und durch Arbeitszeitgesetze des Bundes konkretisiert. Körperliche Erholung und geistig-geistliche Sammlung sind das Ziel dieser Ruhetage. Zugleich findet damit ein Schutz der freien Religionsausübung sowohl individuell als institutionell statt.

Der werktägliche Arbeitsprozeß wird allgemein unterbrochen und dadurch das soziale und individuelle Leben für Muße und Besinnung geöffnet. Die Ruhetage erinnern an das Gegebensein des Lebens, an die grundlegende Bedeutung des Empfangens auch für das Tätigsein. Sie dürfen nicht allein funktional als Zeiten zur Wiederherstellung der Kräfte für die Arbeitswelt verstanden und gebraucht werden, obwohl sie auch in dieser Hinsicht angesichts der immensen Intensivierung des Arbeitslebens unverzichtbar sind. Aber über die Regeneration hinaus entfalten sie ihren Segen gerade in der Begrenzung nutzenorientierten Wirtschaftens. Dadurch werden die selbstzerstörerischen Tendenzen der Erwerbswirtschaft gezügelt und abgewehrt. Gerade die Nichtverwertbarkeit dieser Ruhetage stellt sich quer zu einer totalen Ökonomisierung des individuellen und sozialen Lebens.

Das erwerbsfreie Wochenende dient dem Zusammensein. Daß diese Arbeitsruhe zentral durch staatliche Gesetze geregelt ist und nicht individuell entsprechend den Organisationsbedürfnissen der Arbeit, macht guten Sinn. Zwar wird damit auch die individuelle Autonomie eingegrenzt, insofern ein einheitlicher Rhythmus gesellschaftlich etabliert wird, der sich unter Umständen nicht mit den individuellen Ruhe-, Besinnungs- und Tätigkeitsbedürfnissen deckt. Doch wird so der Rahmen für ein selbstverständliches Miteinander gesetzt. Die soziale Dimension der Sonn- und Feiertage hat, wie auch deren geschichtliches Gewordensein zeigt, Vorrang vor der individuellen.

Die soziale Dimension der Ruhetage wird durch religiöse Überzeugungen geprägt, gestützt und symbolisiert. Dies kann durch die gegenwärtigen Wanderungsbewegungen zu Konflikten führen, wenn Großgruppen unterschiedliche Tage als Besinnungs- und Ruhetage hervorheben wollen, der Islam den Freitag, das Judentum den Samstag, das Christentum den Sonntag. Diese unterschiedlichen Optionen müssen und können nicht im Vorwege staatlich geregelt werden. Vielmehr kann der Staat angesichts der Religionsfreiheit nur die Glaubensüberzeugungen der Bevölkerungsmehrheit ratifizieren unter Wahrung des Minderheitenschutzes. Der Anspruch auf negative Religionsfreiheit kann gegen das Sonntags- und Feiertagsrecht nicht ins Felde geführt werden, weil sonst die positive Religionsfreiheit der

Mehrheit scharf eingeschränkt würde. In Deutschland hält sich eine ganz überwiegende Bevölkerungsmehrheit zum Christentum. Der sonntägliche Gottesdienst ist der öffentliche Ort gemeinsamer Besinnung und Verkündigung. Besondere staatliche Vorschriften gelten für das öffentliche Leben und für die Programmgestaltung in den Medien während der Gottesdienstzeit am Sonntagvormittag.

d. Arbeitsschutz

Durch das staatliche Arbeitsschutzgesetz und durch die gesetzliche Unfallversicherung sind die Unternehmen verpflichtet, technische und organisatorische Maßnahmen gegen die Gefährdung der Mitarbeiter durch die Betriebsabläufe zu treffen und für notwendige Gesundungs- oder Pflegemaßnahmen finanzielle Vorsorge zu leisten.

Der technische Arbeitsschutz wurde in Deutschland bislang durch die Gewerbeordnung geregelt. Seit dem 21. August 1996 ist das "Gesetz über die Durchführung von Maßnahmen des Arbeitsschutzes zur Verbesserung der Sicherheit und des Gesundheitsschutzes der Beschäftigten in den Betrieben (Arbeitsschutzgesetz)" in Kraft und formuliert gebündelt die staatlichen Vorschriften zum Arbeitsschutz, die durch Unfallverhütungsvorschriften der Unfallversicherungsträger ergänzt werden. Durch das neue staatliche Recht gelten erstmals für die privatrechtlich und die öffentlich-rechtlich Beschäftigten gleiche Sicherheitsregeln und gleiche Standards zum Gesundheitsschutz. Durch technische und organisatorische Maßnahmen sollen Sicherheitsrisiken vermieden werden. Der Arbeitgeber muß dafür die erforderlichen Mittel bereitstellen.

Die Arbeitsschutzgesetzgebung in der Bundesrepublik Deutschland ist darauf angelegt, den Mitarbeitern eine uneingeschränkte Gesundheit bis ans Ende der Beschäftigungszeit zu sichern. Damit soll verhindert werden, daß die Arbeitszustände auf einen seelischen und/oder körperlichen Verbrauch der Arbeiter während ihrer Beschäftigungszeit hinausläuft. Die Ausstattungen des Arbeitsplatzes sollen die Gefährdungen durch den Betriebsablauf minimieren und sich an der Leistungsfähigkeit der Mitarbeiter orientieren, damit gesundheitsgefährdende Überforderungen vermieden werden.

Die allgemeinen Arbeitsschutzbestimmungen wurden durch konkrete Anweisungen zur Arbeitsplatzgestaltung ergänzt. So bestimmt bespielsweise die Liste 'Maximale Arbeitsplatzkonzentration von Arbeitsstoffen' (MAK) die Grenzwerte von Schadstoffen am Arbeitsplatz. Diese Grenzwertfestsetzung blendet allerdings eine mögliche langfristige Kumulation von Schadstoffen und auch die lebenszeitlich höhere Sensibilität von Arbeitenden (beispielsweise bei Schwangerschaft) aus.

Anders als die gesetzliche Kranken-, Altersrenten-, Pflege- und Arbeitslosenversicherung wird in Deutschland die gesetzliche Unfallversicherung ganz vom Arbeitgeber getragen. Die Leistungen aus der Unfallversicherung für Gesundung oder Invalidität sind höher als die Leistungen aus der Kranken- und Altersrentenversicherung.

Berufskrankheiten lassen sich teilweise schwer nachweisen, weil die tatsächliche Erkrankung zumeist durch die Kumulation von Risikofaktoren zustande kommt. Als Beispiel sei auf das Lungenkrebsrisiko eines Rauchers hingewiesen, der mit Asbest arbeitet. Die Zahl der Anmeldungen von Berufskrankheiten sind von 1960 gegenüber 1988 zwar um knapp 30% gestiegen, die Anerkennungsquote aber von 30% auf 10% gesunken. Insgesamt machen die Berufskrankheiten knapp 5% der Unfallmeldungen aus. Die Mitgliedsbeiträge der Unternehmen zu den Berufsgenossenschaften in der Unfallversicherung sind in den letzten Jahrzehnten leicht rückläufig.

Darüber, wie sich die Berufsbelastung insgesamt auf den Gesundheitszustand der Arbeitenden auswirkt, läßt sich wissenschaftlich, wenn die Arbeitsunfälle ausgeklammert werden, keine eindeutige Aussage treffen. Selbst bei der Nachtarbeit läßt sich nicht eindeutig ermitteln, wie hoch der Belastungsgrad und die Wahrscheinlichkeit möglicher Schädigungen ist. Die allgemeinen physiologischen Erkenntnisse zur menschlichen Leistungsfähigkeit lassen sich nicht mit den sehr undeutlichen Belastungssymptomen der Nachtarbeit korrelieren. Die Vielfalt möglicher Belastungsfaktoren auch außerhalb des Arbeitsablaufs ist zu groß. Suchtgefährdungen durch Alkohol, Nikotin und Medikamente müssen ebenso wie die gesundheitsgefährdenden Schadstoffe als Rahmengefährdungen des Wirtschaftens wahrgenommen werden.

B. Güterverteilung

Die in einer Wirtschaft produzierten Güter müssen auf die Wirtschaftenden verteilt werden. Die technische Güterverteilung unterliegt denselben Regeln wie die Güterproduktion. Die soziale Güterverteilung steht als wirtschaftliche und sittliche Aufgabe unter der Bedingung der Knappheit. Wären alle Güter im Status freier Güter vorhanden, wie dies für das Paradies gedacht wird, gäbe es keine soziale Verteilungsaufgabe. Nachfolgend wird allein die soziale Güterverteilung erörtert.

Die Güterverteilung muß so geregelt werden, daß die Produktion nicht behindert und Gerechtigkeit erzielt wird. Die Produktion muß so ergiebig sein und die Nachfrageseite so organisiert werden, daß die Mitglieder einer Gesellschaft mit den für sie erforderlichen und von ihnen angeforderten Gütern versorgt werden.

Die Güterverteilung erfolgt primär durch die Teilnahme an der Güterproduktion. Entsprechend der Beteiligung an der Produktion werden mit dem Einkommen die Anteile bestimmt, die die einzelnen Personen und Gruppen an der gesamtwirtschaftlichen Leistung erhalten. Elementare Produktionsfaktoren sind Boden, Arbeit und Kapital, die durch Grundrente, Lohn und Zins entgolten werden. Der Produktionsfaktor Arbeit ist unter den heutigen Produktionsverhältnissen sehr stark gegliedert. Deshalb ist auch die Einkommensverteilung zwischen den sehr unterschiedlichen Tätigkeitsgruppen eine schwierige Aufgabe.

Da nicht alle Gesellschaftsmitglieder an der Produktion beteiligt sind bzw. nicht beteiligt sein können (Kinder, Kranke, Alte), muß politisch festgelegt werden, welches Einkommen den Nicht-Erwerbstätigen zugeteilt werden soll. Deshalb muß die primäre Güterverteilung durch eine sekundäre Güterverteilung ergänzt und korrigiert werden. Je stärker die Ökonomisierung aller Lebensbereiche voranschreitet, desto dringlicher ist die politische Einkommenssicherung für alle diejenigen, die nicht am Wirtschaftsprozeß aktiv teilnehmen können.

1. Soziale Ungleichheiten

Die Einkommensverteilung entscheidet über die Aufteilung der in einer Gesellschaft erwirtschafteten Güter auf die Mitglieder der Gesellschaft. Für den Wohlstand des einzelnen ist sowohl der Leistungsstand der Gesamtwirtschaft als auch der relative Anteil an den erbrachten Leistungen wichtig.

a. Erfassung der Einkommensverteilung

Die Einkommensverteilung wird im Rahmen der volkswirtschaftlichen Gesamtrechnung erfaßt. Die Einkommensverteilung wird entweder nach einer funktionsorientierten oder nach einer personenorientierten Klassifizierung ermittelt. Eine wissenschaftlich gesicherte gesamtwirtschaftliche Vermögensrechnung gibt es bisher noch nicht.

Für die Ermittlung der funktionsorientierten Einkommensverteilung werden die Einkommen danach differenziert, wie die Einkommensbezieher am Produktionsprozeß beteiligt sind. So wird angegeben, wie hoch der Anteil der Unternehmer, Freiberufler, Arbeitnehmer, Beamten, Landwirte usw. am Volkseinkommen ist.

Für die Ermittlung der personenorientierten Einkommensverteilung werden die Einkommensbezieher nach sozioökonomischen Gruppen oder nach Einkommensgrößenklassen unterschieden. Während eine einzelne Person bei der funktionalen Einkommensverteilung in mehreren Rubriken vorkommen kann, ist dies bei der zweiten Klassifizierung nicht der Fall.

Wieviel Einkommen eine Person bezieht und welcher Einkommensgrößenklasse sie zugehört, hängt ab vom persönlichen (erworbenen und/oder ererbten) Vermögen, von den persönlichen Begabungen, Fertigkeiten und Fähigkeiten, von der sozialen Gruppenzugehörigkeit und von der Zugehörigkeit zum Wirtschaftszweig.

Das durch Wirtschaftstätigkeit erzielte Einkommen wird durch Abgaben und Subventionen (Transferleistungen) vermindert oder vermehrt. Deshalb muß zwischen einer Primärverteilung und Sekundärverteilung unterschieden werden. Der Begriff der Primärverteilung meint die Verteilung vor Steuerabzug und Transfereinkommen. Bei der Sekundärverteilung sind Abgaben und Transferzahlungen berücksichtigt und ist somit das verfügbare Haushaltseinkommen im Blick. Die Realverteilung wird berechnet, indem die Nominalverteilung durch den Preisindex der bestimmten Bevölkerungsgruppe dividiert wird.

Der Vergleich von Primärverteilung und Sekundärverteilung wird methodisch genutzt, um die Wirkungen der staatlichen Umverteilungsmaßnahmen auf die personenbezogene Einkommensverteilung zu ermitteln. Durch Lorenz-Kurven, benannt nach Max Otto Lorenz (geb. 1876), kann die Einkommensverteilung vor und nach der Umverteilung dargestellt werden.

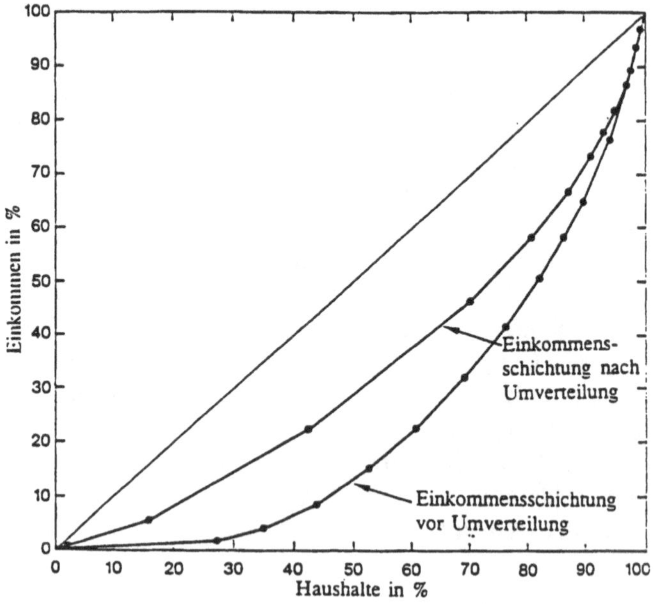

Eine völlig gleichmäßige Einkommensverteilung auf alle privaten Haushalte einer Gesellschaft führt in der graphischen Darstellung, wenn auf der vertikalen Achse die Anteile am Volkseinkommen und auf der horizontalen Achse die Anteile an der Bevölkerung aufgetragen werden, zu einer Geraden. Die Lorenz-Kurve, die die Primärverteilung erfaßt, hängt gegenüber der Geraden nach unten durch, weil die Schlechtergestellten einen unterproportionalen Anteil am Volkseinkommen haben und die Bessergestellten einen überproportionalen. Je größer die Ungleichheiten zwischen den Bevölkerungsgruppen sind, desto bauchiger ist der Kurvenverlauf der Primärverteilung. Die zweite Lorenz-Kurve gibt den Sachverhalt nach Durchführung der Umverteilungsmaßnahmen an. Je weniger die zweite Lorenz-Kurve gegenüber der Geraden durchhängt, desto größer ist der Erfolg der Umverteilungsregelung.

Die Lohnquote ist der Anteil am Volkseinkommen, den das Bruttoeinkommen aus unselbständiger Arbeit hat, wobei das Volkseinkommen als Nettosozialprodukt zu Faktorpreisen definiert ist. Die Lohnquote ist wichtig für die Messung der Umverteilung und die Beurteilung der personalen Einkommenssituation. Die die kurzfristigen Konjunkturschwankungen abblendende These von der langfristigen Konstanz der Lohnquote, das sog. Bowleysches Gesetz, benannt nach Arthur Lyon Bowley (1869-1957), wird heute überwiegend bestritten. Da durch die Technisierung die Zahl der Abhängigbeschäftigten relativ zur Gesamtzahl der Erwerbstätigen laufend gestiegen und die Zahl der Selbständigen und Unternehmer laufend gesunken ist, ist die einfache Lohnquote nur begrenzt aussagekräftig. Deshalb wird heute zumeist mit der bereinigten Lohnquote operiert. Dabei wird die Arbeitnehmerquote, d. h. der Quotient aus Arbeitnehmerzahl und Erwerbstätigenzahl, berücksichtigt, um die Entwicklung der Lohnquote zwischen Basisjahr und Berichtsjahr zu berechnen. Die These von der Konstanz der Lohnquote ist auch für die bereinigte Lohnquote nicht gesichert.

b. Momentaufnahmen

Die Einkommensverteilung in Deutschland ist ungleich. Dieser Sachverhalt sei mit Angaben zu den alten Bundesländern vor der Vereinigung verdeutlicht. 1989 betrug der Anteil des unteren Drittels der Privathaushalte am Gesamteinkommen 16%, der des mittleren Drittels 27% und der des oberen Drittels 57%. Die Nettogewinne stiegen von 1980-1989 viermal so stark wie die Nettolöhne. Dementsprechend sank die Lohnquote von 75,8% im Jahr 1980 auf 69,6% im Jahr 1990 und ist damit bereinigt unter den Stand von 1960 zurückgefallen. Die Schere zwischen den Beziehern von Gewinneinkommen und solchen von Lohneinkommen öffnet sich immer stärker. Die Zahl derer, die Gewinneinkommen beziehen, nimmt weiter ab und bringt statistisch einen Anstieg der Pro-Kopf-Ergebnisse.

Die ungleiche Einkommensentwicklung hat sich im Zuge der deutschen Vereinigung noch verstärkt. Die gegenwärtige Massenarbeitslosigkeit gefährdet die sozialen Sicherungssysteme und die staatliche Finanzausstattung. Die vielen Sozialhilfeempfänger, die laufende Hilfe zum Lebensunterhalt bekommen und deren Zahl noch dauernd wächst, haben kaum Aussichten auf Erwerbseinkommen. Die zahlreichen Erwerbstätigen mit Arbeitsplätzen ohne sozialversicherungsrechtliche Ansprüche sind, falls keine familiäre Absicherung besteht, von Altersarmut bedroht.

Die Standardnettorente betrug 1996 in den alten Bundesländern monatlich 1942 DM und in den neuen Bundesländern monatlich 1598 DM. Diese Standardnettorente ist berechnet auf einen durchschnittlichen Jahresbruttolohn von derzeit 51108 DM und hat 45 Beitragsjahre zur Voraussetzung, die zu 70 Prozent Rente des gegenwärtigen durchschnittlichen Nettolohns des Versicherten führen. Allerdings erreichen nur 50 Prozent der rentenversicherungspflichtigen Männer und 5 Prozent der Frauen diese Höchstquote von 70 Prozent. Später Berufsstart, lange dauernde Arbeitslosigkeit oder Teilzeitbeschäftigung sind die Gründe. Bei einer generellen Absenkung der Rentenniveaus von 70 auf 60 Prozent nähert sich bei vielen Rentenempfängern die Altersrente dem Sozialhilfeniveau.

Eine Erhöhung der Lohnquote, wie sie das Ziel gewerkschaftlicher Lohnpolitik ist, zielt auf einen höheren Anteil des Lohneinkommens an der Wertschöpfung der Unternehmen. Angesichts der Massenarbeitslosigkeit läßt sich die gewerkschaftliche Zielsetzung schwerlich erreichen. Zudem kann die Arbeitgeberseite die Erhöhung der Nominallöhne zumeist auf die Güterpreise überwälzen. Deshalb müssen die Erhöhung der Produktivität und die angemessene Beteiligung am Produktivvermögen durch einen Investivlohn die vorrangigen Mittel zur Verbesserung der Arbeitnehmerlage sein.

Die Höhe des Einkommens ist unter anderem abhängig von der Art seiner Verwendung, die ihrerseits mit der Vermögensausstattung der Haushalte korreliert ist. Gewinneinkommen aus Unternehmertätigkeit wird überwiegend für den Kauf von Investitionsgütern bereitgestellt, Lohneinkommen überwiegend für den Kauf von Konsumtionsgütern. Durch die Investitionsgüter wird die zukünftige Herstellung von Konsumtionsgütern sichergestellt. Die volkswirtschaftliche Einkommensverteilung würde dann nachhaltig verändert, wenn die Abhängigbeschäftigten dadurch, daß sie einen Teil ihres Lohneinkommens für Investitionszwecke bereitstellten (Investivlohn), ebenfalls am Gewinneinkommen beteiligt würden. Da in einer Industriegesellschaft der Investitionsbereich wegen der Technologiegewinne überproportional zunehmen muß, wachsen die Gewinnchancen der Investierenden ebenfalls überproportional.

Frauen sind bei der Erwerbsarbeit in der Regel immer noch schlechter gestellt als Männer. Zwar ist die berufliche Qualifizierung der Frauen in den letzten Jahrzehnten deutlich gesteigert worden und ist bei den Berufsabschlüssen inzwischen ein Gleichgewicht zwischen den Geschlechtern erreicht, doch kommt es durch Kinderwunsch und Kindererziehung zu einem deutlichen Karriereknick in den Lebensläufen der Frauen. Zudem sind Frauen in den Bereichen der sozialen Fürsorge und der Erziehung nach wie vor sehr viel stärker vertreten als im technischen oder handwerklichen Bereich. Dadurch nehmen sie an der geringeren Einkommensbewertung dieser Bereiche teil. Je länger die Ausfallzeiten der Frauen für die Kindererziehung sind, desto größer sind die Schwierigkeiten, einen der Ausbildung angemessenen Arbeitsplatz erneut zu finden und sich dort einzuarbeiten. Der für Frauen viel stärker ausgeprägte Konflikt zwischen Familie und Beruf führt bisher zu einer deutlichen Beeinträchtigung der Altersversorgung bei Frauen.

2. Unzulänglichkeit des Marktgeschehens

Die Güterverteilung kann entweder dem Marktgeschehen selbst überlassen oder politisch reguliert werden. Faktisch liegen in den marktwirtschaftlichen Industrieländern Verfahrensweisen vor, in denen die beiden Prinzipien unterschiedlich gemischt sind. Der in der Effizienzregel mitgedachte Leistungsgesichtspunkt wird zumeist mit dem sozialpolitischen Anliegen einer Gewährleistung der wirtschaftlichen Existenzsicherung kombiniert.

Wird die Güterverteilung dem Marktgeschehen allein überlassen, wie es die liberale Theorieschule fordert, so gilt für das Marktmodell die Knappheitsregel und die Harmonisierungstendenz der Wirtschaftsfaktoren. Man denke an das Verhalten einer Flüssigkeit in kommunizierenden Röhren. Aufgrund der Schwerkraft tendiert die Flüssigkeit zum Niveauausgleich. Diese Tendenz zur Gleichgewichtsbildung gelte auch für das Merktgeschehen. Wenn die Verteilung des Sozialprodukts auf die Produktionsfaktoren Kapital, Arbeit und Boden entsprechend der Knappheitsregel erfolge, so bemesse sich die gerechte Verteilung des Produktionsertrags danach, wie die drei Produktionsfaktoren angeboten und nachgefragt werden: Ist Kapital reichlich da, so wird es niedrig verzinst; ist Arbeitskraft reichlich da, so wird sie niedrig entlohnt usw. Da der Markt, sofern er nicht verzerrt sei, auf Ausgleich der Knappheiten tendiere, so werde, meint die liberale Theorieschule, jedem Produktionsfaktor über den Preis auch der angemessene Anteil am Sozialprodukt zuteil.

Die idealtypische Lage eines völlig freien und unverzerrten Marktgeschehens liegt faktisch nie vor und hat auch aus internen Gründen keine Stabilität. Jeder Produktionsfaktor für sich sowie ihre Verknüpfungen sind mannigfaltig politisch reguliert. Zudem sind viele Gesellschaftsmitglieder am Produktionsprozeß gar nicht beteiligt und bedürfen doch eines Einkommens.

Nun könnte diese Sachlage gerade die Forderung dringlich machen, zu einer Minderung an Regulierung zu kommen. Diese Forderung wäre dann plausibel, wenn das Marktgeschehen von sich aus eine effektive und gerechte Güterverteilung besorgte. Für die politische Diskussion um Verteilung und Umverteilung ist also die Untersuchung, ob das Marktgeschehen hinreichend wirkungsvoll ist, von erheblicher Bedeutung, um eine gerechte Verteilung zu bewerkstelligen. Diese Erörterung hat die Wohlfahrtsökonomik ausführlich unternommen.

a. Wohlfahrtsökonomik

Die theoretischen Bemühungen der Wohlfahrtsökonomik (Welfare Economics) sind darauf gerichtet gewesen, eine optimale Verteilung der Güter unter Marktbedingungen und damit eine optimale Nutzenaggregation der Einzelhaushalte zu ermitteln. Dieses ist nicht gelungen. Die Verteilungsfrage muß im Modell des vollkommenen Wettbewerbsmarktes offenbleiben. Dabei sah es im Anschluß an die Grenznutzenschule nach einer wissenschaftlich befriedigenden Beantwortung der Verteilungsfrage aus.

Vilfredo Pareto (1848-1923), der die personenbezogene Einkommensverteilung statistisch untersuchte und die Konstanz der Pyramidenform ermittelte, formulierte 1897 die optimale Effizienz bei der Allokation der Wirtschaftsmittel als ersten Hauptsatz der Wohlfahrtstheorie. Im Modell eines statischen vollkommenen Wettbewerbsmarktes operierte Pareto mit einem relativen Nutzenbegriff, der allein auf einer komparativen Über- und Unterordnung beliebiger Güterbündel basiert. Danach liegt Optimalität als Wettbewerbsgleichgewicht dann vor, wenn die Produktion eines Wirtschaftsguts nicht gesteigert werden kann ohne Einschränkung bei mindestens einem anderen Gut und wenn in einem Haushalt, der die Erstausstattung von Gütern und Faktoren hat und damit nutzenmaximierend umgeht, der Nutzen nicht erhöht werden kann ohne Minderung in mindestens einem anderen.

Paretos Wohlstandsoptimum im Sinne eines Tauschoptimums verträgt sich durchaus mit einer ungleichen Erstausstattung der Wirtschaftspersonen und beinhaltet keinen Gerechtigkeitsimpuls. Nach dem zweiten Hauptsatz der Wohlfahrtstheorie ist nämlich jedes Wettbewerbsgleichgewicht als Pareto-Optimum und jedes Pareto-Optimum als Wettbewerbsgleichheit deutbar. Da die Erstausstattungen der Haushalte sehr unterschiedlich gedacht werden können (und auch ganz verschiedene politische Umverteilungen denkbar sind), gibt es mannigfaltige optimale Wettbewerbsgleichgewichte. Die von Pareto formulierte Optimalität enthält keine Aussage materialer Art über die Erstausstattung der Haushalte und die entsprechende Nutzenverteilung. Die Pareto-Optimalität impliziert also keine Aussagen über die Gerechtigkeit von Einkommensverteilungen beim Vergleich unterschiedlicher Ausstattungen und Leistungspotentiale.

Die Pareto-Optimalität ist ferner allein am individuellen Wohlsein der einzelnen Haushalte entsprechend ihrer Ausstattung orientiert und nicht an interpersonellen Nutzenadditionen. Sie erlaubt also keine Aussagen über die soziale Wohlstandssteigerung, die von den unterschiedlichen Tauschoptima ausgeht, und ermöglicht somit keine Rangordnung der verschiedenen Gesellschaftsformationen, in denen die individuellen Tauschoptima aggregiert werden können.

Die Ermittlung des Pareto-Optimums gibt schließlich kein Kriterium an die Hand, um unterschiedliche Optionen für einen stärker an der Gegenwart oder an der Zukunft orientierten Verbrauch zu entscheiden. Die Aspekte der Zeitlichkeit der Wirtschaftsprozesse und der Endlichkeit der Ressourcen werden abgeblendet.

Die theoretischen Ansprüche der Aussagen zur Pareto-Optimalität sind hoch. Wird eine der Bedingungen verletzt, unter denen Pareto-Optimalität zustande kommt, so fällt das ganze Kalkül aus. Grautöne kann diese Theorie nicht unterscheiden.

Da Pareto-Optimalität für eine Vielzahl von wirtschaftlichen Zuständen gilt, ist die Frage drängend, ob sich diese Zustände hinsichtlich ihrer gesellschaftlichen Wertigkeit in eine Rangordnung bringen lassen. Diese auch für politische Entscheidungen wichtige Frage, ob zwei gesamtwirtschaftliche Zustände so beurteilt werden können, daß sie nach der von ihnen erbrachten gesellschaftlichen Wohlfahrt unterscheidbar seien, wurde von Nicholas Kaldor (1906-1986) und John Richard Hicks (1904-1989) 1939 durch das Kriterium der Kompensation zu beantworten versucht. Diejenige Zustandssituation hat einen höheren Wohlfahrtsrang, in welcher beim Übergang aus einer anderen Situation die durch diesen Übergang Geschädigten von den Nutzengewinnern des Übergangs für den Schaden kompensiert werden können und in der Gesamtrechnung ein Gewinn übrigbleibe. Der Zustand B hat eine höhere Wohlfahrt als der Zustand A, wenn der Nutzengewinn der bevorteilten Gruppe nach Abzug der Kompensationsleistungen an die geschädigte Gruppe noch positiv ausfällt.

Da sich Zustände zeigen lassen, in denen das Wechseln von A nach B und dann aber auch das Zurückwechseln von B nach A Nutzengewinn erbringen, so muß das Kompensationskriterium in die Doppelaussage gefaßt werden, daß sich der Übergang von A nach B lohnt, umgekehrt aber nicht. Dieses doppelte Kompensationskriterium läßt sich graphisch durch die Produktionsmöglichkeitenkurve, das Schachteldiagramm und die Nutzenmöglichkeitenkurve darstellen. Die Schwäche des Kompensationskriteriums liegt darin, daß nicht in allen Fällen die Festlegung einer Rangordnung erreicht werden kann. Die vom Kriterium geforderte Kompensation muß immer auch politisch umgesetzt werden. Die Versuchung, die Kompensation zu unterlassen, ist besonders groß in den Fällen, in denen die Geschädigten politisch einflußlos sind. Zudem vergrößert sich auch bei erfolgter Kompensation der relative Abstand zwischen Nutznießern und Entschädigten, falls diese zu den Einkommensschwachen gehören.

Die von Abram Bergson vorgeschlagene gesellschaftliche Wohlfahrtsfunktion in Form von Indifferenzkurven, die auf den Nutzen der Einzelhaushalte bezogen sind, scheint in Kombination mit der von Paul Anthony Samuelson konstruierten Wohlfahrtsgrenze zum Aufweis eines sozialen Wohlfahrtsmaximums (optimum optimorum) hinzuführen und damit auch Aussagen über Erstausstattungen und deren Umverteilungen zu erlauben. Eine objektive Gesellschaftsnorm im Sinne einer optimalen Addition individueller Nutzenwahrnehmungen liegt allerdings für die marktbezogene individualistische Wohlfahrtsökonomik deshalb nicht vor, weil jedes Individuum auch für die personenorientierten Nutzenvergleiche jeweils eigene Vorstellungen von der gesellschaftlichen Wohlfahrtsfunktion hat und in diese einträgt. Dabei wird eine besondere Berücksichtigung des eigenen Nutzens angenommen. Wohlfahrtsmaximum, Umverteilung und Erstausstattung werden von jedem Individuum entsprechend der eigenen Position anders beurteilt.

Diesen Sachverhalt hat Kenneth Joseph Arrow untersucht und 1951 nachgewiesen: Die soziale Wohlfahrtsfunktion sei aus gegebenen individuellen Präferenzen bei Beachtung demokratischer Prinzipien nicht ableitbar. Das Arrow-Paradox besagt, daß die in Bezug auf die denkbaren Nutzenkonstellationen unterschiedlichen individuellen Präferenzordnungen nicht zu einer kollektiven Präferenzordnung widerspruchsfrei zusammengefaßt werden können, wenn alle individuellen Präferenzkombinationen uneingeschränkt berücksichtigt werden sollen und wenn ihre kollektive Zusammenfassung frei von fremden Alternativen und ohne diktatorische Machtstellung eines Gruppenmitglieds erfolgen soll.

Wird das Arrow-Paradoxon unter den Bedingungen der Mehrheitsregel formuliert, so fällt es unter das Condorcet-Paradoxon, benannt nach seinem Entdecker Antoine Marquis de Condorcet (1743-1794). Die an Präferenzalternativen geübte Mehrheitsregel kann, wenn jede Präferenz paarweise gegen jede andere entschieden wird, eine Situation zyklischer Mehrheiten bringen, wo keine Alternative mehrheitlich vorgezogen wird und also keine Entscheidung getroffen werden kann. Dies liegt beim Arrow-Paradoxon vor. Das von Arrow formulierte Paradoxon ist der theoretische Nachweis für das Ungenügen einer rein individualistisch konzipierten Wohlfahrtsökonomik. Wie Erstausstattungen und Nutzen optimal zu verteilen sind, kann von der marktorientierten individualistischen Wohlfahrtsökonomik nicht eindeutig beantwortet werden.

b. Gesellschaftsvertragslehre

Angesichts dieses Forschungsergebnisses kann die effektive und gerechte Güterverteilung nicht von einem möglichst ungehemmten Marktgeschehen erwartet werden. Das Ergebnis des freien Marktgeschehens wäre allgemein zustimmungsfähig und moralisch zustimmungspflichtig nur bei einer nachweisbaren Optimalität individuellen und sozialen Wohlstands bzw. bei einer Entwicklung hin zu dieser Optimalität. Da dieses Ziel im Rahmen der Gesetze freier Marktprozesse überhaupt nicht formulierbar ist und der Marktbegriff damit als ethischer Leitbegriff ausfällt, müssen andere ethische Leitbegriffe gesucht werden.

Ein solcher Leitbegriff ist der Begriff des Gesellschaftsvertrags. In Anknüpfung an Theorietraditionen der Aufklärung (vgl. Hobbes, Rousseau, Kant) gibt der Begriff des Gesellschaftsvertrags die Basis für Aussagen über die Gesellschaftsordnung einschließlich der Verteilung der Erstausstattungen und der sozialen Garantien und Begrenzungen der Güterverteilung. Wurde in der Aufklärung der Vertragsschluß zumeist historisiert, so gilt er in heutigen Kontraktmodellen als Gedankenexperiment.

Der Gesellschaftsvertrag muß so gedacht werden, daß ihm bei Vertragsschluß alle Gesellschaftsmitglieder zustimmen können. Dazu ist die Voraussetzung nötig, daß alle Gesellschaftsmitglieder von ihrer jetzigen faktischen gesellschaftlichen Position abstrahieren und keine Kenntnis von der individuellen Erstausstattung ihres Haushalts und deren Nutzen haben. Zudem muß von den individuellen Eigenschaften und Präferenzen aller Gesellschaftsmitglieder abstrahiert werden.

Die materiale Ausgestaltung des Gesellschaftsvertrags ist von anthropologischen Voraussetzungen abhängig und fällt dementsprechend unterschiedlich aus. Die durch Abstraktion gewonnenen Individuen, die den Vertrag schließen, können optimistisch, neutral oder pessimistisch sein in ihrer Erwartung, welche Position ihnen nach Vertragsschluß in der Gesellschaft faktisch zufallen werde. Gemäß dieser unterschiedlichen Erwartungshaltung werden unterschiedliche Regelungen sozialer Absicherung für nötig gehalten.

Die optimistische Variante, in der eine begünstigende Zuordnung erwartet wird und die deshalb einen Regelungsimpuls zugunsten einer starken Ungleichheit enthält, spielt in der ethisch-sozialphilosophischen Diskussion keine Rolle. Hier liefe das Gedankenexperiment zu offenkundig den Kriterien moralischer Vorzugswürdigkeit zuwider.

In der neutralen Variante (vgl. John Harsanyi) wird das Einnehmen jeder denkbaren Position für gleichwahrscheinlich gehalten: Hier ist der Gesellschaftsvertrag darauf angelegt, die maximale soziale Wohlfahrt zu erreichen durch die Addition der einzelnen individuellen Nutzenpositionen. Dieses utilitaristische Gesellschaftskonzept kann aber die Verträglichkeit der Aggregation nicht plausibel machen. Die statistische Wahrscheinlichkeit spricht angesichts der Pyramidenform der Einkommensverteilung zudem gegen die angenommene Erwartungsneutralität.

Nach der pessimistischen Variante (vgl. John Rawls) muß dagegen mit einer Zuweisung in die ungünstigste Position gerechnet werden: Deshalb müssen in den Gesellschaftsvertrag bestimmte Sperren aufgenommen werden. So werden Grundrechte und Grundpflichten in gleichem Umfang für alle Gesellschaftsmitglieder festgeschrieben. Jeder Mensch kann danach das im Blick auf alle bestmögliche System von Grundfreiheiten beanspruchen (erster Gerechtigkeitsgrundsatz). Nur die Freiheit kann eine Einschränkung der Grundfreiheiten begründen (Vorrangregel für Freiheit). Außerdem werden die zuzugestehenden sozialen und wirtschaftlichen Unterschiede (Differenzprinzip) begrenzt durch das Kriterium, daß bei Veränderungen die Lage der Schlechter-Gestellten stärker verbessert werden muß, daß die Schlechtest-Gestellten bei Umverteilungen den höchstmöglichen Nutzen haben müssen (Maximinprinzip als zweiter Gerechtigkeitsgrundsatz). Die öffentlichen Positionen müssen in fairer Chancengleichheit für alle offen sein. Der Schleier des Nichtwissens, wer einmal welche Position besetzen wird, ist die Garantie für die Fairneß (Vorrangregel für Gerechtigkeit).

Für die Einkommensverteilung billigt Rawls der Gruppe der Meistbenachteiligten ein Vetorecht zu. Werden eine Volkswirtschaft mit hoher Einkommensdifferenzierung und eine Volkswirtschaft mit geringer Einkommensdifferenzierung verglichen, so muß in der Volkswirtschaft mit hoher Einkommensdifferenzierung die Gruppe der Meistbenachteiligten insgesamt bessergestellt sein als die entsprechende Gruppe in der Volkswirtschaft mit geringer Einkommensdifferenzierung. Die Zustimmung der Meistbenachteiligten sanktioniert gleichsam die Einkommensdifferenzierung.

Der Begriff des Gesellschaftsvertrags, der den Kriterien moralischer Vorzugswürdigkeit entspricht, gibt Entscheidungsstrukturen an, nach denen das Verteilungsproblem gelöst werden soll. Der Gesellschaftsvertrag wird also nicht ergebnisorientiert im Blick auf die Verteilung von Erstausstattungen und Nutzen konstruiert, sondern regelorientiert mit Angabe der Verfahrensweisen, wie soziale und wirtschaftliche Entscheidungen gefällt werden sollen. Für einen zukunftsfähigen Gesellschaftsvertrag ist wichtig, daß bei der Organisation der Wirtschaftsprozesse das Verhältnis zur Natur, das Verhältnis der Geschlechter zueinander und das Verhältnis der Leistungsträger zu den Leistungsempfängern neu definiert wird.

Die Forderung gesellschaftlicher Gerechtigkeit und personaler Gleichheit schließt ein limitatives Kriterium für soziale Ungleichheit ein. Die gesellschaftlich bestehenden Ungleichheiten bei der Verteilung der Lebenslagen können nur so weit hingenommen werden, als dadurch der Zustand für die Benachteiligten verbessert wird. Verteilungsvorteile als Leistungsanreize dürfen nicht größer sein, als zur Erreichung des jeweils möglichen Wohlstandsoptimums nötig ist.

3. Prinzipien der Einkommensverteilung

Die Steigerung des Sozialprodukts und die freie Wirksamkeit der Marktkräfte bringen nicht automatisch die wünschenswerte Verteilungsgerechtigkeit. Auch in einer Überflußgesellschaft können wachsende Bevölkerungsgruppen in Armut geraten. Eine reichliche, naturangemessene und humane Güterproduktion ist die Voraussetzung für eine umfassende Güterversorgung der Gesellschaft und ihrer Mitglieder. Doch garantieren die Ordnungsstrukturen für eine wirksame Güterproduktion nicht gleichzeitig eine angemessene Güterverteilung. Dazu müssen auch sozialstaatliche Ordnungsmaßnahmen getroffen werden.

Die Einkommensverteilung soll gerecht sein. Diesem Satz wird niemand so leicht öffentlich widersprechen. Die Gerechtigkeit kann aber unterschiedlich akzentuiert und formuliert werden, und entsprechend ergeben sich unterschiedliche Konzeptionen von Einkommensverteilung. Die gerechte Einkommensverteilung betrifft nicht nur die unterschiedlichen Wirtschaftstätigkeiten, sondern besonders auch die angemessene Zuordnung von Wirtschaftserträgen und politisch geregelten Umverteilungen. Denn bei der Einkommensverteilung müssen auch diejenigen berücksichtigt werden, die keine Teilnehmer am Produktionsprozeß sind (besonders Kinder, Alte und Kranke).

Die Einkommensverteilung kann vornehmlich entweder am Prinzip der Leistung oder am Prinzip des individuellen bzw. familiären Bedarfs orientiert sein. Das Leistungsprinzip wirkt differenzierend, das Bedarfsprinzip, besonders wenn es mit Regelungen quantitativer Gleichheit verknüpft wird, eher egalisierend. Das Leistungsprinzip ist auf die Produktion ausgerichtet, das Bedarfsprinzip auf den Verbrauch.

Der Einkommensteuertarif in Deutschland ist von beiden Prinzipien bestimmt. Der steuerfreie Grundbetrag für das Existenzminimum gilt der elementaren Bedarfsdeckung, auf die alle Personen gleichermaßen Anspruch haben. Die Tarifprogression berücksichtigt die unterschiedliche Leistungsfähigkeit und Belastbarkeit der Steuerbürger und soll zu einer stärkeren Inanspruchnahme der Leistungsfähigeren führen. Das Bedarfsprinzip wird bei bestimmten Steuernachlässen für Familien- und Altersstatus sowie für besondere Belastungen, das Leistungsprinzip bei der Kappung der Tarifprogression geltend gemacht.

a. Leistung

Die primäre Einkommensverteilung durch die Wirtschaftstätigkeit soll nach dem Leistungsprinzip erfolgen. Wer am meisten zur wirtschaftlichen und gesellschaftlichen Nutzenstiftung beiträgt, soll auch entsprechend hoch beim Einkommen beteiligt werden.

Das Leistungsprinzip hat für die Ablösung der Feudalzustände dadurch eine große emanzipatorische Bedeutung gehabt, daß es gegen das Geburtsprinzip und auch gegen das Loyalitätsprinzip ein neues Legitimationskriterium für die soziale Statuszuweisung formuliert. Das Geburtsprinzip räumt bestimmten Personen wegen ihrer Abstammung einen gesellschaftlichen Vorrang und ein Vorrecht bei der Güterverteilung ein. Das Loyalitätsprinzip läßt diejenigen bevorzugt aufsteigen, die die vorherrschende Meinung oder Beziehungskonstellation am überzeugensten ausdrücken und erhalten. Das Leistungsprinzip wird auf die naturrechtliche Gleichheit der Menschen aufgebaut und ist der Autonomie verpflichtet. Gegen Zunftabhängigkeiten und Adelsprivilegien formulierte das Bürgertum die Maxime "Jedem nach seinen Leistungen".

Leistung ist physikalisch der Quotient aus Arbeit und Zeit. Wirtschaftswissenschaftlich meint Leistung die Gesamtsumme der Wirtschaftsaktivitäten in einem bestimmten Zeitraum oder die einem bestimmten Wirtschaftsfaktor (Arbeit, Boden, Kapital) zurechenbaren Aktivitäten bzw. Erträge.

Das Leistungsprinzip wird üblicherweise mit wirtschaftlichem Wettbewerb, also mit der Marktwirtschaft korreliert. Doch die Marktwirtschaft erfüllt nicht zulänglich das Prinzip der Leistungsgerechtigkeit. Auch wenn von der geschichtlichen Verfaßtheit einer Wirtschaft und der damit verbundenen Ungleichheit der Erstausstattung der Wirtschaftsaktoren abstrahiert wird, bleiben konzeptionelle Mängel der Marktwirtschaft wirksam: Es gelten faktisch immer unvollständige Wettbewerbsbedingungen und treten externe Effekte ein. Dadurch werden bestimmte Produktionsfaktoren und bestimmte Produktionszweige falsch bewertet.

Das Leistungsprinzip wird von den Teilnehmern des Wettbewerbs langfristig nur dann akzeptiert, wenn die Gewinnchancen angemessen und fair verteilt sind. Deshalb muß das Leistungsprinzip abgestützt werden durch die Forderung nach Chancengleichheit. Die Chancengleichheit muß im Sinne einer Startgleichheit und nicht im Sinne einer Ergebnisgleichheit verstanden werden. Für den Zugang zu gehobenen sozialen Positionen sollen nicht Geburt oder Beziehungen, sondern Tüchtigkeit entscheidend sein, weil so das Gemeinwohl am besten gefördert wird.

In der Marktwirtschaft werden ungleiche Startchancen im Laufe der Entwicklung verstärkt; die Schere öffnet sich. Deshalb müssen korrigierende Maßnahmen besonders im Bereich der Bildung und wirtschaftlichen Existenzgründung getroffen werden, um immer neu für gleiche Startbedingungen zu sorgen und dadurch wirtschaftliche Leistungskraft und soziale Mobilität zu fördern.

Das Leistungsprinzip gilt als förderlich für Motivation und individuellen Einsatzwillen. Die Verfechter einer leistungsbezogenen Einkommensverteilung treten für Leistungsanreize ein. Das Streben nach höherem Einkommen wirke stimulierend auf den Leistungswillen. Durch eine egalitäre Einkommensverteilung gehe die Leistungsmotivation verloren und sinke folglich das Gesamtwohlstandsniveau. Die geldlichen oder geldwerten Prämien als extrinsische Stimulanzien sollten aber nicht überschätzt werden. Leistungsbereitschaft und Leistungsverweigerung sind von einem hochkomplexen kulturell vermittelten Bündel von Motivationen abhängig. Zwar ist das höhere Einkommen in der höheren Position zumeist ein Anreiz zu Karriere und Anstrengung, doch dürften die soziale Anerkennung und die wachsende Entscheidungskompetenz mindestens ebenso wichtig sein wie die geldliche Prämierung.

Die Korrelation von Leistung und Leistungsanreiz wird häufig als Argument ins Feld geführt, um die steuerliche Belastung derjenigen, die über ein höheres Einkommen verfügen, vor einem zu starken staatlichen Zugriff zu schützen. Die Leistungsbereitschaft, die steuerlich pfleglich behandelt werden soll, wird hier zumeist identifiziert mit der Bereitschaft zu Investitionen und unternehmerischen Aktivitäten. Doch ist mit der finanziellen Prämierung nicht gesichert, daß die für das Gedeihen einer Gesellschaft und ihrer Wirtschaftsaktivitäten notwendigen Innovationen in technologischer und organisatorischer Hinsicht auch wirklich erfolgen. Für eine wirksame Förderung dürfte das Instrument der Steuerpolitik ziemlich unergiebig sein.

Eine an der Leistung orientierte Gerechtigkeitsformel kann für den Wettbewerbsmarkt objektiv kaum aufgestellt werden. Faktisch befinden sich die Einzelmärkte in einem Zustand, wo die Positionen der verschiedenen Marktteilnehmer durch geschichtlich gewordene Ungleichheit bestimmt sind. Der Markt bewertet zwar Leistungen dadurch, daß bestimmte Produkte von Menschen mit entsprechender Kaufkraft nachgefragt werden, doch ist diese Kaufkraft selbst das Resultat vieler geschichtlicher Entwicklungen und zufälliger Entscheidungen. Da fast alle Produkte das Ergebnis einer mannigfaltigen Arbeitsteilung sind, geht in die Aufteilung des Erlöses auf die verschiedenen Beschäftigten eine Vielzahl von Bewertungsmaßstäben (Qualifikation, Verantwortung, Arbeitsbedingungen, Arbeitszeiten, körperliche und nervliche Belastungen) ein. Ein quantifizierender Vergleich bei den verschiedenen Berufen ist unmöglich.

Umstritten ist die Frage, wie die Leistung gemessen werden soll. Beim Leistungslohn wird über die Lohnhöhe entsprechend der Qualifikation und entsprechend der Knappheitsregel entschieden. Das Prinzip des Leistungslohns zielt auf eine möglichst große Differenzierung der Lohnhöhen. Im Modell der vollkommenen Konkurrenz wird der Produktionsfaktor Arbeitskraft nach der Wertgrenzproduktivität entlohnt, denn im Gewinnmaximum ist die Wertgrenzproduktivität gleich dem Faktorpreis (Inputregel). Hier erfolgt die Bewertung der Leistung über den Preis am Markt. Eine solche produktionsorientierte Entlohnung fördert zugleich die effiziente Allokation der Produktionsfaktoren. Der Markterfolg ist aber von vielen Zufälligkeiten abhängig und korreliert keineswegs immer mit der Arbeitsleistung und dem Einsatzwillen der einzelnen Akteure. Zudem geht in die Marktpreise bereits eine bestimmte ungleiche Lage der Vermögensverhältnisse und Erstausstattungen ein. Das Erbrecht bringt leistungsfreies Einkommen und prolongiert die Ungleichheit der Erstaustattung der Einzelhaushalte.

Die Grenzen des Leistungsprinzips liegen darin, daß eine größere Anzahl von sozial wichtigen Tätigkeiten nicht marktfähig sind, daß bestimmte Gesellschaftsglieder am Marktgeschehen nicht teilnehmen, daß die Leistungsbewertung schwer objektivierbar ist. Die übliche Handhabung des Leistungsprinzips als Schlüssel für die Güterverteilung hat zirkuläre Struktur: Wer viel leistet, bekommt viel; daß er viel geleistet hat, zeigt sich daran, daß er viel bekommt. Das Leistungsprinzip gilt nur für die am Produktionsprozeß Beteiligten. Es ist zudem in der materiellen Ausgestaltung den Zufälligkeiten des Marktes unterworfen. Schlagerstars werden höher bewertet als Spitzenpolitiker, Steuerberater höher als Wissenschaftler, Mediziner höher als Musiker usw. Die gesellschaftliche Nutzenbewertung ist wegen der Marktverfaßtheit eher kurzfristig orientiert.

Das Leistungsprinzip ist in seinen Konsequenzen durchaus ambivalent. Während es aus einer Programmatik für Gleichheit und gegen soziale Vorrechte entstanden ist, führt es selbst soziale Ungleichheit herauf. Diese Ungleichheit ist nicht mehr durch Geburt und Gruppenzugehörigkeit, sondern durch individuelles Leistungsvermögen, Ausbildung und Erstausstattung bestimmt. Eine rein individualistische Auffassung des Leistungsprinzips ist abzulehnen, weil dadurch die gesellschaftliche Vernetzung, auf die jede individuelle Leistungsfähigkeit aufruht, abgeblendet wird. Wegen dieser gesellschaftlichen Vernetzung und Fundierung müssen Teile des individuellen Wirtschaftsertrags zur Umverteilung zur Verfügung gestellt werden.

b. Bedarf

Die sekundäre Einkommensverteilung ist am Bedarfsprinzip orientiert. Vornehmlich durch staatlich regulierte Transferleistungen werden diejenigen Gesellschaftsmitglieder, die nicht am Produktionsprozeß beteiligt sind, mit den notwendigen Gütern versorgt. Das Bedarfsprinzip ist dem Prinzip der Solidarität verpflichtet. Die Leistungsstarken treten für die Schwachen ein. So werden durch Sozialversicherungen und Steuern in erheblichem Umfang die Altersversorgung, die Ausbildung, die Gesundungsmaßnahmen bei Krankheit, die Hilfe bei Pflegebedürftigkeit, die Unterstützung bei Erwerbslosigkeit sowie die Unterstützungsmaßnahmen gegen existenzbedrohende Armut finanziell gesichert. Das Solidaritätsprinzip wird besonders bei denjenigen Transferleistungen wirksam, die der Sicherung des Lebensunterhalts ohne Berücksichtigung vorher erworbener Leistungsansprüche dienen.

Die konkrete Ausgestaltung des Bedarfsprinzips ist schwierig und in der politischen Diskussion strittig. Je individueller und weitreichender das Bedürfniskonzept gefaßt wird, desto schwerer läßt sich Einverständnis darüber erzielen, welche Güter und Dienstleistungen notwendig, sinnvoll, unverzichtbar oder wünschenswert sind. Die einzelnen Menschen zeigen nämlich sowohl hinsichtlich derselben

Güter als auch hinsichtlich des Gesamtkorbs sehr unterschiedliche Bedarfseinschätzungen. Am ehesten läßt sich noch Einigung über ein Bedürfniskonzept erreichen, das nach Umfang und Inhalt an Basisgütern wie Nahrung, Kleidung, Wohnung usw. festgemacht ist.

Bereits bei der primären Einkommensverteilung hat das Bedarfsprinzip insofern Einfluß, als bei den Tarifvereinbarungen für die Abhängigbeschäftigten die unterschiedlichen Bedürfnislagen, die sich aus der familiären, sozialen oder lebensalterlichen Situation ergeben, ausdrücklich berücksichtigt werden. Die sogenannten sozialen Komponenten im Lohngefüge sind am Bedarfsprinzip orientiert. Die Kombination von Leistungsprinzip und Solidaritätsprinzip bedeutet die gegenseitige Bezogenheit von Industriewirtschaft und Sozialstaat.

Die Grenzen des Bedarfsprinzips liegen da, wo die Güterproduktion durch die Güterumverteilung nachhaltig gehemmt und herabgesetzt wird. Da die westlichen Industriewirtschaften heutzutage nach außen offen sind und Kapital leicht exportiert werden kann, müssen sozialstaatliche Sicherungs- und Umverteilungsmaßnahmen auf einem breiten Gesellschaftseinverständnis aufruhen. Dazu ist eine wahrhaftige Diskussion über Notwendigkeit, Umfang, Verfahren und Grenzen der Verteilungsaufgabe höchst wichtig. In einer offenen Wirtschaft werden die sittlichen Anforderungen an die Wirtschaftenden größer, weil die Möglichkeiten des Mißbrauchs und des Ausweichens wachsen.

4. Sozialstaatliche Maßnahmen

Leistungsprinzip und Bedarfsprinzip stehen in einer unaufhebbaren Spannung zueinander. Dennoch sind beide Prinzipien, die in unterschiedlicher Weise Güterproduktion und Güterverbrauch akzentuieren, für das Gedeihen der Gesellschaft und ihrer Mitglieder unverzichtbar. Sie sind gleichsam die beiden Brennpunkte einer Ellipse. Beide Prinzipien sind in unterschiedlicher Gewichtung bei der Gestaltung des Steuer- und Transfersystems leitend.

Der Sozialstaat muß erstens alle diejenigen absichern und unterstützen, die am Markt kein Erwerbseinkommen erzielen können:

Kinder und Jugendliche, Kranke und Alte, Behinderte und Pflegebedürftige. Der Sozialstaat muß zweitens aber auch die Differenzierungstendenzen der Wettbewerbswirtschaft korrigieren durch eine Umverteilung der Einkommen. Nur so können Gerechtigkeit, Chancengleichheit und soziale Wohlfahrt gedeihen. Die Umverteilung muß vorrangig den Schwachen und Bedürftigen zugute kommen.

Bei den einzelnen sozialstaatlichen Maßnahmen, die im Laufe der Sozialgeschichte aus einzelnen konkreten Bedürfnislagen erwachsen sind, wurden und werden die gegeneinander spannungsvollen Prinzipien unterschiedlich akzentuiert. Dadurch kommen im Steuer- und Transfersystem mannigfaltige Begünstigungen und Zuwendungen nebeneinander vor. Deren Verknüpfung ist nicht selten ungereimt, denn die subtrahierenden oder auch kumulierenden Regelungen führen teilweise zu Sicherungslücken, aber auch zu überschießenden Leistungshäufungen.

Die sozialstaatlichen Maßnahmen werden durch Steuern, Abgaben und Sozialversicherungsbeiträge finanziert. Nicht nur auf der Ausgabenseite, sondern auch auf der Einnahmenseite müssen die unterschiedlichen Aspekte der Gerechtigkeit beachtet werden. Die Art der Finanzierung und deren Ausgestaltung implizieren sittliche Entscheidungen. Bei der gesetzlichen Altersrentenversicherung und bei der Versicherung gegen Arbeitslosigkeit sind Beitragseinzahlung und Versicherungsauszahlung miteinander verknüpft. Diese beiden gesetzlichen Sozialversicherungen sind also grundsätzlich am Leistungsprinzip orientiert, auch wenn die Leistungsbewertung durch andere soziale Gesichtspunkte modifiziert werden kann. Bei der gesetzlichen Krankenversicherung und der Pflegepflichtversicherung sind Einzahlung und Auszahlung entkoppelt; für die Einzahlung gilt das Leistungslastprinzip, für die Auszahlung das Bedarfsprinzip.

Die Grundüberzeugungen, die den sozialen Rahmen der Marktwirtschaft in der Bundesrepublik Deutschland lange prägten, sind ins Wanken geraten. Die durch die Bismarcksche Sozialpolitik geschaffene Sozialversicherung beruhte auf den Annahmen, daß die erwachsenen Männer erwerbstätig sind mit einer 45jährigen Beitragszahlung, daß die Frauen in lebenslanger Ehegemeinschaft unentgeltlich für Kindererziehung, Pflege und familiäre Beziehungen zuständig und dafür über ihre Ehemänner mitversichert sind, daß die Wirtschafts- und Beschäftigungspolitik national gesteuert werden könne und daß für das wirtschaftliche Wachstum die natürlichen Ressourcen möglichst umfangreich genützt werden sollten. Die Emanzipationsbewegungen seit den 1960er Jahren führten zu einer tiefgreifenden Veränderung sozialer Leitbilder. Die Normalität der Kernfamilie und die Dominanz der maskulinen Erwerbstätigkeit wurden bestritten. Weil immer mehr Frauen eine eigenständige Beteiligung wollen, muß das Verhältnis von Erwerbsarbeit und Familientätigkeit neu geregelt werden. Die Familie ist nicht mehr der uneingeschränkte Normalfall. Deshalb müssen auch die Erwerbschancen für Frauen verbessert werden.

Der soziokulturelle Wandel mit der Ausbildung mannigfaltiger neuer Lebensformen impliziert weitreichende Reformanforderungen, den Sozialstaat zu verändern und an die neuen sozialen Gegebenheiten anzupassen. Der in den vergangenen Jahrzehnten aufgebaute Sozialstaat mit seinen mannigfaltigen Transferleistungen und Vorsorge- bzw. Fürsorgeeinrichtungen ist in seiner Finanzbasis bedroht, weil die bisherigen Finanzierungsstrukturen angesichts von Massenarbeitslosigkeit, Bevölkerungsalterung und Marktglobalisierung längerfristig die nötigen Leistungen nicht mehr erbringen können.

Durch die deutliche Erhöhung der Lebenserwartung und das starke Ansteigen der Kosten der medizinischen Betreuung erweist sich als eine der großen Aufgaben der kommenden Jahrzehnte, das Verhältnis von Erwerbstätigen und Ruheständlern neu zu regeln. Im 20. Jahrhundert hat sich in Deutschland die durchschnittliche Lebensdauer von knapp 45 Jahre auf gut 76 Jahre erhöht. Während im 19. Jahrhundert vornehmlich die Abnahme der Kindersterblichkeit zur Erhöhung der statistischen Lebensdauer beitrug, sind es im 20. Jahrhundert vornehmlich die medizinischen und operativen Gesundungsmaßnahmen, die die durchschnittliche Lebensdauer gesteigert haben.

Die demographische Entwicklung läßt vermuten, daß eine Relation von 1:1 im Jahr 2040 nicht unwahrscheinlich ist. Dann dürfte eine Finanzierung des Sozialstaats vornehmlich über die Lohnnebenkosten kaum noch praktikabel sein. Zudem werden, je kapitalintensiver die Produktion im Zuge der fortschreitenden Automatisierung wird, die Lohneinkommen im Blick auf die gesamte Wertschöpfung an Bedeutung verlieren. Deshalb muß eine Finanzierung ins Auge gefaßt werden, die an der Wertschöpfung orientiert und dabei nicht investitionshemmend ist. Eine hohe Zahl von Dauerarbeitslosen sprengt langfristig das soziale Sicherungssystem. Die versicherungsfremden Leistungen müssen aus den Sozialversicherungen ausgegliedert werden. Politisch gewollte allgemeine Leistungen müssen auch über den allgemeinen Staatshaushalt finanziert werden.

Die Ergebnisse der politischen Wahlen haben Einfluß auf Art und Umfang der sozialstaatlichen Interventionen. Über die Bildungsinstitutionen und die Sozialversicherungen gegen die Risiken von Alter, Krankheit, Arbeitslosigkeit und Pflegebedürftigkeit wird politisch entschieden. Dabei ist die Konsensbildung von maßgeblicher Bedeutung, weil getroffene Regelungen für lange Zeiträume Bestand haben und von der großen Mehrheit bejaht werden sollen. Die Einkommensverteilung ist keine rein wirtschaftliche Angelegenheit, sondern ist mit grundlegenden gesellschaftlichen Weichenstellungen in Ausbildung, Familienstruktur, Berufstätigkeit, Geschlechterverhältnis, Arbeitsgestaltung, Gesundheitsfürsorge, Ruhestand direkt verknüpft.

a. Existenzsicherung

Alle Menschen haben ein Recht auf Sicherung ihres Lebens. Der Existenzsicherung dient die staatliche Sozialhilfe. Das Bundessozialhilfegesetz von 1961 sieht Hilfe in besonderen Lebenslagen sowie laufende Hilfe zum Lebensunterhalt vor. Die Sozialhilfe soll einen Mindeststandard sicherstellen. Der dafür erforderliche Geldwert wurde bis zum 30. Juni 1990 durch einen Warenkorb ermittelt, der die von der Mehrheit für notwendig und selbstverständlich erachteten Güter enthielt. Zu diesem Warenkorb gehörten nicht nur die reinen Lebensmittel, sondern auch die Mittel zur Teilnahme an elementaren kulturellen und gesellschaftlichen Veranstaltungen. Die Festsetzung der Sozialhilferegelsätze war dynamisch und partizipatorisch geplant, doch hinkte sie der Entwicklung der Reallöhne deutlich hinterher. Seit dem 1. Juli 1990 wird der Sozialhilferegelsatz nicht mehr nach dem Warenkorbprinzip, sondern nach dem Statistikprinzip ermittelt. Das Konsumverhalten unterer Einkommensgruppen ist nun normativ für die Höhe der Sozialhilfe.

Armut in dem Sinne, daß ein Mensch der überlebensnotwendigen Grundgüter an Nahrung, Kleidung, Wohnung und Gesundheitsfürsorge ermangelt, Armut also als ein Zustand permanenter Lebensgefährdung ist in den westlichen Industrieländern selten geworden. Nur in strengen Wintern macht der Kältetod von Obdachlosen auch öffentlichkeitswirksam auf die fundamentale Notlage bestimmter Bevölkerungsgruppen aufmerksam.

Armut meint in den westlichen Industrieländern keinen dauernden lebensgefährdenden Gütermangel, sondern eine Mangelsituation, die relativ durch Bezug auf die Güterversorgung der Mehrheit in einer Gesellschaft definiert wird. Das Konzept relativer Armut setzt bestimmte Schwellen durch Bezug auf das Durchschnittseinkommen. Armut sollte nach einer Empfehlung der EU-Kommission als derjenige Zustand definiert werden, in welchem das Einkommen weniger als 50 Prozent des durchschnittlichen Nettoeinkommens beträgt. Liegt das Einkommen unter 40 Prozent, so wird von strenger Armut gesprochen. Die 60-Prozent-Schwelle markiert Armutsnähe bzw. Einkommensschwäche. Der Sozialhilferegelsatz beträgt etwas über 40 Prozent des durchschnittlichen Nettoarbeitslohns.

Von der relativ definierten Armut ist in Deutschland ein wachsender Bevölkerungsteil betroffen, der an der allgemeinen Wohlstandsentwicklung nicht teilnimmt, sondern umgekehrt aus mannigfaltigen individuellen und sozialen Gründen eine starke Einschränkung der Güterversorgung hinnehmen muß. Der kirchliche Dienst in der Arbeitswelt hat 1986 und der Deutsche Paritätische Wohlfahrtsverband 1989 gezeigt, daß die Massenarbeitslosigkeit eine Massenverarmung nach sich gezogen hat. Seit Mitte der 70er Jahre ist in Deutschland die Zahl der Sozialhilfeempfänger rasant angestiegen. Im März 1997 erhielten 2,52 Millionen Menschen laufende Hilfe zum Lebensunterhalt.

Zu den traditionell von Armut und Unterversorgung bedrohten Bevölkerungsgruppen (Behinderte, Nichtseßhafte, Erwerbsverweigerer, Alte) sind durch die massenhafte Langzeitarbeitslosigkeit große Gruppen Erwerbsfähiger und Erwerbswilliger hinzugekommen. Ein hohes Verarmungsrisiko konzentriert sich bei Arbeitslosen, Alten und Alleinerziehenden. Innerhalb dieser Gruppen sind überwiegend Frauen betroffen. Außerdem sind häufig kinderreiche Familien mit fünf oder mehr Kindern armutsgefährdet. Durch die deutsche Vereinigung hat sich insgesamt die soziale Lage noch einmal deutlich verschärft. Von der Altersarmut sind insbesondere Arbeiterinnen betroffen, weil sie geringere Beitragszeiten und ein geringeres Einkommen haben. Die Bekämpfung der Arbeitslosigkeit muß ein vorrangiges Ziel der Sozial- und Wirtschaftspolitik sein.

b. Umverteilung

Die Umverteilung ist primär durch den Gedanken der Partizipation motiviert: Alle Glieder der Gesellschaft sollen in einem angemessenen Umfang am Reichtum der Gesellschaft beteiligt werden. Da die primäre Einkommensverteilung bestehende Unterschiede befestigt oder verstärkt, müssen durch eine sekundäre Einkommensverteilung Ausgleichsmaßnahmen getroffen werden, die die Funktionstüchtigkeit der Wirtschaft, die Lebendigkeit der Gemeinschaft und die Entfaltung der Indúviduen sichern und fördern.

Umverteilungsmaßnahmen sind zumeist nicht auf die funktionale, sondern auf die personale Einkommensverteilung ausgerichtet. Da politisch geregelte sekundäre Einkommensverteilung immer auch Widerstand und Rechtfertigungsdruck hervorruft, gibt es eine Bestrebung, schon die Primärverteilung politisch zu beeinflussen. Besonders die Bildungspolitik wird dann in den Dienst der Sozialpolitik gestellt. Durch Bildungs- und Vermögensförderung soll die Primärverteilung in dem Sinne geändert werden, daß möglichst wenige in die Klassen mit wenig Einkommen gehören. Dazu ist allerdings erforderlich, daß genügend Arbeitsplätze für die höher qualifizierten

Arbeitnehmer bereitgestellt werden. Gelingt das nicht, so entsteht auf dem Arbeitsmarkt ein wachsender Druck von oben nach unten.

Die westdeutsche Schul- und Bildungsreform der 1960er Jahre stand im Zeichen der Chancengleichheit. Die Forderung nach Gleichheit der Bildungschancen kann individuumszentriert gemeint sein, kein begabtes Kind dürfe wegen seiner Herkunft zu gering gefördert werden. Die Forderung kann gruppenpolitisch gemeint sein, auch ärmere Bevölkerungsgruppen sollten die Möglichkeit des Aufstiegs und einer besseren Teilnahme an der Primärverteilung erhalten. Die Forderung kann kulturpolitisch gemeint sein, die Gesamtgesellschaft solle durch die optimale Ausschöpfung der Begabungspotentiale gefördert werden. Die Forderung kann schließlich auch wirtschaftspolitisch gemeint sein, für die komplizierteren Produktionsprozesse sollten genug Fachkräfte bereitgestellt werden.

Umverteilungsmaßnahmen können wirtschaftspolitisch auf eine Optimierung der Wirtschaftsstrukturen und auf eine Steigerung der sozialen Akzeptanz bestimmter Wirtschaftsprozesse abzielen. Eine imperative Einkommenspolitik ist in Deutschland wegen der Tarifautonomie nicht möglich; imperative staatliche Eingriffe in die Primärverteilung sind verboten. Bei einer indikativen Einkommenspolitik, die beispielsweise in einer 'konzertierten Aktion' der Tarifparteien und der Regierung formuliert wird, werden die Tarifparteien über die wichtigen Wirtschaftsdaten informiert und die Aktivitäten in Kooperation festgelegt.

Das Umverteilungssystem ist in Deutschland hoch differenziert und ziemlich unübersichtlich. Deshalb gibt es immer wieder Forderungen nach seiner Vereinheitlichung. Die Effizienz des Umverteilungssystems ist wichtig, weil etwa ein Drittel der deutschen Haushalte überwiegend von Transferleistungen lebt. Im Sinne einer umgekehrten Einkommensteuer könnten die Transferleistungen wie Kindergeld, Wohngeld, Erziehungsgeld oder Sozialhilfe mit der Steuerschuld verrechnet werden. Dazu wäre aber eine grundlegende Neuordnung des Steuersystems nach Zuständigkeit (Bund, Länder, Kommunen), Organisationsstruktur, Steuerarten und Tarifstruktur erforderlich. Diese fundamentale Steuerreform steht noch aus.

Umverteilung findet nicht nur durch die personenbezogenen direkten Transferleistungen und Subventionen statt, sondern auch durch die indirekten Steuern und die Bereitstellung von Gütern seitens der öffentlichen Hand. Von indirekten Steuern und Subventionen werden die Wirtschaftszweige und Haushalte unterschiedlich betroffen bzw. begünstigt. Öffentlich bereitgestellte Güter sind zumeist reale Transferleistungen, weil diese Güter nicht entsprechend der Steuerbelastung genutzt werden und häufig faktisch nur bestimmten Bevölkerungsgruppen zugute kommen. Bei Kollektivgütern mit ausschließbarem Verbrauch wird die Nutzung oft mit einer Gebühr belastet. Diese darf aber nur Erinnerungscharakter haben. Sollte die Gebühr dazu führen, daß die Nachfrage zurückgeht und somit die Kapazitäten der Einrichtung teilweise brachliegen, so entstünde dieselbe Ineffizienz wie bei einer Marktregelung. Die Umverteilungswirkungen der öffentlichen Haushalte und ihrer Finanzierungsstrukturen lassen sich schwer kalkulieren. Eine Umverteilung zugunsten der Bessergestellten sollte vermieden werden.

Für die Bereitstellung der öffentlichen Güter und teilweise auch der Kollektivgüter muß der Staat sorgen. Die Bereitstellung von Gütern durch die öffentliche Hand krankt allerdings häufig an der nur ungenauen Kenntnis, die eine Regierung von den Präferenzen der Bevölkerung hat. Die Regierung beschließt dann trotz erheblicher Informationslücken, welche Güter ohne Rücksicht auf Zahlungswilligkeit und Zahlungsfähigkeit den Bürgern zur Verfügung stehen sollen. In den Wahlprogrammen der Regierungsbewerber in einem demokratischen System sind die öffentlich finanzierten Güter jeweils in großen Bündeln zusammengefaßt, und über die Quellen ihrer Finanzierung wird nur selten Auskunft gegeben. Zudem findet nur eine grobe Rangbestimmung zwischen den einzelnen Sparten (Bildung, Verteidigung, innere Sicherheit usw.) statt. Zumeist werden in den Wahlprogrammen selbst keine Alternativen präsentiert. Letztlich finden bei einer demokratischen Wahl also nur ganz grobe Tendenzbestimmungen und Gewichtungen statt. In den verschiedenen Staaten kommt es aufgrund der gesellschaftlichen Traditionen zu sehr unterschiedlichen öffentlich finanzierten Gütern. Politische Zustimmung zu einer Regierung und wirtschaftliche Unzufriedenheit mit der öffentlichen Bereitstellung von Gütern sind durchaus vereinbar.

Die staatliche Umverteilungspolitik sollte dort ihre Grenze finden, wo die Umverteilungsmaßnahmen zu einer deutlichen Schrumpfung des zu verteilenden Gesamteinkommens führen. Umverteilungsmaßnahmen sollten den sozialen Wohlstand und die Gerechtigkeit fördern. Sollen für die Umverteilung nur die Zuwächse des Gesamteinkommens herangezogen oder auch eine Senkung des Gesamteinkommens hingenommen werden? Nach Rawls sollte die Umverteilung erst dort enden, wo das Volkseinkommen so stark beeinträchtigt wird, daß die Einkommen der schlechtgestellten Bevölkerungsgruppen trotz Umverteilung zurückgehen. Umverteilungen sollten langfristig aus den Zuwächsen des Gesamteinkommens erfolgen. Regelungen hinsichtlich der Erstausstattungen müssen gesondert getroffen werden.

5. Verbrauch

Besonders irritierend an der heutigen Wirtschaftsweise in den westlichen Industrieländern ist das Nebeneinander von Knappheit und Verschwendung. Einerseits wird ein immer sparsamerer Einsatz von Rohstoffen, Kapital und Arbeit angestrebt, um ein möglichst optimales Produktionsergebnis zu erreichen, andererseits wird die so erzielte reichliche Bereitstellung von bestimmten Gütern keineswegs mit der wünschenswerten Sorgfalt und Sparsamkeit auch genutzt. Diese Beobachtung ist selbst dann irritierend, wenn die Verteilungsfragen einmal außer acht gelassen werden. Der durch große Sparsamkeit erwirtschaftete Wohlstand zeigt hinsichtlich des Verbrauchs deutlich Verschwendungszüge. Der Sparsamkeit auf der Seite der Produktion steht die Großzügigkeit auf der Seite des Verbrauchs gegenüber. Sparsamkeit auf der Verbrauchsseite kann als Unterkonsumption gleichsam zum Laster werden. Die Forderung, die Verschwendung zu beenden, zielt zumeist auf die Produktion dauerhafter und leicht reparierbarer Güter, die ihrerseits einen möglichst geringen Energieverbrauch haben.

Beim Energieverbrauch ist insgesamt eine deutliche Reduktion des heutigen Verbrauchsniveaus in den Industrieländern nötig. Diese Reduktion dürfte am besten durch eine steuerlich dosierte Verteuerung der Energie erreicht werden. Dabei sollten die verschiedenen Arten der Energieerzeugung und die verschiedenen Bereiche des Energieverbrauchs angemessen berücksichtigt werden. Außer der Senkung des Energieverbrauchs sind auch Änderungen bei Energieerzeugung und Energieverteilung nötig: die radikale Umlenkung von fossilen Brennstoffen auf regenerierbare Brennstoffe und die Etablierung von möglichst hohen Wirkungsgraden (Wärme-Kraft-Koppelung).

Eine starke Verteuerung der Energiekosten dürfte zu tiefgreifenden Änderungen im Transportwesen und damit zu neuen Koordinationsbedingungen bei Produktion und Verbrauch führen. Eine kleinräumigere dezentrale Wirtschaftsweise dürfte für viele Märkte von Vorteil sein. Beispielsweise finden auch Nichtvegetarier die weiträumigen Transporte von Lebendvieh skandalös.

Für ein verantwortliches Verbraucherverhalten ist eine umfassende und objektive Information über die konkurrierenden Produkte unerläßlich. Werbemaßnahmen, die vorrangig oder allein auf das Unbewußte zielen, indem beispielsweise nicht mehr kontrolliert wahrnehmbare Bilder nur Sekundenbruchteile in Fernsehfilmen eingespeist werden, um bestimmte Konsumwünsche zu wecken und auf ein bestimmtes Produkt zu lenken, sind als unlautere Marketingtechnik abzulehnen. Jede Form unkontrollierbarer Verbrauchsstimulation und Produktwerbung hat manipulatives Gepräge und steht im Widerspruch zur personalen Verantwortlichkeit der Verbraucher.

Die Tatsache, daß jeder Mensch irrtumsfähig (Fehlkäufe) und unglücksanfällig ist, sollte für das Verbraucherverhalten die Konsequenz haben, das finanzielle Handlungspotential nicht vollständig auszureizen (Überschuldungsgefahr). Bei Kosten-Nutzen-Analysen sollte zur Berücksichtigung negativer Zufälligkeiten unter mehreren Kalkulationen diejenige gewählt werden, die am meisten mit Fehlern rechnet. Damit wird dann auch die Nötigung zum Erfolg minimiert.

V. Strukturen der Wirtschaft

Die liberale Wirtschaftsordnungskonzeption des 19. Jahrhunderts war auf Privateigentum, Vertragsfreiheit und Wettbewerb gegründet. Die mit der Industrialisierung verbundene Wandlung von einer Feudalgesellschaft in eine Klassengesellschaft führte zu tiefen sozialen und politischen Verwerfungen. Die Antagonismen entluden sich in gewaltigen Aggressionen nach außen und nach innen.

Bei der Neuordnung der sozialen Strukturen in Deutschland nach dem Zweiten Weltkrieg war im Westen die marktwirtschaftliche Grundordnung eingebettet in eine Gesellschaftsordnung, die dem Abbau der Klassengegensätze, der Zügelung wirtschaftlicher Machtkonzentration, der angemessenen Entlohnung, Entscheidungsbeteiligung und rechtlichen Absicherung der Arbeitnehmerschaft sowie der umfassenden Stärkung der sozialen Sicherungssysteme verpflichtet war. Diese Neuordnung, die wesentlich von christlichen Überzeugungen geprägt war, basierte auf einer Modifikation der Eigentumsregelung im Sinne der Sozialpflichtigkeit, auf einer Stärkung der Arbeitnehmerstellung (Mitbestimmung) und auf einer Regulierung des Markts, um die wünschenswerten Wirkungen des Wettbewerbs gegen die verderblichen Tendenzen zu schützen.

Durch die Sozial- und Arbeitsgesetze wurde die Rechtsposition der Arbeitnehmerschaft deutlich gestärkt. Zur Verbesserung der Arbeitnehmerseite trug maßgeblich die umfassende Steigerung der beruflichen Qualifikation bei. Angesichts der schnellen technologischen Weiterentwicklungen hat die Berufsqualifizierung weiterhin wesentliche Bedeutung. Eine besondere Herausforderung ist die Integration von Behinderten in den Wirtschaftsprozeß.

Die gegenwärtige Entwicklung ist stark geprägt durch die Ausweitung des wirtschaftlichen Tätigkeitsfeldes. Sowohl die Integration zu einer kontinentalen Integration der bisherigen Volkswirtschaften als auch die Globalisierung der wirtschaftlichen Tauschbeziehungen schreiten voran. Politisches Wollen und wirtschaftliche Nutzenziele müssen miteinander abgestimmt werden.

A. Verfügung und Beteiligung

Bei jeder wirtschaftlichen Aktivität müssen Arbeitskraftgeber und Kapitalgeber zusammenkommen. Arbeitskraft und Kapital können in derselben Hand sein, sind es aber zumeist nicht. Mit der großbetrieblichen Produktionsweise sind die Belange und Interessen der Arbeitskraftgeber und der Kapitalgeber immer schärfer auseinander getreten. Diese Interessen müssen formuliert und die Beziehungen institutionalisiert werden.

Für die Regelung der Nutzenansprüche und Verfügungsrechte der Kapitaleigentümer ist die Frage konstitutiv, wie Eigentum überhaupt begründet werden könne, was Eigentum als legitim qualifiziere, aus welchen Quellen der Eigentumsbegriff Grund und Grenze erhalte. Mit dieser Frage nach der Legitimationsstruktur des Eigentumsbegriffs stehen Art und Umfang staatlicher Eigentumsgestaltung zur Diskussion. Der deutliche Gegensatz zwischen kommunitären und individualliberalen Ansätzen läßt sich durch einen demokratisch-sozialstaatlichen Ansatz überwinden. Gerade am Eigentum wird das relationale Spannungsgefüge von individueller Freiheit und Sozialpflichtigkeit als permanente Aufgabe deutlich.

Die Eigentumsregelung hat auch Auswirkungen auf die Frage, welcher Seite der Vorrang bei wirtschaftlichen Entscheidungen zukommen solle, den Kapitalgebern oder den Arbeitskraftgebern. Der Vorrang der Kapitalgeberseite entspricht dem Programmbegriff von Kapitalismus, der Vorrang der Arbeitskraftgeberseite einem solchen von Laborismus. Auch eine breite Streuung des Produktivvermögens ist noch keine Absage an den Kapitalismus. Eigentumstitel und Verfügungsrechte sind markant auseinandergetreten. Deshalb ist es wichtig, daß die Arbeitnehmerseite durch die betriebliche und unternehmerische Mitbestimmung Einfluß auf die wirtschaftlichen und sozialen Entscheidungen erhält und mit der Kapitalseite verknüpft wird.

1. Interessenvertretungen

In Industriewirtschaften mit hoher Arbeitsteilung und großem Kapitalbedarf stehen Arbeitskraft und Kapital häufig antagonistisch gegeneinander. Beide Seiten bedürfen einander, verfolgen aber unter dem Gesichtspunkt eigener Nutzenmehrung Interessen, die miteinander konkurrieren. Soll diese Konkurrenz nicht zerstörerisch werden, ist eine Zügelung der stärkeren Seite und eine deutliche Strukturierung der Beziehungen vonnöten. Die Formulierung der Interessen und ihre soziale Bündelung ist ein wichtiges Erfordernis, um zu einer förderlichen und humanen Kooperation zu kommen.

Die Gewerkschaften haben sich im 19. Jahrhundert in den Industrieländern aus sehr unterschiedlichen Traditionen und Motiven heraus gebildet und entwickelt. Sie sind innerhalb einer pluralen Gesellschaft die autonome Vertretung der Arbeitnehmerinteressen. Sie handeln eigenständig mit der Arbeitgeberseite die Lohn- und Arbeitsbedingungen aus (Tarifverträge und Manteltarifverträge) und suchen als eigenständige Großverbände auf die Sozialpolitik Einfluß zu nehmen. Die im Deutschen Gewerkschaftsbund (DGB) zusammengeschlossenen Einzelgewerkschaften sind von Parteien, Kirchen und Unternehmen unabhängige Einheitsgewerkschaften. Sie sind ihrerseits demokratisch verfaßt. In anderen Staaten sind die Gewerkschaften häufig parteipolitisch gebunden und in Betriebs- oder Branchengewerkschaften zersplittert.

In einer Gewerkschaft darf es keine Interessenkollisionen zwischen den Mitgliedern geben. Deshalb gehört die Gegnerschaftsfreiheit zu den Merkmalen einer Gewerkschaft. Andere Merkmale sind die Unabhängigkeit von der Arbeitgeberseite und die Kampfbereitschaft.

Arbeitskämpfe sind eine besondere Form der Interessenwahrnehmung. Die durch das Grundrecht der Koalitionsfreiheit (Art. 9 III GG) garantierte Tarifautonomie verpflichtet den Staat, in einem Arbeitskampf neutral zu sein. Arbeitskämpfe müssen formal so reguliert werden, daß die Gesprächsbereitschaft erhalten bleibt und die Schädigung Dritter minimiert wird.

Ein Arbeitskampf wird von der Arbeitnehmerseite durch Streik, d. h. durch kollektive Arbeitsverweigerung, vollzogen, von der Arbeitgeberseite durch Aussperrung, d. h. durch kollektiven Ausschluß vom Arbeitsplatz. In Deutschland sind Arbeitskämpfe gesetzlich erlaubt und so reguliert, daß die Verhältnismäßigkeit der eingesetzten Kampfmittel und eine möglichst geringe Schädigung des Gemeinwohls sichergestellt werden sollen.

Voraussetzung eines Streiks ist die Urabstimmung, in der eine qualifizierte Mehrheit der Arbeitenden sich für den Streik aussprechen muß. Wilde Streiks sind verboten. Aussperrung ist nur als Reaktion, als Abwehraussperrung, erlaubt. Dabei muß die Abwehr dem Gebot der Verhältnismäßigkeit entsprechen. Angriffsaussperrungen sind verboten.

Flächenaussperrungen sind genauso umstritten wie Schwerpunktstreiks. In beiden Fällen steht jeweils die Verhältnismäßigkeit der Kampfmaßnahmen zur Beurteilung an. Entsprechend muß in der Praxis der Arbeitsgerichtssprechung eine Typologie von Kampfsituationen entwickelt werden.

Die Verbände von Arbeitgebern und Arbeitnehmern suchen auch die Gestaltung der sozialen Rahmenbedingungen politisch zu beeinflussen. Individuelle und kollektive Arbeitnehmerschutzrechte sind seit dem 19. Jahrhundert als Alternative zur Vergesellschaftung der Produktionsmittel formuliert worden. Die Vergesellschaftung hat sich in den Staaten mit Zentralverwaltungswirtschaft als ineffektiv erwiesen. Innovation, Partizipation und Demokratisierung wurden gerade behindert.

2. Eigentum

Die Eigentumsordnung ist eine gesellschaftliche Grundaufgabe. Eigentum meint das Recht einer Person, bestimmte Güter oder Leistungen nützen oder über sie verfügen zu können. Eigentum kann durch Kauf, Erbschaft, Schenkung oder durch Inbesitznahme eines freien Guts erworben werden. Immer ist soziale Anerkennung erforderlich. Das Eigentum wird vom Staat garantiert. Es setzt, soll es nicht allein auf Machtausübung beruhen, die wechselseitige Anerkennung zwischen Personen voraus, Verfügung und Nutzung bestimmter Güter einer Person zuzubilligen, wobei Umfang und Dauer genauer bestimmt werden können. Eigentum schützt, indem auch diejenigen, die physisch nicht oder noch nicht oder nicht mehr zur Verteidigung ihrer Lebenssphäre fähig sind, durch die soziale Übereinkunft und das staatliche Eintreten in ihren Verfügungsrechten gehalten werden (Kinder, Kranke, Alte).

Durch die Industrialisierung ist die wirtschaftliche und gesellschaftliche Bedeutung des Grundeigentums gesunken und die des Produktiveigentums gestiegen. Insgesamt ist der Eigentumsbegriff hinsichtlich der verschiedenen Eigentumsrechte breit aufgefächert. Neben das Eigentum an Grund und Boden und an beweglicher Habe tritt das Eigentum an Produktivmitteln, an Unternehmen, an Kapitalien, an Patenten, an geistigen Produkten usw. Beispielsweise auch die Anwartschaft auf bestimmte Zahlungen in der staatlichen Rentenversicherung gehört zum Bereich des Eigentums.

Der aus dem römischen Recht stammende Grundsatz, Eigentum sei das ius utendi, fruendi et abutendi, wird unter gegenwärtigen Rechtsverhältnissen eingeschränkt. So unterliegt das ius abutendi vielfachen Begrenzungen (beispielsweise Tierschutz). So sind Besitztitel und Verfügungstitel markant auseinandergetreten; dies wird in Aktiengesellschaften am Nebeneinander von Aktionärsversammlungen und Vorstand deutlich.

In der liberalen Rechts- und Wirtschaftsauffassung wird das Privateigentum als Basis für die Freiheit der Personen und als Zentralpunkt der Gesellschaftsordnung aufgefaßt. Demgegenüber wird im Marxismus im Privateigentum der Produktionsmittel der Grund der Verknechtung und Ausbeutung der Lohnabhängigen gesehen. Kennzeichnend für beide Positionen ist eine Flächigkeit des Eigentumsbegriffs. Beim Eigentumsbegriff läßt sich besonders gut die sozialethische Strukturfrage, welche Eigentumsrechte mit welchen Auflagen garantiert werden sollen, von der individualethischen Gebrauchsfrage unterscheiden, wie die einzelnen Personen ihr jeweiliges Eigentum verwenden sollen.

Die Eigentumsordnung der Bundesrepublik Deutschland, wie sie auf der Basis von Art. 14 GG entwickelt worden ist, enthält Motive und Elemente sehr unterschiedlicher Eigentumstheorien. Der Eigentumsbegriff, der die Rechte auf Besitz, Gebrauch und Verwendung von Sachgütern regelt, ist eng mit der Grundsatzfrage verflochten, welche Rechte der Staat respektive die Gesellschaft gegenüber den Einzelpersonen hat. Sind Eingriffe das Staates in die Eigentumsrechte der Privatpersonen durch Steuer- und Erbschaftsgesetze erlaubt? Hat der Staat für die Personen und ihre Rechte primär eine Garantie- und Schutzfunktion oder kann er die Eigentums- und sonstigen Rechtstitel für Belange des Gemeinwohls einschränken und regulieren? Die Begründung und theoretische Formulierung des Eigentumsbegriffs hat weitreichende Folgen für die Fragen gesellschaftlicher Gerechtigkeit und der Zuordnung von individuellem und überindividuellem Wohl.

a. Ergreifung

In der antiken und christlich-scholastischen Naturrechtslehre (vgl. Cicero und Thomas von Aquin) wird dem Gemeinbesitz Vorrang vor dem Privatbesitz eingeräumt. Die geschichtsspekulative Auffassung nimmt ihren Ausgang von einem Idealzustand, wo Gott bzw. die Natur allen Menschen alle Güter in gleicher Weise zur Verfügung gestellt hat. Das Paradies bzw. das Goldene Zeitalter werden ohne Privatbesitz geschildert. Die Menschen hätten alle Güter gemeinschaftlich in Eintracht und Liebe genutzt. Doch die Schlechtigkeit der Menschen, so die geschichtsspekulative Auffassung, führte zur Teilung der Güter und zum Privateigentum. In Gestalt der klösterlichen communio positiva wurde die Erinnerung an den Idealzustand wachgehalten.

Zeitlich und rechtlich wurde das Gemeineigentum dem Privateigentum vorgeordnet. Das Privateigentum wurde als defizitäres Rechtsinstitut betrachtet, als Notbehelf angesichts der sittlichen Verwilderung der Menschen. Der exklusive Besitz bestimmter Güter zu Gebrauch und Nutzung wurde durch die Vorstellung eines gesellschaftlichen Konsenses im Sinne eines Eigentümervertrags begründet.

Der Übergang vom Gemeineigentum in den Privatbesitz wurde so legitimiert, daß derjenige, der zeitlich als erster in den Besitz eines bestimmten Guts gelangt war (prima occupatio), als rechtmäßiger Eigentümer respektiert werden sollte. Im Sinne eines Gesellschaftsvertrags übernahm jeder einzelne also die Selbstverpflichtung, den Gebrauch fremder Güter zu unterlassen. Dieser Rechtstitel auf exklusiven Besitz eines bestimmten Guts, der durch das zeitlich erste körperliche Ergreifen des Guts ausgewiesen war, war Teil des veränderbaren Rechts der Völker (ius gentium) und nicht Teil des unwandelbaren Naturrechts (ius naturale).

Der Vorrang des Gemeineigentums äußerte sich in einer strikten Sozialpflichtigkeit des Privateigentums. Die Sachgüter galten als vorgegeben und nicht vermehrbar. Bei allgemeiner Not und individuellem Hunger war die Eigentumsgarantie aufgehoben und der Zugriff auf überflüssiges Eigentum anderer (beispielsweise Mundraub) gestattet. Da die Gesamtmenge der vorgegebenen Sachgüter endlich und unvermehrbar sei, korreliere dem Überfluß notwendig der Mangel. Angesichts der ursprünglich gleichen Rechtsansprüche aller Menschen auf die Sachgüter hätten die weniger Begüterten ein Anrecht auf den Anteil, der ihnen von den Reichen vorenthalten werde. Die Armen konnten deshalb in Zeiten der Not einen Anspruch auf Unterstützung durch die Reichen geltend machen.

Der Staat bzw. der Herrscher, der für die Wohlfahrt aller verantwortlich war, hatte über die Notzeiten hinaus ein gewichtiges Eingriffsrecht in die Eigentumstitel der Privatpersonen. Für das bonum commune konnte er eine weitgehende Umverteilung der Güter festsetzen. Diese Umverteilung wurde aus der Eigentumsbegründungsvereinbarung über die Individualisierung der Gebrauchsrechte abgeleitet. Dieser Vereinbarung zur Aufteilung der Güter habe jeder nur unter der Bedingung zugestimmt, daß die privaten Gebrauchsrechte dem Gemeinwohl zugute kämen.

Die Verzahnung der beiden Theoriefiguren Staatsgründungsvertrag und Güterteilungsvertrag macht eine besondere Schwierigkeit des positiven Eigentumsbegriffs aus. Seit der Aufklärung sind Bürgerrecht und Eigentumsrecht differenziert worden. Institutionelle

Herrschaftsverhältnisse werden nicht mehr aus dem Eigentumsbegriff begründet.

b. Erarbeitung

Gegen die Theorie des Ergreifungseigentums stellte John Locke in seiner Schrift "Two Treatises of Government" die Theorie des Erarbeitungseigentums. Im 5. Kapitel seines "Second Treatise" erklärte Locke das privat-exklusive Besitzrecht von Sachgütern dadurch, daß durch Arbeit und Leistung den natürlichen Dingen die personale Substanz des Individuums infundiert worden sei. Der Eigentumstitel resultiert also aus der Arbeitsleistung der Person und ihrer Bearbeitung des Dinges.

Diese Eigentumsbegründung aus der Erarbeitung nimmt ihren Ausgang vom Individuum, das um des eigenen Überlebens willen die natürlichen Rohstoffe bearbeiten muß. Die Rohstoffe sind faktisch da, aber kein rechtlicher Gemeinbesitz. Deshalb kann es auch in Notzeiten keinen Rekurs auf ein vorrangiges Gemeineigentum geben. Die Eigentumsbegründung geschieht durch Bearbeitung der natürlichen Rohstoffe, die durch den Arbeitsprozeß so gestaltet und angeeignet werden, daß der ohne Einwilligung erfolgende Gebrauch durch Fremde wie ein Angriff auf die Person selbst gelten und entsprechend abgewehrt werden muß. Durch die Bearbeitung werden die natürlichen Rohstoffe wertvoll und personengebunden.

Für diese durch Arbeit erfolgende Erwerbung privater Besitzrechte bedarf es nicht mehr des sozialen Konsenses, nicht mehr der Zustimmung Dritter. Die Erarbeitung als Modus ist zugleich Erwerbung des Titulus. Vorausgesetzt ist ein Überfluß an natürlichen Rohstoffen. Durch die Bearbeitung erfolgt keine Verletzung von ursprünglichen Anteilsrechten Dritter am Gemeineigentum. Durch die Bearbeitung wird die Zahl der Güter erheblich vermehrt. Da die Sachgüter in ihrem Wert erst durch die produktive Bearbeitung entstehen, können Dritte auch kein Zugriffs- oder Mitbestimmungsrecht für sich reklamieren, da sie ja nicht bereits vorher Miteigentümer waren. Eine wechselseitige Zustimmung zur Individualisierung der Besitzrechte an den Sachgütern ist nicht erforderlich, vielmehr unsinnig; deshalb gibt es auch kein Nothilferecht für Arme in Notzeiten.

Wegen der produktiven Funktion der Arbeit wird nun der ehemals geschmähte Erwerbstrieb bejaht und zur sittlichen Pflicht erhoben. Denn die Ausweitung des individuellen Eigentums führt durch die produktive Funktion der Arbeit zugleich eine Vergrößerung der Gesamtgütermenge herbei, die letztlich allen Personen zugute kommt. Durch die Arbeit werden nicht andere in ihren gerechten Anteilen an den Sachgütern geschmälert, vielmehr der Besitz der Gesamtheit vermehrt. Das Privateigentum hat letztlich keine sozialen Verpflichtungen. Eigentumsübertragungen können allein auf freiwilliger Basis gleichsam als Werke der Barmherzigkeit aufgefaßt werden. Für das Privateigentum gilt Privatnützigkeit: Wer arbeitet, soll auch nutzen.

Die Eingriffsbefugnisse des Staates zugunsten des Gemeinwohls werden radikal begrenzt. Das rein individuell erarbeitete Privateigentum muß staatlich respektiert werden, Umverteilungen sind verboten. Das Privateigentum ist kein positives, durch sozialen Konsens entstandenes Recht, das vertraglich aufgehoben werden könnte, sondern es ist selbst ein durch kein staatliches Gesetz aufhebbares Recht der Natur bzw. Gottes. Reichtum ergibt sich nicht mehr aus einer ungleichen Verteilung des vorhandenen und unvermehrbaren Gemeineigentums, sondern durch Fleiß und Mehrarbeit, Armut entsprechend aus Nichtarbeit und Faulheit. Soziale Verpflichtungen in einem rechtlichen Sinne bestehen nicht, sie können allein auf Freiwilligkeitsbasis mit Zustimmung der Personen erfolgen. Das Privateigentum wird in dieser aufklärerischen Erarbeitungstheorie zu einer absoluten Größe.

Lockes Erarbeitungstheorie des Eigentums behauptet eine individuelle vorsoziale direkte Rechtsbeziehung zwischen einer Person und einer Sache. Diese Rechtsbeziehung entstehe aus der Formung von Material durch Personen. Diese Rechtsbeziehung sei dann auch im sozialen Kontext von den anderen Personen verpflichtend zu beachten. Sie ergebe sich aus der Naturordnung und sei durch positives Recht nicht zu verändern.

Demgegenüber muß kritisch geltend gemacht werden, daß die rechtliche Verpflichtung, bestimmte Eigentumsansprüche anderer

Personen zu achten, immer interpersonalen Charakter haben. Durch die Behauptung von Eigentumsrechten wird ja nicht nur positiv eine besondere Beziehung zwischen einer Person und einer Sache ausgedrückt, sondern werden limitativ andere Personen an Gebrauch und Verwendung der beanspruchten Sache gehindert. Es wird somit mit Eigentumsansprüchen die Freiheitssphäre anderer eingegrenzt. Die Souveränität und das Verfügungsrecht gehen also nicht allein auf die Sache selbst, sondern auch auf andere Personen.

Alle Rechtsansprüche sind interpersonal. Die Beanspruchung eines Eigentumstitels an Dingen, die von niemandem andern beansprucht werden können (vgl. den Schiffbrüchigen auf einer einsamen Insel), ist leer. Der Eigentumstitel fügt dem faktischen Gebrauch nichts hinzu. Eigentum bedeutet immer die Abgrenzung von Freiheitssphären, die Aufteilung der in einer Gesellschaft verfügbaren Sachen und Leistungen auf die Gesellschaftsmitglieder, durch Einwilligung aller. Eigentum kann als Rechtstitel über den physischen Besitz und die gewaltsame Verteidigung des Besitzes nur behauptet werden, wenn die Selbstverpflichtung aller anderen zur Abstinenz vom Gebrauch bestimmter Dinge allgemein anerkannt wird.

Das Eigentumsrecht ist also kein direktes Recht an Sachen, sondern ein interpersonal vermitteltes Recht des Gebrauchs und der Verfügung über Sachen. Der physische Besitz bestimmter Dinge schließt noch nicht den normierenden Anspruch ein, daß alle anderen diesen Besitz auch anerkennen und respektieren müssen. Das kann nur durch die Selbstverpflichtung aller geschehen, ist also intellektueller Art. Die Anerkennung von Eigentumsansprüchen geschieht allein durch wechselseitige Selbstverpflichtung aller Gesellschaftsmitglieder.

c. Übereinkunft

Das Eigentum ist kein vorsoziales vorgeschichtliches Rechtsinstitut, sondern durch gesellschaftlichen Konsens veränderbar und geschichtlichen Entwicklungen unterworfen. Der Eigentumsbegriff enthält sehr unterschiedliche Aspekte. Es geht um Besitz, Gebrauch, Verwendung, Verbrauch, Schenkung, Erbschaft, Pfändung und ähnliches. In einem demokratischen Rechtsstaat muß durch die entsprechend legitimierte Legislative die Eigentumsordnung konkret gestaltet werden.

Auf Widersprüche und Ungereimtheiten der Erarbeitungstheorie hat bereits Kant hingewiesen. Kant hat in seiner Schrift "Metaphysische Anfangsgründe der Rechtslehre" als Teil seiner "Metaphysik der Sitten" 1797 den interpersonalen Rechtscharakter des Eigentums gegen Locke ins Feld geführt. Doch hat Kant sich mit seiner Kritik nicht durchgesetzt. Besonders die klassische Wirtschaftswissenschaft hat für eine umfassende Verbreitung der Erarbeitungstheorie Lockes gesorgt, die dem neuzeitlichen Selbstbild vom homo faber so gut entspricht. Kants Überlegungen wurden aber erst im 20. Jahrhundert nachdrücklich gegen eine rein individualistische Eigentumsauffassung in den USA in den 1920er Jahren wieder aufgegriffen, um einer staatlichen Sozial- und Wirtschaftspolitik überhaupt den rechtlichen Gestaltungsraum zu verschaffen.

Die Sozialpflichtigkeit des Eigentums ist von der Struktur des Eigentumsbegriffs her keine karitativ-freiwillige Verzichtleistung der Besitzenden, sondern wesentliches Element des Eigentumsbegriffs. Eigentum ist immer an den sozialen Konsens gebunden. Wenn in einem entwickelten Gesellschaftszustand keine herrenlosen Sachen mehr verfügbar sind, sondern die meisten Sachen durch individuelle Besitztitel blockiert sind, so ist die Freiheitssphäre derjenigen, die über wenig oder keine Besitztitel verfügen, sehr eingeschränkt. Es müssen folglich soziale Regelungen getroffen werden, daß jedes Gesellschaftsmitglied einen angemessenen Anteil sowohl an den öffentlichen Gütern als auch an Zuteilungen einer individuellen Freiheitssphäre erhält.

Art. 14 GG muß im Sinne einer Institutsgarantie verstanden werden. Das Institut Eigentum wird garantiert, nicht aber die Ausgestaltung der Eigentumsformen und Eigentumsrechte. Damit wird der Eigentumsbegriff auf zwei Ebenen angesiedelt, einmal als allgemeine Garantieformel auf der Ebene der Menschenrechte und dann als konkrete Rechtsgestalt, die im Wirtschafts-, Sozial- und Arbeitsrecht ausgestaltet werden muß. Der alte Gesichtspunkt, daß durch Eigentum in besonderer Weise eine Daseinssicherung und Altersvorsorge getroffen werden soll, ist angesichts der sozialstaatlichen Sicherungssysteme obsolet geworden.

In der EKD-Denkschrift "Eigentumsbildung in sozialer Verantwortung" von 1962 wird das Eigentum im Sinne von Entfaltungschancen, Mitbestimmung und Vorsorge bejaht und ein Zusammenhang zwischen freiheitsorientierter Gesellschaftsordnung und breiter Eigentumsverteilung hergestellt. Die Analyse der Nachkriegsentwicklung mit ihrer steuerlichen Bevorzugung der Investitionen führt zum Vorschlag eines Investivlohns.

Der Investivlohn als Instrument der Eigentumsbildung hat sich in größerem Ausmaß nicht durchgesetzt, obwohl einige Vorteile offenkundig sind. Der Investivlohn bringt eine breitere Streuung des Produktiveigentums; er erleichtert die Bereitstellung von Investitionskapital; er führt zu einer Senkung der Verbrauchsquote. Als sehr hemmend hat sich die Frage erwiesen, wie die Verfügungsberechtigung über dieses Investitionskapital der Abhängigbeschäftigten, wie Erwerb, Veräußerung und Betriebsbindung geregelt werden sollen.

Stattdessen wurde die Kontrolle der wirtschaftlichen Verfügungsmacht durch andere institutionelle Regelungen angestrebt, beispielsweise durch die Mitbestimmung. Die politische Bedeutung des Eigentums wurde insgesamt heruntergestuft. Unter dem Begriff der Chancengleichheit wurden Anstrengungen unternommen, die Primärverteilung der Einkommen durch eine Veränderung der Qualifikationsstruktur zu verändern. Die Bildungspolitik trat an die Stelle der Eigentumspolitik. Diese Strategie kommt allerdings dann an ihre Grenze, wenn mangels entsprechend qualifizierter Arbeitsplätze keine Umverteilung mehr stattfinden kann. Da die unterschiedlichen Vermögensstände nach wie vor großen Einfluß auf die Verteilung der Lebenschancen haben, müssen Maßnahmen einer direkten Eigentumspolitik wieder aufgenommen werden. Hier scheinen Bestrebungen, den Investivlohn in großer Breite einzuführen, sozial und wirtschaftlich vorzugswürdig zu sein.

3. Mitbestimmung

Da die Produktionsmittelbesitzer in der Regel die Bedingungen festlegen können, wie der Gewinn zwischen Lohneinkommen und Kapitaleinkommen aufgeteilt wird, müssen politische Maßnahmen ergriffen werden, um das immer schärfere Gegeneinander von Kapitalgebern und Lohnabhängigen zu begrenzen und zu überwinden.

a. Intentionen

Die Mitbestimmungsforderung wird erstens von dem Gedanken getragen, daß die Entscheidungsstrukturen und die Organisationsformen in den Wirtschaftsunternehmen mit den politischen Ordnungsprinzipien der Demokratie verträglich sein sollten. So wie in einer Demokratie alle Bürger durch bestimmte Verfahrensweisen an der politischen Willensbildung und der inhaltlichen Zielsetzung staatlicher Machtausübung teilnehmen können sollen, so sollen auch alle an einem Produktionsprozeß Beteiligten auf die Entscheidungen und Rahmensetzungen Einfluß nehmen können. Das Demokratieprinzip soll auch in der Wirtschaft zur Anwendung kommen.

Die Mitbestimmungsforderung wird zweitens begründet aus der Würde des Menschen. Die Personalität des Menschen duldet keine reine Fremdbestimmung, sondern verlangt Teilhabe an den sozialen Prozessen der Willensbildung und Entscheidung. Nach diesem Gedanken der Partizipation sollen diejenigen, die an einem Wirtschaftsprozeß teilnehmen, auch die Art und Weise mitbestimmen, wie dieser Prozeß und ihr Anteil in diesem Prozeß gestaltet werden. Die Tätigkeit in der betrieblichen Produktion wird als Persönlichkeitsäußerung verstanden, die nicht vollkommen fremdbestimmt sein darf.

Die Mitbestimmungsforderung wird drittens gespeist aus dem Bestreben, die Konzentration wirtschaftlicher Macht aus den Betrieben heraus kontrollieren zu wollen. Mit der voranschreitenden Industrialisierung ist seit dem 19. Jahrhundert auch die Konzentration wirtschaftlicher Macht in immer größeren und leistungsstärkeren

Unternehmen vorangeschritten. Die Kontrolle dieser wirtschaftlichen Macht von außen (Kartellverbote usw.) hat sich als nicht sehr wirkungsvoll erwiesen. Die betriebliche Mitbestimmung kann ein Kontrollinstrument sein, um die Wirtschaftsprozesse von innen heraus durchsichtig zu machen.

Die Mitbestimmungsforderung wird viertens getragen von dem Bestreben, die Gleichstellung von Arbeit und Kapital zu erreichen. Die durch die Industrialisierung verursachte Deklassierung der Arbeiterschaft und der daraus erwachsene Gegensatz von Arbeit und Kapital soll durch die Mitbestimmung überwunden werden.

Die Forderung nach Mitbestimmung der Arbeitnehmerschaft in Betrieb und Unternehmen zielt auf ein partnerschaftliches Verhältnis von Arbeit und Kapital. Von den Mitbestimmungsgegnern wird ordnungspolitisch eine Gefährdung von Eigentum und Tarifautonomie sowie pragmatisch eine Behinderung des Managements geltend gemacht.

Auf evangelischer Seite wurden 1950 in einer Empfehlung des Rates der EKD die politischen Bemühungen um eine Mitbestimmungsregelung als Beitrag zur Beseitigung von Lohnarbeiterverhältnissen und als Ausweg aus dem Klassenkampfantagonismus unterstützt. Der Antagonismus von Kapital und Arbeit, die Machtbegrenzung der Kapitalseite und die gesamtwirtschaftliche Gegenstellung der Arbeitnehmerseite durch die Gewerkschaften im Sinne einer Wirtschaftsdemokratie ist Gegenstand der Mitbestimmungsregelungen, wie sie seit 1951 in der Bundesrepublik Deutschland Gesetz wurden.

Umstritten ist die konkrete Ausgestaltung der Mitbestimmung in sachlicher und institutioneller Hinsicht. Die Teilhabe der Arbeitnehmerschaft an den Betriebs- und Unternehmensentscheidungen kann hinsichtlich der Einwirkungsmodi unterschiedlich geregelt werden. Bei einer Mitentscheidung wird die Gültigkeit von Beschlüssen davon abhängig, daß die Arbeitnehmerseite, die ein Veto- oder Initiativrecht hat, zustimmt. Bei der paritätischen Mitbestimmung ist die Arbeitnehmerseite gleichberechtigt im Aufsichtsrat vertreten. Bei einer Mitwirkung kann die Arbeitnehmerseite durch Mitberatung die Entscheidung beeinflussen, die Entscheidungsträger aber nicht binden.

b. Betriebliche Mitbestimmung

Die betriebliche Mitbestimmung meint die Teilnahme der Arbeitnehmerschaft an den Entscheidungen der Geschäftsleitung zu Arbeitsorganisation, Personalstruktur, Produktionszielen. Dabei stehen Verfahrensweisen der Information und Anhörung neben solchen der Entscheidungsbeteiligung. Die betriebliche Mitbestimmung ist für die Ausgestaltung des sozialen Zusammenlebens in einem Wirtschaftsunternehmen von großer Bedeutung. Dadurch soll die wechselseitige Gesprächsbereitschaft zwischen Betriebsleitung und Mitarbeiterschaft institutionell etabliert werden. Die Angelegenheiten des Betriebs werden aus der Perspektive der Arbeitnehmerschaft begleitet.

Das Betriebsverfassungsgesetz vom 11. Oktober 1952, gültig in der Fassung vom 23. Dezember 1988 mit späteren Änderungen, regelt die Interessenvertretung der abhängig beschäftigten Arbeitnehmer auf der Ebene des Betriebs. Danach haben die Arbeitnehmer Beteiligungsrechte in sozialen, personellen und wirtschaftlichen Angelegenheiten. Das klassenkämpferische Nebeneinander der Wilhelminischen und der Weimarer Zeit soll durch ein geregeltes Miteinander in den betrieblichen Angelegenheiten abgelöst werden. In Betrieben mit mindestens fünf ständigen wahlberechtigten Arbeitnehmern muß in der Regel ein Betriebsrat als Vertretungsorgan der Belegschaft gebildet werden. Arbeiter und Angestellte wählen ihre Vertreter anteilig zur Belegschaft in geheimer und unmittelbarer Wahl in der Regel getrennt.

Arbeitgeber und Betriebsrat sollen in vertrauensvoller Zusammenarbeit unter Beachtung geltender Tarifverträge das Wohl der Arbeitnehmer und des Betriebs fördern. Der Arbeitgeber muß den Betriebsrat umfassend und rechtzeitig über alles unterrichten, was die gesetzlich festgelegten Aufgabenbereiche des Betriebsrats betrifft. Neben diesem Recht auf Unterrichtung hat der Betriebsrat besondere Beteiligungsrechte in sozialen, personellen und wirtschaftlichen Angelegenheiten sowie bei der Mitbestimmung. Insgesamt sind die wirtschaftlichen Mitbestimmungsrechte des Betriebsrats deutlich geringer dimensioniert als die personellen und sozialen. Von Grundsatzentscheidungen der Betriebsleitung bleibt der Betriebsrat ausgeschlossen.

Durch die betriebliche Mitbestimmung wird das dauernde Gespräch zwischen Geschäftsleitung und Arbeitnehmerschaft geradezu erzwungen. Dadurch besteht ein Druck zum Kompromiß. Kontroversen müssen am Verhandlungstisch ausgetragen und gelöst werden. Die unterschiedliche Interessenlage muß im Gespräch verhandelt werden. Dadurch kann Vertrauen und Respekt entstehen.

Ausgehend vom Gedanken der Dienstgemeinschaft haben die Kirchen die Mitbestimmungsrechte der Mitarbeiter in eigenen Mitarbeitervertretungsordnungen geregelt. Für diesen Bereich gilt ein eigenes Mitbestimmungsrecht der Kirchen, das durch den Staat garantiert wird und den Kirchen erlaubt, die Mitwirkungsrechte der Mitarbeiter an den Prinzipien kirchlicher Gemeinschaft auszurichten. So ist die konfessionelle Bindung der Mitarbeiterschaft zulässig.

c. Unternehmensbezogene Mitbestimmung

Am 21. Mai 1951 wurde für die Aktiengesellschaften der Montanindustrie, die ja eine besondere Machtstellung auch für den Rüstungssektor hatten, eine paritätische Mitbestimmungsregelung beschlossen. Im Aufsichtsrat, der die Geschäftsführung überwachen sowie Jahresabschluß und Lagebericht prüfen soll, der aber gegenüber dem Vorstand keine Weisungsbefugnis hat, sind beide Seiten (Arbeit und Kapital) paritätisch vertreten, dazu ein neutrales Mitglied. In den Vorstand, der gegenüber dem Aufsichtsrat eine Berichtspflicht hat, entsendet die Arbeitnehmerseite einen Arbeitsdirektor.

Diese Mitbestimmungsregelung der Montanindustrie war für die Arbeitnehmerseite das Vorbild für die gesamte Wirtschaft, doch wurde die volle Paritätsregelung nie wieder erreicht. Im Betriebsverfassungsgesetz von 1952 wurde der Arbeitnehmerseite ein Drittel der Stimmen im Aufsichtsrat von Aktiengesellschaften mit mehr als 500 Arbeitnehmern zugebilligt. Diese Arbeitnehmervertreter, zu denen keine leitenden Angestellten gehören dürfen, werden von den Betriebsangehörigen unmittelbar und geheim gewählt.

Da in den 1960er Jahren in der Bundesrepublik Deutschland eine breite Beteiligung aller Gesellschaftsmitglieder am Produktivvermögen im Sinne eines Volkskapitalismus nicht erreicht worden ist, wurde in den 1970er Jahren erneut die Mitbestimmungsfrage sehr akut. Hier wurde versucht, die Machtfrage durch Verschiebung der Verfügungsrechte zu verändern und zu einer Machtbalance zwischen der Kapitalgeberseite und der Arbeitskraftgeberseite zu kommen.

Die EKD-Studie "Sozialethische Erwägungen zur Mitbestimmung in der Wirtschaft der Bundesrepublik Deutschland" von 1968 setzte sich für eine sozialrechtliche Partnerschaft von Kapital und Arbeit ein. Die Mitbestimmungsfrage lasse sich nicht aus traditionellen Normen entscheiden, sondern dränge zu einer Explikation des christlichen Menschenverständnisses. In der Studie wird die Paritätsfrage nicht einheitlich beantwortet (vgl. Nr. 28).

Der langwährende politische Kampf der Gewerkschaften um die unternehmensbezogene Mitbestimmung brachte nur einen Teilerfolg. Das Mitbestimmungsgesetz vom 4. Mai 1976 gilt für Unternehmen mit mehr als 2000 Arbeitnehmern. Der Aufsichtsrat ist paritätisch besetzt, doch hat der von den Anteilseignern gestellte Vorsitzende bei Stimmengleichheit eine zweite Stimme. Die leitenden Angestellten sind im Aufsichtsrat besonders vertreten. Dadurch hat die Arbeitnehmerseite weder volle Parität noch einheitliche Interessen. Ein Arbeitsdirektor wird in den Vorstand entsendet.

Gegen das Mitbestimmungsgesetz haben die Arbeitgeberverbände am 28. Juni 1977 Verfassungsbeschwerde mit der Begründung eingelegt, hier werde die Unternehmerinitiative eingeschränkt, die Eigentumsgarantie des Grundgesetzes verletzt und gegen die Tarifautonomie verstoßen. Diese Einwände hat das Bundesverfassungsgericht am 1. März 1979 zurückgewiesen. Durch die erweiterte Mitbestimmung werde das Recht der Aktiengesellschaften, der Anteilseigner und der Arbeitgeber nicht beschädigt, weil das Mitbestimmungsgesetz eine Unterparität der Arbeitnehmerseite vorsehe. Dem Gericht geht es um die Funktionstüchtigkeit der Unternehmen. Gerade angesichts der Trennung von Leitung und Eigentum sei eine soziale Legitimierung der Unternehmen gegenüber den Beschäftigten nötig.

Mit der Feststellung, das Grundgesetz lege keine bestimmte Wirtschaftsordnung fest, bestätigte das Verfassungsgericht den großen ordnungspolitischen Handlungsspielraum des Gesetzgebers. Eine Entwicklung der Mitbestimmung über die Parität hinaus zu einem Entscheidungsvorrang der Arbeitnehmerseite verbot das Gericht.

Bei künftigen Reformen der Unternehmensverfassung sollten Wege gefunden werden, zu einer echten paritätischen Partnerschaft von Arbeit und Kapital zu kommen. Dabei könnte die paritätische Mitbestimmung der Montanindustrie verallgemeinert und dahin präzisiert werden, daß die neutrale Stimme im Aufsichtsrat insbesondere die öffentlichen Belange zur Geltung bringt. Unternehmensinteressen können mit allgemeinen gesellschaftlichen Erfordernissen kollidieren (beispielsweise in der Rüstungsindustrie). Bei solchen Konflikten ist von großer Bedeutung, daß auch die übergeordneten öffentlichen Interessen zur Sprache kommen. Die betriebliche und unternehmensbezogene Mitbestimmung darf allerdings nicht dazu führen, daß die Trennungslinie zwischen Wirtschaft und Politik unscharf wird. Gesamtgesellschaftliche Grundsatzentscheidungen müssen politisch getroffen werden und nicht innerbetrieblich.

B. Marktordnung und Wettbewerb

Der Markt ist ein Ort des Wettbewerbs, der Konkurrenz. Es gibt die Konkurrenz zwischen den Anbietern und den Nachfragern um die Höhe der Tauschrate. Es gibt die Konkurrenz zwischen den Anbietern und die zwischen den Nachfragern, jeweils um die gegenseitigen Geschäftspartner. Intendiert ist der für die Vertragsparteien vorteilhafte Tausch.

Damit die Tauschbeziehung zwischen Anbietern und Nachfragern gedeihlich zustande kommt, müssen bestimmte sittliche Verhaltensmuster unterstellt und eingehalten werden. Schwankende und unklare Erwartungshaltungen müssen deutlich strukturiert werden, um eine gedeihliche Kooperation zu erreichen. Beide Seiten dürfen nicht betrügen. Die Geschäfte können langfristig und optimal nur gedeihen, wenn Treu und Glaube gewahrt werden. Keiner darf versuchen, durch Gewalt oder Erpressung die andere Seite zu einer nachteiligen und ungewollten Güterübertragung zu zwingen. Die Befolgung von Klugheitsregeln, die das Gewinnstreben freiwillig begrenzen und Schwächen der Gegenseite nicht kurzfristig ausnutzen, kann dem Eigeninteresse durchaus förderlich sein, wenn dadurch die Verläßlichkeit der Marktteilnehmer unter Beweis gestellt und die Langfristigkeit der Tauschbeziehung gesichert wird.

Die Tauschbeziehung selbst ist eine freie Vertragsbeziehung. Hier gelten nicht moralische Appelle oder Gefühlsbekundungen der Sympathie oder Antipathie, sondern Nutzenerwägungen, Bedürfnislagen und Lebensüberzeugungen. Die Motivation hat zwar Einfluß auf die Festlegung der Tauschrate, doch wird die sittliche Qualität der Motivation gleichsam anonymisiert.

Der Wettbewerbsmarkt scheint von moralischen Ansprüchen und Verhaltensweisen unabhängig zu sein und gleichsam automatisch Wohlstand und Gerechtigkeit heraufzuführen. Damit könnte der Streit um die richtige Moral und die bessere Gerechtigkeit verabschiedet werden. Das Gesamtwohl stellte sich dann gleichsam auch gegen das Eigennutzstreben der Wirtschaftsakteure ein. Eigensucht würde unter der Hand in Wohltätigkeit verwandelt. Das wäre das moralische Ei des Kolumbus. Doch zeigt der Markt strukturell Entwicklungstendenzen zur Selbstauflösung. Deshalb bedarf eine von Marktstrukturen bestimmte Wirtschaft nicht nur einer sozialen Rahmung, sondern auch der Herstellung und Erhaltung der Wettbewerbsstrukturen. Der Wettbewerb als gleichsam amoralisches Machtbegrenzungs- bzw. Entmachtungsinstrument muß politisch gewollt und gepflegt werden.

1. Perspektiven

Der vom Markt geforderte Wettbewerb ist ein maßgebliches Stimulans für die Effizienz der Wirtschaft. Dieser Wettbewerb wird durch das Eigeninteresse der Wirtschaftsakteure angetrieben, sich im Markt behaupten zu müssen. Der Wettbewerb hat für die einzelnen Marktteilnehmer und die Gesamtwirtschaft sehr unterschiedliche Wirkungen.

a. Marktteilnehmer

In der Perspektive der einzelnen Marktteilnehmer auf der Anbieterseite läßt der marktwirtschaftliche Wettbewerb das Motiv des Lebenskampfs anklingen. Der Wettbewerbsmarkt stellt dadurch, daß der Tausch beiden Partnern Vorteil bringen muß, individuelles Leistungsvermögen und Leistungsbereitschaft ins Zentrum. Daraus ergeben sich Anreize für Produktqualität und Arbeitseinkommen. Gleichsam als Kehrseite der Leistungsprämierung durch höheren Gewinn muß auch die Verantwortlichkeit eindeutig sein: Die Marktteilnehmer müssen für die Folgen ihrer Entscheidungen selbst aufkommen. Im Wettbewerb sind diejenigen, die dauerhaft Verlust machen, weil die zu Gebote stehenden Wirtschaftsfaktoren nicht optimal eingesetzt werden, zum Scheitern verurteilt. Das Ausscheiden aus dem Markt ist zumeist mit starken Einbußen an individuellem Wohlstand und mit Einschränkungen der Lebensgestaltung verbunden.

Auf der Nachfragerseite bringt der Wettbewerbsmarkt für die einzelnen Marktteilnehmer eine Stärkung ihrer Stellung und eine bessere Berücksichtigung ihrer Bedürfnislagen. Da Wettbewerb und Knappheit auch für sie gelten, müssen sie Entscheidungen hinsichtlich der von ihnen gewollten Güter und Dienstleistungen treffen. Diese Entscheidungen können sehr unterschiedlich motiviert sein.

b. Gesamtwirtschaft

In der Perspektive der Gesamtwirtschaft bringt der Markt wichtige Informationen und Steuerungsimpulse. Dadurch daß die Marktbeteiligung kein gesichertes Dauerrecht ist, sondern von der Bewährung im Wettbewerb abhängt, wird gesamtwirtschaftlich gesichert, daß knappe Mittel umsichtig eingesetzt werden. Durch die Bilanzierung von Gewinn und Verlust läßt sich gerade im Wettbewerb feststellen, welche Anbieter die effektiveren Verfahrensweisen zur Produktion bestimmter Güter angewendet und die Bedürfnisse der Nachfrager besser erkannt haben. Dadurch wird die bestmögliche Allokation der Produktionsmittel und die größtmögliche Ergiebigkeit der Wirtschaftstätigkeit erreicht. Diese optimale Koordination befördert das Gesamtwohl.

Die Vorzüge des auf dezentrale Tauschbeziehungen ausgerichteten Wettbewerbsmarkts liegen zum einen in seiner hohen Steuerungseffizienz. ProduktionsentscheidungenundKonsumtionsentscheidungen werden durch die anonymen Signale von Preis und Einkommen so koordiniert, daß Nachfragepräferenzen ersichtlich werden und Produktionsentscheidungen an den Nachfrageerwartungen ausgerichtet werden. Produzenten, die nicht auf die Nachfragesignale hören, werden mit Einkommensverlusten bestraft, im umgekehrten Fall mit Einkommensgewinnen belohnt.

Der Wettbewerbsmarkt schafft zudem Anreize zu neuen Produkten und kostengünstigeren Verfahrensweisen. Da die Gewinne bei zunächst konkurrenzlosen neuen Produkten deutlich höher ausfallen als Gewinne bei Wettbewerbsprodukten, stärkt die Aussicht auf Innovationsgewinne die Risikobereitschaft und die Forschungsbemühungen. Die Innovation wird dann mittels der Imitation in den Schematismus des Wettbewerbs hineingeholt.

Der Wettbewerbsmarkt wirkt zum dritten egalisierend und machtbegrenzend. Die Dynamik des Wettbewerbs ist davon abhängig, daß möglichst viele Unternehmer kreativ am Marktgeschehen teilnehmen. Der funktionsfähige Markt hat egalitäre Wirkungen, insofern Innovationsvorsprünge durch die Vielzahl der Anbieter immer wieder eingeholt und somit wirtschaftliche Machtpositionen eingeebnet werden. Der Wettbewerbsmarkt ist solange funktionstüchtig, als prinzipiell jeder Produzent sowohl bahnbrechend als auch nachahmend tätig sein kann.

Wettbewerb begrenzt wirtschaftliche Macht. Dieser Satz gilt allerdings nur für einen homogenen Gütermarkt, bei dem sich viele Anbieter und viele Käufer gegenüberstehen, die nur auf diesem Markt agieren. Ein solcher vollkommener Wettbewerbsmarkt ist höchst selten anzutreffen. Um eine wirksame Begrenzung wirtschaftlicher Macht zu erreichen, ist es in der Regel sinnvoll, die Bedingungen für einen Wettbewerbsmarkt zu schaffen oder zu erhalten. Auf einem vollkommenen Wettbewerbsmarkt kann nämlich kein Anbieter und kein Käufer seine Tauschbedingungen durchsetzen. Machtausübung bedeutet ja immer, anderen die eigenen Entscheidungen und Zielsetzungen auch gegen deren Willen aufzwingen zu können. Daß ein funktionierender Wettbewerb zum Abbau von wirtschaftlichen Machtpositionen führen kann, zeigt das Schrumpfen von Pionier- oder Innovationsgewinnen, wenn andere Wirtschaftsunternehmen ähnliche Produkte auf den Markt bringen. Großunternehmen operieren in der Regel aber nicht nur auf einem Markt, sondern auf mehreren oder vielen Märkten. Dadurch ist es ihnen möglich, Vorteile beim Zugang zu Kapitalmärkten, bei Behördenkontakten und Forschungskapazitäten sowie bei der Informationsbeschaffung auch auf Wettbewerbsmärkten zu ihren Gunsten zu nutzen.

Da für die Funktionsfähigkeit des Marktes die Eindeutigkeit der Marktbeziehung wesentlich ist, muß auch die Entscheidungsbefugnis und das Verfügungsrecht eindeutig sein. Nicht der Rechtstitel von privatem Eigentum ist für die Funktionstüchtigkeit des Marktes entscheidend, sondern die Eindeutigkeit des Verfügungsrechts und die positive und negative Zurechnung der Entscheidungen.

2. Wettbewerbsformen

Der Wettbewerb ist von den Strukturen des Marktes abhängig. Sowohl das Verhalten zwischen Anbietern und Nachfragern als auch das Verhalten zwischen den Anbietern bzw. zwischen den Nachfragern wird durch die Verfaßtheit des Marktes bestimmt. Dadurch kommt es zu unterschiedlichen Wettbewerbsformen. Für das faktische Marktgeschehen sind nicht nur Preis- und Mengenänderungen wichtig, sondern auch die Ausstattungen und Zustände der Marktteilnehmer.

a. Vollständiger Wettbewerb

Bei vollständigem Wettbewerb konkurrieren viele Anbieter und viele Nachfrager um Geschäftspartner. Den Wettbewerb gewinnt derjenige, der möglichst attraktive Geschäftsbedingungen dem potentiellen

Geschäftspartner anbieten kann. Faktoren für die Entscheidung zugunsten eines Anbieters sind neben dem Preis die Qualität, der Service, das Sortiment, die Werbung und die Lieferbedingungen. Bei einem vollständigen Wettbewerbsmarkt ist für die einzelnen Anbieter der Marktpreis gegeben und allein die Absatzmenge variabel.

Idealtypisch ist der Markt ein beidseitiges Polypol, d. h. viele Nachfrager stehen vielen Anbietern gegenüber und die gehandelten Güter sind einheitlich. Dadurch kann keiner der Seiten den Markt und die Preisbildung im voraus beeinflussen. Das Geld ist neutral, d. h. weder inflations- noch deflationsanfällig. Die Koordination vollzieht sich zwischen Nachfragern und Anbietern und zwischen den Beteiligten auf beiden Seiten so, daß durch die Marktpreise angezeigt wird, welche Güter besonders gefragt sind. Da hohe Preise wegen der dadurch signalisierten hohen Nachfrage auch hohen Gewinn versprechen, wird der auf Gewinnsteigerung bedachte Unternehmer sich bemühen, gerade solche Produkte herzustellen. Steigt nun das Angebot, so werden der Knappheitsgrad und damit auch die Preise und die Gewinnchancen gemindert; das führt zwangsläufig zu einer Rückführung der Produktion. Wird dann zu wenig produziert, dann erhöht sich wiederum der Knappheitsgrad, dann steigen die Preise und die Gewinnchancen. Das Spiel beginnt von vorne. Flexible Marktpreise sind also ein wirksamer Steuerungsmechanismus für wirtschaftliches Verhalten.

Da das Unternehmen mit der besseren Effizienz des Wirtschaftens, mit der besseren Ressourcenallokation einen Kostenvorteil hat, führt diese Form der freien Preisbildung auch zu einem rationellen Umgang mit den Ressourcen. Bei vollkommener Konkurrenz unter den verschiedenen Anbietern wird durch den Wettbewerbsdruck verhindert, daß der Gewinn in beliebige Höhen schnellen kann. Vielmehr nähert sich die Gewinnchance den Grenzkosten. Das Gewinnstreben der Anbieter wird also durch den Wettbewerb gezügelt. Sie wollen zwar nur ihren eigenen Nutzen befördern, doch durch den Wettbewerb sorgen sie für eine optimale Güterversorgung zu günstigen Verbraucherpreisen, weil die Verbraucher, so die Annahme für ein rationales Verbraucherverhalten, die besseren und billigeren Güter bevorzugen. Durch den Wettbewerb sowohl auf der Erzeuger-

wie auf der Verbraucherseite wird die Macht der Marktteilnehmer begrenzt. Durch die Vielfalt von Anbietern und Nachfragern kann keiner das Marktgeschehen beherrschen und zu seinen Gunsten steuern.

Der im Programm der Marktwirtschaft angenommene Normalfall des Polypols auf der Angebotsseite und des Polypsons auf der Nachfrageseite, daß viele Anbieter vielen Nachfragern eines homogenes Gutes gegenüberstehen, ist in der Realität eher selten. Der Devisenmarkt ist einer der wenigen Märkte mit vollkommener Konkurrenz, da hier eine vollkommene Homogenität des Tauschprodukts und eine große Anzahl von Marktteilnehmern gegeben sind. Entsprechend dem Marktmechanismus bekommt es deshalb bei flexiblen Wechselkursen immer wieder zu Änderungen. Zwischen Regierungen und Zentralbanken können feste Wechselkurse vereinbart werden, die dann gegen bestimmte Markttendenzen verteidigt werden müssen. Statt fester Wechselkurse können auch stufenflexible Wechselkurse im Sinne bestimmter Kurskorridore verabredet werden. Dies geschah erstmals 1944 im System von Bretton Woods, das 1973 zusammenbrach, und dann erneut im Europäischen Währungssystem. Während beim freien Floating die Zentralbanken überhaupt nicht ins Marktgeschehen eingreifen, werden beim kontrollierten Floating durch die Zentralbanken bestimmte Markttendenzen durch gezielte Devisenkäufe oder -verkäufe in gewünschter Richtung unterstützt oder gehemmt.

Für die Volkswirtschaftslehre ist der vollkommene Wettbewerbsmarkt nicht mehr auf jeden Fall das anzustrebende Ideal. Besonders bei Produktionstechnologien, wo eine Vergrößerung der Betriebsgröße sinkende Stückkosten mit sich bringt, muß aus Gründen der Kosteneffizienz ein Großunternehmen gewünscht werden. Entscheidend ist allerdings immer die garantierte Freiheit des Marktzugangs, die disziplinierend auf jeden Anbieter wirken muß. Großunternehmen haben gegenüber vielen kleinen Anbietern den Vorteil, hohe Entwicklungs- und Forschungskosten selber tragen zu können. Die Homogenität von Produkten fördert zwar die Transparenz des Marktes und die Schärfe des Wettbewerbs, entspricht aber nicht der Differenziertheit der Verbraucherwünsche. Gegen das Modell des vollständigen Wettbewerbsmarktes spricht, daß hier Preis und Qualität dem Unternehmen vorgegeben werden, das Unternehmen aber über bestimmte Aktionsparameter entscheiden möchte. Innovative Unternehmen sollen zudem gerade durch Pioniergewinne, die sie durch zeitlich begrenzte Monopolstellungen mittels des Patentrechts erzielen können, für ihre Innovation belohnt werden. Statt des vollkommenen Wettbewerbs wird deshalb heute von der Volkswirtschaftslehre zumeist ein funktionsfähiger oder wesentlicher Wettbewerb gefordert. Allerdings besteht keinerlei Einigkeit darüber, wie ein solcher funktionsfähiger Wettbewerb, der sowohl die Allokationsfunktion als auch die Fortschrittsfunktion erfüllt, die mit dem Wettbewerb erreicht werden sollen, beschrieben werden kann.

Eine am Modell des allgemeinen Konkurrenzgleichgewichts orientierte Allokationstheorie schließt kein Plädoyer für eine Wirtschaftspolitik des 'Laissez-faire' ein, sondern fordert umgekehrt gegen die stets wirksame Monopolisierungstendenz eine höchst aktive Wettbewerbspolitik. Allerdings darf diese Wettbewerbspolitik nicht auf den Horizont von Miniaturunternehmungen zugeschnitten werden. Gerade nach der Allokationstheorie muß das Konkurrenzmodell durch das Auftreten externer Effekte entsprechend abweichend formuliert werden. Das Konkurrenzmodell ist ohne Aussagekraft für die Verteilungsfragen. Durch eine Intensivierung des Wettbewerbs wird die Einkommensverteilung keineswegs verbessert. Das Konkurrenzmodell hat allein die Funktion einer Effizienznorm. Die Verteilungskonstellationen können wirtschaftspolitisch sehr unterschiedlich gestaltet werden. Die am Wettbewerbsmarkt orientierte Allokationstheorie impliziert nicht die Ablehnung staatlicher Regulierungen. Die beiden Klassiker Adam Smith und John Stuart Mill sind durchaus Verfechter einer politischen Ökonomie.

b. Unvollständiger Wettbewerb

Bei unvollständigem Wettbewerb sind auf der Angebots- oder Nachfrageseite nur in eingeschränktem Maße Marktteilnehmer vorhanden. Unvollständig ist der Wettbewerb auch, wenn ein Marktteilnehmer trotz einer Teilnehmervielzahl marktbeherrschend ist oder die Heterogenität der Güter marktbegrenzend wirkt. Samuelson kennzeichnet den unvollständigen Wettbewerb als Marktsituation dadurch, daß einzelne Wirtschaftssubjekte auf der Angebots- oder Nachfrageseite mengenmäßig so stark vertreten sind, daß sie die Preisgestaltung beeinflussen können. Durch die Marktmacht kann der Wettbewerb zugunsten einer eigenen Nutzenerhöhung manipuliert werden.

Zumeist sind die Märkte asymmetrisch strukturiert. So gibt es Märkte, wo nur ein Anbieter (Monopol) oder wenige Anbieter (Oligopol) einer Vielzahl von Nachfragern gegenüberstehen. Klassisches Beispiel für ein Monopol war die Post, solange ihr gesetzlich der Transport von Briefen und die Bereitstellung von Telekommunikationsdiensten exklusiv vorbehalten war.

Diejenigen, die eine oligopol- oder gar monopolartige Stellung auf dem Markt haben, können das Marktgeschehen zu ihren Gunsten beeinflussen oder sogar bestimmen. Der Monopolist, der als alleiniger Anbieter der Marktnachfrage gegenübersteht, kann selbst entscheiden, ob er sein Angebot am Preis oder an der Menge ausrichten soll, wobei seine Erwartungen durch das Marktverhaltens der Nachfrager bestimmt werden. Der Punkt der optimalen Preis-Mengen-Kombination eines Monopolisten wird Cournotscher Punkt genannt nach dem Begründer der mathematischen Schule Antoine Augustin Cournot (1801-1877), der bei verschiedenen Marktformen die Preisbildung als Funktion von Nachfrage und Angebot untersuchte. Bei gleichen Rahmen- und Kostenbedingungen ist das Monopol für die Nachfrageseite ungünstiger als das Polypol.

Umgekehrt gibt es auch Märkte, wo viele Anbieter nur einem Nachfrager (Monopson) oder wenigen Nachfragern (Oligopson) gegenüberstehen. Dies gilt sowohl für den Warenmarkt als auch für den Arbeitsmarkt. So lassen sich Monopsone und Oligopsone auf manchen lokalen Arbeitsmärkten beobachten. Durch das Größenwachstum der Discountketten haben sich in den vergangenen Jahrzehnten bestimmte Segmente des Einzelhandels zu Oligopsonen entwickelt.

Bei manchen Märkten besteht auf beiden Seiten unvollständiger Wettbewerb. Bis zum Wegfall des Fernmeldemonopols hatte der Markt für Fernmeldegeräte die Struktur eines Monopsons (Deutsche Bundespost) und eines Oligopols (wenige Produzenten).

Auch ein faktischer (nicht gesetzlich gesicherter) Monopolist steht innerhalb des marktwirtschaftlichen Grundsystems dadurch in Konkurrenz, daß er die Kaufbereitschaft der Verbraucher gegen andere Wirtschaftszweige wecken und verteidigen muß. Zudem existiert ein virtueller Wettbewerb dadurch, daß der Marktzugang prinzipiell offen ist und der Anbieter bei zu hojen Gewinnen mit dem Markteintritt von anderen Anbietern rechnen muß. Dadurch stellt sich auch für ihn eine Begrenzung der Gewinnerhöhung ein. Schließlich muß bei Mikromonopolen (einzelnen Gütern) der Produzent mittelfristig die Substitutionskonkurrenz fürchten. Die Marktmacht der Makromonopole der Riesenunternehmen kann durch die technisierte Massenproduktion und die Bereitschaft zu Gewinnverzicht bei einzelnen Produkten zu einer nachhaltigen Einschränkung des Wettbewerbs führen. Deshalb wird durch kartellrechtliche Bestimmungen versucht, entweder solche Marktbeherrschungsstrukturen zu verhindern oder, falls solche vorhanden sind (z. B. auf dem Stromerzeugungsmarkt), ein zusätzliches Kontrollorgan zu schaffen, um die schwächere Seite zu schützen.

Viel verbreiteter als das Monopol ist die Marktform des heterogenen Polypols oder die polypolistische Konkurrenz. Diese Marktform gibt es besonders verbreitet bei den freien Berufen, im Handwerk und Einzelhandel. Innerhalb eines bestimmten Spielraums treten hier die Anbieter wie begrenzte Monopolisten gegenüber der Stammkundschaft auf. Da sehr viele Faktoren für die Bindung der Stammkundschaft wirksam sind, läßt sich schwer sagen, welche Faktoren dann für den Wettbewerb wirksam werden. Auch beim Oligopol läßt sich das Unternehmensverhalten nicht leicht voraussagen, weil es zwischen Dumpingpreisen und Kartellabsprachen schwanken kann. Zumeist aber wird an starren Preisen festgehalten und dadurch ein ruinöser Wettbewerb vermieden. Häufig gibt es eine Preisführerschaft eines Unternehmens. Es kann auch durchaus zu einem spontanen Parallelverhalten kommen.

Die ungehinderte Wirksamkeit des marktorientierten Wettbewerbs setzt stationäre Wirtschaftsbedingungen und Produktionsfaktoren voraus, so daß Wettbewerbsvorteile leicht imitiert und dadurch ausgeglichen werden können. Idealtypisch wird vom Markt die bessere Leistung honoriert, die dann der Anreiz zur Imitation des Produkts bei anderen Anbietern ist und so mit dem Wettbewerb auch den technischen Fortschritt befördert. Hier treten neue Gesichtspunkte ins Spiel, wenn das Marketing wichtiger wird als die Produktqualität.

Mit der Industrialisierung ist aber die Wirtschaftsentwicklung sehr stark dynamisiert worden. Wettbewerbsvorteile basieren in zunehmendem Maße hauptsächlich auf der Innovationskraft. Dies führt dazu, daß Wettbewerber den vorhandenen Wettbewerbsvorteil eines anderen Unternehmens nicht leicht imitieren und wettmachen können. Das führt zu einer Konzentration von Herstellungen und Verteilungen. Das Ausscheiden der schlechteren Anbieter führt zu einer Reduktion der Anbieter. So werden abgesehen von den grundsätzlichen Koordinationsschwierigkeiten durch die Marktkräfte selbst oligopolistische Strukturen begünstigt. Die durch Leistung errungene Marktmacht nutzen die Oligopolisten zu Regulierungen des Marktzugangs. Die Oligopolisten streben mittels Kartellabsprachen, Fusionen oder Partnerschaften zu monopolistischen Märkten. Hier zeigt der Wettbewerbsmechanismus seine immanente Tendenz zur Selbstzerstörung.

Das individuelle und korporative Vergrößerungs- und Gewinnstreben treibt die Wettbewerbswirtschaft an. Typus des Kapitalisten ist nicht der auf Sicherheit bedachte Geizhals, sondern der wagemutige Unternehmer, der den Einsatz seiner Kapitalien nicht scheut, um zu neuen wirtschaftlichen Gestaltungsmöglichkeiten zu kommen. Hier zeigt der Typus des Unternehmers seine Verwandtschaft mit dem neuen Menschenbild, wie es mit der Aufklärung und durch die Aufklärung in Europa zur Geltung kam. Dabei besteht der Reiz des Kapitals und der Kapitalakkumulation vornehmlich in den Gestaltungsmöglichkeiten, die dadurch eröffnet werden. Im moralischen Kaleidoskop begegnen dann alle Grautöne.

Das Vergrößerungsstreben hat seinen Reiz gerade in der Überwindung vorgegebener Grenzen. Die Erschließung neuer Märkte und neuer Lebensräume, die Überwindung regionaler und nationaler Schranken, die Beseitigung feudaler und kultureller Partikularitäten war durch Jahrhunderte ein wichtiges Motiv des Handelns. Mit dem Aufbau globaler Strukturen ist hier die Außengrenze einer Entwicklung erreicht. Durch diese ungeheure Extensivierung der Lebensbezüge hat sich aber auch ein allgemeines Gefühl von Unübersichtlichkeit und Undurchschaubarkeit in den wirtschaftlichen und sozialen Prozessen eingestellt. Dabei hat es auch schmerzhafte Erfahrungen gegeben, daß pures Größenwachstum völlig ineffektiv, ja kontraproduktiv, sein kann (vgl. AEG). Dementsprechend gibt es momentan eine deutliche Tendenz, überschaubare eigenverantwortliche Wirtschaftseinheiten zu bilden, die keiner strikten Hierarchisierung und keiner damit verbundenen Demotivierung unterliegen.

Ein wichtiges wirtschaftliches Motiv für das Vergrößerungsstreben ist der mit dem Größenwachstum verbundene Kostenvorteil und Produktivitätsgewinn. Dabei muß es ein wichtiges Ziel wirtschaftswissenschaftlicher Untersuchungen sein, das jeweilige Produktionsoptimum zu ermitteln, jenseits dessen eine Produktionsausweitung mehr Nachteile als Vorteile bringt. Die hier eingebauten Sperren gegen ein beliebiges Größenwachstum werden häufig innerhalb der wirtschaftspolitischen Diskussion nicht zureichend wahrgenommen.

Das Größenwachstum der Unternehmungen ergibt sich nicht nur aus der Konzentration der Finanzmittel, sondern auch aus der Tatsache, daß bei sehr vielen Gütern die Stückkosten bei steigender Produktionsmenge sinken. Die reinen Produktionsstückkosten (ohne Berücksichtigung von Verwaltung, Einkauf, Verkauf usw.) sind rückläufig bis zur Erreichung der mindestoptimalen technischen Betriebsgröße (MOTB). Im Anstreben dieser Betriebsgröße liegt die Ursache für die horizontale Konzentration. Für seltene Rohstoffe gilt die Tendenz zu vertikaler Konzentration.

Ist ein Einzelmarkt so klein, daß ein Unternehmen mit optimaler Betriebsgröße ihn versorgen kann, so liegt eine strukturelle Monopolisierungstendenz vor (natürliches Monopol). Für viele Produkte reichen die nationalen Märkte in Europa gar nicht aus, um, wie aus Wettbewerbsgründen gewünscht, mehrere MOTB-Unternehmen auszulasten. Wird aus Wettbewerbsgründen trotzdem das Beibehalten mehrerer Betriebe erzwungen, so werden auf Dauer unnötig hohe Stückkosten festgeschrieben. Die Heterogenität der Produkte und die Höhe der Transportkosten können das Wachsen auf die mindestoptimale technische Betriebsgröße verhindern. Durch nichttechnische

Größenvorteile können Unternehmen auch über die mindestoptimale technische Betriebsgröße hinauswachsen (beispielsweise bei der Produktion von Personenkraftwagen und Zement). Bei zunehmender Unternehmensgröße wird es nämlich leichter, neues Kapital zu beschaffen und auf die Wirtschaftspolitik Einfluß zu nehmen. Großabnehmer können auf den Beschaffungsmärkten meist günstiger einkaufen.

In vielen Wirtschaftszweigen bestehen in den westlichen Industrieländern oligopolistische Marktstrukturen. Wenige Unternehmen haben jeweils eine Marktführerschaft; andere mittlere und kleinere Unternehmen stehen in mehr oder minder großer Abhängigkeit von ihnen. Durch die europäische Vereinigung hat der Konzentrationsprozeß einen neuen kräftigen Schub erhalten. Die Öffnung der teilweise bisher national geschlossenen Märkte und die Ausweitung der Wirtschaftsfelder bringen eine neue Konkurrenzsituation, aber auch die Chancen zu neuer Ausdehnung einzelner Unternehmen. Die Absicherung der sozialen Rechte der Arbeitnehmerschaft, besonders des Mitbestimmungsrechts, ist innerhalb dieses Vereinigungsprozesses höchst umstritten.

Durch die Festsetzung von Normen für Produkte wird der Markt reguliert und der Marktzugang eingeschränkt. Dieser Verminderung der Marktfreiheit steht aber ein deutlicher Gewinn an Koordinationsfähigkeit durch die Typisierung gegenüber. Dadurch wird der Wettbewerb längerfristig eher gefördert. Durch Papiernormen beispielsweise werden Faxgeräte und Druckmaschinenhersteller eingebunden. Doch durch diese Marktregulierung können mehr wirtschaftliche Aktivitäten koordiniert werden und kann der Wettbewerb durch Beteiligung von Produzenten aus vielen Ländern ausgeweitet werden.

3. Staatliche Marktinterventionen

Die staatlichen Marktinterventionen bedienen sich üblicherweise der Instrumente von Höchstpreis, Mindestpreis, Festpreis, Preiskorridor, Preissubvention, Verbrauchssteuer oder Importzoll. Durch diese Marktinterventionen sollen sehr unterschiedliche Ziele erreicht werden. So geht es dem Staat um die Sicherstellung seiner Einnahmen, um den Versorgungsschutz breiter Bevölkerungsgruppen und den Bestandsschutz wichtiger Wirtschaftszweige.

Ein lehrreiches Beispiel ist die Agrarpolitik der Europäischen Wirtschaftsgemeinschaft. In deren Agrarordnungen sind Mindestpreisregelungen, Subventionen, Zölle, Erstattungen und Abschöpfungen höchst kompliziert miteinander verzahnt. Durch die gemeinsame Marktordnung sollte die niedrige Produktivität der europäischen Landwirtschaft angehoben, die hohe Importabhängigkeit vermindert und die stark schwankenden Preise beruhigt werden. Für den Binnenmarkt gelten Interventionspreise (durch Stützungskäufe garantierte Mindestpreise), die zuzüglich der Vermarktungskosten die Richtpreise ergeben. Die Importe und Exporte sind strikt reglementiert. Variable Einfuhrabschöpfungen schützen den Binnenmarkt vor der Weltmarktkonkurrenz. Ausfuhrerstattungen verbilligen überschüssige Agrarprodukte auf die niedrigeren Weltmarktpreise.

Die unbeschränkte staatliche Ankaufsgarantie brachte für bestimmte Agrarprodukte gewaltige Überschüsse und mußte schließlich (besonders wegen der gewaltigen Lagerkosten) aus Finanzmangel aufgegeben werden. Um die Überschüsse einzudämmen, wurden den einzelnen Erzeugern bestimmte Höchstmengen zugeteilt (Quotenregelung) oder der Interventionspreis auf bestimmte Höchstmengen (Garantieschwellen) eingegrenzt. Bei Überschreiten der Höchstmenge wurden die Erzeuger durch eine Mitverantwortungsabgabe bestraft. Um eine Annäherung an die niedrigeren Weltmarktpreise zu erreichen, wurden seit 1992 umfangreiche Flächenstillegungen honoriert.

a. Preisfestsetzungen

Staatlich festgesetzte Höchstpreise sollen dem Schutz der Nachfrager, Mindestpreise dem Schutz der Anbieter dienen. Dabei sind Höchstpreise in der Regel unter dem Herstellungspreis der Erzeuger bzw. unter dem Wettbewerbspreis, der sich auf einem freien Markt erzielen ließe. Mindestpreise dagegen liegen meist über dem markträumenden Preis, bei dem das gesamte Angebot verkauft wird. Preiskorridore, wie sie beispielsweise für die Wechselkurse im Europäischen Währungssystem (EWS) vereinbart sind, sollen zu starke Preisschwankungen verhindern.

Da die preispolitischen Eingriffe den Preismechanismus aushebeln, kommt es zu Nachfrage- oder Angebotsüberschüssen. Preisfestsetzungen müssen also immer durch eine entsprechende Mengenregulierung flankiert werden. Doch diese erfordert in der Regel einen besonderen Verwaltungsaufwand und ist häufig ineffektiv. Der mit der Preisfestsetzung intendierte sozialpolitische Zweck wird so durch das gewählte wirtschaftliche Verfahren konterkariert.

Eine Höchstpreissetzung unter dem Herstellungspreis wirkt mangelerzeugend. Die intendierte reichliche und billige Versorgung der armen Bevölkerungsgruppen wird dadurch häufig verkehrt in eine noch schlechtere Versorgung. Wird ein Höchstpreis gesetzt, ohne daß begleitend eine Mengenrationierung vorgenommen werden, so bleibt es beim Windhundverfahren der Schnelligkeit des Nachfragers überlassen, wer die Ware bekommt. Bei einem Rationierungsverfahren kommt es durch die Höchstpreissetzung in der Regel zu einem Schwarzmarkt neben dem offiziellen Markt.

Mit der Etablierung eines Schwarzmarkts gerät der offizielle Markt, der schon durch Einschränkungen gekennzeichnet ist, noch stärker unter Druck. Die Anbieter werden versuchen, einen größeren Teil ihrer Ware auf dem Schwarzmarkt mit dem dort höher zu erzielenden Preis umzuleiten. Die Nachfrager können ihrerseits Waren des offiziellen Marktes mit Gewinn auf dem Schwarzmarkt weiterverkaufen und folglich wird sich die Zahl der Nachfrager auf dem offiziellen Markt wegen der Gewinnaussichten noch erhöhen. Der Schwarzmarkt bringt also für den offiziellen Markt eine Angebotsverringerung bei gleichzeitiger Nachfrageausdehnung. Damit wird der anfängliche Nachfrageüberschuß, der sich mit der Festsetzung des Höchstpreises eingestellt hatte, noch verschärft. Gorbatschows Perestroika beispielsweise scheiterte an der Dynamik der Schwarzmärkte, weil die verordneten höheren Preise, die die Nachfrage reduzieren und das Angebot erhöhen sollten, gegenüber den Preisen, die auf den Schwarzmärkten zu erzielen waren, zu niedrig waren. Die staatlichen Preise wirkten wie Höchstpreise unterhalb des markträumenden Preises. Die Schwarzmärkte leerten deshalb die offiziellen Märkte.

Das Rationierungsverfahren mittels Bezugsscheinen fördert seinerseits häufig einen Schwarzmarkt, weil auch Nachfrager mit Bezugsscheinen versehen werden, die gar keinen echten Bedarf haben (beispielsweise Nichtraucher mit Tabakbezugsscheinen). Damit können die Bezugsscheine selbst zum Schwarzmarktartikel werden. Zudem muß die Warenmenge, die durch die Bezugsscheine versprochen wird, auch wirklich vorhanden sein. Dämpfend auf den Nachfrageüberschuß und die Bildung von Schwarzmärkten kann der Staat dadurch einwirken, daß er für die Ergänzung des fehlenden Angebots sorgt oder die Unternehmen mittels Subventionen zur Ausweitung des Angebots anreizt.

Bei Mindestpreisen über dem markträumenden Preis entsteht ein Angebotsüberschuß. Die Produktion ist risikolos, weil der Absatz garantiert ist. Das führt zu einer Ausweitung der Produktion und einem wachsenden Überschuß. Der Angebotsüberschuß muß durch die Unternehmen oder durch die staatlichen Behörden beseitigt werden. Dazu ist eine Subventionierung der Überschußverkäufe denkbar, beispielsweise durch Verbilligungsaktionen im Inland oder durch Exportunterstützungen. Erfolgt der inländische Verkauf der Überschüsse regelmäßig, so stellen sich die Verbraucher darauf ein und vermeiden Käufe zum Mindestpreis. Dadurch würde der Subventionsbedarf wachsen. Um den Angebotsüberschuß gar nicht entstehen zu lassen, muß der Staat den Mindestpreis dem Wettbewerbspreis annähern oder eine Mengenkontingentierung vornehmen.

b. Subventionen, Steuern und Zölle

Durch staatliche direkte oder indirekte Preissubventionen, durch die Produzentenpreis und Marktpreis auseinandertreten, können das Produzenteneinkommen geschützt, die Verbraucherversorgung durch Angebotsausweitung verbessert oder externe Effekte kompensiert werden. Da die Subventionierung gleichzeitig den Produzenten und den Verbrauchern zugute kommen kann, ist sie den einseitig wirkenden

Mindest- und Höchstpreissetzungen vorzuziehen. Zudem wird der Preismechanismus nicht außer Kraft gesetzt; der Preis bleibt beweglich und dadurch die Mengenanpassung garantiert.

Dauersubventionen begünstigen langfristige Fehlallokationen. Deshalb sollten Subventionen nur vorgesehen werden, um Krisensituationen zu bewältigen und sozialverträgliche Anpassungen von Wirtschaftsstrukturen an neue Zustände und Anforderungen zu ermöglichen. Die Zeiträume und der Umfang der Subventionen muß mit Blick auf die soziale Lage und die technischen Erfordernissen festgelegt werden. Wichtig ist die eindeutige Terminierung des Abbaus der Subventionen, damit die Betroffenen sich darauf einstellen können.

Marktinterventionen kann der Staat auch durch spezielle Verbrauchssteuern (beispielsweise bei Mineralöl, Branntwein, Tabak, Kaffee, Tee, Zucker, Versicherungen) vornehmen. Dabei wird entweder eine Mengensteuer (beispielsweise bei Mineralöl) oder eine Wertsteuer erhoben (beispielsweise bei Versicherungen). Die Verbrauchssteuern werden von den Unternehmern direkt an den Staat gezahlt. Die Unternehmer versuchen aber, zumindest einen Teil der Steuer an die Verbraucher weiterzugeben.

Durch Zölle auf Importgüter sollen die Preise und der Absatz eines inländischen Wirtschaftszweigs vor ausländischen Anbietern geschützt werden (Schutzzölle). Werden diese Importzölle zeitlich befristet, so können sie einem inländischen Wirtschaftszweig die Entwicklungsgelegenheit verschaffen, gegen starke ausländische Konkurrenz die eigene Produktion wettbewerbsfähig aufzubauen (Erziehungszölle). Zölle haben Auswirkungen auf den Konsum, auf den Schutz inländischer Wirtschaftszweige und auf die Staatseinnahmen, außerdem auf die Allokation innerhalb der Wirtschaftszweige, auf die Beschäftigung, den Wettbewerb und die Handelspolitik.

4. Ordnungsanforderungen

Der Staat hat über die Ordnungspolitik die Aufgabe, den Rahmen für das Wirtschaftsgeschehen festzulegen. Die immer bedrohte Funktionsfähigkeit des Marktes muß erhalten werden. Dazu muß die Wettbewerbsgleichheit nach Möglichkeit geschützt bzw. hergestellt werden. Das geschieht, indem gleiche Regeln für alle gelten. Der Staat hat außerdem die Aufgabe, durch seine Ordnungspolitik die schwächere Seite zu schützen. Nur dadurch wird ein Minimum an Wettbewerb garantiert. Auf diese Weise ergeben sich für alle Märkte mehr oder minder umfangreiche Regulierungen. Der Staat hat schließlich die Aufgabe, den Wettbewerb sozial zu begrenzen.

Das Gesetz gegen Wettbewerbsbeschränkungen (GWB) löste 1957 die rechtlichen Maßnahmen ab, die die alliierten Siegermächte nach dem Zweiten Weltkrieg zur Entflechtung und Dekartellierung der deutschen Wirtschaft unternommen hatten. Dieses Gesetz, das mehrfach novelliert wurde, soll private Störungen und Beschränkungen des Wettbewerbs verhindern und dadurch eine optimale Marktverfaßtheit sichern. So sind Kartelle, Diskriminierungen und Boykotte verboten, ferner eine Mißbrauchsaufsicht über marktbeherrschende Unternehmen und eine Zusammenschlußkontrolle etabliert.

Für das deutsche Kartellverbot gelten zahlreiche Ausnahmen. Ausnahmen vom Kartellverbot werden gestattet, wenn die Markttransparenz verbessert werden kann, Kostensenkungen erzielt werden oder ein Gegengewicht gegen ausländische Kartelle notwendig erscheint. Gesamtwirtschaftliche Erwägungen schließlich können Strukturkrisenkartelle (Stahl) erlauben. Das EU-Kartellrecht weicht vom deutschen Kartellrecht in wichtigen Punkten ab.

Außerdem findet eine Wettbewerbskontrolle durch das Gesetz gegen unlauteren Wettbewerb statt. Diese staatlichen Maßnahmen zielen darauf, einen möglichst freien Wettbewerb zu sichern und Verzerrungen zu verhindern. Insgesamt haben sie sich als wenig wirkungsvoll erwiesen, um den voranschreitenden Konzentrationsprozeß aufzuhalten.

a. Chancengleichheit

Der Wettbewerbsmarkt bedarf der politisch-administrativen Unterstützung. Der Markt muß immer wieder gegen das Übergewicht der

Erfolgreicheren und Stärkeren verteidigt und die grundlegende Chancengleichheit, die für das Funktionieren des Marktes konstitutiv ist, gesichert werden. Dazu müssen Machtbegrenzungsmechanismen eingesetzt und Unterstützungsmaßnahmen ergriffen werden, die immer neuen Anbietern den Marktzugang erleichtern.

Nur wenn der Wettbewerb unverzerrt und unverfälscht ist, kann er die nötigen Signale für eine optimale Steuerung der Wirtschaftsprozesse liefern. Nur ein unverzerrter Wettbewerb garantiert eine optimale Allokation, verhindert die Verschwendung knapper Güter. Das Marktgeschehen selber ist anonym und ohne besondere moralische Motivation. Die Bildung der Preise und der Einkommen geschieht über Gesetzmäßigkeiten, die von der individuellen Interessenlage und Motivationslage unabhängig sind. Doch ist diese moralische Neutralität des Wettbewerbsmarktes selber das Produkt von Regelsystemen, über deren Einhaltung gewacht werden muß. Da die Wettbewerbsmärkte in sich instabil sind, müssen mannigfaltige Vorkehrungen getroffen werden, um sie funktionstüchtig zu halten.

Die Preisbildung über den freien Wettbewerb und die Marktgesetze wollen die Anbieter möglichst unterlaufen. Das ist der Sinn aller Kartellabsprachen. Darin spricht sich der Widerspruch aus, daß durch den Markt und mittels des Erwerbsstrebens aller Marktteilnehmer das Gemeinwohl gefördert werden soll und wird. Adam Smith wußte, daß Einzel- und Gesamtinteresse nur teilweise konvergieren. Er sah sehr wohl, daß es bei den Beteiligten des Wirtschaftsprozesses starke Tendenzen gibt, die mit dem Markt verbundenen Beschränkungen des individuellen Gewinnstrebens zu umgehen. Um des höheren und bequemeren Gewinns willen sucht der Anbieter die Marktlage so zu gestalten, daß der Wirtschaftsprozeß rein zu seinen Gunsten vonstatten geht und die ungewollte allgemeine Wohlstandsmehrung vermieden oder begrenzt wird. Die Marktteilnehmer wollen in ihrer egoistischen Motivation gerade keine altruistische Wirkung erzielen. Der Antagonismus von Marktverfaßtheit und Motivation wird deutlich. Das Gewinnstreben will nämlich die zügelnde Funktion des Markts beseitigen. Der Markt fördert das Gewinnstreben und geht an ihm zugrunde.

Der Wettbewerbsgedanke impliziert die Gleichheit der Erfolgschancen. Nur gleiche Erfolgschancen geben einen wirksamen Anreiz dazu, den Wettbewerb durch möglichst hohe Produktqualität auch zu gewinnen. Deshalb ist von Seiten der Anbieter eine unverzichtbare Bedingung, daß es prinzipiell gleiche Marktzutrittschancen gibt und daß auf Seiten der Käufer keine Fehlurteile durch mangelhafte oder falsche Marktdaten zustande kommen. Das Kaufverhalten darf nicht durch täuschende Wettbewerbsverzerrungen fehlgeleitet werden. Nur wenn die Käufer in richtiger Weise über die Qualität der am Markt vorhandenen Produkte informiert sind und die Preise unverzerrt zustande gekommen sind, wird durch den Wettbewerb eine optimale Qualität und ein optimaler Preis der Produkte erreicht. Markttransparenz und fairer unverzerrter Wettbewerb sind also für eine soziale, käuferorientierte Wirtschaft unverzichtbar. Da der Wettbewerb auf der Anbieterseite zwangsläufig zu monopol- oder oligopolartigen Konstellationen tendiert, da der Verdrängungswettbewerb strukturimmanent ist, weil so eine Erhöhung der Gewinnspanne und eine Sicherung der eigenen geschäftlichen Aktivitäten erreicht werden kann, muß das Postulat der Chancengleichheit gegen die Interessen der Wettbewerbsteilnehmer durch institutionelle Ordnungssetzungen gesichert werden. Hierhin gehört die Antikartellgesetzgebung und ähnliches. Der Wettbewerbsmarkt hat eine völlig unterschiedliche Interessenlage auf der Anbieter- und auf der Käuferseite. Der Staat muß sicherstellen, daß es beim Vorrang der Käuferseite bleibt. Nur so geschieht eine Begrenzung von wirtschaftlicher Macht.

Fairneß bedeutet Selbstverpflichtung auf die Regeln, die für das Handeln innerhalb einer Gruppe gültig sein sollen. Fairneß bedeutet den Verzicht auf fallweisen Regelverstoß bzw. fallweiser Regelaussetzung, um den eigenen Vorteil dadurch zu fördern, daß die anderen Mitbewerber sich an die Regeln halten, man selbst aber nicht. Fairneß bedeutet Regeltreue, Fairneß bedeutet den Verzicht auf Vorteile im Wettbewerb, die nicht jedem Mitkonkurrenten in derselben Lage ebenfalls zuerkannt würden. Wenn alle wissen, daß unfair gespielt wird, so geht zwar das Überraschungsmoment und der Täuschungseffekt verloren; zugleich aber werden die disziplinierenden Regeln außer Kraft gesetzt, die externe Einwirkungen verhindern und die

Gleichheit der Wettbewerbschancen sicherstellen sollen. Der unfaire Wettbewerb ist ein unübersichtlicher nicht leistungsbezogener Wettbewerb.

b. Offenheit

Wichtig für die Lebendigkeit der Wirtschaftsprozesse ist das Offenhalten des Marktzugangs. Durch Neulinge geschieht Innovation. Gerade dadurch, daß die Wirtschaft erfolgsorientiert ist, erhält sie leicht einen konservativen Zug, insofern Erfolge auf Wiederholung drängen. Die Potentialität des andern Möglichen wird zum Luxusphänomen.

Dem für sie unbequemen Wettbewerbsdruck begegnen die Unternehmungen häufig durch Wettbewerbseinschränkungen, z. B. durch Kartellbildung (Preiskartell, Gebietskartell oder Konditionenkartell), besondere Kundenbindungen (Koppelungsgeschäfte) oder Ausschließlichkeitsbindungen oder Nichtbelieferung oder Vernichtungswettbewerb durch Dumpingpreise.

Der Wettbewerb muß prinzipiell offen sein, das Ergebnis darf nicht schon vorher festliegen. Liegt das Ergebnis schon vorher fest, so werden die Motivationskräfte blockiert. Der offene Wettbewerb soll auf das intendierte Ergebnis insgesamt stimulierend wirken. Dadurch kommt eine Fortschritts- oder Wachstumskomponente in die Wettbewerbsstruktur hinein. Bei einem offenen Markt werden Gewinne aufgrund von Nichtleistungen (Marktmacht) verhindert oder zumindest begrenzt.

Als Sozialprinzip wirkt der Wettbewerbsmarkt dann überzeugend, wenn durch eine solche Wettbewerbsbewährung eine Statuszuweisung speziell der Tüchtigen erfolgt, die insgesamt auf ein Optimum des Gemeinwohls hinarbeiten. In einem Wettbewerb kann auch der Verlierer solange den Wettbewerb selbst unterstützen und gutheißen, als die Teilnahme am Wettbewerb seine eigene Daseinssituation verbessert. Ist der Wettbewerb von seinen Ergebnissen her dagegen so aufgebaut, daß allein die Sieger prämiert werden, so werden die potentiellen und faktischen Verlierer am Wettbewerb überhaupt nicht mehr teilnehmen wollen. Die Sieger sind, um den Wettbewerb zu erhalten, also zur Solidarität mit den Verlierern verpflichtet. Die Wettbewerbssituation macht es ihrerseits erforderlich, daß die am Wettbewerb Beteiligten ihre Fähigkeiten optimal ausbilden, um im Wettbewerb entsprechende Siegchancen zu haben. Wird der Leistungsgedanke auf die wirtschaftlichen Tauschprozesse angewandt, so ist die Voraussetzung leitend, daß Leistung und Gegenleistung einander entsprechen. Daß sie sich entsprechen, ist eben die Voraussetzung, die durch den Vollzug des Tauschs ratifiziert wird. Ein objektives Kriterium abseits und vor dem Tausch gibt es nicht. Die Leistungsmessung kann ebensowenig wie die Leistungsmotivation von außerhalb durch einen neutralen Beobachter erfolgen.

c. Soziale Begrenzung

Der Wettbewerbsmarkt gedeiht am besten, wenn eine umfängliche soziale Verständigung und Kooperation den Beteiligten größtmöglichen individuellen Handlungsspielraum gewähren. Dieses hat besonders für die Verteilungsthematik weitreichende Konsequenzen. Für die armen und reichen Marktteilnehmer ist eine soziale Kompensation ertragreicher und kostengünstiger als individuelle Verteidigungs- und Bereicherungspraktiken.

Der an Tauschrelationen orientierte Wettbewerbsmarkt muß hinsichtlich seiner sozialen Geltung begrenzt sein. Der Wettbewerbsmarkt ist an das Prinzip der Ausschließung oder der Ausschließbarkeit gebunden. Öffentliche Güter, die von allen gemeinsam genutzt werden, können also über den Markt nicht bereitgestellt werden. Der Markt korreliert Angebot und Nachfrage. Die Präsenz der Marktteilnehmer am Markt richtet sich nach der Qualität der Produkte und der Kaufkraft. Die materielle Mindestversorgung aller Gesellschaftsmitglieder, d. h. auch derjenigen, die nicht am Markt auftreten können oder die über nur eine ganz geringe Kaufkraft verfügen, muß staatlich gesichert werden und am Gedanken der Personenwürde ausgerichtet sein. Die staatliche Sozialhilfe garantiert durch die Festsetzung eines Existenzminimums den Lebensunterhalt aller Gesellschaftsmitglieder. Die Marktteilnehmer müssen über die Zahlung von Zwangsabgaben den Staat dazu in die Lage versetzen, die sozialen Bereiche zu unterhalten, für die der Markt selber nicht aufkommt.

Der auf Tauschverkehr ausgerichtete Markt kann nicht das Grundmodell für gesellschaftliche Interaktionen sein. Am Markt können nur diejenigen teilnehmen, die Leistungen erbringen, die von anderen als Gegenleistungen akzeptiert werden. Der Markt ist auf die Symmetrie und Äquivalenz von Leistung und Gegenleistung konstitutiv ausgerichtet. Diejenigen Gesellschaftsmitglieder, die keine Leistungen erbringen können und somit aus dem Schema symmetrischer Interaktion herausfallen (Kinder, Alte, Kranke, Behinderte), sind zur Marktteilnahme nicht befähigt. Jeder gesunde Mensch kann nur im begrenzten Lebensabschnitt des Erwachsenseins als Marktteilnehmer auftreten.

Der weite Bereich gemeinnütziger Tätigkeiten in Kirchen, Vereinen und karitativen Einrichtungen wird gegenwärtig umgestaltet, indem das lange praktizierte Prinzip subsidiärer Kostenerstattung eingeschränkt wird durch die Etablierung von Wettbewerbselementen. So wurden beispielsweise im Bereich der häuslichen Pflege, wo angesichts der zunehmenden Zahl der Pflegefälle und des Wandels der Familienstrukturen eine Neuregelung dringend geboten war, auch Wettbewerbsmechanismen eingeführt, die eine Kostendämpfung erzwingen sollen. Durch diese marktlichen Elemente der Wirtschaftlichkeit müssen die in der kirchlichen Diakonie geübten Elemente der mitmenschlichen Zuwendung, des begleitenden Gesprächs und der Seelsorge eingespart werden. Die Kirchengemeinden sind gegenwärtig zumeist nicht in der Lage, höhere Kostensätze, die für eine seelsorgerlich-begleitende Pflege erforderlich wären, durch einen Zuschuß zu finanzieren.

Die soziale Begrenzung der Wettbewerbsordnung sollte gerade im karitativen Bereich beachtet werden. Auch hier müssen die Kosten berücksichtigt werden, aber die karitative Tätigkeit sollte nicht durch eine zu starke Ausweitung der Wettbewerbselemente unterminiert werden.

C. Globale Entwicklung

Der Zustand der Weltwirtschaft ist gegenwärtig bestimmt durch den Antagonismus von Globalisierung und Protektionismus. Die Verflechtung der Länderwirtschaften hat stark zugenommen. Dieses gilt sowohl für den Bereich des Handels (Austausch von Gütern und Dienstleistungen) als auch für den Bereich der Produktion (Herstellung von Komponenten eines Produkts in verschiedenen Ländern) sowie für den Bereich der Finanzen. Die internationale Wirtschaftsverflechtung und Arbeitsteilung schreitet hauptsächlich im Bereich der Industrieländer und der Schwellenländer voran. Die Armutsländer sind weiterhin überwiegend Rohstofflieferanten.

Für die Entwicklung der Weltwirtschaft sind einerseits Regelungen wichtig, die die internationale Arbeitsteilung durch Handelsgarantien sicherstellen. Andererseits müssen durch eine globale Geldpolitik die Finanzmärkte so geregelt werden, daß Wachstumsimpulse nicht durch Spekulationsturbulenzen vernichtet werden. Schließlich müssen durch ein weltweites Transfersystem Impulse für die soziale Entwicklung der Armutsländer gegeben werden, damit diese überhaupt Chancen erhalten, in der Weltwirtschaft eigenständig agieren zu können.

1. Volkswirtschaftliche Außenbeziehungen

Die Außenbeziehungen einer marktwirtschaftlich verfaßten offenen Volkswirtschaft werden durch die Zahlungsbilanz erfaßt. Dabei werden Stromgrößen summiert, die in einer bestimmten Zeitperiode anfallen, nicht aber Bestandsgrößen. Die Zahlungsbilanz ist nach Transaktionsarten unterteilt, deren jede wiederum eine Teilbilanz darstellt: Handelsbilanz, Dienstleistungsbilanz, Kapitalverkehrsbilanz, Devisenbilanz. Diese Teilbilanzen werden unterschiedlich summiert in der Leistungsbilanz und Grundbilanz.

Nach dem Zahlungsbilanzschema faßt die Handelsbilanz Warenexporte und Warenimporte, die Dienstleistungsbilanz Dienstleistungsexporte und Dienstleistungsimporte zusammen. In der Leistungsbilanz tritt zu diesen Teilbilanzsummen noch die Übertragungsbilanz von fremden unentgeltlichen Leistungen als Aktiva und eigenen ungeltlichen Leistungen als Passiva hinzu. In der Grundbilanz wird die Bilanz des langfristigen Kapitalverkehrs mit den langfristigen Kapitalimporten als Aktiva und den langfristigen Kapitalexporten als Passiva hinzugerechnet. Die Bilanz des kurzfristigen Kapitalverkehrs erfaßt die kurzfristigen Kapitalimporte als Aktiva und die kurzfristigen Kapitalexporte als Passiva. Die Bilanzen von langfristigem und kurzfristigem Kapitalverkehr zusammen machen die Kapitalverkehrsbilanz aus. Schließlich ist in der Zahlungsbilanz die Devisenbilanz zu berücksichtigen mit der Abnahme der Devisen auf der Aktiva-Seite und der Zunahme auf der Passiva-Seite.

Wie bei einer Bilanz üblich, werden alle Transaktionen doppelt gebucht, einmal auf der Aktiva-Seite, außerdem auf der Passiva-Seite. Das läßt sich am leichtesten an den Warenkompensationsgeschäften (z. B. Erdgas-Röhren-Geschäft) verdeutlichen. Es gilt aber auch für alle Warenexporte, denen dann beispielsweise ein kurzfristiger Kapitalexport oder ein Devisenzugang gegenübersteht.

Wie schon das Wachstumsziel, so ist in noch stärkerem Maße das Ziel des außenwirtschaftlichen Gleichgewichts den Zielen von Vollbeschäftigung und Geldwertstabilität nachgeordnet und zugeordnet. Ganz allgemein kann als Ziel formuliert werden, daß die außenwirtschaftlichen Beziehungen (Außenhandel und Außenkapitalverkehr) das binnenwirtschaftliche Gleichgewicht nicht stören sollen.

2. Internationale Verflechtung

Die industrialisierten Marktwirtschaften haben eine Tendenz zu gegenseitiger Verflechtung. Durch Größenwachstum können Stückkosten gesenkt und neue Wirtschaftsräume beliefert werden. Geldkapitalbesitzer suchen die ertragreichsten Anlagemöglichkeiten, Produzenten die günstigsten Bezugsquellen für Rohstoffe sowie verkehrsgünstige Produktionsstandorte.

Wie im 19. Jahrhundert im Zuge der Industrialisierung und der Bildung von Nationalstaaten in Europa verschiedene Regionen eines Landes zu einer Volkswirtschaft zusammenwuchsen, so wachsen heute mehrere Volkswirtschaften zu einer Kontinentalwirtschaft zusammen. Diese Verflechtung schafft für die einzelnen Volkswirtschaften Vorteile aus der Arbeitsteilung, aber auch Risiken aus der Konjunkturübertragung und der Konkurrenz. Wesentliche Gesichtspunkte für die marktwirtschaftliche Beurteilung von Integrationsprojekten sind die Größenvorteile und der Wettbewerbskonstellationen. Gleichzeitig zur kontinentalwirtschaftlichen Integration nimmt die weltwirtschaftliche Kooperation zu.

a. Integrationsschritte

Auf dem Weg zu einer kontinentalintegrierten Wirtschaft gibt es mehrere Stufen: die Präferenzzone, in der Handel zwischen den Mitgliedsländern durch ermäßigte Zollsätze gefördert wird; die Zollunion, bei der nach innen alle Zollschranken abgebaut sind, aber eine gemeinsame Außengrenze gegenüber den anderen Staaten bestehen bleibt und durch gemeinsame Zollpolitik gestaltet wird; die Freihandelszone, in der die Handelsströme zwischen den Mitgliedsländern nicht mehr beschränkt werden, aber die Souveränität der einzelnen Mitgliedsstaaten in der Handelspolitik gegenüber Drittländern gewahrt bleibt; den gemeinsamen Markt, in dem nicht nur die Handelsschranken abgebaut sind, sondern auch den Produktionsfaktoren Arbeit und Kapital völlige Mobilität gewährt wird; die Währungsunion, in der die Mitgliedsstaaten dieselbe Währung haben und diese nach innen und außen gestalten mit allen Konsequenzen auch für die Haushalts- und Finanzpolitik; die Wirtschaftsunion, in der auch die Wirtschafts- und Sozialpolitik umfassend vereinheitlicht ist.

Die Integrationsschritte lassen sich an der Geschichte der Europäischen Wirtschaftsgemeinschaft (EWG) studieren, die am 25. März 1957 von Belgien, der Bundesrepublik Deutschland, Frankreich, Italien, Luxemburg und Niederlande mit den Römischen Verträgen vereinbart und zum 1. Januar 1958 gegründet wurde. Weitere Staaten traten 1973 (Dänemark, Großbritannien und Irland), 1981 (Griechenland), 1986 (Portugal, Spanien) und 1995 (Finnland, Österreich, Schweden) bei.

Die wirtschaftliche Integration, die auf die Schaffung eines gemeinsamen Marktes ausgerichtet war und dazu die oben genannten Integrationsstufen durchlief, wurde durch die Harmonisierung der Steuer-, Wettbewerbs-, Außenhandels- und Sozialpolitik begleitet und durch eine gemeinsame Regionalpolitik ergänzt. Eine Sonderbehandlung erfuhr der Agrarsektor. Durch die "Einheitliche Europäische Akte" wurde 1986 der EWG-Gründungsvertrag novelliert und die Vollendung des Binnenmarktes mit freiem Verkehr für Personen, Waren, Dienstleistungen und Kapital für das Jahresende 1992 förmlich beschlossen. Termingerecht wurde der Binnenmarkt am 1. Jan. 1993 etabliert, aber noch nicht vollendet. Wegen der unterschiedlichen Verbrauchssteuern in den verschiedenen Ländern werden die Warenströme noch immer behördlich kontrolliert, auch wenn an den Staatsgrenzen keine Kontrollen mehr stattfinden. Zudem sind die nichttarifären Handelshemmnisse noch nicht vollständig beseitigt. Der Gründungsvertrag wurde durch den am 10. Dez. 1990 in Maastricht beschlossenen Vertrag über die Europäische Union, der am 1. Nov. 1993 in Kraft getreten ist, erneut novelliert, um auch die Zielsetzungen und Verfahrensschritte für eine politische Union Europas voranzubringen.

Der Weg zu einem einheitlichen europäischen Binnenmarkt wurde ergänzt durch Bemühungen um eine Währungsunion, die seit Ende der 1960er Jahre geplant wurde. 1972 entstand der europäische Wechselkursverbund, dem 1979 das Europäische Währungssystem (EWS) mit der Währung 'Ecu' folgte. Die Teilnehmerstaaten verpflichteten sich auf festgelegte bilaterale Kurskorridore: Verlassen die Wechselkurse diese Korridore, besteht für die Zentralbanken Interventionspflicht. Die künstliche Währung 'Ecu' ist eine Korbwährung, die zwischen den Zentralbanken als Recheneinheit gilt. Für Schwachwährungsländer werden durch den europäischen 'Fonds für währungspolitische Zusammenarbeit' Devisenkredite bereitgestellt. Insgesamt besteht im EWS für die Schwachwährungsländer ein deutlich höherer Anpassungsdruck als für die Starkwährungsländer. Die

Schritte zur vollen Währungsunion wurden 1990 durch den Vertrag von Maastricht vereinbart: 1994 wurde das Europäische Währungsinstitut gegründet; für 1999 ist die Einführung der Europawährung 'Euro' vorgesehen. Dazu müssen die Staaten, die an der Währungsunion teilnehmen wollen, insgesamt fünf Konvergenzkriterien, die die Geldwertstabilität der neuen Europawährung sicherstellen sollen, Anfang 1998 erfüllen und auf Dauer beachten.

Bei den unterschiedlichen Integrationsschritten kommen zumeist die Grundtendenzen zu mehr Freihandel und zu mehr Protektionismus gleichzeitig zum Zuge. Die Ausweitung eines Wirtschaftsraums ist fast immer mit einer gleichzeitigen schärferen Außenbegrenzung dieses größeren Wirtschaftsraums verbunden. Dadurch kommt es einerseits zur Handelsschaffung innerhalb dieses Wirtschaftsraums, andererseits zur Handelsablenkung in den nunmehr strikter begrenzten Außenbeziehungen. Die regionale oder kontinentale Integration ist der globalen Kooperation unter dem Gesichtspunkt der Wirtschaftsoptimierung nur dann vorzuziehen, wenn damit auch eine politische Integration erreicht werden soll und kann. Zudem müssen die Außenbeziehungen auf eine globale Kooperation ausgerichtet bleiben.

b. Weltwirtschaftliche Kooperation

Die Erfahrungen der Weltwirtschaftskrise von 1929/30 haben die Bemühungen um eine institutionelle Ordnung der globalen Kooperation nachhaltig angetrieben. Damals hatten die Industrieländer versucht, durch Handelsbeschränkungen und durch immer neue Abwertungen ihrer Währungen sich einseitige Handelsvorteile zu verschaffen und dadurch ihre Wirtschaftsentwicklung zu Lasten der anderen Staaten zu begünstigen. Doch führten diese Maßnahmen schließlich zu einer kollektiven Selbstschädigung mit großräumigem wirtschaftlichen Niedergang und politisch-militärischen Auseinandersetzungen.

Nach dem Zweiten Weltkrieg sollte eine geregelte internationale Zusammenarbeit auch auf wirtschaftlichem Gebiet die zerstörerischen Antagonismen überwinden helfen. Für den Finanzbereich wurde 1944 auf der Konferenz von Bretton Woods der International Monetary Fund (IMF), der Internationale Währungsfonds (IWF), vereinbart. Das Abkommen über diese Sonderorganisation der Vereinten Nationen trat am 27. Dezember 1945 in Kraft. Die Mitgliedsstaaten verzichten auf einseitige Währungspreisänderungen. Der IWF stellt kurzfristige Kredite bereit, um Zahlungsbilanzstörungen zu verkürzen und zu vermindern. Er soll die Währungspolitik koordinieren und geordnete Währungsbeziehungen mit dem Ziel eines freien Devisenverkehrs unterstützen und sichern. Ebenfalls in Bretton Woods wurde die Weltbank (International Bank for Reconstruction and Development, Internationale Bank für Wiederaufbau und Entwicklung) beschlossen, die als Sonderorganisation der Vereinten Nationen 1946 ihre Geschäftstätigkeit aufnahm. Die Weltbank soll durch Darlehen die Wirtschaftsentwicklung fördern. In IWF und Weltbank entspricht bei Beschlüssen das Stimmrecht dem Kapitalanteil.

Zur Beförderung des globalen Handels wurde am 30. Oktober 1947 von 23 Staaten ein General Agreement on Tariffs and Trade (GATT) unterzeichnet, das eine weltweite handelspolitische Ordnung etablieren sollte. Die sozialistischen Staaten unter Führung der UdSSR hielten sich damals abseits; viele asiatische und afrikanische Länder waren noch im Kolonialstatus. Heutzutage gehören über 100 Staaten dem GATT an. Sowohl für den Finanz- als auch für den Handelsbereich gibt es seit langem Bemühungen um Reformen und um eine Intensivierung der internationalen Kooperation (Montevideo-Runde).

Das GATT ist den Prinzipien der Meistbegünstigung und Nichtdiskriminierung verpflichtet. Nach dem Prinzip der Meistbegünstigung muß ein Staat allen seinen Außenhandelspartnern Zollvergünstigungen gleichermaßen einräumen. Nach dem Prinzip der Nichtdiskriminierung muß ein Staat eine Beschränkung der Importmengen, die in Ausnahmefällen zulässig ist, gleichmäßig auf alle Außenhandelspartner anwenden. In mehreren Phasen wurden Zölle gesenkt und Mengenbeschränkungen abgebaut. Der GATT-Grundsatz der Gegenseitigkeit brächte für die Entwicklungsländer besondere Belastungen. Deshalb können ihnen gegen die Meistbegünstigungspflicht besondere Vergünstigungen eingeräumt werden. Von der Meistbegünstigungspflicht sind auch diejenigen Staaten teilweise befreit, die einer Zollunion oder Freihandelszone angehören.

Im Rahmen der Vereinten Nationen ist durch Beschluß der Vollversammlung vom 30. Dezember 1964 die Weltwirtschaftskonferenz United Nations Conference on Trade and Development (UNCTAD) gegründet worden, um den Handel zwischen den Entwicklungsländern zu fördern und die Entwicklungsländer stärker am Welthandel zu beteiligen. Im Vier-Jahre-Turnus (seit 1964) sind Konferenzen der Mitgliedsstaaten (1996 waren es 188 Staaten) vorgesehen. Die Resolutionen haben nur den Charakter von Empfehlungen. Hier wurden vornehmlich seitens der Entwicklungsländer Forderungen aufgestellt, die eine 'Neue Weltwirtschaftsordnung' etablieren sollten: Die Industrieländer sollten ihre Grenzen für Produkte der Entwicklungsländer öffnen und die Entwicklungshilfe finanziell ausweiten. Die Rohstofferlöse sollten durch buffer stocks stabilisiert und der Technologietransfer von Nord nach Süd erleichtert werden. Die Entwicklungsländer sollten eine größere Mitsprache in den internationalen wirtschaftspolitischen Organisationen bekommen. Alle diese Forderungen wurden von den Industrieländern mehr oder minder abgeblockt. Seit dem Ende des Ost-West-Konflikts ist in den 1990er Jahren eine stärkere marktwirtschaftliche und pragmatische Orientierung zu beobachten.

Durch die internationalen Wirtschaftsbeziehungen ist es nach dem Ende der Kolonialzeit nicht zu dem erhofften und teilweise versprochenen Abbau der Disparitäten zwischen den Industrieländern und den Entwicklungsländern gekommen. Vielmehr begünstigte der Freihandel tendenziell die Position der Stärkeren und schwächte noch weiter die Position der Schwächeren. Die Marktposition der beiden Seiten ist asymmetrisch. Sehr viele der in den Entwicklungsländern hergestellten Produkte könnten bei entsprechendem Unternehmenswillen auch in den entwickelten Ländern hergestellt werden, während die Entwicklungsländer auf die Hochtechnologieprodukte der Industrieländer angewiesen sind. Zudem unterlaufen die Industrieländer dadurch die Freihandelsregeln, daß sie gerade in den Bereichen, wo die Entwicklungsländer Marktvorteile haben, durch nichttarifäre Festsetzungen faktische Handelshemmnisse aufbauen. Ein weiterer Mangel der Handelssituation besteht darin, daß die multinationalen und transnationalen Konzerne rechtlich kaum kontrolliert werden. So sind beispielsweise Kartellabsprachen, die in einzelnen Staaten im Inland unzulässig sind, international durchaus erlaubt.

c. Transnationale Unternehmen

Im Entwicklungsprozeß zur Globalisierung der Märkte spielt der Aufbau und Ausbau multinationaler oder transnationaler Unternehmen eine besondere Rolle. Multinationale Unternehmen sind solche, die in mehr als einem Staat unternehmerisch tätig sind; hier können die Unternehmensstrukturen sehr variabel und unscharf sein. Bei transnationalen Konzernen lenkt eine Muttergesellschaft in einem Heimatstaat zentral die Tochtergesellschaften in anderen Staaten.

Die transnationalen Konzerne unterhalten ihre Stabs- und Entwicklungsabteilungen in der Regel in ihren Heimatländern bei der zentralgeführten Muttergesellschaft. Produktion, Vertrieb und Forschung dagegen sind kontinental oder global organisiert. Dadurch kann in den Staaten mit niedrigen Lohnkosten produziert, in denen mit geringen gesetzlichen Auflagen geforscht und in denen mit niedrigen Steuersätzen oder großzügigen Abschreibungsregelungen Gewinn ausgewiesen werden. Durch die Heimatstaaten suchen diese Konzerne eine Absicherung ihrer Wirtschaftstätigkeit durch internationale Verträge. In den Gastländern ist politische Stabilität und eine möglichst von staatlichen Eingriffen freie Wirtschaftstätigkeit gewünscht.

Vor dem Ersten Weltkrieg waren internationale Handelsgeschäfte und Wertpapierinvestitionen das Normale. Zwar begannen in der zweiten Hälfte des 19. Jahrhundert Großunternehmen, Produktionsstätten auch im Ausland zu errichten, doch erst seit dem Ersten Weltkrieg sind Sachinvestitionen in den Vordergrund getreten. Durch die Entwicklung einer umfassenden, schnellen und zuverlässigen Nachrichtenübermittlung konnten nun fern agierende Tochtergesellschaften zentral von einer Muttergesellschaft geleitet werden. Gewaltige wirtschaftliche Machtpotentiale wurden so gebildet.

Transnationale Großkonzerne haben auf verschiedenen Spezialmärkten eine beherrschende Stellung errungen. In dem interdependenten Geflecht von Staat und Wirtschaft haben sie gegenüber Staaten der Dritten Welt durch ihre Kapitalkraft und ihre Technologie große Vorteile. Die transnationalen Konzerne, die in vielen Fällen erdweit operieren und zentral gelenkt werden, haben gegenüber anderen Unternehmen den Vorteil, als Großanbieter bzw. Großnachfrager den Markt beherrschen zu können, in Investitionsentscheidungen und Standortwahl unabhängig zu sein und auch auf die Wirtschaftspolitik eines Staates gerade durch ihre Exterritorialität teilweise in großem Umfang Einfluß nehmen zu können.

Die transnationalen Unternehmen verlagern Produktionszweige häufig in Niedriglohnländer, um den Kostenvorteil unternehmerisch nutzen zu können. Dabei werden zumeist marktwirtschaftlich orientierte Gastländer mit geringen Arbeitsschutzauflagen bevorzugt. Die Produktion in den Gastländern ist häufig nicht auf die Wirtschaftsbedürfnisse des Gastlandes ausgerichtet, sondern auf den Export in die Industrieländer.

Die transnationalen Unternehmungen sind noch nicht in eine transnationale Lohntarifpolitik eingebunden und können die internationalen Finanzmärkte selektiv nutzen. Sowohl bei der Verpflichtung von Arbeitskräften als auch bei der Finanzierung ihres Kreditbedarfs haben die transnationalen Unternehmen einen sie bevorteilenden Handlungsspielraum gegenüber solchen Unternehmen, die regional begrenzt operieren. Deshalb sind wettbewerbsfördernde Rahmenregelungen für den internationalen Finanzmarkt und eine internationale Lohntarifpolitik bedeutungsvoll.

Die Wirtschaftsbeziehungen zwischen den Industriestaaten und den Entwicklungsstaaten werden sehr stark durch die transnationalen Konzerne geprägt. Innerhalb der Gastländer schaffen sie teilweise Inseln relativen Wohlstandes, die allerdings nur eine ziemlich geringe Ausstrahlungskraft auf die übrige Wirtschaft des entsprechenden Landes haben. Für eine wirksame Entwicklungshilfe müssen die Aktivitäten der transnationalen Konzerne berücksichtigt werden.

3. Nord-Süd-Beziehungen

In der Weltwirtschaft ist das Ungleichverhältnis zwischen Industrieländern und Entwicklungsländern in besonderem Maße offensichtlich. Aus der Kolonialzeit stammt noch eine Struktur monopolistischer Nachfrage auf Seiten der Industrieländer nach den primärwirtschaftlichen Gütern der Entwicklungsländer. Diese Struktur, die den Entwicklungsländern die Position von Rohstoff- und Agrarlieferanten zuweist, hat sich nicht verändert. Die Verteilungsquote des weltweiten Einkommens hat sich noch verschlechtert.

Zwei gegensätzliche Strategien sind in den vergangenen knapp vier Jahrzehnten politisch versucht worden, um die Entwicklung in den nicht oder wenig industrialisierten Ländern voranzubringen.

Da ist einerseits die Strategie der Exportexpansion: Die Wirtschaft der Entwicklungsländer soll durch entsprechende Investitionen instandgesetzt werden, an der Weltwirtschaft vermehrt teilnehmen zu können. Die integrative Strategie der Exportausweitung war bei einigen Schwellenländern erfolgreich.

Da ist andererseits die Strategie der Inlandsentwicklung: Die Wirtschaft der Entwicklungsländer soll weitgehend von der Weltwirtschaft abgekoppelt werden. Diese dissoziative Strategie hat bislang nur in China einen gewissen Erfolg gehabt. Durch die Abschottung wird die Eigenwirtschaft, besonders die Landwirtschaft als Motor genommen.

Die Strategie der Exportausweitung hat den großen Nachteil eines riesigen Investitions- und Kapitalbedarfs. Dabei hat sich für einige Länder ein gewaltiger Schuldenüberhang ergeben. Die Anfälligkeit für Schwankungen der Weltwirtschaft sind dann erheblich.

a. Internationale Schuldenkrise

Die beiden Ölpreissprünge von 1973/74 und 1979/80 führten zu einer großen Kaufkraftverlagerung aus den Industrieländern in die Ölförderländer. Diese konnten in ihrer Mehrzahl die gewaltig gestiegenen

Erdölerlöse gar nicht in die eigenen Wirtschaften integrieren. Die Gelder flossen ins internationale Bankenwesen und wurden von dort an die Schwellenländer weitergegeben. Besonders die lateinamerikanischen Schwellenländer gerieten dann durch ein Stocken der eigenen Exportmöglichkeiten in eine Schuldenfalle.

Die internationale Schuldenkrise, die im August 1982 ausbrach, als Mexiko seine Zahlungsunfähigkeit erklärte, erschütterte die internationalen Finanzmärkte in ihren Grundfesten. Die Schuldenkrise bedrohte das gesamte Finanzsystem der Industrieländer und hat das Verhältnis der Industrieländer zu den Entwicklungsländern (Nord-Süd-Konflikt) dramatisch beleuchtet. Besonders amerikanische Großbanken waren durch die Bilanzbestimmungen des amerikanischen Finanzrechts akut vom Konkurs bedroht. Seitdem gibt es ein umfangreiches Krisenmanagement, das sich auf insgesamt 70 Entwicklungsländer erstreckt. Die Lösungsstrategie bestand weitgehend in einer Umschuldung in langfristige Kredite bei gleichzeitigem partiellem Schuldenerlaß.

Insgesamt wurden drei Hauptlösungswege diskutiert. Die Lösungsvorschläge unterscheiden sich grundlegend hinsichtlich der Stellung des Staats im Wirtschaftsprozeß und hinsichtlich der Werte, denen die wirtschaftlichen Interaktionen leitend verpflichtet sind. Beim neoklassischen Konzept wurde eine reine Neuordnung der Finanzmärkte gefordert bei gleichzeitigem Verzicht auf staatliche Interventionen. Demgegenüber schlug das alternativ-ökonomische Konzept einen vollständigen Schuldenerlaß vor. Eine Mittelposition nahm das ordoliberal-keynesianische Konzept ein; hier wurde ein länderspezifischer Vergleich und eine Neuordnung der Finanzmärkte gefordert.

Die Ursachen der Schuldenkrise liegen in Instabilitäten der Weltwirtschaft und der weltweiten Finanzen. Die Erhöhung der Ölpreise und der allgemeine Rückgang der Rohstoffpreise brachte für die Entwicklungsländer sinkende Exporterlöse und steigende Importpreise. Der Protektionismus der Industrieländer auf dem Agrarmarkt und dem Textilmarkt führte zu einer Verringerung der Absatzchancen der Entwicklungsländer. Die durch die Ölpreissteigerungen frei vagabundierenden Gelder wurden von den Geschäftsbanken den Entwicklungsländern auch für wirtschaftlich dubiose Projekte ohne besondere

Sicherheiten überlassen: So verzehnfachte sich die Gesamtschuldenlast der Entwicklungsländer von 1970 bis 1982. Das hohe Haushaltsdefizit der USA unter Ronald Reagan (Rüstungsausweitung) und die gleichzeitige restriktive Geldpolitik führten zu einer starken Erhöhung der Zinssätze auf den internationalen Kreditmärkten. Dabei kostete jeder Prozentpunkt Erhöhung die Entwicklungsländer etwa 15 Mrd. US-$ zusätzliche Zinslast jährlich. Auch die über Kredite statt über Steuern finanzierte deutsche Vereinigung sowie der Irakkrieg 1991 belasteten die internationalen Finanzmärkte. Die Nebenwirkungen von finanzpolitischen Maßnahmen der Industrieländer auf die Wirtschaften in den Entwicklungsländern machen häufig die entwicklungspolitischen Maßnahmen zunichte.

Die Schuldenkrise gefährdet das internationale Finanzsystem heute nicht mehr. Die meisten Umschuldungsaktionen, die in parallelen Verhandlungen mit dem Internationalen Währungsfonds, den Gläubigerregierungen (Pariser Klub) und den Bankengläubigern (Londoner Klub) ausgehandelt wurden, waren finanztechnisch erfolgreich. Höchst problematisch sind allerdings die Strukturanpassungsmaßnahmen, die der Internationale Währungsfonds den Schuldnerländern abnötigte.

Diese Strukturanpassungsmaßnahmen waren zunächst vorrangig monetaristisch ausgerichtet, um die kurzfristige Zahlungsfähigkeit der Schuldnerländer durch eine entsprechende Sparpolitik sicherzustellen. Der Abbau der Staats- und Sozialhaushalte führte aber zu einem Rückgang der Produktion, zu Arbeitslosigkeit und Versorgungsengpässen. Bei unvermindertem Bevölkerungswachstum sanken der Beschäftigungsgrad und die Reallöhne, nahm die Verarmung stark zu. Die verschärften sozialen Spannungen entluden sich verschiedentlich in Brotrevolten. Die sozialpolitischen Restriktionen garantierten keineswegs den wirtschaftlichen Reformerfolg. In Mexiko beispielsweise scheiterte 1994 die neoliberal ausgerichtete Reformpolitik.

Durch die Verelendung großer Bevölkerungsgruppen wurden die politischen Systeme der Entwicklungsländer destabilisiert, extremistischen Bewegungen Vorschub geleistet und Umweltzerstörungen gefördert. Dadurch wiederum kamen soziale Lasten auch auf die Industrieländer zu, die diese bei ihren Entscheidungen gar nicht bedacht hatten: Migrationsbewegungen und Klimakatastrophen. Die Schuldenkrise bleibt somit als Indikator für die strukturellen Schwierigkeiten des Nord-Süd-Verhältnisses virulent.

Die Schuldenkrise kann nur länderspezifisch angegangen werden. In den bilateralen Vereinbarungen zwischen den betroffenen Regierungen ist häufig auch der Weg des Schuldenerlasses beschritten worden. Komplizierter liegen die Dinge bei den multilateralen Institutionen IWF und Weltbank. Hier kann der Weg des Schuldenerlasses nicht so einfach beschritten werden, weil dieses zu einer Verteuerung neuer Kredite und damit zu einer Verlängerung der strukturellen Krise führen könnte. Die privaten Geschäftsbanken sind neuerdings auch zu konkreten Schuldenerlaßmaßnahmen bereit. In den 1980er Jahren haben sie sich dagegen gesperrt, weil das ihre eigene Existenz gefährdet hätte. Seitdem sind aber häufig steuerliche Abschreibungen auf Schulden vorgenommen worden, die als uneintreibbar eingestuft wurden. Es hat sich ein neuer Markt sekundärer Schuldtitel gebildet. Dort werden Schulden mit deutlichen Abschlägen gehandelt. Die Entwicklungsländer haben diese Altschulden teilweise zu ermäßigten Sätzen zurückgekauft (debt-buy-back). Hier liegt eine wichtige finanztechnische Unterstützungschance für die Entwicklungsländer. Die Geschäftsbanken könnten verpflichtet werden, die vom Steuerzahler finanzierten Abschreibungen der Schulden an die Schuldnerländer weiterzugeben. Diese Regelungen für alte Schulden dürfen allerdings nicht dazu führen, daß neu auszuleihende Kredite nach dem Gießkannenprinzip verteilt werden, weil ja die öffentliche Hand der Industrieländer gleichsam eine Gewährleistung übernimmt.

Die Schuldenkrise ist nur dem Augenschein nach eine Liquiditätskrise; in Wahrheit ist sie eine Solvenzkrise. Die Düsternis geht nicht vom kurzfristigen Mangel an Zahlungsmittel, sondern vom langfristigen Mangel an Produktivkapital aus. Kurzfristige Umschuldungen lösen nicht die strukturellen Probleme, sondern mindern nur den Zeitdruck und eröffnen Gestaltungsräume für eine langfristige Neugestaltung der Wirtschaftsbeziehungen zwischen den Industrieländern und Entwicklungsländern. Soll nicht der Kolonialstatus durch die Schuldenknechtschaft abgelöst werden, so müssen die Entwicklungsländer ihre Initiativen und Kräfte zur Eigenentwicklung deutlich verstärken und die Industrieländer ihre Hilfsmaßnahmen stärker auf strukturelle Unterstützung und Hilfe zur Selbsthilfe ausrichten.

Für die langfristige Überwindung der Schuldenkrise ist unverzichtbar, daß einerseits in den Schuldnerländern strukturelle Veränderungen vorgenommen werden im Sinne einer besseren Nutzung der eigenen Ressourcen, einer größeren Beteiligung der Bevölkerung an den wirtschaftlichen Entwicklungen und politischen Entscheidungen, einer besseren Mobilisierung der eigenen Sparmöglichkeiten, einer Förderung länderspezifischer arbeitsintensiver Investitionen, einer Reduktion der Rüstungsausgaben, einer Verbesserung der Haushalts- und Finanzstruktur, einer stärkeren Marktorientierung, einer progressiven Besteuerung und Eigentumsumverteilung im Sinne einer Mobilisierung der armen Bevölkerungsgruppen.

Diese Konditionierung der Schuldnerländer müßte andererseits Hand in Hand gehen mit einer Konditionierung der Gläubigerländer, die ihre Politik in den Nord-Süd-Beziehungen am Globalziel einer solidarischen und gerechten Kooperation aller Menschen und Wahrung der Lebensgrundlagen künftiger Generationen ausrichten müßten. Dabei wäre denkbar, daß die Industrieländer die von den Schuldnerländern bisher preislos erbrachten Leistungen für das globale Gemeinwohl prämieren würden (Tropenwälder, Süßwasserressourcen). Binnenwirtschaftliche Entscheidungen der Industrieländer müßten jeweils auch auf die außenwirtschaftlichen Wirkungen für die Schuldnerländer geprüft werden. Ins Völkerrecht müßten Bestimmungen aufgenommen werden, die die Wirtschaftsbeziehungen zwischen den verschiedenen Staaten im Sinne des Vergleichs- und Konkursrechts regelten und dabei auch einen Pfändungsschutz für die Elementarbedürfnisse vorsehen.

Eine sinnvolle Unterstützung der Eigenentwicklung der Entwicklungsländer könnte darin bestehen, einen Teil der Altschulden in Gegenwertfonds einzubringen, die in der Eigenwährung der Entwicklungsländer gehalten würden und von den Schuldnern und Gläubigern gemeinsam verwaltet würden. Diese Fonds würden in besonderer Weise für den Umweltschutz, die Bildungsprogramme und allgemeine Entwicklungsprogramme verwendet werden (sog. debt-nature-swaps, debt-development-swaps).

b. Entwicklungspolitik

Die Entwicklungspolitik war in der Vergangenheit mit der Weltwirtschaftspolitik nur unzureichend koordiniert. Durch die umfassende Entkolonialisierung der afrikanischen und asiatischen Länder in den 1950er Jahren wurde eine neue politische und soziale Sitation geschaffen.

Die Entwicklungspolitik der 1960er Jahre war vornehmlich darauf gerichtet, durch technische Hilfe und Finanzhilfe die ehemaligen Kolonien auf einen Weg zu führen, der sie an die Industrieländer heranbringen sollte. Der Pearson-Bericht von 1969 stellte für diese erste Dekade das Scheitern der Bemühungen fest. Der Status der ehemaligen Kolonien als Rohstofflieferanten ließ sich durch technische Hilfe und Kapitalhilfe allein nicht verändern. Die soziokulturelle Lage in den Entwicklungsländern mußte ebenfalls verändert werden. Deshalb wurde als neue Strategie die Hilfe zur Selbsthilfe und die Hilfe durch Handel empfohlen.

Dies war Gegenstand der Welthandelskonferenzen UNCTAD III, IV und V (Santiago de Chile 1972, Nairobi 1976, Manila 1979). Der soziale Wandel hin zu Selbstverantwortung sollte durch eine Öffnung der Märkte der Industrieländer, durch Privatinvestitionen in den Entwicklungsländern, durch stabile Rohstoffpreise und durch ein neues Währungssystem gefördert werden. Die zentrale Verwaltung und Bewirtschaftung des Rohstoffhandels (Integriertes Rohstoffprogramm von 1976) scheiterte. Die Nord-Süd-Beziehungen kamen trotz aller Kommissionsarbeiten der Vereinten Nationen nicht aus der Konfrontation heraus. Die Schuldenkrise bestimmter Schwellenländer zeigte die wirtschaftliche Risikolage nachdrücklich auf. Durch die Erdölkrise und die dadurch verursachten großen Veränderungen der Kapitalflüsse trat ein neues Element der Entwicklungspolitik auf den Plan. Viele dieser Gelder wurden besonders in die Schwellenländer umgeleitet. Die Verschuldungskrise der 1980er Jahre ließ dann die Diskussion um die neue Weltwirtschaftsordnung in den Hintergrund treten.

Die völlig unbefriedigende politische und wirtschaftliche Entwicklung läßt sich an den Berichten internationaler Kommissionen ablesen, die dem Pearson-Bericht folgten. Die zweite Entwicklungsdekade in den 1970er Jahren stand im Zeichen der Hilfe zur Selbsthilfe. Bilanz wurde in dem Bericht gezogen, den die von Willy Brandt geleitete Nord-Süd-Kommission in deutscher Fassung 1980 unter dem Titel "Das Überleben sichern" publizierte.

Die dritte Entwicklungsdekade der 1980er Jahre war durch die weltwirtschaftliche Rezession nach der zweiten Erdölkrise und die drohende globale Umweltkatastrophe geprägt. Der Brundtland-Bericht von 1987 unter dem Titel "Unsere gemeinsame Zukunft" machte in besonderer Weise den Ökologieaspekt für die Entwicklungspolitik geltend. Die South-Commission veröffentlichte 1990 bzw. 1991 den Bericht "Die Herausforderung des Südens" aus der Perspektive des Südens.

Die Stockholm-Initiative stellte 1991 im Bericht "Gemeinsame Verantwortung in den neunziger Jahren" die Ordnungsanforderungen für die globale Sicherheit in den Vordergrund. Die vielfältigen lokalen und regionalen Konflikte sozialer und militärischer Art machen nicht nur viele Entwicklungsimpulse zunichte, sondern bedrohen auch die globale Sicherheit.

Die soziale, politische und wirtschaftliche Situation in den Entwicklungsländern ist regional sehr verschieden. Hauptsächlich der südostasiatische Raum verzeichnet ein rasantes Wachstum. Dagegen stagnieren weite Teile Lateinamerikas und Afrikas. Hier haben sich die großen Entwicklungshoffnungen bisher nicht erfüllt.

Das weitgehende Scheitern der Entwicklungspolitik resultiert nicht nur aus der Zwiespältigkeit der Industrieländer, Nothilfe gewähren und zugleich die eigene Wirtschaft fördern zu wollen, gründet nicht nur in der Hartherzigkeit der Industrieländer, die eigenen Machtpositionen und Märkte zu verteidigen, sondern ergibt sich auch aus internen Entwicklungen in den Armutsländern selbst. So sind die Alphabetisierungs- und Bildungsbemühungen nur wenig vorangekommen; so wurden eine Reihe von Staaten in Bürgerkriege oder Kriege verstrickt; so wurde eine massive Aufrüstung in vielen Staaten betrieben; so wuchs in vielen Staaten die Kluft zwischen den städtischen Eliten und der großen Menge der Landbevölkerung ins Immense; so wurde eine interne Entwicklung zu wenig vorangetrieben; so wurde zu sehr dem Vorbild der Industrieländer in der Manier schlechter Kopien nachgeeifert.

Die Bilanz der staatlichen Entwicklungspolitik ist zumeist deprimierend. Die sozialen und wirtschaftlichen Zustände sind in vielen Armutsländern eher schlechter als zu Beginn ihrer Eigenstaatlichkeit. In den unterentwickelten Ländern besteht vielerorts eine Massenarmut an Nahrungsmitteln, Wasser, Wohnung, medizinischer Betreuung und schulischer Bildung. Die Umweltsituation hat sich dramatisch verschlechtert. Eine Verringerung des Bevölkerungswachstums ist vielerorts nicht gelungen. Nur durch eine umfassende Alphabetisierung kann eine Eingliederung der großen Bevölkerungsmehrheit in moderne Arbeitsprozesse gelingen. Der Aufbau von sozial-, bildungs- und rechtsstaatlichen Zuständen braucht lange Zeiträume. Die Entwicklung von Eigeninitiative angesichts schwieriger Entwicklungen der Weltmärkte ist besonders dringend und besonders schwierig.

Die Bilanz der kirchlichen Entwicklungshilfe ist demgegenüber deutlich erfreulicher. In der kirchlichen Entwicklungshilfe standen die Gesichtspunkte der Diakonie und der Hilfe zur Selbsthilfe im Sinne eines karitativen Zeugnisses von früh an im Vordergrund. Die Umwandlung von missionarischen Einrichtungen, die aus den Entsendeländern geleitet wurden, in partnerschaftliche Beziehungen zwischen gleichberechtigten Kirchen machte gute Fortschritte.

Sowohl die römisch-katholische Kirche als auch der Ökumenische Rat der Kirchen (ÖRK) haben sich nachdrücklich für die Entwicklungspolitik eingesetzt. Papst Paul VI. forderte in seiner Enzyklika "Populorum progressio" (1967) nicht nur eine Armutsbekämpfung, sondern eine Neugestaltung der Weltwirtschaftsordnung. Die Kapitalismuskritik im Sinne der Dependenztheorie wurde besonders von der lateinamerikanischen 'Theologie der Befreiung' aufgenommen. Die Weltkirchenkonferenz in Uppsala 1968 formulierte das Konzept der Einen Welt. Die Weltkirchenkonferenz von Nairobi 1975 betonte die Selbstverantwortung und die ökologischen Aspekte. Die Entwicklung müsse auf eine gerechte, beteiligende und nachhaltige Gesellschaft zielen. Diese gesellschaftliche Entwicklungsaufgabe besteht fort.

Für eine marktwirtschaftliche Entwicklungspolitik ist wesentlich, die ungleichen Startchancen zu beseitigen und einen fairen Handel zu etablieren. Dabei sollten Impulse für die eigenverantwortliche Entwicklung der Armutsländer gegeben werden. Durch neue GATT-Vereinbarungen müssen die Industrieländer ihre Handelsschranken längerfristig abbauen und Wege zu einer gerechten Partnerschaft öffnen.

Schluß

Die Wirtschaftsethik hat ihren systematischen Ort zwischen dem Prinzipiengefüge der allgemeinen Ethik und den empirischen Theorien der Wirtschaftswissenschaft. In kritischer Vermittlung muß sie diese beiden so unterschiedlichen Wissenssphären verknüpfen. Das Erfahrungswissen, das die Wirtschaftswissenschaft erhebt und theoretisch formuliert, ist nicht zureichend handlungsleitend. Die Wirtschaft ist kein naturgesetzlich bestimmtes Gebilde, in dem keine Entscheidungsspielräume beständen und das ohne Zielsetzungen gedeihen könnte. Das Prinzipienwissen der Ethik bedarf der empirischen Kenntnisse und Sachlagenanalysen, um die nötige Konkretion zu gewinnen und die kontingente Wirklichkeit gestalten zu können.

Die Wirtschaftsethik steht in enger Seitenverbindung zur Ethik der Gesellschaft, zur Ethik des Staats, zur Ethik der Kultur, zur Ethik der Religion. Immer wieder müssen Verbindungen zu diesen anderen ethischen Themenbereichen hergestellt, Voraussetzungen und Konsequenzen ausdrücklich gemacht werden. Durch den Ausweis dieser Seitenverbindungen wird die definierte Eigenständigkeit der Wirtschaftsethik gewahrt und zugleich die Verflochtenheit der sozialen Prozesse berücksichtigt.

Der Durchgang durch das Themenfeld der Wirtschaft zeigt, daß viele Phänomene und Wahrnehmungsaspekte der wirtschaftsethischen Reflexion bedürftig sind. Schon die Formulierung des Begriffs der Wirtschaft macht darauf aufmerksam, daß das Wirtschaften nicht getrennt von sittlichem Wollen und Tun vollzogen wird, vielmehr selbst Gegenstand sittlichen Verhaltens und moralischer Maximenbildung ist. Die Aufgabenbestimmung des Wirtschaftens und seine konstitutiven Regelsetzungen ergeben sich aus den Kulturimpulsen der menschlichen Wirklichkeitsgestaltung. Deshalb müssen sie auf die ethischen Prämissen und Implikationen bedacht werden. Der methodische Individualismus und die Zweck-Mittel-Rationalität, die auf die Optimierung von Nutzen-Kosten-Relationen spezialisiert ist, bedürfen des korrigierenden Bezugs auf die Ordnung des Gemeinwohls und den gemeinsamen Wohlstand. Die mikroökonomischen und makroökonomischen Theoriebildungen sowie die politischen Steuerungsstrategien müssen sich in diesem Kraftfeld von individueller Freiheit und allgemeinem Wohl bewähren.

Die Faktoren der wirtschaftlichen Nutzenstiftung sind in sich keine stabilen und eindeutigen Größen, sondern bedürfen in ihrem Eigensein und ihrem Zueinander sittlicher Begrenzung und Bildung. Die Faktoren sind in ihren Wechselbeziehungen vielfach gefährdet. Arbeit, Natur und Kapital können die Nutzenstiftung nur in ethisch reflektierter Bezogenheit erbringen.

Güterproduktion und Güterverteilung als die Funktionen der Wirtschaft lassen sich angemessen nur begreifen, wenn die Wahrnehmung der Konflikte für die ethische Reflexion so geöffnet wird, daß die moralische Fragestellung als sachimmanent erkannt wird. Die Verteilungsgerechtigkeit macht grundsätzliche Überlegungen zur Sozialpflichtigkeit wirtschaftlicher Aktivitäten nötig.

Die Strukturen der Wirtschaft müssen im Horizont allgemeinverbindlicher Interaktionsmuster gesehen werden. Dadurch ergibt sich ein weites Themenspektrum ethischer Überlegungen, die auf lebensförderliche Konfliktlösungen hindrängen.

Die gegenwärtigen wirtschaftlichen Krisenphänomene in Deutschland fordern dringend dazu auf, das Programm einer sozial geordneten nachhaltigen Marktwirtschaft verstärkt politisch zur Geltung zu bringen. Dazu bedarf es eines gesellschaftlichen Reformwillens, angesichts der drängenden soziokulturellen Wandlungen entsprechende strukturelle und institutionelle Anpassungen vorzunehmen. Die soziale Marktwirtschaft basiert ja nicht auf einer feststehenden Patentformel, die einfach mechanisch exekutiert werden könnte, sondern das Programm muß auf einen Wechsel der soziokulturellen Lage eingestellt werden, damit die soziale Rahmenordnung und die wirtschaftlichen Erfordernisse aufeinander abgestimmt werden können. Diese politischen Reformstrategien müssen situationsbezogen sein.

Das Programm einer sozial geordneten Marktwirtschaft bindet verantwortliche Eigeninitiative und soziale Verpflichtung zusammen; darin zeigt es seine Nähe zur christlichen Anthropologie. Es setzt auf die antitotalitären Wirkungen des Marktes, auf dessen disziplinierende Wirkungen gegenüber Machtkonstellationen und auf seine befreienden Wirkungen für individuelle Entfaltung und Verantwortung.

Die soziale Marktwirtschaft ist die geeignete Wirtschaftsordnung, um die wirtschaftlichen Kräfte mit der wünschenswerten Effektivität zur Entfaltung kommen zu lassen, ohne daß dadurch die soziale Einbindung verloren ginge. Dadurch wird individueller und sozialer Wohlstand erreicht, wird individuelle Kreativität sozial nutzbar gemacht. In der sozialen Marktwirtschaft werden dem Marktwettbewerb nur bestimmte Aufgaben überlassen. Die soziale Rahmenordnung, die politisch gestaltet werden muß, unterstützt und begrenzt die Wirtschaftsprozesse.

Die soziale Marktwirtschaft bejaht, daß es andere Lebensbereiche gibt, die neben der Wirtschaft ihr Eigenrecht haben, für die die Wirtschaft die nötigen Subsistenzmittel bereitstellt. Das Leitbild ist nicht der Ameisenstaat. Lebendige Individualität hat ihren Platz in der Wirtschaft, beschränkt sich aber nicht auf die Wirtschaft. Die Behauptung, der 'homo oeconomicus' sei keine abstrahierende methodische Hypothese, sondern schildere den wirklichen und sittlich gewollten Menschen, ist das Plädoyer für eine leerlaufende Verständigkeit mit gespenstisch sinnlosen Zügen.

Der Markt ist ein Koordinierungs- und Entdeckungsgeschehen. Der Markt ist nicht selbst kreativ. Er ist darauf angewiesen, daß Güter produziert und angeboten werden, daß nach Gütern gefragt wird. Erfindungsgeist und Einfallsreichtum schaffen erst den Markt, der ohne Phantasie und Innovationen erstarrt. Er selber kann nur vorhandene Impulse verstärken und regulieren, aber keine selbständig hervorbringen. In der Zuordnung ist er leistungsstark; selbsterzeugend ist er nicht. Seine wirtschaftliche Leistungsfähigkeit ist vielfach gefährdet.

Gehen die Ideen aus, ist es schlecht um eine Gesellschaft und ihre Wirtschaft bestellt. Der Markt allein gebiert keine Ideen. Deshalb ist die Wirtschaft auf lebendige und vielfältige Ideen angewiesen. Die Wirtschaftsethik will ihren Beitrag dazu leisten, daß die Ideen zum Zuge kommen.

Literaturverzeichnis

Die Literaturangaben sind kapitelweise chronologisch geordnet. Sind mehrere Titel im selben Jahr erschienen, so gilt hier die alphabetische Reihung. Gibt es von einem Werk mehrere Ausgaben oder Auflagen, so ist außer bei den wirtschaftswissenschaftlichen Lehrbüchern in der Regel die Erstpublikation das Ordnungsmerkmal. Faksimilierte Titelnachdrucke werden in Klammern nach einem Gleichheitszeichen angegeben.

Allgemeine Literatur

Genauere bibliographische Angaben sind in den Sach- und Personalartikeln der großen theologischen, philosophischen, sozialwissenschaftlichen und wirtschaftswissenschaftlichen Lexika zu finden. Beispielhaft sei hingewiesen auf:

Handwörterbuch der Sozialwissenschaften. Zugleich Neuauflage des Handwörterbuchs der Staatswissenschaften, hg. v. Erwin v. Beckerath u. a., Bd. 1-12, Stuttgart (Fischer) / Tübingen (Mohr Siebeck) / Göttingen (Vandenhoeck & Ruprecht) 1956-1965; Register 1968.

Die Religion in Geschichte und Gegenwart, 3. Aufl., hg. v. Kurt Galling u. a., Bd. 1-6, Tübingen (Mohr Siebeck) 1957-1962; Register 1965.

Historisches Wörterbuch der Philosophie, hg. v. Joachim Ritter / Karlfried Gründer u. a., bisher Bd. 1-9, Basel (Schwabe) 1971ff.

Geschichtliche Grundbegriffe. Historisches Lexikon zur politisch-sozialen Sprache in Deutschland, hg. v. Otto Brunner / Werner Conze / Reinhart Koselleck, Bd. 1-7, Stuttgart (Klett-Cotta) 1972-1992.

Handwörterbuch der Wirtschaftswissenschaft. Zugleich Neuauflage des Handwörterbuchs der Sozialwissenschaften, hg. v. W. Albers u. a., Bd. 1-9, Stuttgart (Fischer) / Tübingen (Mohr Siebeck) / Göttingen (Vandenhoeck & Ruprecht) 1977-1982; Register 1983.

Theologische Realenzyklopädie, hg. v. Gerhard Krause u. a., bisher Bd. 1-27, Berlin / New York (de Gruyter) 1977ff.

Evangelisches Kirchenlexikon, 3. Aufl., hg. v. Erwin Fahlbusch u. a., Göttingen (Vandenhoeck & Ruprecht) 1986-1996.

Lexikon für Theologie und Kirche, 3. Aufl., hg. v. Walter Kasper u. a., bisher Bd. 1-4, Freiburg im Breisgau (Herder) 1993ff.

Gabler Wirtschafts-Lexikon, 14. Aufl., Bd. 1-4, Wiesbaden (Gabler) 1997.

Neuere Darstellungen evangelischer Ethik

Evangelische Ethik. Diskussionsbeiträge zu ihrer Grundlegung und ihren Aufgaben, hg. v. Hans G. Ulrich, Theologische Bibliothek 83, München (Kaiser) 1990.

Frey, Christofer: Theologische Ethik, Neukirchen (Neukirchener Verlag des Erziehungsvereins) 1990.

Honecker, Martin: Theologische Ethik, Berlin / New York (de Gruyter) 1990.

Rendtorff, Trutz: Ethik. Grundelemente, Methodologie und Konkretionen einer ethischen Theologie, Bd. 1-2, Theologische Wissenschaft 13, 2. Aufl., Stuttgart (Kohlhammer) 1990-1991.

Lange, Dietz: Ethik in evangelischer Perspektive. Grundfragen christlicher Lebenspraxis, Göttingen (Vandenhoeck & Ruprecht) 1992.

Honecker, Martin: Grundriß der Sozialethik, Berlin / New York (de Gruyter) 1995.

Kreß, Hartmut / Daiber, Karl-Fritz: Theologische Ethik - Pastoralsoziologie, Grundkurs Theologie 7, Stuttgart (Kohlhammer) 1996.

Neuere Darstellungen der Volkswirtschaftslehre

Hardes, Heinz-Dieter / Rahmeyer, Fritz / Schmid, Alfons: Volkswirtschaftslehre. Eine problemorientierte Einführung, Uni-Taschenbücher 737, 17. Aufl., Tübingen (Mohr Siebeck) 1990.

Preiser, Erich: Nationalökonomie heute. Eine Einführung in die Volkswirtschaftslehre, 15. Aufl., München (Beck) 1992.

Siebert, Horst: Einführung in die Volkswirtschaftslehre, 11. Aufl., Stuttgart (Kohlhammer) 1992.

Bartling, Hartwig / Luzius, Franz: Grundzüge der Volkswirtschaftslehre, 10. Aufl., München (Vahlen) 1993.

Heertje, Arnold / Wenzel, Heinz-Dieter: Grundlagen der Volkswirtschaftslehre, 4. Aufl., Berlin (Springer) 1993.

Henrichsmeyer, Wilhelm / Gans, Oskar / Evers, Ingo: Einführung in die Volkswirtschaftslehre, 10. Aufl., Uni-Taschenbücher 680, Stuttgart (Ulmer) 1993.

Woll, Artur: Allgemeine Volkswirtschaftslehre, 11. Aufl., München (Vahlen) 1993.

Cezanne, Wolfgang: Allgemeine Volkswirtschaftslehre, 2. Aufl., München/ Wien (Oldenbourg) 1994.

Gruber, Utta / Kleber, Michaela: Grundlagen der Volkswirtschaftslehre, 2. Aufl., München (Vahlen) 1994.

Hanusch, Horst / Kuhn, Thomas: Einführung in die Volkswirtschaftslehre, 3. Aufl., Berlin (Springer) 1994.

Publikationen zur Wirtschaftsethik

Enderle, Georges: Wirtschaftsethik im Werden, Stuttgart (Akademie der Diözese Rottenburg-Stuttgart) 1988.

Molitor, Bruno: Wirtschaftsethik, München (Vahlen) 1989.

Wirtschaftsethik. Gesellschaftswissenschaftliche Perspektiven, hg. v. Franz Urban Pappi, Kiel (Universität) 1989.

Auf der Suche nach einer modernen Wirtschaftsethik. Lernschritte zu einer reflexiven Ökonomie, hg. v. Peter Ulrich, Bern (Haupt) 1990.

Enderle, Georges: Handlungsorientierte Wirtschaftsethik. Grundlagen und Anwendungen, Bern (Haupt) 1993.

Wirtschaftsethik und Theorie der Gesellschaft, hg. v. Josef Wieland, STW 1053, Frankfurt am Main (Suhrkamp) 1993.

Unternehmensführung - Wirtschaftsethik - gesellschaftliche Evolution. Annäherungen an eine verantwortungsbewußte Führungspraxis, hg. v. Ekkehard Kappler, Gütersloh (Bertelsmann-Stiftung) 1995.

Ethik in der Wirtschaft. Chancen verantwortlichen Handelns, hg. v. Jörg Becker u. a., Stuttgart (Kohlhammer) 1996.

Horn, Karen Ilse: Moral und Wirtschaft. Zur Synthese von Ethik und Ökonomik in der modernen Wirtschaftsethik und zur Moral in der Wirtschaftstheorie und im Ordnungskonzept der sozialen Marktwirtschaft, Uni-Taschenbücher 1913, Tübingen (Mohr Siebeck) 1996.

Karmasin, Matthias: Ethik als Gewinn. Zur ethischen Rekonstruktion der Ökonomie. Konzepte und Perspektiven von Wirtschaftsethik, Unternehmensethik, Führungsethik, Wien (Linde) 1996.

Stübinger, Ewald: Wirtschaftsethik und Unternehmensethik. Literaturbericht, in: Zeitschrift für Evangelische Ethik 40, 1996, S. 148-161. 226-244.

Einleitung. A. Themenfeld und Aufgabenbestimmung der Wirtschaftsethik

Defoe, Daniel: The Life and Strange Surprising Adventures of Robinson Crusoe, London (Taylor) 1719 (= Osnabrück [Edition Simile] 1976; [dt.] Das Leben und die seltsamen Abenteuer des Robinson Crusoe, übers. v. Martin Schoske, Frankfurt am Main (Fischer) 1995.

Fichte, Johann Gottlieb: Versuch einer neuen Darstellung der Wissenschaftslehre, 1797/98, hg. v. Peter Baumanns, 2. Aufl., Philosophische Bibliothek 239, Hamburg (Meiner) 1984.

Müller-Armack, Alfred: Religion und Wirtschaft, 1959, 3. Aufl., Beiträge zur Wirtschaftspolitik 33, Bern (Haupt) 1981.

Handbuch der christlichen Ethik, hg. v. Anselm Hertz / Wilhelm Korff / Trutz Rendtorff / Hermann Ringeling, Bd. 1-3, 1978-1982, Aktualisierte Neuausgabe, Freiburg im Breisgau (Herder) / Gütersloh (Mohn) 1993.

Koslowski, Peter: Prinzipien der ethischen Ökonomie. Grundlegung der Wirtschaftsethik und der auf die Ökonomie bezogenen Ethik, Tübingen (Mohr Siebeck) 1988.

Lexikon der Wirtschaftsethik, hg. v. Georges Enderle u. a., Freiburg im Breisgau (Herder) 1993.

Einleitung. B. Verhältnis der Wirtschaftsethik zur Wirtschaftswissenschaft

Koellner, Lutz: Bibliographie zur Geschichte der Wirtschaftswissenschaft, 2. Aufl., München (Sozialwissenschaftliches Institut der Bundeswehr) 1990.

Mandeville, Bernard de: The Fable of the Bees, London (Roberts) 1714 (= Düsseldorf [Wirtschaft und Finanzen] 1990).

Quesnay, François: Tableau oeconomique, 1758 (= Ann Arbor [University Microfilms) 1967, 3e ed., 1759 (= Berlin [Akademie] 1965).

Smith, Adam: The Theory of Moral Sentiments, 1759, 6th ed., London (Strahan and Cadall) 1790; [dt.] Theorie der ethischen Gefühle, übers. v. Walther Eckstein, Philosophische Bibliothek 200, Hamburg (Meiner) 1994.
- : An Inquiry into the Nature and Causes of the Wealth of Nations, 1776, 5th ed., London (Strahan and Cadall) 1789; [dt.] Der Wohlstand der Nationen, übers. v. Horst Claus Recktenwald, München (Beck) 1974, 6. Aufl., München (dtv) 1993.

Malthus, Thomas Robert: An Essay on the Principle of Population (1798), 4th ed., London (Murray) 1817 (= Cambridge [University Press] 1989).

Say, Jean-Baptiste: Traité d'économie politique, Paris (Déterville) 1803 (= Frankfurt am Main [Wirtschaft und Finanzen] 1986).

Ricardo, David: On the Principles of Political Economy and Taxation (1817), 3rd ed., London (Murray) 1821 (= Cambridge 1962); [dt.] Über die Grundsätze der politischen Ökonomie und der Besteuerung, übers. v. Gerhard Bondi, hg. v. Heinz P. Kurz, Marburg (Metropolis) 1994.

Malthus, Thomas Robert: Principles of Political Economy, London (Murray) 1820; ed. John Pullen, Cambridge 1989.

Mill, John Stuart: Principles of Political Economy, vol. 1-2, London (Parker) 1848; [dt.] Grundsätze der politischen Ökonomie, Bd. 1-2, Jena (Fischer) 1913-1921.

Gossen, Hermann Heinrich: Entwicklung der Gesetze des menschlichen Verkehrs und der daraus fließenden Regeln für menschliches Handeln, Braunschweig (Vieweg) 1854.

Marx, Karl: Zur Kritik der politischen Ökonomie, Berlin (Duncker) 1859.
- : Das Kapital, Bd. 1, Hamburg (Meissner) 1867.
Marx, Karl / Engels, Friedrich: Werke, Bd. 1-39, Berlin (Dietz) 1956-1972.

Jevons, William Stanley: The Theory of Political Economy, London (Macmillan) 1871 (= Düsseldorf [Wirtschaft und Finanzen] 1995); [dt.] Theorie der politischen Ökonomie, übers. v. Otto Weinberger, Jena (Fischer) 1924.

Menger, Carl: Grundsätze der Volkswirthschaftslehre, Wien (Braumüller) 1871 (= Düsseldorf [Wirtschaft und Finanzen] 1990).
- : Die Irrthümer des Historismus in der deutschen Nationalökonomie, Wien (Hölder) 1884.

Wagner, Adolph: Rede über die sociale Frage, Berlin (Wiegandt & Grieben) 1872.

Walras, Léon: Éléments d'économie politique pure ou théorie de la richesse sociale, Lausanne (Corbaz) 1874.

Marshall, Alfred: Principles of Economics, London (Macmillan) 1890 (= Düsseldorf [Wirtschaft und Finanzen] 1989).

Neumann, John (Johann) von / Morgenstern, Oskar: Theory of Games and Economic Behavior, Princeton (University Press) 1937, 6th ed., 1990; [dt.] Spieltheorie und wirtschaftliches Verhalten, übers. v. M. Leppig, Würzburg (Physica) 1961, 3. Aufl., 1973.

Eisermann, Gottfried: Die Grundlagen des Historismus in der deutschen Nationalökonomie, Stuttgart (Enke) 1956.

Dittrich, Erhard: Die deutschen und österreichischen Kameralisten, Erträge der Forschung 23, Darmstadt (Wissenschaftliche Buchgesellschaft) 1974.

Schinzinger, Francesca: Ansätze ökonomischen Denkens von der Antike bis zur Reformationszeit, Erträge der Forschung 68, Darmstadt (Wissenschaftliche Buchgesellschaft) 1977.

Ethik und Wirtschaftswissenschaft, hg. v. Georges Enderle, Berlin (Duncker & Humblot) 1985.

Ulrich, Peter: Transformation der ökonomischen Vernunft, 1986, 3. Aufl., Bern (Haupt) 1993.
- : Wirtschaftsethik und ökonomische Rationalität. Zur Grundlegung einer Vernunftethik des Wirtschaftens, St. Gallen 1987.

Tribe, Keith: Governing Economy. The Reformation of German Economic Discourse 1750-1840, Cambridge (University Press) 1988.

Klassiker des ökonomischen Denkens, hg. v. Joachim Starbatty, Bd. 1-2, München (Beck) 1989.

Landreth, Harry / Colander, David C.: History of Economic Theory, 2nd ed., Boston (Mifflin) 1989.

Wirtschaftsethik. Schnittstellen von Ökonomie und Wissenschaftstheorie, hg. v. Bernd Schauenberg, Wiesbaden (Gabler) 1991.

Böckle, Franz: Aktuelle Probleme der Wirtschaftsethik, hg. v. Karl Homann, Schriften des Vereins für Socialpolitik NF 211, Berlin (Duncker & Humblot) 1992.

Homann, Karl / Blome-Drees, Franz: Wirtschafts- und Unternehmensethik, Uni-Taschenbücher 1721, Göttingen (Vandenhoeck & Ruprecht) 1992.

Kaiser, Helmut: Die ethische Integration ökonomischer Rationalität. Grundelemente und Konkretion einer 'modernen' Wirtschaftsethik, Bern (Haupt) 1992.

Dome, Takuo: History of Economic Theory, Aldershot (Elgar) 1994.

Geschichte der Nationalökonomie, hg. v. Otmar Issing, 3. Aufl., München (Vahlen) 1994.

Mack, Elke: Ökonomische Rationalität. Grundlage einer interdisziplinären Wirtschaftsethik?, Berlin (Duncker & Humblot) 1994.

Gömmel, Rainer / Klump, Rainer: Merkantilisten und Physiokraten in Frankreich, Darmstadt (Wissenschaftliche Buchgesellschaft) 1994.

Walter, Rolf: Einführung in die Wirtschafts- und Sozialgeschichte, Uni-Taschenbücher 1717, Paderborn (Schöningh) 1994.

I.A. Grundbestimmungen der Ethik

Platon: Werke in acht Bänden [gr./dt.], hg. v. Gunther Eigler, Darmstadt (Wissenschaftliche Buchgesellschaft) 1970-1983.

Aristoteles: Opera [gr.], Akademieausgabe, ed. Immanuel Bekker, Bd. 1-2, Berlin (Reimer) 1831 (= Berlin [de Gruyter] 1960).

Ulpianus, Domitius: Quae vulgo vocantur fragmenta, ed. Philipp Eduard Huschke, 1861, 5. Aufl., Leipzig (Teubner) 1886.

Hume, David: Treatise of Human Nature, vol. 1-3, London (Noon) 1739-1740.

Rousseau, Jean-Jacques: Discours sur l'origine et les fondemens de l'inégalité parmi les hommes, Amsterdam (Rey) 1755.

Lessing, Gotthold Ephraim: Die Erziehung des Menschengeschlechts, Berlin (Voß) 1780.

Kant, Immanuel: Grundlegung zur Metaphysik der Sitten, Riga (Hartknoch) 1785.
- : Critik der reinen Vernunft, 2. Aufl., Riga (Hartknoch) 1787.
- : Critik der practischen Vernunft, Riga (Hartknoch) 1788.

Bentham, Jeremy: An Introduction to the Principles of Morals and Legislation, 1789, 2nd ed., vol. 1-2, London (Pickering) 1823.

Fichte, Johann Gottlieb: Grundlage des Naturrechts nach Principien der Wissenschaftslehre, Bd. 1-2, Jena / Leipzig (Gabler) 1796-1797.
- : Das System der Sittenlehre nach den Principien der Wissenschaftslehre, Jena / Leipzig (Gabler) 1798.
- : Der geschloßne Handelsstaat, Tübingen (Cotta) 1800.

Schleiermacher, Friedrich: Grundlinien einer Kritik der bisherigen Sittenlehre, Berlin (Realschulbuchhandlung) 1803.
- : Ethik (1812/1813), hg. v. Hans-Joachim Birkner, 1981, Philosophische Bibliothek 335, 2. Aufl., Hamburg (Meiner) 1990.
- : Über die wissenschaftliche Behandlung des Tugendbegriffes (1819), Sämmtliche Werke III/2, Berlin (Reimer) 1838, 350-378.
- : Versuch über die wissenschaftliche Behandlung des Pflichtbegriffs (1824), Sämmtliche Werke III/2, 379-396.
- : Über den Begriff des höchsten Gutes. Erste Abhandlung (1827), Sämmtliche Werke III/2, 446-468.

- : Über den Begriff des höchsten Gutes. Zweite Abhandlung (1830), Sämmtliche Werke III/2, 469-495.

Hegel, Georg Friedrich Wilhelm: Encyclopädie der philosophischen Wissenschaften im Grundrisse, 1817, 3. Aufl., Heidelberg (Oßwald) 1830.
- : Grundlinien einer Philosophie des Rechts, Berlin (Nicolai) 1821.

Bentham, Jeremy: Deontology, or the Sience of Morality, vol. 1-2, London (Longmans) 1834.

Mill, John Stuart: Utilitarianism, London (Parker) 1863; [dt.] Der Utilitarismus, Stuttgart (Reclam) 1991.

Weber, Max: Politik als Beruf, 1919, 2. Aufl., München (Duncker & Humblot) 1926.

Dittrich, Ottmar: Geschichte der Ethik, Bd. 1-4, Leipzig (Meiner) 1926-1932 (= Aalen [Scientia] 1963).

Staatsverfassungen. Eine Sammlung wichtiger Verfassungen der Vergangenheit und Gegenwart in Urtext und Übersetzung, hg. v. Günther Franz, 1950, 3. Aufl., Darmstadt (Wissenschaftliche Buchgesellschaft) 1975.

MacIntyre, Alasdair: A Short History of Ethics, New York (Macmillan) 1966; [dt.] Geschichte der Ethik im Überblick, übers. v. Hans-Jürgen Müller, Meisenheim (Hain) 1984.

Singer, Peter: Practical Ethics, 1979, 2nd ed., Cambridge (University Press) 1993; [dt.] Praktische Ethik, 1984, 2. Aufl., übers. v. Oscar Bischoff / Jean-Claude Wolf / Dietrich Klose, Stuttgart (Reclam) 1994.

Pfürtner, Stephan H. u. a.: Ethik in der europäischen Geschichte, Bd. 1-2, Stuttgart (Kohlhammer) 1988.

Rohls, Jan: Geschichte der Ethik, Tübingen (Mohr Siebeck) 1991.

Geschichte der neueren Ethik, hg. v. Annemarie Pieper, Bd. 1-2, Uni-Taschenbücher 1702, Tübingen / Basel (Francke) 1992.

Stock, Konrad: Grundlegung der protestantischen Tugendlehre, Gütersloh (Kaiser, Gütersloher Verlagshaus) 1995.

I.B. Theologische Impulse

Denzinger, Heinrich: Enchiridion symbolorum definitionum et declarationum de rebus fidei et morum. Kompendium der Glaubensbekenntnisse und kirchlichen Lehrentscheidungen [lat./dt.], 37. Aufl., verbessert, erweitert, ins Deutsche übertragen und unter Mitarbeit von Helmut Hoping hg. v. Peter Hünermann, Freiburg im Breisgau (Herder) 1991.

Bekenntnisschriften der reformierten Kirche, hg. v. Ernst Friedrich Karl Müller, Leipzig 1903 (= Zürich [Theologische Buchhandlung] 1987).

Die Bekenntnisschriften der evangelisch-lutherischen Kirche, herausgegeben im Gedenkjahr der Augsburgischen Konfession 1930, 11. Aufl., Göttingen (Vandenhoeck & Ruprecht) 1992. (Abk.: BSELK).

Clemens Alexandrinus: Werke [gr.], hg. v. Otto Stählin, Bd. 1-4, Leipzig (Hinrichs) 1905-1936 (darin: Quis dives salvetur?, Werke 3, 1909, 159-191); Ausgewählte Schriften [dt.], Bibliothek der Kirchenväter, Bd. 1-5, München (Kösel / Pustet) 1934-1938 (darin: Welcher Reiche wird gerettet werden?, Bd. 2, 1934).

Augustinus, Aurelius: Confessionum libri XIII, ed. Martin Skutella, Stuttgart (Teubner) 1996; Bekenntnisse [lat./dt.], übers. v. Joseph Bernhart, Frankfurt am Main (Insel) 1994.

Thomas von Aquin: Summa theologica [dt./lat.], Die deutsche Thomas-Ausgabe, bisher 30 Bde., Graz (Styria) 1933ff.

Luther, Martin: Von Kauffshandlung und Wucher, Wittemberg (Lufft) 1524 (= Frankfurt am Main / Düsseldorf [Wirtschaft und Finanzen] 1987).
- : An die Pfarrherrn wider den Wucher zu predigen, Wittemberg (Klug) 1540.
- : Werke. Kritische Gesamtausgabe (Weimarer Ausgabe), Bd. 1ff., Weimar (Böhlau) 1883ff. (Abk.: WA).

Zwingli, Huldrych: Von göttlicher und menschlicher Gerechtigkeit, Zürich (Froschover) 1524.
- : Schriften, hg. v. Thomas Brunnschweiler / Samuel Lutz u.a., Bd. 1-4, Zürich (Theologischer Verlag) 1995.

Calvin, Johann (Cauvin, Jean): Opera omnia, in: Corpus Reformatorum, Bd. 29-87, Braunschweig (Schwetschke) 1863-1900.

Wesley, John: The Works, The Bicentennial Edition, ed. Frank Baker, vol. 1pp., Oxford (Clarendon) / Nashville (Abingdon) 1975pp.

Wichern, Johann Hinrich: Die innere Mission der deutschen evangelischen Kirche. Eine Denkschrift an die deutsche Nation, Hamburg (Agentur des Rauhen Hauses) 1849.
- : Die Mitarbeit der Kirche an den socialen Aufgaben der Gegenwart, 1871.

Oettingen, Alexander von: Die Moralstatistik in ihrer Bedeutung für eine christliche Socialethik, Bd. 1-2, Erlangen (Deichert) 1868-1873.

Der Staats-Socialist. Wochenschrift für Socialreform, Bd. 1-5, 1877-1882.

Todt, Rudolf: Der radikale deutsche Socialismus und die christliche Gesellschaft. Versuch einer Darstellung des socialen Gehaltes des Christentums und der socialen Aufgaben der christlichen Gesellschaft auf Grund einer Untersuchung des Neuen Testamentes, 1877, 2. Aufl., Wittemberg (Herrosé) 1878.

Die christliche Welt, Jg. 1-50, 1887-1936.

An die Freunde. Vertrauliche d. i. nicht für die Öffentlichkeit bestimmte Mitteilungen (1903-1934), Nachdruck mit einer Einleitung von Christoph Schwöbel, Berlin / New York (de Gruyter) 1993.

Troeltsch, Ernst: Die Bedeutung des Protestantismus für die Entstehung der modernen Welt, München (Oldenbourg) 1906.
- : Die Soziallehren der christlichen Kirchen und Gruppen, Gesammelte Schriften, Bd. 1, Tübingen (Mohr Siebeck) 1912.

Pesch, Heinrich: Lehrbuch der Nationalökonomie, Bd. 1-5, Freiburg im Breisgau (Herder) 1914-1923.
- : Ethik und Volkswirtschaft, Freiburg im Breisgau (Herder) 1918.

Baumgarten, Otto: Praktische Sittenlehre, Tübingen (Mohr Siebeck) 1921.

Tawney, Richard Henry: Religion and the Rise of Capitalism, London (Murray) 1926 (= New York [Harcourt] 1974).

Wünsch, Georg: Die Autonomie der Wirtschaft und die christliche Forderung, in: ders., Religion und Wirtschaft, Tübingen (Mohr Siebeck) 1925, S. 1-43.
- : Evangelische Wirtschaftsethik, Tübingen (Mohr Siebeck) 1927.

Barth, Karl: Kirchliche Dogmatik, Bd. 1-4 in 13, Zürich (Evangelischer Verlag) 1932-1967.

Brunner, Emil: Gerechtigkeit. Eine Lehre von den Grundgesetzen der Gesellschaftsordnung, 1943, 3. Aufl., Zürich (Theologischer Verlag) 1981.

Dietze, Constantin von: Nationalökonomie und Theologie, Das Christliche Deutschland 1933-1945, Evangelische Reihe 8, Tübingen / Stuttgart (Furche) 1947; im Anhang: Grundsätze einer Wirtschafts- und Sozialordnung in evangelischer Sicht.
- : Wirtschaftsmacht und Wirtschaftsordnung, Tübingen (Furche) 1947.

Thielicke, Helmut: Theologische Ethik, Bd. 1-3 in 4, 1951-1964, 2. Aufl., Tübingen (Mohr Siebeck) 1958-1968.

Nell-Breuning, Oswald von: Wirtschaft und Gesellschaft, Bd. 1-3, Freiburg (Herder) 1956-1960.

Trillhaas, Wolfgang: Ethik, 1959, 3. Aufl., Berlin (de Gruyter) 1970.

Rich, Arthur: Zwingli als sozialpolitischer Denker, in: Zeitschrift für evangelische Ethik 13, 1969, 257-273.

Weber, Hartmut: Theologie - Gesellschaft - Wirtschaft. Die Sozial- und Wirtschaftsethik der evangelischen Theologie der Gegenwart, Göttingen (Vandenhoeck & Ruprecht) 1970.

Roos, Lothar: Ordnung und Gestaltung der Wirtschaft. Grundlagen und Grundsätze der Wirtschaftsethik nach dem II. Vatikanischen Konzil, Köln (Bachem) 1971.

Stadtland, Tjarko: Rechtfertigung und Heiligung bei Calvin, Beiträge zur Geschichte und Lehre der Reformierten Kirche 32, Neukirchen (Neukirchener Verlag des Erziehungsvereins) 1972.

Grundwerte und Gottes Gebot, Gemeinsame Erklärung des Rates der EKD und der Deutschen Bischofskonferenz, Gütersloh (Mohn) 1979.

Christliche Wirtschaftsethik vor neuen Aufgaben, Festgabe für Arthur Rich zum 70. Geburtstag, hg. v. Theodor Strohm, Zürich (Theologischer Verlag) 1980.

Pfürtner, Stephan H. / Heierle, Werner: Einführung in die katholische Soziallehre, Darmstadt (Wissenschaftliche Buchgesellschaft) 1980.

Rich, Arthur: Wirtschaftsethik, Bd. 1-2, Gütersloh (Mohn) 1984-1990.

Strohm, Theodor: Wirtschaft und Ethik. Leitlinien der evangelischen Sozialethik für modernes wirtschaftliches Handeln, in: Gemeinsam für die Zukunft, hg. v. Wolfgang Kramer / Michael Spangenberger, Köln (Deutscher Instituts-Verlag) 1984, S. 29-58.

Evangelische Kirche und freiheitliche Demokratie. Eine Denkschrift der Evangelischen Kirche in Deutschland, Gütersloh (Mohn) 1985.

Jäger, Alfred: Diakonie als christliches Unternehmen. Theologische Wirtschaftsethik im Kontext diakonischer Unternehmenspolitik, 1986, 3. Aufl., Gütersloh (Mohn) 1990.

Theologische Aspekte der Wirtschaftsethik, hg. v. Eilert Herms, Bd. 1-7, Loccumer Protokolle, Loccum (Evangelische Akademie) 1986-1991.

Hesse, Helmut: Über Luthers 'Von Kauffshandlung und Wucher', Frankfurt am Main / Düsseldorf (Wirtschaft und Finanzen) 1987.

Lefringhausen, Klaus: Wirtschaftsethik im Dialog, Stuttgart (Radius) 1988.

Die Finanzen der Kirche. Studien zu Struktur, Geschichte und Legitimation kirchlicher Ökonomie, hg. v. Wolfgang Lienemann, München (Kaiser) 1989.

Frey, Christofer: Die Ethik des Protestantismus von der Reformation bis zur Gegenwart, GTB 1492, Gütersloh (Mohn) 1989.

Profile des neuzeitlichen Protestantismus, hg. v. Friedrich Wilhelm Graf, Bd. 1-2 in 3, Gütersloh (Mohn) 1990-1993.

Gemeinwohl und Eigennutz. Wirtschaftliches Handeln in Verantwortung für die Zukunft. Eine Denkschrift der Evangelischen Kirche in Deutschland, Gütersloh (Mohn) 1991.

Furger, Franz: Moral oder Kapital? Grundlagen der Wirtschaftsethik, Zürich (Benziger) 1992.

Prien, Hans-Jürgen: Luthers Wirtschaftsethik, Göttingen (Vandenhoeck & Ruprecht) 1992.

Spiegel, Yorick: Wirtschaftsethik und Wirtschaftspraxis - ein wachsender Widerspruch?, Stuttgart (Kohlhammer) 1992.

Texte zur katholischen Soziallehre. Die sozialen Rundschreiben der Päpste und andere kirchliche Dokumente, hg. v. Bundesverband der katholischen Arbeitnehmerbewegung Deutschlands, 8. Aufl., Bornheim (Ketteler) 1992.

Wirtschaftsethik. Interdisziplinäre und interkonfessionelle Orientierungshilfe, Berliner Theologische Zeitschrift, Beiheft zu Jg. 9, Berlin (Wichern) 1992.

Hengsbach, Friedhelm: Wirtschaftsethik. Aufbruch - Konflikte - Perspektiven, 2. Aufl., Freiburg im Breisgau (Herder) 1993.

Schmidt, Werner H. u. a.: Die Zehn Gebote im Rahmen alttestamentlicher Ethik, Darmstadt (Wissenschaftliche Buchgesellschaft) 1993.

Weiler, Rudolf: Wirtschaftsethik, Graz (Styria) 1993.

Die protestantischen Wurzeln der Sozialen Marktwirtschaft. Ein Quellenband, hg. v. Günter Brakelmann / Traugott Jähnichen, Gütersloh (Gütersloher Verlagshaus) 1994.

Otto, Eckart: Theologische Ethik des Alten Testaments, Theologische Wissenschaft 3,2, Stuttgart (Kohlhammer) 1994.

Für eine Zukunft in Solidarität und Gerechtigkeit. Wort des Rates der Evangelischen Kirche in Deutschland und der Deutschen Bischofskonferenz zur wirtschaftlichen und sozialen Lage in Deutschland, Hannover / Bonn 1997.

II.A. Elementarbestimmungen

Bender, Dieter u. a.: Vahlens Kompendium der Wirtschaftstheorie und Wirtschaftspolitik, Bd. 1-2, 6. Aufl., München (Vahlen) 1995.

Vahlens Kompendium der Betriebswirtschaftslehre, hg. v. Michael Bitz u.a., Bd. 1-2, 3. Aufl., München (Vahlen) 1993.

II.B. Grundordnungen

Eucken, Walter: Grundsätze der Wirtschaftspolitik, 1952, 6. Aufl., hg. v. Edith Eucken, Tübingen (Mohr Siebeck) 1990.

Sik, Ota: Der dritte Weg. Die marxistisch-leninistische Theorie und die moderne Industriegesellschaft, Hamburg (Hoffmann & Campe) 1972.

Nell-Breuning, Oswald von: Kapitalismus - kritisch betrachtet. Zur Auseinandersetzung um das bessere 'System', Freiburg (Herder) 1974.

Hardach, Gerd Heinrich / Karras, Dieter: Sozialistische Wirtschaftstheorie, Darmstadt (Wissenschaftliche Buchgesellschaft) 1975.

Hensel, Karl Paul: Grundformen der Wirtschaftsordnung, 3. Aufl., München (Beck) 1978.

Lampert, Heinz: Die Wirtschafts- und Sozialordnung der Bundesrepublik Deutschland, 12. Aufl., München (Olzog) 1995.

II.C. Einzelwirtschaft

Hanau, Arthur: Die Prognose der Schweinepreise, 1927, 3. Aufl., Berlin (Hobbing) 1930.

Hunt, Emery K. / Sherman, Howard J.: Economics. An Introduction to Traditional and Radical Views, 6th ed., New York (Harper Collins) 1990; [dt.] Volkswirtschaftslehre. Einführung aus traditioneller und kritischer Sicht, Bd. 1-2, Frankfurt am Main / New York (Campus) 1993.

Schumann, Jochen: Grundzüge der mikroökonomischen Theorie, 6. Aufl., Berlin (Springer) 1992.

Samuelson, Paul Anthony / Nordhaus, William D.: Microeconomics, 15th ed., with assistance of Michael J. Mandel, New York (McGraw-Hill) 1995.

Wieland, Josef: Ökonomische Organisation, Allokation und Status, Tübingen (Mohr Siebeck) 1996.

II.D. Gesamtwirtschaft

Keynes, John Maynard: The General Theory of Employment, Interest and Money, London (Macmillan) / New York (Harcourt) 1936; [dt.] Allgemeine Theorie der Beschäftigung, des Zinses und des Geldes, übers. v. Fritz Wäger, 7. Aufl., Berlin (Duncker & Humblot) 1994.

Kalmbach, Peter: Wachstum und Verteilung in neoklassischer und postkeynesianischer Sicht, Berlin (Duncker & Humblot) 1972.

Der Keynesianismus, hg. v. Gottfried Bombach / Hans-Jürgen Ramser, Bd. 1-5, Berlin (Springer) 1976-1984.

Buchanan, James M.: Liberty, Market and State, Brighton (Wheatsheaf) 1986.

Brümmerhoff, Dieter: Volkswirtschaftliche Gesamtrechnung, 3. Aufl., München / Wien (Oldenbourg) 1991.

Pies, Ingo: Normative Institutionenökonomik, Tübingen (Mohr Siebeck) 1993.

Burda, Michael / Wyplosz, Charles: Makroökonomik - Eine europäische Perspektive, München (Vahlen) 1994.

Stobbe, Alfred: Volkswirtschaftliches Rechnungswesen, 8. Aufl., Berlin (Springer) 1994.

Aufderheide, Detlef: Unternehmer, Ethos und Ökonomik. Moral und unternehmerischer Gewinn aus der Sicht der neuen Institutionenökonomik, Berlin (Duncker & Humblot) 1995.

Samuelson, Paul Anthony / Nordhaus, William D.: Macroeconomics, 15th ed., New York (McGraw-Hill) 1995.

Heubes, Jürgen: Grundlagen der modernen Makroökonomie, München (Vahlen) 1995.

Niehans, Jürg: Geschichte der Außenwirtschaftstheorie im Überblick, Uni-Taschenbücher 1858, Tübingen (Mohr Siebeck) 1995.

II.E. Steuerung

Brümmerhoff, Dieter: Finanzwissenschaft, 6. Aufl., München / Wien (Oldenbourg) 1992.

Woll, Artur: Wirtschaftspolitik, 2. Aufl., München (Vahlen) 1992.

Wagner, Helmut: Stabilitätspolitik. Theoretische Grundlagen und institutionelle Alternativen, 2. Aufl., München / Wien (Oldenbourg) 1993.

Molitor, Bruno: Wirtschaftspolitik, 5. Aufl., München / Wien (Oldenbourg) 1995.

III.A: Arbeit

Luther, Martin: [Kirchenpostille] Außlegung der Epistelln und Evangelien die nach Brauch der Kirchen gelesen werden, Wittemberg (Grunenberg) 1522.

Schleiermacher, Friedrich: Brouillon zur Ethik (1805/06), hg. v. Hans-Joachim Birkner, Philosophische Bibliothek 334, Hamburg (Meiner) 1981.

Hegel, Georg Friedrich Wilhelm: Phänomenologie des Geistes, 1807, hg. v. Hans Friedrich Wessels / Heinrich Clairmont, Philosophische Bibliothek 414, Hamburg (Meiner) 1988.

Brontë, Charlotte: Shirley, 1849, London (Penguin) 1994; [dt.] Shirley, übers. v. Johannes Reiher / Horst Wolf, 5. Aufl., Frankfurt am Main / Leipzig (Insel) 1995.

Arendt, Hannah: Vita activa oder Vom tätigen Leben, 1960, 8. Aufl., München (Piper) 1994.

Handbuch der deutschen Wirtschafts- und Sozialgeschichte, hg. v. Hermann Aubin / Wolfgang Zorn, Bd. 1-2, Stuttgart (Union / Klett-Cotta) 1971-1976.

Quellen zur Geschichte des Sozialrechts, hg. v. Michael Stolleis, Quellensammlung zur Kulturgeschichte 20, Göttingen (Musterschmidt) 1976.

Recht auf Arbeit, Sinn der Arbeit, hg. v. Jürgen Moltmann, München (Kaiser) 1979.

Solidargemeinschaft von Arbeitenden und Arbeitslosen - sozialethische Probleme der Arbeitslosigkeit, EKD-Studie, Gütersloh (Mohn) 1982.

Fütterer, Klaus: Streit um die Arbeit. Industriegesellschaft am Scheideweg, Stuttgart (Kreuz) 1984.

Kromphardt, Jürgen: Arbeitslosigkeit und Inflation. Eine Einführung in die makroökonomischen Kontroversen, Göttingen (Vandenhoeck & Ruprecht) 1987.

Kreikebaum, Hartmut / Herbert, Klaus-Jürgen: Humanisierung der Arbeit. Arbeitsgestaltung im Spannungsfeld ökonomischer, technologischer und humanitärer Ziele, Wiesbaden (Gabler) 1988.

Maurer, Andrea: Alles eine Frage der Zeit? Die Zweckrationalisierung von Arbeitszeit und Lebenszeit, Berlin (Edition Sigma) 1992.

Matthies, Hildegard u. a.: Arbeit 2000. Anforderungen an eine Neugestaltung der Arbeitswelt. Eine Studie der Hans-Böckler-Stiftung, Reinbek bei Hamburg (Rowohlt) 1994.

Rifkin, Jeremy: The End of Work, New York (Putnam) 1995; [dt.] Das Ende der Arbeit und ihre Zukunft, übers. v. Thomas Steiner, mit einem Nachwort von Martin Kempe, Frankfurt am Main / New York (Campus) 1995.

Hesse, Helmut: Arbeitslosigkeit als unbewältigtes Anpassungsproblem, Stuttgart (Steiner) 1996.

III.B. Natur (Umwelt)

Kapp, Karl William: The Social Costs of Private Enterprise, Cambridge (Harvard University Press) 1950; [dt.] Soziale Kosten der Marktwirtschaft, Frankfurt am Main (Fischer) 1988.

Cobb, John B.: Sustainability. Economics, Ecology, and Justice, Maryknoll (Orbis) 1992.

Amery, Carl: Das Ende der Vorsehung. Die gnadenlosen Folgen des Christentums, Reinbek bei Hamburg (Rowohlt) 1972.

Meadows, Dennis u. a.: The Limits to Growth, New York (Universe Books) 1972; [dt.] Die Grenzen des Wachstums. Bericht des Club of Rome zur

Lage der Menschheit, übers. v. Hans D. Heck, Stuttgart (Deutsche Verlags-Anstalt) 1972.

Hohlfeld, Winfried: Umweltkrise - Herausforderung der Kirche, Stuttgart (Quell) 1974.

Meadows, Dennis L. / Meadows, Donella H.: Toward Global Equilibrium, Cambridge, Mass. (Wright-Allen) 1973; [dt.] Das globale Gleichgewicht. Modellstudien zur Wachstumskrise, übers. v. Hans Dieter Heck, Stuttgart (Deutsche Verlags-Anstalt) 1974.

Daly, Herman E.: Steady-state Economics, 1977, 2nd ed., Washington D.C. (Island) 1991.

Tödt, Heinz Eduard: Das Angebot des Lebens. Theologische Orientierung in den Umstellungskrisen der modernen Welt, Gütersloh (Mohn) 1978.

Liedke, Gerhard: Im Bauch des Fisches. Ökologische Theologie, 1979, 5. Aufl., Stuttgart (Kreuz) 1988.

Krolzik, Udo: Umweltkrise. Folge des Christentums?, Stuttgart (Kreuz) 1979.

Wege aus der Wohlstandsfalle. Der NAWU-Report. Strategien gegen Arbeitslosigkeit und Umweltkrise, hg. v. Hans-Christoph Binswanger, Frankfurt am Main (Fischer) 1979.

Altner, Günter: Technisch-wissenschaftliche Welt und Schöpfung, in: Christlicher Glaube in moderner Gesellschaft, Bd. 20, Freiburg im Breisgau (Herder) 1982, S. 85-118.
- : Die Überlebenskrise in der Gegenwart. Ansätze zum Dialog mit der Natur in Naturwissenschaft und Theologie, Darmstadt (Wissenschaftliche Buchgesellschaft) 1987.

Ökologische Theologie, hg. v. Günter Altner, Stuttgart (Kreuz) 1989.

Wicke, Lutz / Hucke, Jochen: Der ökologische Marshallplan, Frankfurt am Main (Ullstein) 1989.

Wirtschaftsethik und ökologische Wirtschaftsforschung, hg. v. Eberhard K. Seifert, Bern (Haupt) 1989.

Binswanger, Hans-Christoph: Geld und Natur, Stuttgart / Wien (Weitbrecht) 1991.

Weimann, Joachim: Umweltökonomik. Eine theorieorientierte Einführung, 2. Aufl., Berlin / Heidelberg (Springer) 1991.

Hampicke, Ulrich: Ökologische Ökonomie. Individuum und Natur in der Neoklassik, Opladen (Westdeutscher Verlag) 1992.

Weikard, Hans-Peter: Der Beitrag der Ökonomik zur Begründung von Normen des Tier- und Artenschutzes. Eine Untersuchung zu praktischen und methodologischen Problemen der Wirtschaftsethik, Berlin (Duncker & Humblot) 1992.

Rüterswörden, Udo: dominium terrae. Studien zur Genese einer alttestamentlichen Vorstellung, Beihefte zur Zeitschrift für die alttestamentliche Wissenschaft 215, Berlin / New York (de Gruyter) 1993.

Umweltverträgliches Wirtschaften als Problem von Wissenschaft und Politik, hg. v. Heinz König, Schriften des Vereins für Socialpolitik 224, Berlin (Duncker & Humblot) 1993.

Wicke, Lutz: Umweltökonomie. Eine praxisorientierte Einführung, 4. Aufl., München (Vahlen) 1993.

Butterweck, Hellmut: Arbeit ohne Wachstumszwang. Essay über Ressourcen, Umwelt, Arbeit, Kapital, Frankfurt am Main / New York (Campus) 1995.

Umweltverträgliches Wirtschaften. Denkanstöße und Strategien für eine ökologisch nachhaltige Zukunftsgestaltung, hg. v. Hans Peter Dürr, Münster (Agenda) 1995.

Weizsäcker, Ernst Ulrich von / Lovins, Amory B. / Lovins, L. Hunter: Faktor Vier. Doppelter Wohlstand - halbierter Naturverbrauch, München (Droemer Knaur) 1995.

Herman E. Daly: Beyond Growth. The Economics of Sustainable Development, Boston (Beacon) 1996.

III.C. Kapital

Simmel, Georg: Philosophie des Geldes, 1900, 8. Aufl., Berlin (Duncker & Humblot) 1987.

Knapp, Georg Friedrich: Staatliche Theorie des Geldes, 4. Aufl., München (Duncker & Humblot) 1923.

Phillips, A. W.: The Relation between Unemployment and the Rate of Change of Money Wage Rates in the United Kingdom 1861-1957, in: Economica, New Series 25, 1958, 283-299.

Scherf, Harald: Untersuchungen zur Theorie der Inflation, Tübingen (Mohr Siebeck) 1967.

Geldordnung und Geldpolitik in einer freiheitlichen Gesellschaft, hg. v. Joachim Starbatty, Tübingen (Mohr Siebeck) 1982.

Luhmann, Niklas: Soziale Systeme, Frankfurt am Main (Suhrkamp) 1984.

Wagner, Falk: Geld oder Gott? Zur Geldbestimmtheit der kulturellen und religiösen Lebenswelt, Stuttgart (Klett-Cotta) 1985.

Wirtschaftswissenschaft und Ethik, hg. v. Helmut Hesse, Schriften des Vereins für Socialpolitik NF 171, 2. Aufl., Berlin (Duncker & Humblot) 1989.

Issing, Otmar: Einführung in die Geldtheorie, 8. Aufl., München (Vahlen) 1991.

Wirtschaft und Ethik, hg. v. Hans G. Nutzinger, Wiesbaden (Deutscher Universitäts-Verlag) 1991.

Rothschild, Kurt Wilhelm: Ethik und Wirtschaftstheorie, Tübingen (Mohr Siebeck) 1992.

Issing, Otmar: Einführung in die Geldpolitik, 5. Aufl., München (Vahlen) 1993.

Jarchow, Hans-Joachim: Theorie und Politik des Geldes, 1973, Bd. 1-2, Uni-Taschenbücher 234 u. 346, 9. u. 7. Aufl., Göttingen (Vandenhoeck & Ruprecht) 1993 u. 1995.

Geld und Moral, hg. v. Helmut Hesse / Otmar Issing, München (Vahlen) 1994.

Weimer, Wolfram: Geschichte des Geldes, Frankfurt am Main (Suhrkamp) 1994.

Kramer, Rolf: Ethik des Geldes. Eine theologische und ökonomische Verhältnisbestimmung, Berlin (Duncker & Humblot) 1996.

IV.A. Güterproduktion

Taylor, Frederick Winslow: The Principles of Scientific Management, New York / London (Harper) 1911 (= London [Routledge] 1993); [dt.] Die Grundsätze wissenschaftlicher Betriebsführung, übers. v. Rudolf Rösler, München / Berlin (Oldenbourg) 1913 (= Weinheim [Beltz] 1995).

Friedmann, Georges: Problèmes humains du machinisme industriel, Paris (Gallimard) 1946; [dt.] Der Mensch in der mechanisierten Produktion, übers. v. Burkart Lutz, Köln (Bund) 1952.

Rumpf, Max: Deutsches Handwerkerleben und der Aufstieg der Stadt, Stuttgart (Kohlhammer) 1955.

Claussen, Ulf / Huber, Wolf: Wenn Arbeit das Leben kostet. Stimmt der Gesundheitsschutz im Betrieb?, Bochum (Sozialwissenschaftliches Institut der ev. Kirche in Deutschland) 1987.

Deutsche Forschungsgemeinschaft: MAK-Werte 1980. Maximale Arbeitsplatzkonzentration gesundheitsschädlicher Stoffe, Dortmund 1980.

Personalwirtschaftliche Aspekte neuer Technologien, hg. v. Klaus J. Zink, Berlin (E. Schmidt) 1985.

Ritter, Albert: Relevanz neuer Technologien für die Arbeitswissenschaft, Pfaffenweiler (Centaurus) 1992.

Erfolgreiche Konzepte zur Gruppenarbeit. Aus Erfahrungen lernen, hg. v. Klaus J. Zink, Neuwied (Luchterhand) 1995.

IV.B. Güterverteilung

Pareto, Vilfredo: Cours d'économie politique, vol. 1-2, Lausanne (Rouge) 1896-1897.
- : Manuale di economia politica, Mailand (Societá editrice libreria) 1906 (= Düsseldorf [Wirtschaft und Finanzen] 1992).

Bowley, Arthur Lyon: Wages and Income in the United Kingdom since 1860, Cambridge (University Press) 1937.

Bergson, Abram: A Reformulation of Certain Aspects of Welfare Economics, in: Quarterly Journal of Economics 52, 1938, 310-334.

Kaldor, Nicholas: Welfare Propositions in Economics, in: Economic Journal 49, 1939, 549-552.

Hicks, John Richard: Foundations of Welfare Economics, in: Economic Journal 49, 1939, 696-712.

Samuelson, Paul Anthony: Evaluation of Real National Income, in: Oxford Economic Papers, New Series 2, 1950, 1-29.

Arrow, Kenneth Joseph: Social Choice and Individual Values, 1951, 2nd ed., New Haven (Yale University Press) 1963.

Harsanyi, John C.: Cardinal Welfare, Individualistic Ethics, and Interpersonal Comparisons of Utility, in: Journal of Political Economy 64, 1955, 309-321.

Rawls, John: A Theory of Justice, 1971, 9. impr., Oxford (University Press) 1989; [dt.] Eine Theorie der Gerechtigkeit, übers. v. Hermann Vetter, 1975, 9. Aufl., Frankfurt am Main (Suhrkamp) 1996.

Leistung und Wettbewerb. Sozialethische Überlegungen zur Frage des Leistungsprinzips und der Wettbewerbsgesellschaft, EKD-Denkschrift, Gütersloh (Mohn) 1978.

Sachße, Christoph / Tennstedt, Florian: Geschichte der Armenfürsorge in Deutschland, Bd. 1-3, Stuttgart (Kohlhammer) 1980-1992.

Homann, Karl: Rationalität und Demokratie, Tübingen (Mohr Siebeck) 1988.

Noormann, Harry: Armut in Deutschland. Christen vor der neuen Sozialen Frage, Stuttgart (Calwer) 1991.

Külp, Bernhard: Verteilungstheorie, 3. Aufl., Uni-Taschenbücher 308, Stuttgart (Gustav Fischer) 1993.

V.A. Verfügung und Beteiligung

Locke, John: Two Treatises of Government, London (Churchill) 1690; [dt.] Zwei Abhandlungen über die Regierung, übers. v. Hans Jörn Hoffmann, Frankfurt am Main (Suhrkamp) 1977.

Kant, Immanuel: Die Metaphysik der Sitten, Bd. 1-2, Königsberg (Nicolovius) 1797.

Eigentumsbildung in sozialer Verantwortung. Eine Denkschrift zur Eigentumsfrage in der Bundesrepublik Deutschland, Hannover-Herrenhausen (Verlag des Amtsblattes der EKD) 1962.

Macpherson, Crawford Brough: The Political Theory of Possessive Individualism, Oxford (Clarendon) 1962; [dt.] Die politische Theorie des Besitzindividualismus. Von Hobbes bis Locke, Frankfurt am Main (Suhrkamp) 1967.

Sozialethische Erwägungen zur Mitbestimmung in der Wirtschaft der Bundesrepublik Deutschland, EKD-Studie, Hannover (Furche) 1968.

Hengel, Martin: Eigentum und Reichtum in der frühen Kirche, Stuttgart (Calwer) 1973.

Brocker, Manfred: Arbeit und Eigentum. Der Paradigmenwechsel in der neuzeitlichen Eigentumstheorie, Darmstadt (Wissenschaftliche Buchgesellschaft) 1992.

Mitbestimmung und Betriebsverfassung in Deutschland und Frankreich seit dem 19. Jahrhundert, hg. v. Hans Pohl, Stuttgart (Steiner) 1996.

V.B. Marktordnung und Wettbewerb

Friedman, Milton: Capitalism and Freedom, Chicago (University Press) 1970; [dt.] Kapitalismus und Freiheit, übers. v. Paul C. Martin, Stuttgart (Seewald) 1971.

Unternehmensethik, hg. v. Horst Steinmann / Albert Löhr, Stuttgart (Poeschel) 1989.

Steinmann, Horst / Löhr, Albert: Grundlagen der Unternehmensethik, Stuttgart (Poeschel) 1992.

Markt und Moral. Die Diskussion um die Unternehmensethik, hg. v. Forum für Philosophie Bad Homburg, Bern (Haupt) 1994.

Markt und Menschlichkeit, hg. v. Frank von Auer / Franz Segbers, Reinbek bei Hamburg (Rowohlt) 1995.

V.C. Globale Entwicklung

Der Pearson-Bericht. Bestandsaufnahme und Vorschläge für Entwicklungspolitik, hg. v. Lester B. Pearson, übers. v. Fritz Diwok, Wien (Molden) 1969.

Der Entwicklungsdienst der Kirche - ein Beitrag für Frieden und Gerechtigkeit in der Welt, EKD-Denkschrift, Gütersloh (Mohn) 1973.

North-South. A Programme for Survival, Cambridge, Mass. (MIT Press) 1980; [dt.] Das Überleben sichern. Gemeinsame Interessen der Industrie- und Entwicklungsländer, hg. v. Willy Brandt, Köln (Kiepenheuer & Witsch) 1980.

Our Common Future, Oxford (University Press) 1987; [dt.] Unsere gemeinsame Zukunft. Der Brundtland-Bericht der Weltkommission für Umwelt und Entwicklung, hg. v. Volker Hauff, Greven (Eggenkamp) 1987.

Kampffmeyer, Thomas: Die Verschuldungskrise der Entwicklungsländer. Probleme und Ansatzpunkte für eine Lösung auf dem Vergleichswege, Berlin (Deutsches Institut für Entwicklungspolitik) 1987.

The Challenge to the South, Oxford (University Press) 1990; [dt.] Die Herausforderung des Südens, hg. v. Ingomar Hauchler, Bonn-Bad Godesberg (Stiftung Entwicklung und Frieden) 1991.

Gemeinsame Verantwortung in den neunziger Jahren. Die Stockholmer Initiative zu globaler Sicherheit und Weltordnung [dt./engl.], Saarbrücken (Breitenbach) 1991.

Jarchow, Hans-Joachim / Rühmann, Peter: Monetäre Außenwirtschaft, 4. Aufl., Göttingen (Vandenhoeck & Ruprecht) 1994.

Rose, Klaus / Sauernheimer, Karlhans: Theorie der Außenwirtschaft, 11. Aufl., München (Vahlen) 1992.

Duchrow, Ulrich: Alternativen zur kapitalistischen Weltwirtschaft. Biblische Erinnerungen und politische Ansätze zur Überwindung einer lebensbedrohenden Ökonomie, Gütersloh (Gütersloher Verlagshaus) / Mainz (Grünewald) 1994.

Entwicklung mit menschlichem Antlitz. Die Dritte und die Erste Welt im Dialog, hg. v. Klaus M. Leisinger / Vittorio Hösle, München (Beck) 1995.

Langhorst, Peter: Kirche und Entwicklungsproblematik. Von der Hilfe zur Zusammenarbeit, Paderborn (Schöningh) 1996.

Personenregister

Sachregister

Das Sachregister gibt nur diejenigen Themen und Begriffe an, deren Vorkommen und Ort aus dem Inhaltsverzeichnis nicht ersichtlich sind.

Kolibri 360 GmbH
Ferdinand-Jühlke-Straße 7
99095 Erfurt, Deutschland
produktsicherheit@kolibri360.de